앞선 정보 제공! 도서 업데이트

언제, 왜 업데이트될까?

도서의 학습 효율을 높이기 위해 자료를 추가로 제공할 때!
공기업 · 대기업 필기시험에 변동사항 발생 시 정보 공유를 위해!
공기업 · 대기업 채용 및 시험 관련 중요 이슈가 생겼을 때!

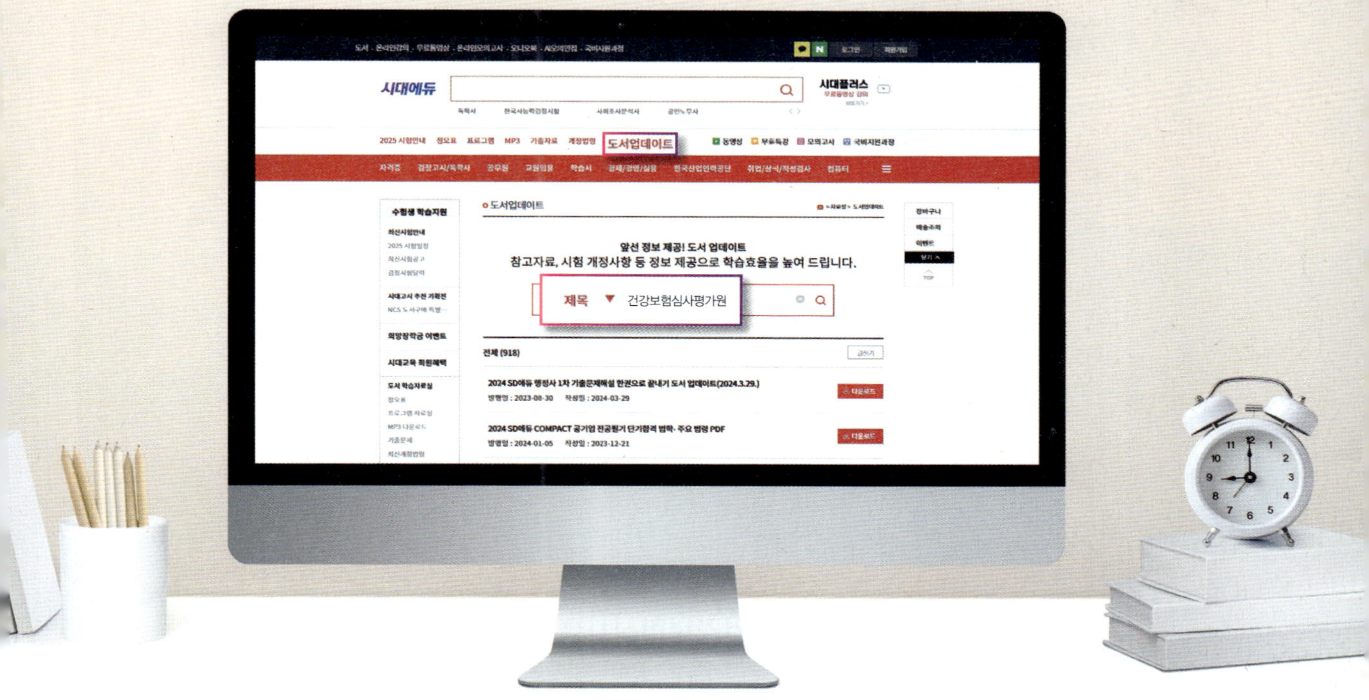

01 시대에듀 도서 www.sdedu.co.kr/book 홈페이지 접속

02 상단 카테고리 「도서업데이트」 클릭

03 해당 기업명으로 검색

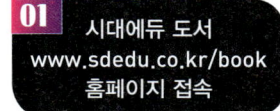

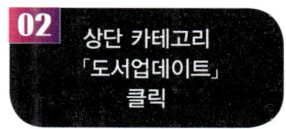

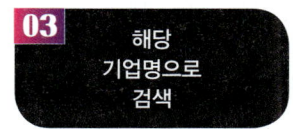

참고자료, 시험 개정사항 등 정보 제공으로 학습효율을 높여 드립니다.

#나의_사원증_미리_채우기

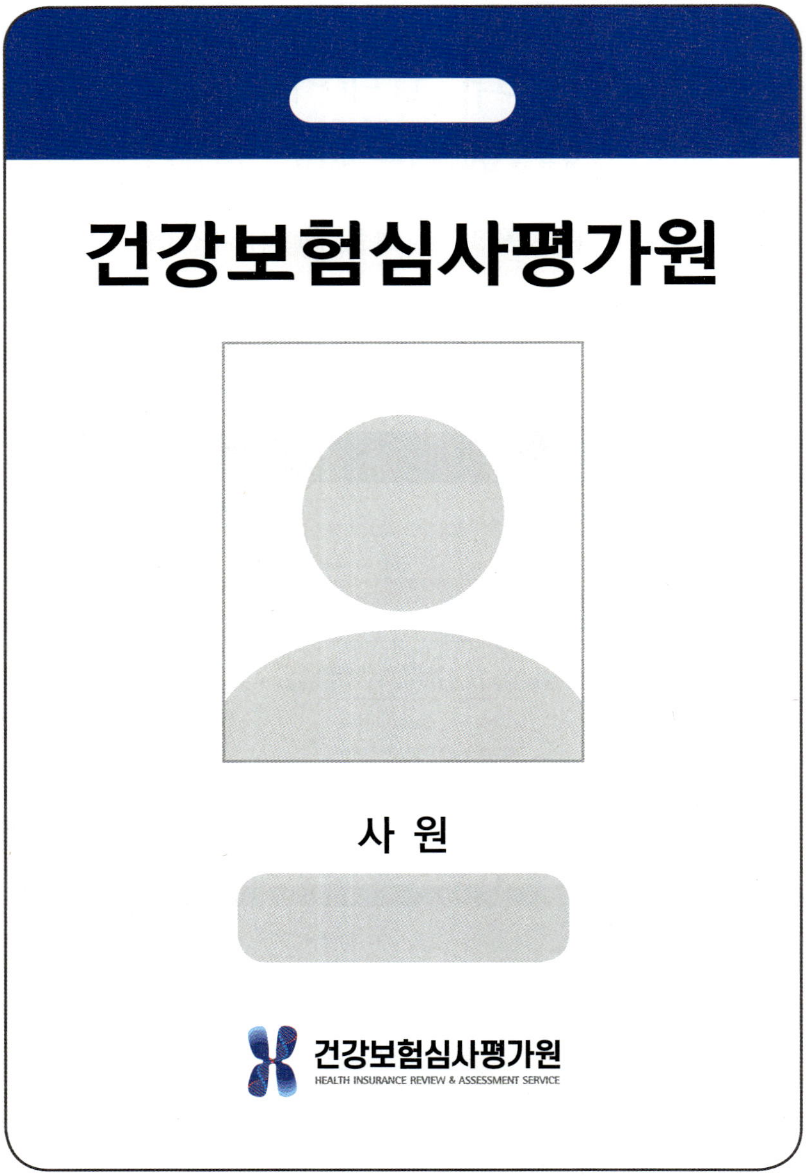

#취뽀성공 #합격은_나의_것 #올취완_올해취업완료 #심평원_신입사원

사
이
다

사일 동안
이것만 풀면
다 합격!

건강보험심사평가원 NCS + 전공

시대에듀

2025 하반기 시대에듀 All-New 사이다 모의고사
건강보험심사평가원(심평원) NCS + 전공

Always **with you**

사람의 인연은 길에서 우연하게 만나거나 함께 살아가는 것만을 의미하지는 않습니다.
책을 펴내는 출판사와 그 책을 읽는 독자의 만남도 소중한 인연입니다.
시대에듀는 항상 독자의 마음을 헤아리기 위해 노력하고 있습니다. 늘 독자와 함께하겠습니다.

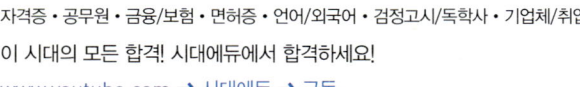

머리말 PREFACE

안전하고 수준 높은 의료환경을 만들어 국민의 건강한 삶에 기여하기 위해 끊임없이 노력하는 건강보험심사평가원은 2025년 하반기에 신규직원을 채용할 예정이다. 건강보험심사평가원의 채용절차는 「공고 및 접수 → 서류심사 → 필기시험 및 인성검사 → 면접심사 → 임용서류 검토 → 수습 임용」 순서로 진행된다. 필기시험은 직업기초능력평가와 직무수행능력평가로 진행하며, 직업기초능력평가의 경우 의사소통능력, 수리능력, 문제해결능력, 정보능력을 평가한다. 직무수행능력평가는 직종별로 내용이 다르므로 반드시 확정된 채용공고를 확인해야 한다. 또한, 필기시험 고득점자 순으로 심사직(4급)을 제외한 모든 직종에서 채용예정인원의 3배수를 선발하여 면접심사를 진행하므로 고득점을 받기 위해 다양한 유형에 대한 폭넓은 학습과 문제풀이능력을 높이는 등 철저한 준비가 필요하다.

건강보험심사평가원 필기시험 합격을 위해 시대에듀에서는 기업별 NCS 시리즈 누적 판매량 1위의 출간경험을 토대로 다음과 같은 특징을 가진 도서를 출간하였다.

도서의 특징

❶ **합격으로 이끌 가이드를 통한 채용 흐름 확인!**
- 건강보험심사평가원 소개와 최신 시험 분석을 수록하여 채용 흐름을 파악하는 데 도움이 될 수 있도록 하였다.

❷ **기출응용 모의고사를 통한 완벽한 실전 대비!**
- 철저한 분석을 통해 실제 유형과 유사한 기출응용 모의고사를 4회분 수록하여 시험 직전 4일 동안 자신의 실력을 점검할 수 있도록 하였다.

❸ **다양한 콘텐츠로 최종 합격까지!**
- 온라인 모의고사를 무료로 제공하여 필기시험에 대비할 수 있도록 하였다.
- 모바일 OMR 답안채점/성적분석 서비스를 통해 자동으로 점수를 채점하고 확인할 수 있도록 하였다.

끝으로 본 도서를 통해 건강보험심사평가원 채용을 준비하는 모든 수험생 여러분이 합격의 기쁨을 누리기를 진심으로 기원한다.

SDC(Sidae Data Center) 씀

건강보험심사평가원 기업분석 INTRODUCE

◇ 미션

안전하고 수준 높은 의료환경을 만들어 **국민의 건강한 삶에 기여**한다

◇ 비전

공정한 심사평가, **탄탄한** 보건의료체계, **신뢰받는** 국민의료관리 전문기관

◇ 핵심가치

- 신뢰받는 심사
- 공정한 평가
- 열린 전문성
- 함께하는 소통
- 지속적인 혁신

◇ 슬로건

의료 수준은 높게, **국민 건강**엔 날개를

Smart HIRA, Better **Health**

보건의료를 **가치** 있게, 온 국민을 **건강**하게

◇ 전략방향 및 전략과제

신뢰받는 심사 기반 적정진료 환경 조성
- 의학적 타당성 기반 심사체계 고도화
- 심사 全 단계 관리체계 강화
- ICT 기반 심사 효율화

평가체계 개선을 통한 의료 수준 향상
- 성과 · 목표 중심 평가체계 고도화
- 국민중심 평가 수행 및 정보 접근성 향상
- 평가 관리체계 강화 및 환류

지속가능한 건강보험 체계 강화
- 필수의료 강화를 위한 공정한 보상체계 확립
- 합리적 의료 공급 · 이용체계 구축
- 급여 관리체계 고도화

디지털 기반 국민서비스 체감 향상
- 대국민 서비스 혁신 및 안전 강화
- 데이터 안전 강화 및 활용 촉진
- 디지털혁신 체계 · 역량 강화

경영혁신을 통한 책임 · ESG경영 강화
- ESG · 안전경영 선도
- 청렴 · 윤리경영 확립
- 혁신 기반 조직운영 및 경영 효율성 제고

◇ 인재상

창의성과 열린 **전문성**을 갖추고
공정한 업무수행으로 **국민**에게 **신뢰**받는 심평인

국민에게 신뢰받는 인재	공정을 실천하는 인재	열린 전문성을 갖춘 능동적인 인재	소통하고 협력하는 인재	혁신적 사고로 성장하는 인재

신입 채용 안내 INFORMATION

◇ 지원자격(공통)

❶ 대한민국 국적을 가진 자
❷ 병역법 제76조의 병역의무 불이행자에 해당하지 않는 자
※ 군필, 미필, 면제 및 임용(예정)일 이전 전역예정자는 지원 가능
❸ 건강보험심사평가원 인사규정 제71조에 따라 수습 임용(예정)일 기준 정년(만 60세)에 도래하지 않은 자
❹ 수습 임용(예정)일부터 근무가능한 자
❺ 건강보험심사평가원 인사규정 제14조 임용결격사유에 해당하지 않는 자
❻ 공직자윤리법 제17조 퇴직공직자의 취업제한에 해당하지 않는 자

◇ 필기시험

구분	직종	내용	문항 수
직업기초능력평가	행정직(6급가) · 심사직(5급) · 전산직 · 연구직	의사소통능력, 수리능력, 문제해결능력, 정보능력	40문항
	행정직(6급나)		80문항
직무수행능력평가	행정직(6급가) · 연구직	보건의료지식	10문항
		직무 관련 전공지식	30문항
	심사직(5급)	보건의료지식	40문항
	전산직	직무 관련 전공지식	40문항

※ 행정직(6급가)의 경우 법학, 행정학, 경영학, 경제학 등 통합전공지식을 평가함

◇ 면접심사

구분	직종	내용
다대일 집중면접	행정직 · 심사직(5급) · 전산직 · 연구직	직무적합성, 직업기초능력 등 개인별 역량 평가, 조직 적합도 및 종합인성 평가(심층면접 · 인성면접)
	심사직(4급)	조직 적합도 및 인성 등 종합평가(인성면접)
다대다 토론면접	행정직 · 심사직(5급)	개인들 간 상호작용 및 집단 내에서의 개인행동 평가

❖ 위 채용 안내는 2025년 상반기 채용공고를 기준으로 작성하였으므로 세부사항은 확정된 채용공고를 확인하기 바랍니다.

2025년 상반기 기출분석 ANALYSIS

총평

건강보험심사평가원의 필기시험은 PSAT형 문제의 비중이 높은 피듈형으로 출제되었다. 직업기초능력평가의 경우 난이도는 중상 정도로 작년 시험보다 약간 어려워졌다는 후기가 있었다. 의사소통능력은 건강보험심사평가원 관련 지문이 출제되었으며, 정보능력은 다양한 함수 문제가 출제되었다. 또한, 직무수행능력평가의 경우 난이도는 평이했다는 후기가 많았으며, 보건의료지식은 개념 위주의 문제가 출제되었다. 따라서 영역별 이론 및 개념을 확실하게 알아두고, 꼼꼼하게 풀이하여 불필요한 시간 소모를 줄이는 것이 필요해 보인다.

◇ 영역별 출제 비중

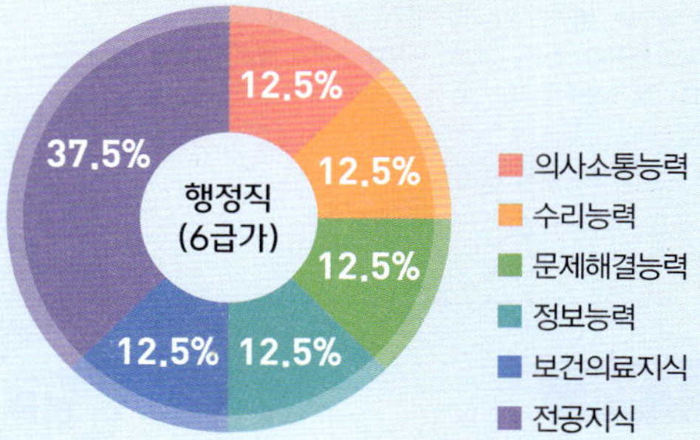

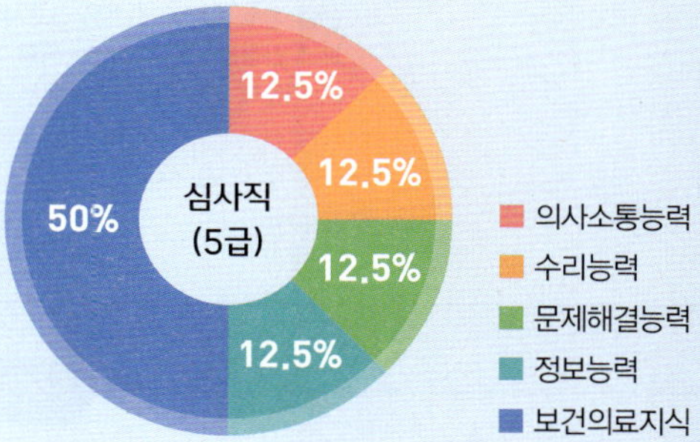

구분	출제 특징	출제 키워드
의사소통능력	• 심평원 관련 지문이 출제됨 • 문단 나열 문제가 출제됨 • 맞춤법 · 어휘 문제가 출제됨	• 팬데믹, 보건복지, 주택담보대출 등
수리능력	• 응용 수리 문제가 출제됨 • 자료 이해 문제가 출제됨 • 자료 계산 문제가 출제됨	• 영양소 함량 그래프, 전세 가격 등
문제해결능력	• 명제 추론 문제가 출제됨 • 자료 해석 문제가 출제됨	• 지하철, 공간별 대여료 등
정보능력	• 정보 이해 문제가 출제됨 • 엑셀 함수 문제가 출제됨	• 뉴미디어, ISBN 코드, COUNTIF 등
보건의료지식	• 건강보험제도, 건강보장과 급여, 간호관리료, 요양기관 가산지급 등	
전공지식	• 최저임금, 성년후견, 점증주의, 정치행정이원론, 관료제 조직, STP이론, 동기부여 이론, 자연독점, 실업률, 균형거래량 등	

주요 공기업 적중 문제 TEST CHECK

건강보험심사평가원

문단 나열 ▶ 유형

2025년 적중

※ 다음 문단을 논리적 순서대로 바르게 나열한 것을 고르시오. [1~3]

01

(가) 하지만 지금은 고령화 시대를 맞아 만성질환이 다수다. 꾸준히 관리받아야 건강을 유지할 수 있다. 치료보다 치유가 대세다. 이 때문에 미래 의료는 간호사 시대라고 말한다. 그럼에도 간호사에 대한 활용은 시대 흐름과 동떨어져 있다.
(나) 인간의 질병 구조가 변하면 의료 서비스의 비중도 바뀐다. 과거에는 급성질환이 많았다. 맹장염(충수염)이나 위궤양 등 수술로 해결해야 할 상황이 잦았다. 따라서 질병 관리 대부분을 의사의 전문성에 의존해야 했다.
(다) 현재 2년 석사과정을 거친 전문 간호사가 대거 양성되고 있다. 하지만 이들의 활동은 건강보험 의료수가에 반영되지 않고, 그러니 병원이 전문 간호사를 적극적으로 채용하려 하지 않는다. 의사의 손길이 닿지 못하는 곳은 전문성을 띤 간호사가 그 역할을 대신해야 함에도 말이다.
(라) 고령 장수 사회로 갈수록 간호사의 역할은 커진다. 병원뿐 아니라 다양한 공간에서 환자를 돌보고 건강관리가 이뤄지는 의료 서비스가 중요해졌다. 간호사 인력 구성과 수요는 빠르게 바뀌어 가는데 의료 환경과 제도는 한참 뒤처져 있어 안타깝다.

① (나) – (가) – (다) – (라)
② (나) – (라) – (가) – (다)
③ (다) – (가) – (라) – (나)
④ (다) – (라) – (가) – (나)

식별 코드 ▶ 유형

2025년 적중

03 A사원은 전세버스 대여를 전문으로 하는 여행업체인 S사에 근무하고 있다. 지난 10년 동안 상당한 규모로 성장해 온 S사는 현재 보유하고 있는 버스의 현황을 실시간으로 파악할 수 있도록 식별 코드를 부여하였다. 식별 코드 부여 방식과 자사보유 전세버스 현황이 다음과 같을 때, 옳지 않은 것은?

〈식별 코드 부여 방식〉

[버스등급] – [승차인원] – [제조국가] – [모델번호] – [제조연월]

버스등급	코드	제조국가	코드
대형버스	BX	한국	KOR
중형버스	MF	독일	DEU
소형버스	RT	미국	USA

예 BX – 45 – DEU – 15 – 2310
2023년 10월 독일에서 생산된 45인승 대형버스 15번 모델

〈자사보유 전세버스 현황〉

BX – 28 – DEU – 24 – 1308	MF – 35 – DEU – 15 – 0910	RT – 23 – KOR – 07 – 0628
MF – 35 – KOR – 15 – 1206	BX – 45 – USA – 11 – 0712	BX – 45 – DEU – 06 – 1105
MF – 35 – DEU – 20 – 1110	BX – 41 – DEU – 05 – 1408	RT – 16 – USA – 09 – 0712
RT – 25 – KOR – 18 – 0803	RT – 25 – DEU – 12 – 0904	MF – 35 – KOR – 17 – 0901
BX – 28 – USA – 22 – 1404	BX – 45 – USA – 19 – 1108	BX – 28 – USA – 15 – 1012
RT – 16 – DEU – 23 – 1501	MF – 35 – KOR – 16 – 0804	BX – 45 – DEU – 19 – 1312
MF – 35 – DEU – 20 – 1005	BX – 45 – USA – 14 – 1007	–

국민건강보험공단

당뇨병 ▶ 키워드

2025년 적중

05 다음 글을 읽고 이어질 내용을 논리적 순서대로 바르게 나열한 것은?

AIDS(Acquired Immune Deficiency Syndrome)는 HIV(Human Immunodeficiency Virus)의 감염으로 인해 일어나는 증후군으로서, HIV에 의해 면역세포가 파괴되어 정상적인 면역력을 갖지 못하게 되는 상태를 말한다. HIV 감염 몇 년 후에 면역세포가 일정량 이상 파괴된 상태를 AIDS라 부른다. 따라서 대부분의 감염자는 AIDS보다는 HIV 감염으로 부르는 것이 정확하다.

(가) HIV에 감염되면 몇 주 내에 감염 초기증상이 발생할 수 있으나, 이는 HIV 감염에서만 일어나는 특이한 증상이 아니므로 증상을 가지고 HIV 감염을 논하기는 어렵다. 의사들의 의견 또한 이러하며, 검사만이 HIV 감염여부에 대해 알 수 있는 통로라고 한다.

(나) 그럼에도 불구하고 HIV는 현재 완치될 수 없는 병이며 감염자에게 심대한 정신적 고통을 주게 되므로, HIV를 예방하기 위해서 불건전한 성행위를 하지 않는 것이 가장 중요하다 할 것이다.

(다) HIV의 감염은 일반적으로 체액과 체액의 교환으로 이루어지는데, 일반적으로 생각하는 성행위에 의한 감염은 이러한 경로로 일어난다. 대부분의 체액에는 HIV가 충분히 있지 않아, 실제로는 성행위 중 상처가 나는 경우의 감염확률이 높다고 한다.

(라) 이와 같은 경로를 거쳐 HIV 감염이 확인되어도 모든 사람이 AIDS로 진행하는 것은 아니다. 현재 HIV는 완치는 불가능하지만 당뇨병과 같이 악화를 최대한 늦출 수 있는 질병으로서, 의학 기술의 발전으로 약을 잘 복용한다면 일반인과 같이 생활할 수 있다고 한다.

① (가) – (나) – (라) – (다)　　② (가) – (다) – (라) – (나)
③ (다) – (가) – (라) – (나)　　④ (라) – (가) – (나) – (다)

예금 ▶ 키워드

2025년 적중

03 다음은 K손해보험 보험금 청구 절차 안내문이다. 이를 토대로 고객들의 질문에 답변하려고 할 때, 적절하지 않은 것은?

〈보험금 청구 절차 안내문〉

단계	구분	내용
Step 1	사고 접수 및 보험금 청구	피보험자, 가해자, 피해자가 사고발생 통보 및 보험금 청구를 합니다. 접수는 가까운 영업점에 관련 서류를 제출합니다.
Step 2	보상팀 및 보상담당자 지정	보상처리 담당자가 지정되어 고객님께 담당자의 성명, 연락처를 SMS로 전송해 드립니다. 자세한 보상 관련 문의사항은 보상처리 담당자에게 문의하시면 됩니다.
Step 3	손해사정법인 (현장확인자)	보험금 지급여부 결정을 위해 사고현장조사를 합니다. (병원 공인된 손해사정법인에게 조사업무를 위탁할 수 있음)
Step 4	보험금 심사 (심사자)	보험금 지급 여부를 심사합니다.
Step 5	보험금 심사팀	보험금 지급 여부가 결정되면 피보험자 예금통장에 보험금이 입금됩니다.

※ 3만 원 초과 10만 원 이하 소액통원의료비를 청구할 경우 보험금 청구서와 병원영수증, 질병분류기호(질병명)가 기재된 처방전만으로 접수가 가능합니다.
※ 의료기관에서는 환자가 요구할 경우 처방전 발급 시 질병분류기호(질병명)가 기재된 처방전 2부 발급이 가능합니다.
※ 온라인 접수 절차는 K손해보험 홈페이지에서 확인하실 수 있습니다.

① Q : 자전거를 타다가 팔을 다쳐서 병원비가 56,000원이 나왔습니다. 보험금을 청구하려고 하는데 제출할 서류는 어떻게 되나요?

학습플랜 STUDY PLAN

1일 차 학습플랜 1일 차 기출응용 모의고사

____월 ____일		
의사소통능력	수리능력	문제해결능력
정보능력	보건의료지식	전공지식

2일 차 학습플랜 2일 차 기출응용 모의고사

____월 ____일		
의사소통능력	수리능력	문제해결능력
정보능력	보건의료지식	전공지식

3일 차 학습플랜 3일 차 기출응용 모의고사

_____월 _____일		
의사소통능력	수리능력	문제해결능력
정보능력	보건의료지식	전공지식

4일 차 학습플랜 4일 차 기출응용 모의고사

_____월 _____일		
의사소통능력	수리능력	문제해결능력
정보능력	보건의료지식	전공지식

취약영역 분석 WEAK POINT

1일 차 취약영역 분석

시작 시간	:	종료 시간	:
풀이 개수	개	못 푼 개수	개
맞힌 개수	개	틀린 개수	개
취약영역 / 유형			
2일 차 대비 개선점			

2일 차 취약영역 분석

시작 시간	:	종료 시간	:
풀이 개수	개	못 푼 개수	개
맞힌 개수	개	틀린 개수	개
취약영역 / 유형			
3일 차 대비 개선점			

3일 차 취약영역 분석

시작 시간	:	종료 시간	:
풀이 개수	개	못 푼 개수	개
맞힌 개수	개	틀린 개수	개
취약영역 / 유형			
4일 차 대비 개선점			

4일 차 취약영역 분석

시작 시간	:	종료 시간	:
풀이 개수	개	못 푼 개수	개
맞힌 개수	개	틀린 개수	개
취약영역 / 유형			
시험일 대비 개선점			

2025.07.22.(화)

건강보험심사평가원, '폐의약품 안심 처리사업' 울산지역 확대

건강보험심사평가원(이하 심사평가원)은 22일 대한노인회 울산연합회, 울산소비자공익네트워크와 울산지역 '폐의약품 안심 처리사업' 추진을 위한 업무협약을 체결했다. 이번 협약은 울산시민을 대상으로 올바른 폐의약품 분리배출 및 안전한 수거 · 처리 환경을 조성하기 위한 것으로, 울산경남본부는 폐의약품 수거함 설치와 교육 · 홍보를 통해 사업이 원활히 추진되도록 지원할 예정이다.

대한노인회 울산연합회는 가정에서 발생하는 폐의약품이 안전하게 수집 · 배출될 수 있도록 유도하며, 수거된 폐의약품은 울산소비자공익네트워크가 지자체에 안전하게 전달하는 역할을 각각 수행하게 된다. 특히, 울산지역은 2024년 기준 1인당 의약품사용량이 전국에서 4번째로 높아 시민인식 개선 활동 등 사업 확대가 필요하다. 대한노인회 울산연합회 및 산하 구 · 군 지회 등에 7개의 폐의약품 수거함을 설치하고, 소비자단체와 함께 올바른 폐의약품 배출을 위한 캠페인도 추진할 예정이다.

울산경남본부장은 "폐의약품 안심 처리사업의 대상지역을 경상남도에 이어 울산광역시로 지속적으로 확대함과 동시에 내실 있는 운영을 통해 건강하고 안전한 지역사회를 만드는 데 실질적인 도움이 될 수 있도록 최선을 다하겠다."라고 밝혔다.

Keyword

- **폐의약품 안심 처리사업** : 최근 의약품으로 인한 전국 토양 및 하천오염 등 생태계 파괴가 심각해짐에 따라 지역별로 빨강색과 흰색으로 이루어진 알약 모양의 수거함을 곳곳에 배치하여 폐의약품을 효과적으로 수거 · 소각하는 사업을 말한다.

예상 면접 질문

- 폐의약품이 수거되지 않고 버려질 경우 발생할 수 있는 문제점에 대해 말해 보시오.
- 폐의약품 안심 처리사업이 진행될 다음 지역으로는 어디가 좋을지 말해 보시오.

2025.06.25.(수)

건강보험심사평가원, 불법 마약류 퇴치 및 의약품 안전사용(DUR) 대국민 홍보

건강보험심사평가원(이하 심사평가원)은 25일 대전역 광장에서 실시된 불법 마약류 퇴치 캠페인에 참여해 대국민 홍보활동을 펼쳤다.

이번 캠페인은 한국마약퇴치운동본부 대전지부가 주관하고, 대전지방식품의약품안전청 등 6개 기관이 참여했으며, 제39회 세계 마약퇴치의 날을 기념해 불법 마약류와 약물 오남용에 대한 경각심을 높이기 위해 진행됐다. 대전충청본부는 시민들에게 마약류의 위험성과 올바른 의약품 사용법을 안내하고, 최근 1년간 의약품 투약내역과 개인별 의약품 부작용 · 알레르기를 확인할 수 있는 내가 먹는 약! 한눈에, 의약품 안전사용(DUR) 서비스를 홍보했다.

대전충청본부장은 "마약류 등 약물 오남용은 심각한 사회문제인 만큼 시민 모두가 경각심을 갖고 건강한 사회를 만들어가길 바란다."라며 "앞으로도 안전한 의약품 사용 문화 조성을 위해 최선을 다하겠다."라고 밝혔다.

Keyword

- 세계 마약퇴치의 날 : 매년 6월 26일로, 마약류의 오남용에 대한 사회적 경각심을 높이고, 마약류에 관한 범죄를 예방하기 위해 국제연합(UN)에서 제정한 날이다. 국내에서는 심사평가원, 식품의약품안전처 등의 기관에서 여러 행사를 진행하고 있다.
- 의약품 안전사용(DUR) : 'Drug Utilization Review'의 약자로, 병용 시 또는 소아, 노인, 임부, 수유부에게 투여 시 주의해야 하는 의약품 정보 등을 알리고, 정해진 기준에 따라 약물 사용이 적절하게 이뤄지는지 점검하고 평가하는 제도이다.

예상 면접 질문

- 심사평가원에서 시행하는 마약 예방 관련 행사에 대해 아는 대로 말해 보시오.
- 심사평가원이 의약품 안전사용(DUR) 서비스를 활용할 수 있는 다른 방안이 있다면 말해 보시오.

2025.06.16.(월)

건강보험심사평가원,
‘행복해 지구나’ 이음(E) 프로젝트 공동선언식 개최

건강보험심사평가원(이하 심사평가원)은 지난 13일 심사평가원 본원에서 지역 청소년 탄소중립 실천문화 확산을 위한 2025년 ‘행복해 지구나 이음(E) 프로젝트’ 공동선언식을 개최했다. 심사평가원은 공공의 이익과 공동체 발전을 위해 사회적 책임을 다하는 국민의료관리 전문기관으로서 정부의 지속가능발전과 탄소중립 정책에 부응하는 ESG 경영을 추진하며 지역사회 및 국민의 삶의 질 향상에 기여하고 있다. 2021년부터 프로젝트에 참여하여 실천 · 행동중심 ESG 문화 정착에 동참해왔으며, 협력기관 간 미래세대 대상 ESG 가치 확산과 기후위기 대응 협력체계 강화를 위해 지난 5년간 총 4차례의 공동선언식을 개최했다.

다양한 이벤트와 공연을 통해 참여자 친화적 소통으로 환경인식과 실천 의지를 제고할 수 있었으며, 환경성 질환의 심각성과 예방법을 알기 쉽게 설명하고, 환경유해요인으로 인한 피해 예방과 생활 속 예방수칙 준수를 당부했다. 프로젝트는 12월까지 진행되며, 참여 학교 학생들은 온 · 오프라인 환경교육을 수료하고, ‘행가래’ 모바일 애플리케이션을 통한 탄소중립 활동을 실천한다. 또한, 심사평가원은 학생들이 적립한 탄소중립 포인트를 기부금으로 전환해 지역사회 환경문제 개선과 지원이 필요한 곳에 기부할 예정이다.

Keyword

- 행복해 지구나 이음(E) 프로젝트 : 강원지역 청소년 대상의 환경교육을 통해 환경보전을 실천하고, 이를 사회 기부와 연결하는(이음) 프로젝트이다.

예상 면접 질문

- 심사평가원이 ESG 경영을 추진하기 위해 노력하고 있는 점에 대해 말해 보시오.
- ESG 경영을 강화하기 위해 실천할 수 있는 또 다른 방안에 대해 말해 보시오.

2025.05.26.(월)

건강보험심사평가원, '연제구 치매안심센터'에 인지강화물품 기증

건강보험심사평가원(이하 심사평가원)은 26일 치매환자의 돌봄 지원에 필요한 인지강화물품을 '연제구 치매안심센터'에 전달했다. 부산본부는 2020년부터 치매극복 선도단체로 지정된 이후, 치매에 대한 인식 개선 및 지역사회 치매 돌봄 문화 확산을 위해 연제구 치매안심센터와 협력하여 다양한 프로그램을 도입 · 운영하고 있다.

올해는 특히 '치매안심 홈케어'와 '기억품은 교실' 특화 사업의 일환으로 인지기능 유지를 위한 색칠놀이, 퍼즐, 꽃 블록 등 교구 물품을 구입해 가정방문을 실시하였다. 또한, 부산광역시 광역치매센터와 협약을 통해 치매환자 등록 확대를 위한 심사평가원의 치매 관련 공공데이터를 제공하는 등 지역의 치매 환자 관리 사업을 지원하고 있다. 기증식 이후에는 연제구 치매안심센터장, 건강증진과장 등 치매안심센터 관계자와 함께 지역사회 치매 인식 제고를 위한 향후 방향성에 대해 논의하는 시간을 가졌으며, 실효성 있는 인식 개선 활동과 협업 방안에 대해 다양한 의견을 나눴다.

부산본부장은 "다양한 프로그램을 통해 치매환자를 위한 서비스 활동에 함께 할 수 있어 뜻깊다."라며, "앞으로도 전문 인력 교류, 프로그램 지원, 대상자 연계 등을 통해 지역사회 치매관리체계 사업 지원 · 협력을 적극적으로 지원하겠다."라고 밝혔다.

Keyword

- **치매안심센터** : 치매관리주치의가 의뢰한 치매 환자의 등록 · 관리 지원, 인지자극 프로그램 제공, 지역사회 자원 연계, 필요시 치매관리주치의와 방문 진료 동행 등 치매관리주치의 시범사업 참여기관을 지원하는 기관이다.

예상 면접 질문

- 심사평가원에서 시행하고 있는 사회적 제도나 서비스에 대해 아는 대로 말해 보시오.
- 치매안심센터에서 치매환자를 위해 어떠한 지원이 추가로 필요할지 말해 보시오.

이 책의 차례 CONTENTS

문 제 편 건강보험심사평가원 NCS + 전공

해 설 편 정답 및 해설

1일 차
기출응용 모의고사

〈문항 및 시험시간〉

평가영역	문항 수	시험시간	모바일 OMR 답안분석
[공통] 의사소통+수리+문제해결+정보 [행정직] 보건의료지식+법 / 행정 / 경영 / 경제 [심사직] 보건의료지식	80문항	100분	행정직 / 심사직

※ 수록 기준

법 : 법률 제20505호(시행 25.4.23.), 영 : 대통령령 제35597호(시행 25.6.21.),
규칙 : 보건복지부령 제1109호(시행 25.4.23.), 요양급여 규칙 : 보건복지부령 제1096호(시행 25.3.11.)

건강보험심사평가원 NCS + 전공

1일 차 기출응용 모의고사

문항 수 : 80문항
시험시간 : 100분

제1영역 직업기초능력평가

01 다음 문단을 논리적 순서대로 바르게 나열한 것은?

(가) 닭 한 마리가 없어져서 뒷집 식구들이 모두 나서서 찾았다. 그런데 앞집 부엌에서 고기 삶는 냄새가 났다. 왜 우리 닭을 잡아먹었느냐고 따지자 주인은 아니라고 잡아뗐다. 부엌에서 나는 고기 냄새는 무어냐고 물었더니, 냄새가 날 리 없다고, 아마도 네가 오랫동안 고기 맛을 보지 못해서 환장했을 거라고 면박을 줬다. 너희 집 두엄 더미에 버려진 닭 털은 어찌된 거냐고 들이대자 오리 발을 들고 나와 그것은 네 집 닭 털이 아니라 우리 집 오리털이라고 변명한다. 네 집 닭을 훔쳐 먹은 것이 아니라 우리 집 오리를 내가 잡은 것인데, 그게 무슨 죄가 되냐고 오히려 큰소리쳤다.

(나) 남의 닭을 훔쳐다 잡아먹고서 부인할 수는 있다. 그러나 뭐 뀐 놈이 성내는 것도 분수가 있지, 피해자를 가해자로 몰아 처벌하게 하는 것은 말문이 막힐 수밖에 없는 일이 아닌가. 적반하장도 유분수지, 도둑이 주인을 도둑으로 처벌해 달라고 고소하는 일은 별로 흔하지 않을 것이다.

(다) 뒷집 사람은 원님에게 불려 가게 되었다. 뒷집에서 우리 닭을 훔쳐다 잡아먹었으니 처벌해 달라고 앞집 사람이 고소했던 것이다. 이번에는 증거물이 있었다. 바로 앞집 사람이 잡아먹고 남은 닭발이었는데, 그것을 뒷집 두엄 더미에 넣어 두었던 것이다. 뒷집 사람은 앞집에서는 증조부 때 이후로 닭을 기른 적이 없다고 항변했지만 그것을 입증해 줄 만한 사람은 없었다. 뒷집 사람은 어쩔 수 없이 앞집에 닭 한 마리 값을 물어 주었다.

(라) '닭 잡아먹고 오리 발 내민다.'라는 속담이 있다. 제가 저지른 나쁜 일이 드러나게 되니 어떤 수단을 써서 남을 속이려 한다는 뜻이다. 남을 속임으로써 난감한 처지에서 벗어나고자 하는 약삭빠른 사람의 행위를 이렇게 비유해서 말하는 것이다.

① (가) – (나) – (라) – (다)
② (가) – (라) – (다) – (나)
③ (라) – (가) – (다) – (나)
④ (라) – (다) – (나) – (가)

02 다음 글의 빈칸에 들어갈 내용으로 가장 적절한 것은?

> 알레르기는 도시화와 산업화가 진행되는 지역에서 매우 빠르게 증가하고 있는데, 알레르기의 발병 원인에 대한 20세기의 지배적 이론은 알레르기는 병원균의 침입에 의해 발생하는 감염성 질병이라는 것이다. 하지만 1989년 영국의 K의사는 이 전통적인 이론에 맞서 다음 가설을 제시했다. ________________________________ K는 1958년 3월 둘째 주에 태어난 17,000명 이상의 영국 어린이를 대상으로 그들이 23세가 될 때까지 수집한 개인정보 데이터베이스를 분석하여, 이 가설을 뒷받침하는 증거를 찾았다. 이들의 가족 관계, 사회적 지위, 경제력, 거주 지역, 건강 등의 정보를 비교 분석한 결과, 두 개 항목이 꽃가루 알레르기와 상관관계를 가졌다. 첫째, 함께 자란 형제자매의 수이다. 외동으로 자란 아이의 경우 형제가 서넛인 아이에 비해 꽃가루 알레르기에 취약했다. 둘째, 가족 관계에서 차지하는 서열이다. 동생이 많은 아이보다 손위 형제가 많은 아이가 알레르기에 걸릴 확률이 낮았다.
> K의 주장에 따르면 가족 구성원이 많은 집에 사는 아이들은 가족 구성원, 특히 손위 형제들이 집안으로 끌고 들어오는 온갖 병균에 의한 잦은 감염 덕분에 장기적으로는 알레르기 예방에 오히려 유리하다. K는 유년기에 겪은 이런 감염이 꽃가루 알레르기를 비롯한 알레르기성 질환으로부터 아이들을 보호해 왔다고 생각했다.

① 알레르기는 유년기에 병원균 노출의 기회가 적을수록 발생 확률이 높아진다.
② 알레르기는 가족 관계에서 서열이 높은 가족 구성원에게 더 많이 발생한다.
③ 알레르기는 성인보다 유년기의 아이들에게 더 많이 발생한다.
④ 알레르기는 도시화에 따른 전염병의 증가로 인해 유발된다.

03 다음 글의 맥락상 ㉠ ~ ㉢에 들어갈 단어를 바르게 연결한 것은?

> 흔히 지방은 비만의 주범으로 ㉠ 지칭(指稱) / 지목(指目)된다. 대부분의 영양학자는 지방이 단백질이나 탄수화물보다 단위 질량당 더 많은 칼로리를 내기 때문에 과체중을 ㉡ 촉발(觸發) / 유발(誘發)하는 것으로 보았다. 그래서 저지방 식단이 비만을 막는 것으로 여겨지기도 했다. 하지만 저지방 식단의 다이어트 효과는 오래 가지 않는 것으로 밝혀졌다. 최근의 연구에 따르면 비만을 피하는 최선의 방법은 섭취하는 지방의 양을 ㉢ 한정(限定) / 제한(制限)하는 것이 아니라 총열량과 관련이 있다는 것이다.

	㉠	㉡	㉢
①	지칭	유발	한정
②	지칭	촉발	한정
③	지목	촉발	제한
④	지목	유발	제한

04 다음 글의 주제로 가장 적절한 것은?

> 현재 우리나라의 진료비 지불제도는 여러 가지 종류를 시행하고 있지만 가장 주도적으로 시행되는 지불제도는 행위별수가제도이다. 행위별수가제는 의료기관에서 의료인이 제공한 의료서비스(행위, 약제, 치료 재료 등)에 대해 서비스별로 가격(수가)을 정하여 사용량과 가격에 의해 진료비를 지불하는 제도로, 의료보험 도입 당시부터 채택하고 있는 지불제도이다. 그러나 최근 관련 전문가들로부터 이러한 지불제도를 개선해야 한다는 목소리가 많이 나오고 있다.
> 조사에 의하면 우리나라의 국민 의료비를 증대시키는 주요 원인은 고령화로 인한 진료비 증가와 행위별수가제로 인한 비용의 무한 증식이다. 현재 우리나라의 국민 의료비는 OECD 회원국 중 최상위를 기록하고 있으며 앞으로 더욱 심화될 것으로 예측된다. 특히 행위별수가제는 의료행위를 할수록 지불되는 진료비가 증가하므로 CT, MRI 등 영상검사 등을 중심으로 의료 남용이나 과다 이용 문제가 발생하고 있고, 병원의 이익 증대를 위하여 환자에게는 의료비 부담을, 의사에게는 업무 부담을, 건강보험에는 재정 부담을 증대시키고 있다. 이러한 행위별수가제의 문제점을 개선하기 위해 일부 질병군에서는 환자가 입원해서 퇴원할 때까지 발생하는 진료에 대하여 질병마다 미리 정해진 금액을 내는 제도인 포괄수가제를 시행 중이며, 요양병원, 보건기관에서는 입원 환자의 질병, 기능 상태에 따라 입원 1일당 정액수가를 적용하는 정액수가제를 병행하여 실시하고 있지만 비용 산정의 경직성, 의사 비용과 병원 비용의 비분리 등 여러 가지 문제점이 있어 현실적으로 효과를 내지 못하고 있다는 지적이 나오고 있다.
> 기획재정부와 보건복지부는 시간이 지날수록 건강보험 적자는 계속 증대되어 머지않아 고갈될 위기에 있다고 발표하였다. 당장 행위별수가제를 전면적으로 폐지할 수는 없으므로 기존의 다른 수가제의 문제점을 개선하여 확대하는 등 의료비 지불방식의 다변화가 구조적으로 진행되어야 할 것이다.

① 신포괄수가제의 정의
② 건강보험의 재정 상황
③ 행위별수가제의 한계점
④ 의료비 지불제도의 역할

05 다음 글의 빈칸에 들어갈 내용으로 가장 적절한 것은?

> 아리스토텔레스는 인간은 그 스스로 결정하는 일에 참여할 뿐만 아니라 그런 기회를 실제로 가짐으로써 비로소 결정하는 법을 배우게 되는 사회적 동물이라고 했다. 따라서 도덕적 결정을 어떻게 하는지 알기 위해서는 ____________________ 훌륭한 시민은 태어나는 것이 아니다. 사회교육적으로 만들어지는 것이다. 그리스 도시는 그리스 청소년에게 전인격적 인간을 만들어 주는 사회교육의 장이었으며, 문명의 장이었던 것이다. 물론 도시를 학교화시키는 그리스의 사회교육적 노력은 궁극적으로는 소수 시민이나 정치적 지배자를 양성하기 위한 정치교육적 노력이었다는 점은 비판되어야 하지만, 사회가 교실이라는 논리만큼은 현대의 산업 사회에서도 적용될 수 있다고 판단된다.

① 그와 관계되는 교육적 프로그램을 다양하게 개발해야 한다.
② 그런 일에 직접 참여해 보는 경험보다 더 중요한 것은 없다.
③ 그 방면의 권위자의 견해를 학습하는 것이 선행되어야 한다.
④ 그와 관계되는 적절한 학습 동기를 부여하는 것이 중요하다.

06 다음 글을 읽고 추론할 수 있는 것을 〈보기〉에서 모두 고르면?

> 박람회의 목적은 여러 가지가 있다. 박람회를 개최하려는 사람들은 우선 경제적인 효과를 따진다. 박람회는 주최하는 도시뿐 아니라 인접 지역, 크게는 국가적인 차원에서 경제 활성화의 자극이 된다. 박람회에서 전시되는 다양한 최신 제품들은 이러한 기회를 이용하여 소비자들에게 훨씬 가깝게 다가가게 되고, 판매에서도 큰 성장을 이룰 수 있다. 그 밖에도 박람회장 자체가 최신 유형의 건축물과 다양한 오락 시설을 설치하여 거의 이상적이면서 완벽한 모델도시를 보여줌으로써 국가적 우월성을 확보할 수 있다.
> 그러나 이러한 실질적이고 명목적인 이유들 외에도 박람회가 가지고 있는 사회적인 효과가 있다. 박람회장이 보여주는 이미지는 바로 '다양성'에 있다. 다양한 볼거리에서 사람들은 마법에 빠져든다. 그러나 보다 자세하게 그 다양성을 살펴보면 그것에는 결코 다양하지 않은 박람회 주최국가와 도시의 지도이념이 숨어 있음을 확인하게 된다. 박람회의 풍성한 진열품, 다양한 세계의 민족과 인종들은 주최국가의 의도를 표현하고 있다. 그런 의미에서 박람회는 그것이 가지고 있는 다양성에도 불구하고 결국은 주최국가와 도시의 인종관, 국가관, 세계관, 진보관이 하나로 뒤섞여서 나타나는 '이데올로기적 통일성'을 표현하는 또 다른 방식이라고 할 수 있다. 여기서 '이데올로기적 통일성'이라고 사용할 때 특히 의식적으로 나타내려는 바는, 한 국가가 국내외에서 자신의 의지를 표현하려고 할 때 구성하는 주요 성분들이다. 이는 '신념, 가치, 근심, 선입관, 반사작용'의 총합으로, 역사적인 시간에 따라 변동한다.
> 그러나 중요한 것은 당시의 '사회적 인식'을 기초로 해서 당시의 기득권 사회가 이를 그들의 합법적인 위치의 정당성과 권력을 위해 진행하고 있는 투쟁에서 의식적으로 조작된 정치적 무기로써 조직, 설립, 통제를 위한 수단으로 사용하고 있다는 점이다. 19 ~ 20세기의 박람회는 바로 그런 측면을 고스란히 가지고 있는 가장 대표적인 공간이었다.

보기

ㄱ 글쓴이는 박람회의 경제적 효과뿐만 아니라 사회적 효과에도 주목하고 있다.
ㄴ 정부는 박람회의 유치 및 운영을 통하여 노동, 이민, 인종 등에서 일어나는 불협화음을 조정하는 '헤게모니의 유지'를 관철시키려 한다.
ㄷ 박람회는 한 집단의 사회적인 경험에 합법적인 정당성과 소명의식을 확보하기 위한 장치로써의 '상징적 우주(Symbolic Universe)'라고 할 수 있다.
ㄹ 박람회는 지배계급과 피지배계급 간의 갈등을 다양한 볼거리 속에서 분산시켜, 노동계급에 속하는 사람들을 하나의 개인으로 '타자화(他者化)'하고 정책에 순응하게 하려는 전략의 산물이다.

① ㄱ, ㄹ
② ㄱ, ㄴ, ㄷ
③ ㄱ, ㄴ, ㄹ
④ ㄴ, ㄷ, ㄹ

※ 다음 글을 읽고 이어지는 질문에 답하시오. [7~9]

(가) '건강한 물'이란 안전하고 깨끗하면서 인체에 유익한 미네랄 성분이 균형 있게 포함된 물이다. 일반적으로 물 냄새가 나지 않고 물속에 녹아 있는 산소의 양(용존산소)이 충분하여 음용 시 청량감을 느낄 수 있는 물을 말한다. 세계보건기구(WHO)는 '깨끗한 물은 사람의 건강을 증진시킨다.'라고 물이 인체에 미치는 영향에 대해 강조하였으며, 100세 이상 장수하기로 유명한 지방의 사람들은 한결같이 '물 맑고 공기 좋은 청정지역의 삶이 장수하기에 최고의 조건이다.'라고 말했다.

(나) 미네랄(Mineral)이란 지구상에 존재하는 110가지의 원소 중에 인체의 96.5%를 차지하는 산소(65%), 탄소(18%), 수소(10%), 질소(3.5%)를 제외한 나머지 3.5%(칼슘 1.5%, 인 1%, 기타 1%)의 모든 원소를 말한다. 생명유지를 위한 인체 5대 필수영양소 중 하나이며, 신체의 성장과 유지, 체내의 여러 생리 기능의 조절 및 유지 등을 담당하는 영양물질이다. 미네랄의 종류로는 칼슘, 철, 나트륨, 칼륨, 마그네슘 등이 있으며, 인체 내에 존재하는 미네랄은 영양미네랄과 유해원소로 나뉜다. 세부적으로 영양미네랄은 그 존재량에 따라 하루에 100mg 이상을 필요로 하는 다량 미네랄과 하루에 100mg 이하를 필요로 하는 미량 미네랄로 나뉜다. 유해원소는 체내로 들어가면 배출이 안 되고 독성을 발생시키는데 그 종류에는 비소, 수은 등이 있다.

(다) 모든 미네랄이 중요한 역할을 하지만 남녀별로 필수로 챙겨야 하는 종류는 다소 차이가 있다. 여자는 주로 콜라겐을 합성하는 아연, 피부 재생에 좋은 스트론튬, 피부 수분 밸런스를 조절해 주는 나트륨 등 피부나 노화 예방에 관련된 미네랄을 챙긴다. 반면, 활동이 많은 남자는 근육의 움직임에 관여하고 에너지 방출을 도와주는 마그네슘과 인, 근력과 지구력을 키워주는 칼슘과 크롬, 성 기능을 원활하게 해주는 아연, 망간, 셀레늄이 신경 써서 챙겨야 할 7가지 미네랄로 꼽힌다.

(라) 많은 사람의 고정관념과는 달리 수돗물은 식수로 매우 적합하다. 국민 831명을 대상으로 한 Water 블라인드 테스트 결과 다수의 참가자가 생수와 비교해서 수돗물을 맛있는 물로 선택했지만 수돗물을 식수로 선호하지 않는다고 응답했다. 이유는 수돗물에서 나는 약 냄새, 막연한 수도관 불신이었다. 반면, 언론을 통해 본 수돗물과 미네랄을 알아 보자. 수돗물·생수·정수기물의 미네랄 함량 비교 결과, 수돗물과 생수는 비슷한 것으로 나타났다. 국내 생수의 대부분은 수돗물과 유사한 칼슘 함량을 갖고 있다. 또한, 한 방송국에서는 '물만 잘 먹어도 암을 이긴다.'라는 보도를 하였고, 이는 70여 종의 미네랄을 공급할 수 있는 것은 물이 유일하다는 주요 내용을 담고 있다.

07 **다음 중 건강한 물에 대한 설명으로 적절하지 않은 것은?**

① 세계보건기구(WHO)는 사람의 건강 증진에 있어 깨끗한 물의 중요성을 강조했다.
② 미네랄은 칼슘, 인, 산소 등으로 구성되어 있다.
③ 필수적으로 챙겨야 하는 미네랄은 성별에 따라 다소 차이가 있다.
④ Water 블라인드 테스트 참가자들은 대부분 수돗물에 대한 막연한 불신을 가지고 있다.

08 **다음 중 각 문단의 주제로 적절하지 않은 것은?**

① (가) : '건강한 물'의 정의
② (나) : '미네랄'의 정의와 역할 구분
③ (다) : 성별에 따른 필수 미네랄의 차이
④ (라) : 식수로 안전한 물과 위험한 물

09 **다음 중 윗글의 제목으로 가장 적절한 것은?**

① 수돗물을 통해 알아본 미네랄의 유해성
② 수돗물, 얼마나 알고 있습니까?
③ 미네랄, 성별에 따라 알고 섭취하자.
④ '건강한 물' 제대로 알고 마시자.

10 다음 글의 내용으로 적절하지 않은 것은?

스마트 팜은 사물인터넷이나 빅데이터 등의 정보통신기술을 활용해 농업시설의 생육환경을 원격 또는 자동으로 제어할 수 있는 농장으로, 노동력과 생산비 절감효과가 커 네덜란드와 같은 농업 선진국에서도 적극적으로 활용되고 있다. 관련 핵심 직업으로는 농장의 설계 · 구축 · 운영 등을 조언하고 지도하는 '스마트 팜 컨설턴트'와 농업인을 대상으로 스마트 팜을 설치하고 소프트웨어를 개발하는 '스마트 팜 구축가'가 있다.

바이오헬스는 바이오기술과 정보를 활용해 질병 예방 · 진단 · 치료 · 건강증진에 필요한 제품과 서비스를 생산하는 의약 · 의료산업이다. 국내 바이오헬스의 전체 기술력은 최고 기술국인 미국 대비 78% 수준으로 약 3.8년의 기술격차가 있다. 해외에서는 미국뿐만 아니라 영국 · 중국 · 일본 등이 글로벌 시장 선점을 위해 경쟁적으로 투자를 늘리고 있다. 관련 핵심 직업으로는 생물학 · 의약 등의 이론 연구로 다양한 생명현상을 탐구하는 '생명과학연구원', IT 건강관리 서비스를 기획하는 '스마트헬스케어 전문가' 등이 있다. 자연 · 의약학 계열의 전문 지식이 필요한 생명과학연구원은 향후 10년간 고용이 증가할 것으로 예측되며, 의료 · IT · 빅데이터의 지식이 필요한 스마트헬스케어 전문가도 연평균 20%씩 증가할 것으로 전망되는 시장규모에 따라 성장 가능성이 높을 것으로 보인다.

한편, 스마트시티는 건설과 정보통신 신기술을 활용해 다양한 서비스를 제공하는 도시로, 국내에서는 15개 지자체를 대상으로 U-City 사업이 추진되는 등 민간과 지자체의 아이디어를 도입하고 있다. 관련 직업으로는 토지 이용계획을 수립하고 설계하는 '도시계획가', 교통상황 및 영향요인을 분석하는 '교통전문가' 등이 있으며, 도시공학 · 교통공학 등의 지식이 필요하다.

① 현재 국내 15개 지자체에서 U-City 사업이 추진되고 있다.
② 미국은 우리나라보다 3년 이상 앞서 바이오헬스 산업에 투자하기 시작했다.
③ 정보통신기술을 활용한 스마트 팜을 통해 노동력과 생산비를 절감할 수 있다.
④ 스마트시티와 관련된 직업을 갖기 위해서는 도시공학 · 교통공학 등의 지식이 필요하다.

11 다음은 A씨의 보유 반찬 및 칼로리 정보와 하루 식단에 대한 자료이다. 이에 따라 A씨가 하루에 섭취하는 총열량은?

〈A씨의 보유 반찬 및 칼로리 정보〉

구분	현미밥	미역국	고등어구이	시금치나물	버섯구이	블루베리
무게(g)	300	500	400	100	150	80
열량(kcal)	540	440	760	25	90	40
구분	우유식빵	사과잼	된장찌개	갈비찜	깍두기	연근조림
무게(g)	100	40	200	200	50	100
열량(kcal)	350	110	176	597	50	96

〈A씨의 하루 식단〉

구분	식단
아침	우유식빵 80g, 사과잼 40g, 블루베리 60g
점심	현미밥 200g, 갈비찜 200g, 된장찌개 100g, 버섯구이 50g, 시금치나물 20g
저녁	현미밥 100g, 미역국 200g, 고등어구이 150g, 깍두기 50g, 연근조림 50g

① 1,940kcal
② 2,120kcal
③ 2,239kcal
④ 2,352kcal

12 귤 상자 2개에 각각 귤이 들어있다. 이때 한 상자당 귤이 안 익었을 확률이 10%, 썩었을 확률이 15%이고, 나머지는 잘 익은 귤이라고 한다. 두 사람이 각각 다른 상자에서 귤을 꺼낼 때, 한 사람은 잘 익은 귤을 꺼내고, 다른 한 사람은 썩거나 안 익은 귤을 꺼낼 확률은 몇 %인가?

① 33.5%
② 35.5%
③ 37.5%
④ 39.5%

13 신도시를 건설 중인 K국 정부는 보행자를 위한 신호등을 설치 중인데, 노인인구가 많은 도시의 특징을 고려하여 신호등의 점멸 신호 간격을 조정하려고 한다. 이와 관련된 K국의 도로교통법이 다음과 같다고 할 때, 5m와 20m 횡단보도의 신호등 점멸 시간은 각각 몇 초인가?

〈도로교통법 시행령〉

- 일반적으로 성인이 걷는 속도인 60cm/초에 기초해 점멸 시간을 정한다.
- 전체 길이가 10m를 넘는 횡단보도의 경우, 10m 초과분에 대해서 추가적으로 1.2초/m의 시간을 추가해 점멸 시간을 정한다.
- 신도시에 새롭게 건설되는 신호등에 대해서는 추가적으로 3초의 여유 시간을 추가해 점멸 시간을 정한다.
- 노인이 많은 지역에서는 일반적인 성인이 걷는 속도를 1.5로 나눈 값에 기초해 점멸 시간을 정한다.

	5m	20m
①	8.3초	53초
②	8.3초	62초
③	15.5초	53초
④	15.5초	65초

14 둘레가 2km인 호수를 같은 지점에서부터 A는 뛰어가고 B는 걸어간다고 한다. 서로 다른 방향으로 가면 5분 만에 다시 만나고, 같은 방향으로 가면 10분 만에 다시 만날 때 A의 속력은?(단, A는 B보다 빠르다)

① 200m/min
② 300m/min
③ 400m/min
④ 500m/min

15 다음은 K국의 19세 이상 성인의 흡연율과 고위험 음주율을 조사한 자료이다. 이에 대한 설명으로 옳지 않은 것은?

〈연도별 19세 이상 성인의 흡연율과 고위험 음주율〉

(단위 : %)

구분	흡연율			고위험 음주율		
	전체	남자	여자	전체	남자	여자
2019년	26.3	46.8	6.5	13.6	23.1	4.4
2020년	25.0	43.3	7.4	13.4	21.9	5.3
2021년	23.2	41.4	5.7	11.9	19.4	4.8
2022년	23.3	42.3	5.1	13.1	20.6	5.9
2023년	21.6	38.3	5.3	12.7	20.5	5.1
2024년	22.6	39.4	6.1	13.2	21.2	5.4

※ 고위험 음주율

- 1회 평균 음주량
  - 남자 7잔 이상
  - 여자 5잔 이상
- 주 2회 이상 음주

〈2024년 연령대별 흡연율과 고위험 음주율〉

(단위 : %)

구분	흡연율			고위험 음주율		
	전체	남자	여자	전체	남자	여자
19 ~ 29세	25.4	41.7	7.2	13.8	17.7	9.6
30 ~ 39세	30.4	51.5	7.6	16.4	23.5	8.6
40 ~ 49세	25.0	43.9	5.6	15.8	25.7	5.7
50 ~ 59세	22.7	38.2	7.1	15.4	26.0	4.9
60 ~ 69세	14.6	25.7	4.0	9.0	17.5	0.9
70세 이상	9.1	18.0	3.4	2.7	6.3	0.3

① 2024년 50대 이상 연령대의 전체 흡연율의 합은 2024년 19세 이상 성인의 전체 흡연율보다 낮다.

② 2024년 여자의 경우, 연령대가 높아질수록 고위험 음주율은 감소한다.

③ 2024년 고위험 음주율은 남자는 50 ~ 59세, 여자는 19 ~ 29세가 연령대 중 가장 높다.

④ 2024년 19세 이상 성인의 전체 흡연율 및 고위험 음주율은 2019년 대비 감소하였다.

16 다음은 A ~ F국의 2024년 GDP와 GDP 대비 국가자산총액을 나타낸 자료이다. 이에 대한 설명으로 〈보기〉에서 옳은 것을 모두 고르면?

〈A ~ F국의 2024년 GDP와 GDP 대비 국가자산총액〉

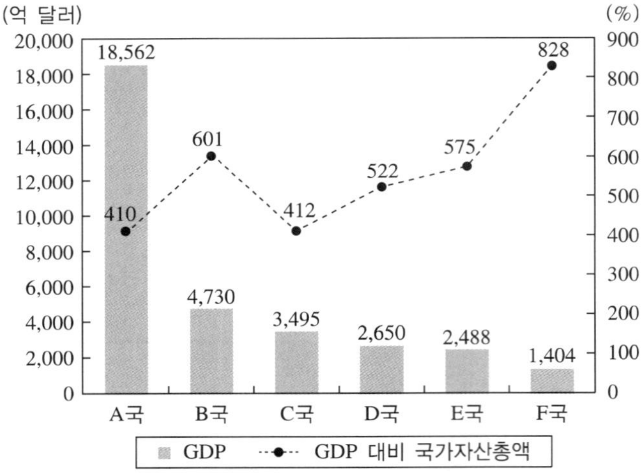

※ [GDP 대비 국가자산총액(%)] $= \frac{(\text{국가자산총액})}{(\text{GDP})} \times 100$

보기

ㄱ. GDP가 높은 국가일수록 GDP 대비 국가자산총액이 작다.
ㄴ. A국의 GDP는 A국을 제외한 나머지 5개국 GDP의 합보다 크다.
ㄷ. 국가자산총액은 F국이 D국보다 크다.

① ㄱ
② ㄴ
③ ㄱ, ㄴ
④ ㄴ, ㄷ

17 다음은 2021년부터 2025년 2분기까지 OECD 회원국의 고용률을 조사한 자료이다. 이에 대한 설명으로 옳지 않은 것은?(단, 소수점 셋째 자리에서 반올림한다)

〈OECD의 고용률 추이〉

(단위 : %)

구분	2021년	2022년	2023년	2024년				2025년	
				1분기	2분기	3분기	4분기	1분기	2분기
OECD 전체	64.9	65.1	66.2	66.8	66.1	66.3	66.5	66.8	66.9
미국	67.1	67.4	68.7	68.5	68.7	68.7	68.9	69.3	69.2
일본	70.6	71.7	73.3	73.1	73.2	73.4	73.7	74.1	74.2
영국	70.0	70.5	72.7	72.5	72.5	72.7	73.2	73.3	73.6
독일	73.0	73.5	74.0	74.0	73.8	74.0	74.2	74.4	74.5
프랑스	64.0	64.1	63.8	63.8	63.8	63.8	64.0	64.2	64.2
한국	64.2	64.4	65.7	65.7	65.6	65.8	65.9	65.9	65.9

① 2021년부터 영국의 고용률은 계속 증가하고 있다.
② 2025년 1분기와 2분기에서 2개 국가는 고용률이 변하지 않았다.
③ 2025년 1분기 6개 국가의 고용률 중 가장 높은 국가와 가장 낮은 국가의 고용률 차이는 10.2%p이다.
④ 2025년 2분기 OECD 전체 고용률은 작년 동기 대비 1.21% 증가하였으며, 직전 분기 대비 0.15% 증가하였다.

※ 다음은 2020 ~ 2024년 영유아 사망률을 정리한 자료이다. 이어지는 질문에 답하시오. **[18~19]**

〈연도별 영유아 사망률 순위〉

구분	2020년	2021년	2022년	2023년	2024년
1위	신생아 호흡곤란 (33%)	영아돌연사증후군 (40%)	타살 (36%)	타살 (37.8%)	타살 (41.4%)
2위	심장의 선천기형 (31%)	신생아 호흡곤란 (25%)	영아돌연사증후군 (35%)	영아돌연사증후군 (35%)	영아돌연사증후군 (35%)
3위	영아돌연사증후군 (30%)	폐렴 (18.6%)	신생아 호흡곤란 (22%)	추락사고 (11%)	추락사고 (7.1%)
4위	폐렴 (2.4%)	영아급사증후군 (7%)	폐렴 (2.4%)	신생아 호흡곤란 (10%)	영아급사증후군 (5.5%)
5위	영아급사증후군 (2%)	심장의 선천기형 (5%)	영아급사증후군 (2.1%)	폐렴 (3%)	신생아 호흡곤란 (5%)
6위	뇌·중추신경 악성신생물(1.5%)	뇌·중추신경 악성신생물(3.2%)	뇌·중추신경 악성신생물(2%)	뇌·중추신경 악성신생물(2%)	폐렴 (4%)
7위	운수사고 (0.1%)	운수사고 (1.2%)	심장의 선천기형 (0.5%)	영아급사증후군 (1.2%)	뇌·중추신경 악성신생물(2%)

〈2020 ~ 2024년 영유아 사망률 및 사망자 수〉

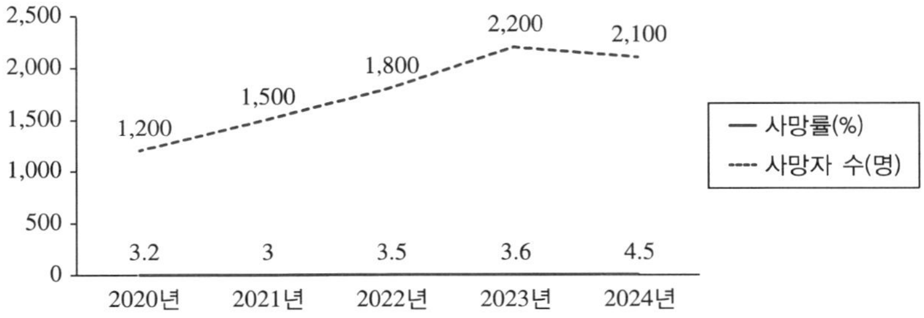

18 다음 중 자료에 대한 설명으로 옳은 것을 〈보기〉에서 모두 고르면?

보기

㉠ 2022 ~ 2024년에 영유아 사망률과 사망자 수는 전년 대비 매년 증가하고 있다.
㉡ 2020년부터 2024년까지 '영아돌연사증후군'으로 인한 총 사망자 수는 3,000명 이상이다.
㉢ '심장의 선천기형'으로 인한 2022년 사망자 수는 2021년의 1.2배이다.
㉣ 2021년 전체 영유아 수는 50,000명 이상이다.

① ㉠, ㉡
② ㉡, ㉣
③ ㉢, ㉣
④ ㉠, ㉡, ㉢

19 다음 중 자료에 대한 설명으로 옳지 않은 것은?

① '신생아 호흡곤란'으로 인한 영유아 사망 원인의 순위와 그 비율은 매년 감소하고 있다.
② 2022년까지 순위권 안에 속했던 '심장의 선천기형'은 2023년 이후에는 순위권 안에 속하지 않는다.
③ 2020년부터 2024년까지 '뇌 · 중추신경 악성신생물'로 인한 사망자 수는 매년 45명 미만이다.
④ 2022 ~ 2024년에는 영유아 사망 원인 1 · 2위가 전체의 70% 이상을 차지하고, 그 비율은 매년 증가하고 있다.

20 다음은 2025년 3 ~ 7월 코스피 · 코스닥 시장에 등록되어 있는 주식수를 업종별로 나타낸 그래프이다. 이에 대한 설명으로 옳지 않은 것은?(단, 소수점 둘째 자리에서 반올림한다)

〈월별 업종별 상장주식수〉

(단위 : 백만 주)

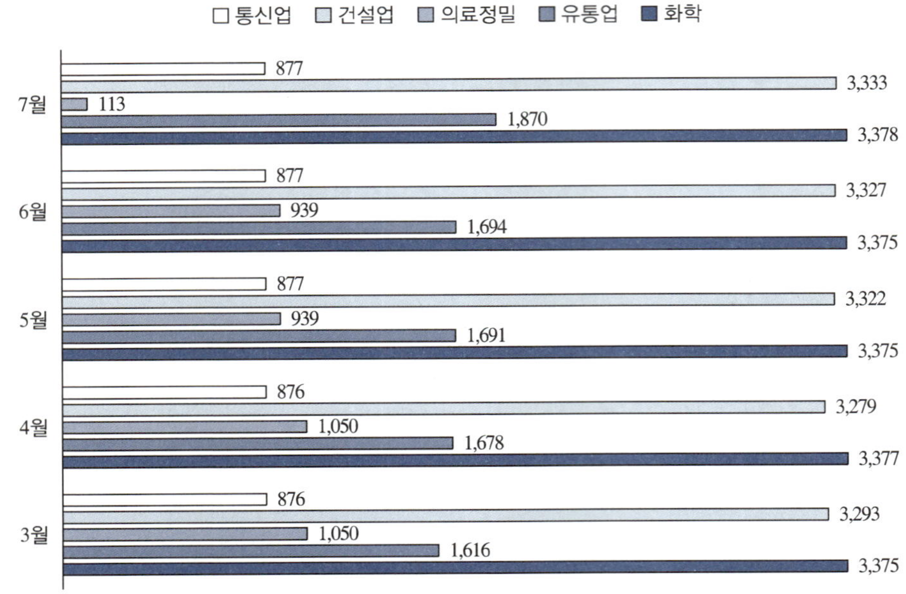

① 4 ~ 7월까지 상장주식수가 전월 대비 계속 증가하는 업종의 전월 대비 증가량이 가장 적은 달은 5월이다.

② 3 ~ 7월 동안 상장주식수가 일정한 달이 있는 업종의 7월 상장주식수의 총합은 40억 주 이상이다.

③ 4월 대비 5월의 의료정밀 상장주식수 증감량은 유통업 상장주식수 증감량의 8배를 초과한다.

④ 매월 상장주식수가 가장 많은 두 업종의 5월 총 상장주식수는 같은 달의 나머지 상장주식수 합의 2배 미만이다.

21 K사는 후문 인근 유휴지 개발을 위한 시공업체를 선정하고자 한다. 업체 선정방식 및 참가업체에 대한 평가정보가 다음과 같을 때, 최종적으로 선정될 업체는?

〈선정방식〉

• 최종점수가 가장 높은 업체를 선정한다.
• 업체별 최종점수는 경영건전성 점수, 시공실적 점수, 전력절감 점수, 친환경 점수를 합산한 값의 평균에 가점을 가산하여 산출한다.
• 해당 업체의 평가항목별 점수는 심사위원들이 부여한 점수의 평균값이다.
• 다음에 해당하는 경우 가점을 부여한다.

내용	가점
최근 5년 이내 무사고	1점
디자인 수상 실적 1회 이상	2점
입찰가격 150억 원 이하	2점

〈참가업체 평가정보〉

(단위 : 점)

구분	A업체	B업체	C업체	D업체
경영건전성 점수	85	91	79	88
시공실적 점수	79	82	81	71
전력절감 점수	71	74	72	77
친환경 점수	88	75	85	89
최근 5년 이내 사고 건수(건)	1	–	3	–
디자인 수상 실적(회)	2	1	–	–
입찰가격(원)	220억	172억	135억	110억

① A업체
② B업체
③ C업체
④ D업체

※ 다음은 K공사에 접수된 문의사항에 대한 자료이다. 이어지는 질문에 답하시오. **[22~24]**

〈접수 체계〉

ㄱㄴ	ㅗ	b	01
상품	제조지	제조일	문의내용

상품		제조지		제조일		문의내용			
ㄱㄴ	스마트폰	ㅏ	서울	a	2024년	01	환불	11	수리
ㄷㄹ	TV	ㅔ	경기	b	2023년	02	질문	12	방문
ㅁㅂ	컴퓨터	ㅣ	강원	c	2022년	03	불만	13	반송
ㅅㅇ	냉장고	ㅗ	경북	d	2021년	04	예약	14	설치
ㅈㅊ	가습기	ㅜ	전북	e	2020년	05	교환	15	기타

※ 문의내용은 복수선택이 가능함

〈접수 현황〉

ㅅㅇㅔb02	ㄷㄹㅏe15	ㅅㅇㅗc15	ㅁㅂㅣb0511
ㄱㄷㅜa03	ㅅㅇㅣb1214	ㅈㅊㅔa02	ㄱㄴㅗc03
ㄷㄹㅣa0103	ㅁㅂㅔd0405	ㄱㄴㅗd0013	ㅅㅇㅏa14

22 2024년 전북에서 제조된 가습기의 예약과 설치 방법에 대한 문의가 접수되었다. 접수 현황에 기재할 내용으로 옳은 것은?

① ㅈㅊㅜa0514
② ㅈㅊㅗa0414
③ ㅈㅊㅜa0414
④ ㅈㅊㅜe0414

23 접수 현황을 처리하는 도중 잘못 접수된 내용들이 발견되었다. 잘못된 접수 현황은 몇 개인가?

① 1개
② 2개
③ 3개
④ 4개

24 23번 문제의 잘못된 접수를 제외하고 정리했을 때, 2번 이상 접수된 문의내용은 몇 개인가?

① 3개
② 4개
③ 5개
④ 6개

25 **다음 글에 나타난 창의적 사고 개발 방법으로 가장 적절한 것은?**

> '신차 출시'라는 같은 주제에 대해서 판매방법, 판매대상 등의 힌트를 통해 사고 방향을 미리 정해서 발상한다. 이때, 판매방법이라는 힌트에 대해서는 '신규 해외 수출 지역을 물색한다.'라는 아이디어를 떠올릴 수 있을 것이다.

① 자유연상법
② 강제연상법
③ 비교발상법
④ 비교연상법

26 **A ~ D사원은 각각 홍보부, 총무부, 영업부, 기획부 소속으로 3 ~ 6층의 서로 다른 층에서 근무하고 있다. 이들 중 한 명이 거짓말을 하고 있을 때, 바르게 추론한 것은?(단, 각 팀은 서로 다른 층에 위치한다)**

> A사원 : 저는 홍보부와 총무부 소속이 아니며, 3층에서 근무하고 있지 않습니다.
> B사원 : 저는 영업부 소속이며, 4층에서 근무하고 있습니다.
> C사원 : 저는 홍보부 소속이며, 5층에서 근무하고 있습니다.
> D사원 : 저는 기획부 소속이며, 3층에서 근무하고 있습니다.

① A사원은 홍보부 소속이다.
② B사원은 영업부 소속이다.
③ 기획부는 3층에 위치한다.
④ 홍보부는 4층에 위치한다.

27 김사원은 부처에 필요한 사무용품을 K문구사에서 구입하려고 한다. K문구사에서 품목별로 진행 중인 사무용품 할인행사의 내용은 다음과 같다. 사무용품 구입 예산이 20,000원일 때, 효용의 합이 가장 높은 사무용품의 조합은?

〈사무용품 품목별 가격 및 효용〉

품목	결재판	스테이플러	볼펜 세트	멀티탭	A4용지(박스)
가격	5,000원	1,200원	2,500원	8,200원	5,500원
효용	40	20	35	70	50

〈K문구사의 사무용품 할인행사 내용〉

할인 요건	할인 내용
결재판 3개 이상 구매	결재판 1개 추가 증정
스테이플러 4개 이상 구매	멀티탭 1개 추가 증정
볼펜 세트 3개 이상 구매	볼펜 세트 1개 추가 증정
총상품가격 18,000원 초과	총결제금액에서 10% 할인

※ 각 할인은 서로 다른 할인 요건에 대하여 중복적용이 가능함

① 결재판 2개, 볼펜 세트 1개, 멀티탭 1개
② 스테이플러 6개, 볼펜 세트 2개, A4 용지 2박스
③ 결재판 1개, 스테이플러 2개, 볼펜 세트 4개
④ 스테이플러 3개, 멀티탭 2개, A4용지 1박스

28 다음 〈조건〉에 따라 A팀과 B팀이 팔씨름 시합을 한다. 경기 시작 전에 B팀은 A팀이 첫 번째 경기에 장사를 출전시킨다는 확실한 정보를 입수했다고 할 때, 옳지 않은 것은?

조건

- A팀과 B팀은 각각 장사 1명, 왼손잡이 1명, 오른손잡이 2명(총 4명)으로 구성되어 있다.
- 한 사람당 한 경기에만 출전할 수 있으며, 총 네 번의 경기를 치러 승점의 합이 많은 팀이 우승을 차지한다. 이때 이길 경우 3점, 비길 경우 1점, 질 경우 0점의 승점이 주어진다.
- 양 팀은 첫 번째 경기 시작 전에 경기별 출전선수 명단을 심판에게 제출해야 하며 제출한 선수 명단을 바꿀 수 없다.
- 각 팀에 속하는 팀원의 특징은 다음과 같다.
  - 장사 : 왼손잡이, 오른손잡이 모두에게 이긴다.
  - 왼손잡이 : 장사에게는 지고, 오른손잡이에게는 이긴다.
  - 오른손잡이 : 장사, 왼손잡이 모두에게 진다.
- 누구든 같은 특징의 상대를 만나면 비긴다.

① B팀도 첫 번째 경기에 장사를 출전시키면 최대 승점 5점을 얻을 수 있다.
② B팀이 첫 번째 경기에 왼손잡이를 출전시키면 최대 승점 4점을 얻을 수 있다.
③ B팀이 첫 번째 경기에 오른손잡이를 출전시키면 최대 승점 7점을 얻을 수 있다.
④ A팀이 두 번째 경기에 왼손잡이를 출전시킨다는 확실한 정보를 B팀이 입수한다면, B팀이 우승할 수 있으며 이때의 승점은 7점이다.

29 다음은 K공항의 자동출입국심사 이용에 대한 안내문이다. 사전 등록 없이 자동출입국심사대 이용이 가능한 사람은?

더욱 편리해진 자동출입국심사 이용 안내

19세 이상의 국민과 17세 이상의 등록 외국인은 사전 등록 절차 없이 자동출입국심사대를 바로 이용할 수 있습니다. 다만, 출입국 규제, 형사범, 체류만료일이 1개월 이내인 외국인 등 출입국관리 공무원의 대면심사가 필요한 외국인은 이용이 제한됩니다.

■ 사전 등록 없이 이용 가능한 자
- 19세 이상 대한민국 국민
- 외국인 등록 또는 거소신고를 한 17세 이상 등록외국인

■ 사전 등록 후 이용 가능자

사전 등록 대상	7세 이상 19세 미만 국민, 인적사항(성명, 주민등록번호)이 변경된 경우, 17세 미만 외국인 등
사전 등록 장소	제1여객터미널 3층 G카운터 자동출입국심사 등록센터 / 제2여객터미널 2층 출입국서비스센터

① 인적사항 변경이 없는 35세 A씨와 A씨의 아들 7세 B군
② 한 달 전 개명하여 인적사항이 변경된 50세 C씨
③ 외국인 등록이 되어 있는 17세 미국인 D씨
④ 체류만료일이 10일 남은 24세 영국인 E씨

30 다음은 K공사의 국토정보 유지관리사업에 대한 SWOT 분석결과이다. 이에 대한 판단으로 적절하지 않은 것을 〈보기〉에서 모두 고르면?

〈K공사의 국토정보 유지관리사업에 대한 SWOT 분석결과〉

구분	분석결과
강점(Strength)	• 도로명주소 서비스의 정확성 개선사업을 통한 국토정보 유지관리사업 추진 경험 • 위치기반 생활지원 서비스인 '랜디랑'의 성공적 구축
약점(Weakness)	• 국토정보 수집 관련 기기 및 설비 운용인력의 부족 • 공공수요에 편중된 국토정보 활용
기회(Opportunity)	• 국토정보체계 표준화에 성공한 해외 기관과의 지원협력 기회 마련
위협(Threat)	• 드론 조종사 양성을 위한 예산 확보 어려움

보기

㉠ 유지관리사업 추진 노하우를 해외 기관에 제공하고 이를 더욱 개선하기 위해 국내에서 예산을 확보하는 것은 SO전략에 해당한다.
㉡ 랜디랑의 성공적 구축 사례를 활용해 드론 운용사업의 잠재성을 강조하여 드론 조종사 양성 예산을 확보해 내는 것은 ST전략에 해당한다.
㉢ 해외 기관과의 협력을 통해 국토정보 유지관리사업을 개선하는 것은 WO전략에 해당한다.
㉣ 드론 조종사 양성을 위한 예산을 확보하여 기기 운용인력을 확충하기 위해 노력하는 것은 WT전략에 해당한다.

① ㉠, ㉡
② ㉠, ㉢
③ ㉡, ㉢
④ ㉡, ㉣

31 다음은 6T에 대한 설명이다. 이를 참고할 때, 〈보기〉에서 6T가 아닌 것을 모두 고르면?

6T란 정보화 사회에서 새로운 지식과 기술을 개발·활용·공유·저장해 미래를 이끌어갈 주요 산업을 일컫는다.

보기

ㄱ. 문화산업	ㄴ. 토지	ㄷ. 노동
ㄹ. 환경공학	ㅁ. 우주항공기술	ㅂ. 정보기술
ㅅ. 자본	ㅇ. 나노기술	ㅈ. 생명공학

① ㄱ, ㄴ, ㅂ
② ㄱ, ㄹ, ㅈ
③ ㄴ, ㄷ, ㅅ
④ ㄴ, ㅁ, ㅇ

32 K공사는 구입한 비품에 '등록순서 – 제조국가 – 구입일'의 형식으로 관리번호를 부여한다. 다음 엑셀 시트에서 [F2] 셀과 같이 제조국가의 약자를 기입하고자 할 때, [F2] 셀에 들어갈 함수식으로 옳은 것은?

	A	B	C	D	E	F
1	등록순서	제품명	관리번호	구입일	가격	제조국가
2	1	A	1-US-0123	1월 23일	12,000	US
3	2	B	2-KR-0130	1월 30일	11,400	
4	3	C	3-US-0211	2월 11일	21,700	
5	4	D	4-JP-0216	2월 16일	34,800	
6	5	E	5-UK-0317	3월 17일	21,000	
7	6	F	6-UK-0321	3월 21일	61,100	
8	7	G	7-KR-0330	3월 30일	20,000	
9	8	H	8-US-0412	4월 12일	16,000	

① =SEARCH(C2,3,2)
② =SEARCH(C2,3,3)
③ =MID(C2,2,2)
④ =MID(C2,3,2)

33 다음 대화를 읽고 빈칸에 들어갈 엑셀의 함수로 옳은 것은?

P과장 : K씨, 제품 일련번호가 짝수인 것과 홀수인 것을 구분하고 싶은데 일일이 찾아 분류하자니 데이터가 너무 많아 번거로울 것 같아. 엑셀로 분류할 수 있는 방법이 없을까?

K사원 : 네, 과장님. ______ 함수를 사용하면 편하게 분류할 수 있습니다. 이 함수는 지정한 숫자를 특정 숫자로 나눈 나머지를 알려줍니다. 만약 제품 일련번호를 2로 나누면 나머지가 0 또는 1이 나오는데 여기서 나머지가 0이 나오는 것은 짝수이고 나머지가 1이 나오는 것은 홀수이기 때문에 분류가 쉽고 빠르게 됩니다. 분류하실 때는 필터 기능을 함께 사용하면 더욱 간단해집니다.

P과장 : 그렇게 하면 간단히 처리할 수 있겠어. 정말 큰 도움이 되었네.

① SUMIF
② MOD
③ INT
④ NOW

34 다음 대화에서 S사원이 답변할 내용으로 옳지 않은 것은?

> P과장 : 자네, 마우스도 거의 만지지 않고 윈도우를 사용하다니 신기하군. 방금 윈도우 바탕화면에 있는 창들이 모두 사라졌는데 어떤 단축키를 눌렀나?
> S사원 : 네, 과장님. 〈윈도우〉와 〈D〉를 함께 누르면 바탕화면에 펼쳐진 모든 창이 최소화됩니다. 이렇게 주요한 단축키를 알아두면 업무에 많은 도움이 됩니다.
> P과장 : 그렇군. 나도 자네에게 몇 가지를 배워서 활용해 봐야겠어.
> S사원 : 우선 윈도우에서 자주 사용하는 단축키를 알려드리겠습니다.
> 첫 번째로 ______________________________

① 〈윈도우〉+〈E〉를 누르면 윈도우 탐색기를 열 수 있습니다.
② 〈윈도우〉+〈Home〉을 누르면 현재 보고 있는 창을 제외한 나머지 창들이 최소화됩니다.
③ 잠시 자리를 비울 때 〈윈도우〉+〈L〉을 누르면 잠금화면으로 전환할 수 있습니다.
④ 〈Alt〉+〈W〉를 누르면 현재 사용하고 있는 창을 닫을 수 있습니다.

35 다음 중 [D2] 셀에 수식 「=UPPER(TRIM(A2))&"KR"」을 입력했을 때의 결괏값은?

	A	B	C	D
1	도서코드	출판사	출판년도	변환도서코드
2	mng-002	대한도서	2024	
3	pay-523	믿음사	2023	
4	mng-091	정일도서	2022	

① MNG-002-kr
② MNG-KR
③ MNG 002-KR
④ MNG-002KR

36 다음 중 빈칸에 들어갈 말로 가장 적절한 것은?

> 이것은 기업이 경쟁에서 우위를 확보하려고 구축·이용하는 것이다. 기존의 정보시스템이 기업 내 업무의 합리화·효율화에 역점을 두었던 것에 반해, 기업이 경쟁에서 승리해 살아남기 위한 필수적인 시스템이라는 뜻에서 ______________(이)라고 한다. 그 요건으로는 경쟁 우위의 확보, 신규 사업의 창출이나 상권의 확대, 업계 구조의 변혁 등을 들 수 있다. 실례로는 금융 기관의 대규모 온라인시스템, 체인점 등의 판매시점 관리(POS)를 들 수 있다.

① 비지니스 프로세스 관리(BPM)
② 전사적 자원관리(ERP)
③ 전략정보 시스템(SIS)
④ 경영정보 시스템(MIS)

37 다음 중 스프레드시트의 메모에 대한 설명으로 옳지 않은 것은?

① 메모를 삭제하려면 메모가 삽입된 셀을 선택한 후 [검토] – [메모] – [삭제]를 선택한다.

② [서식 지우기] 기능을 이용하여 셀의 서식을 지우면 설정된 메모도 함께 삭제된다.

③ 메모가 삽입된 셀을 이동하면 메모의 위치도 셀과 함께 변경된다.

④ 작성된 메모의 내용을 수정하려면 메모가 삽입된 셀의 바로 가기 메뉴에서 [메모편집]을 선택한다.

38 다음 프로그램의 실행 결과로 나온 값의 합을 구하면?

```
#include <studio.h>

int main( )
{
    printf("%d\n", 1%3);
    printf("%d\n", 2%3);
    printf("%d\n", 3%3);
    printf("%d\n", 4%3);
    printf("%d\n", 5%3);
    printf("%d\n", 6%3);

    return 0;
}
```

① 3　　② 4

③ 5　　④ 6

39 다음 순서도에 의해 출력되는 값은 얼마인가?

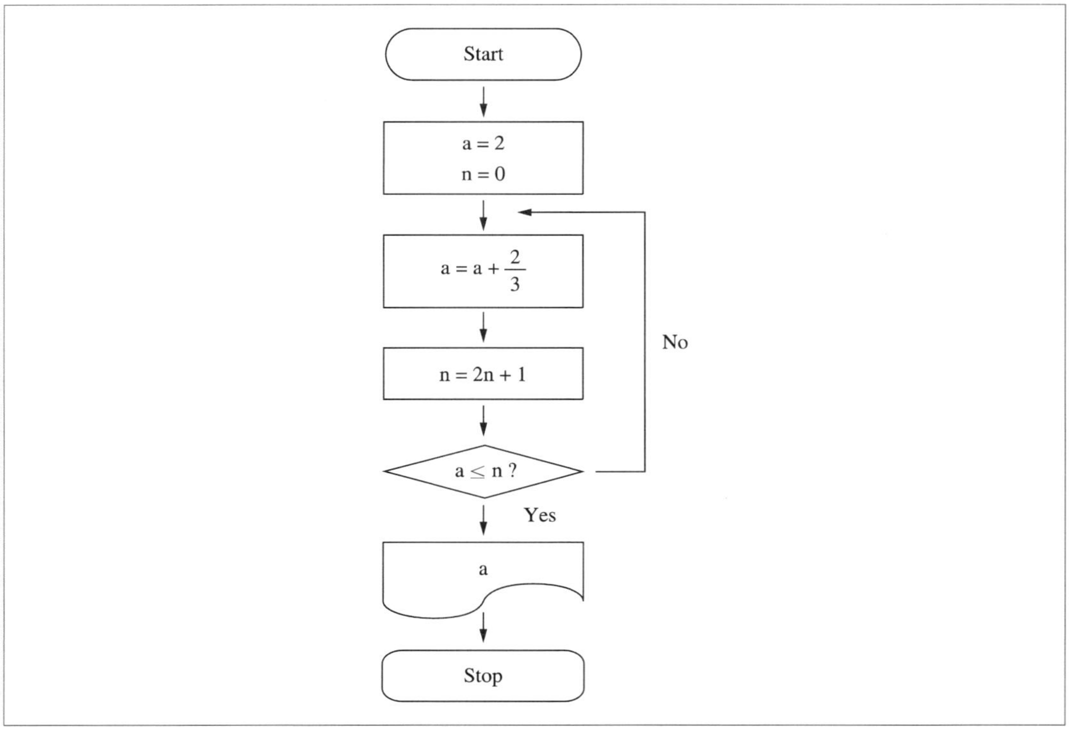

① 6　　② $\frac{16}{3}$

③ $\frac{14}{3}$　　④ 4

40 다음 중 아래 [A1:B4] 영역을 기준으로 차트를 만들었을 때, 이에 대한 설명으로 옳지 않은 것은?

	A	B	C	D
1	연도	금액		
2	2022년	35,000		
3	2023년	25,500		
4	2024년	69,300		
5				

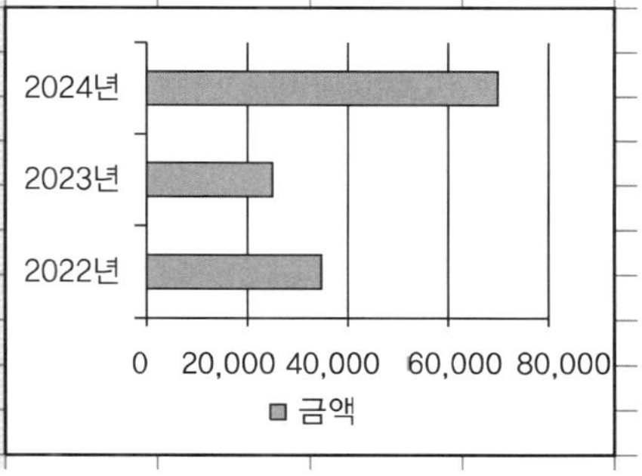

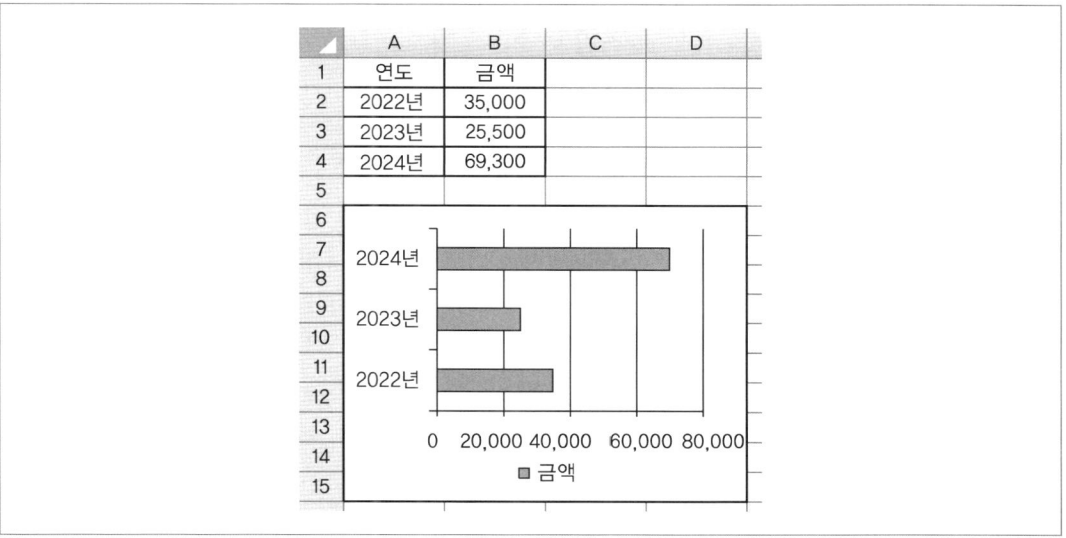

① 표의 데이터를 수정하면 차트도 자동으로 수정된다.

② 차트에서 주 눈금선을 선택하여 삭제하면 주 눈금선이 사라진다.

③ 표의 [A5:B5] 영역에 새로운 데이터를 추가하면 차트에도 자동으로 추가된다.

④ 표의 [A3:B3] 영역과 [A4:B4] 영역 사이에 새로운 데이터를 삽입하면 차트에도 자동으로 삽입된다.

| 01 | 보건의료지식 + 전공(행정직)

41 다음 중 난임시술 의료기관에 대한 설명으로 옳지 않은 것은?

① 난임시술 지정 의료기관에 대하여 3년마다 지정기준 충족 여부를 평가한다.
② 보건복지부장관은 평가 결과에 따라 난임시술 의료기관의 지정을 취소할 수 있다.
③ 난임시술 평가 결과는 건강보험심사평가원 홈페이지에 공개한다.
④ 2020년 보조생식술 급여화를 시작으로 건강보험심사평가원에 난임시술 의료기관 평가 및 통계관리 업무가 위탁되었다.

42 다음 중 요양급여에 해당하지 않는 것은?

① 진찰・검사
② 예방・재활
③ 본인부담금 보상금
④ 처치・수술 및 그 밖의 치료

43 다음은 국민건강보험법의 목적에 대한 설명이다. 빈칸 ㉠, ㉡에 들어갈 말이 바르게 연결된 것은?

> 국민건강보험법의 목적은 국민의 질병・ ㉠ 에 대한 예방・진단・치료・재활과 출산・사망 및 건강증진에 대하여 ㉡ 를 실시함으로써 국민보건 향상과 사회보장 증진에 이바지함을 목적으로 한다.

	㉠	㉡
①	감염	보험급여
②	감염	의료서비스
③	부상	보험급여
④	부상	의료행위

44 다음 중 국민건강보험법상 요양급여를 실시하는 요양기관인 보건진료소의 설치 근거법은?

① 의료법
② 약사법
③ 지역보건법
④ 농어촌 등 보건의료를 위한 특별조치법

45 요양기관이 요양급여비용을 최초로 청구하면서 요양기관의 시설 · 장비 및 인력에 대한 현황을 건강보험심사평가원에 신고하였다. 이후 신고한 내용이 변경되어 변경신고를 하려고 할 때, 변경된 날로부터 며칠 이내에 신고를 해야 하는가?

① 10일
② 15일
③ 20일
④ 25일

46 다음 중 업무에 종사하기 위해 국외에 체류하는 경우라고 공단이 인정하는 경우, 보험료가 면제되는 국외 체류기간으로 옳은 것은?

① 15일
② 1개월
③ 2개월
④ 3개월

47 다음 중 건강보험정책심의위원회의 심의 · 의결사항으로 옳지 않은 것은?

① 종합계획 및 시행계획에 관한 사항
② 요양급여의 기준
③ 직장가입자의 보험료율
④ 직장가입자의 재산보험료부과점수당 금액

48 다음 중 건강보험심사평가원에 대한 설명으로 옳지 않은 것은?

① CI는 지속 가능한 의료환경을 구축하고자 하는 건강보험심사평가원의 결의를 표현하였다.

② CI는 손가락으로 원을 그린 듯한 모양으로 신뢰와 사랑의 의미를 담고 있다.

③ 건강보험심사평가원의 미션은 '안전하고 수준 높은 의료환경을 만들어 국민의 건강한 삶에 기여한다.'이다.

④ 건강보험심사평가원의 비전은 '공정한 심사평가, 탄탄한 보건의료체계, 신뢰받는 국민의료관리 전문기관'이다.

49 다음 중 진료심사평가위원회(심사위원회)의 위원장에 대한 설명으로 옳은 것은?

① 심사위원회에는 2명의 위원장을 둔다.

② 심사위원회의 위원장은 투표를 통해 임명한다.

③ 심사위원회 위원장의 임기는 2년이다.

④ 심사위원회의 위원장이 부득이한 사유로 직무를 수행할 수 없으면 보건복지부장관이 지명하는 위원이 그 직무를 대행한다.

50 다음 중 보수월액보험료의 부족액이 해당 직장가입자가 부담하는 보수월액보험료 이상인 경우 분할납부에 대한 설명으로 옳은 것은?(단, 추가징수금액을 고지하는 날이 속하는 달의 보수월액보험료를 말한다)

① 연말정산에 따른 추가징수금액은 7회로 분할하여 납부한다.

② 연말정산에 따른 추가징수금액은 한 번에 전액 납부해야 한다.

③ 연말정산을 제외한 정산에 따른 추가징수금액은 사용자 신청에 따라 최대 8회 분할납부할 수 있다.

④ 연말정산을 제외한 정산에 따른 추가징수금액은 사용자 신청에 따라 12회까지 분할납부할 수 있다.

51 다음 중 법과 관습에 대한 설명으로 옳지 않은 것은?

① 법은 합목적성에 기초하는 반면, 관습은 당위성에 기초한다.

② 법은 국가 차원의 규범인 반면, 관습은 부분 사회의 관행이다.

③ 법은 인위적으로 만들어지는 반면, 관습은 자연발생적 현상으로 생성된다.

④ 법은 법원의 직권조사사항인 반면, 관습은 그 존재를 당사자가 주장 및 증명하여야 한다.

52 다음 중 법률효과가 처음부터 발생하지 않는 것은 무엇인가?

① 착오
② 취소
③ 무효
④ 사기

53 다음 중 자연인의 권리능력에 대한 설명으로 옳지 않은 것은?

① 자연인의 권리능력은 사망에 의해서만 소멸된다.
② 피성년후견인의 권리능력은 제한능력자에게도 차등이 없다.
③ 실종선고를 받으면 권리능력을 잃는다.
④ 우리 민법은 태아에 대해 개별적 보호주의를 취하고 있다.

54 다음 중 동기부여 이론에서 과정이론에 해당하는 이론은?

① 매슬로(Maslow)의 욕구단계 이론
② 앨더퍼(Alderfer)의 ERG 이론
③ 브룸(Vroom)의 기대이론
④ 맥그리거(McGregor)의 XY이론

55 다음 중 예산의 신축성을 유지하기 위한 장치에 대한 설명으로 옳지 않은 것은?

① 수입대체경비는 과년도 수입과 지출금을 반납하는 것이다.
② 총괄예산제도는 구체적인 용도를 제한하지 않고 신축적 집행을 인정하는 것이다.
③ 계속비제도는 완공에 수년이 소요되는 대규모 공사·제조·연구개발 사업의 경우 총액과 연부금을 정하여 집행을 인정하는 것이다.
④ 회계연도 개시 전 예산배정제도는 회계연도 개시 전에 대통령이 정하는 바에 의해 기획재정부장관이 예산을 배정하는 것이다.

56 완전경쟁시장에 100개의 개별기업이 존재하며, 모든 기업은 동일한 비용함수 $C=5q^2+10$을 가진다. 시장의 수요함수가 $Q=350-60P$일 경우 완전경쟁시장의 단기균형가격은 얼마인가?(단, C는 생산비용, q는 산출량이고, P는 시장가격, Q는 시장산출량이다)

① 5
② 10
③ 15
④ 20

57 다음 중 물적자본의 축적을 통한 경제성장을 설명하는 솔로우(R. Solow) 모형에서 수렴현상이 발생하는 원인은?

① 자본의 한계생산 체감
② 경제성장과 환경오염
③ 내생적 기술진보
④ 기업가 정신

58 다음 중 근무성적 평정방법에 대한 설명으로 옳지 않은 것은?

① 도표식 평정척도법은 평정요소와 등급의 추상성이 높기 때문에 평정자의 자의적 해석에 의한 평가가 이루어지기 쉽다는 단점이 있다.
② 집중화・관대화・엄격화 경향이란 각각 평정척도상의 중간 등급에 집중적으로 몰리거나 실제 실적 수준보다 후하거나 엄한 경향으로, 강제배분법을 사용함으로써 발생하는 오류이다.
③ 목표관리법에서는 목표설정 과정에 개인의 능력 및 태도가 반영되지만 실제 평가에서는 활동 결과를 평가대상으로 한다.
④ 다면평정법은 여러 사람을 평정자로 활용함으로써 소수 평정자의 주관과 편견, 그리고 이들 간의 개인편차를 줄여 공정성을 높일 수 있는 제도이다.

59 다음 상황을 의미하는 경제용어로 옳은 것은?

> 일본의 장기불황과 미국의 금융위기 사례에서와 같이 금리를 충분히 낮추는 확장적 통화정책을 실시해도 가계와 기업이 시중에 돈을 풀어놓지 않는 상황을 말한다. 특히 일본의 경우 1990년대 제로금리를 고수했음에도 불구하고 소위 '잃어버린 10년'이라고 불리는 장기불황을 겪었다. 불황 탈출을 위해 확장적 통화정책을 실시했지만 경제성장률은 계속 낮았다. 이후 경기 비관론이 팽배해지고 디플레이션이 심화되면서 모든 경제주체가 투자보다는 현금을 보유하려는 유동성 선호 경향이 강해졌다.

① 유동성 함정(Liquidity Trap)
② 구축효과(Crowding-out Effect)
③ 용의자의 딜레마
④ 동태적 비일관성

60 **다음 중 점증모형에 대한 설명으로 옳지 않은 것은?**

① 정책을 결정할 때 현존의 정책에서 약간만 변화시킨 대안을 고려한다.
② 고려하는 정책대안이 가져올 결과를 모두 분석하지 않고 제한적으로 비교·분석하는 방법을 사용한다.
③ 경제적 합리성보다는 정치적 합리성을 추구하여 타협과 조정을 중요시한다.
④ 수단과 목표가 명확히 구분되지 않으므로 흔히 목표－수단의 분석이 부적절하거나 제한되는 경우가 많으며, 정책 목표달성을 극대화하는 정책을 최선의 정책으로 평가한다.

61 **다음 중 다면평가제도의 장점에 대한 설명으로 옳지 않은 것은?**

① 평가의 객관성과 공정성 제고에 기여할 수 있다.
② 계층제적 문화가 강한 사회에서 조직 간 화합을 제고해 준다.
③ 피평가자가 자기의 역량을 강화할 수 있는 기회를 제공해 준다.
④ 조직 내 상하 간, 동료 간, 부서 간 의사소통을 촉진할 수 있다.

62 **다음 〈보기〉 중 행정가치에 대한 설명으로 옳은 것은 모두 몇 개인가?**

보기

ㄱ. 실체설은 공익을 사익의 총합이라고 파악하며, 사익을 초월한 별도의 공익이란 존재하지 않는다고 본다.
ㄴ. 롤스(Rawls)의 사회정의의 원리에 의하면 정의의 제1원리는 기본적 자유의 평등원리이며, 제2원리는 차등조정의 원리이다. 제2원리 내에서 충돌이 생길 때에는 '차등의 원리'가 '기회균등의 원리'에 우선되어야 한다.
ㄷ. 과정설은 공익을 사익을 초월한 실체적, 규범적, 도덕적 개념으로 파악하며, 공익과 사익과의 갈등이란 있을 수 없다고 본다.
ㄹ. 베를린(Berlin)은 자유의 의미를 두 가지로 구분하면서, 간섭과 제약이 없는 상태를 적극적 자유라고 하고, 무엇을 할 수 있는 자유를 소극적 자유라고 하였다.

① 없음
② 1개
③ 2개
④ 3개

63 다음 중 행정법의 기본원칙에 대한 설명으로 옳지 않은 것은?(단, 다툼이 있는 경우 판례에 따른다)

> (가) 어떤 행정 목적을 달성하기 위한 수단은 그 목적 달성에 유효·적절하고 가능한 한 최소 침해를 가져오는 것이어야 하며, 아울러 그 수단의 도입으로 인한 침해가 의도하는 공익을 능가하여서는 아니 된다.
> (나) 행정기관은 행정 결정에 있어서 동종의 사안에 대하여 이전에 제3자에게 행한 결정과 동일한 결정을 상대방에게 하도록 스스로 구속당한다.
> (다) 개별 국민이 행정기관의 어떤 언동의 정당성 또는 존속성을 신뢰한 경우 그 신뢰가 보호받을 가치가 있는 한 그러한 귀책사유가 없는 신뢰는 보호되어야 한다.
> (라) 행정주체가 행정작용을 함에 있어서 상대방에게 이와 실질적인 관련이 없는 의무를 부과하거나 그 이행을 강제하여서는 아니 된다.

① 자동차를 이용하여 범죄행위를 한 경우 범죄의 경중에 상관없이 반드시 운전면허를 취소하도록 한 규정은 (가)를 위반한 것이다.
② 반복적으로 행하여진 행정처분이 위법한 것일 경우 행정청은 (나)에 구속되지 않는다.
③ 선행 조치의 상대방에 대한 신뢰보호의 이익과 제3자의 이익이 충돌하는 경우에는 (다)가 우선한다.
④ 고속국도 관리청이 고속도로 부지와 접도구역에 송유관 매설을 허가하면서 상대방과 체결한 협약에 따라 송유관 시설을 이전하게 될 경우 그 비용을 상대방에게 부담하도록 한 부관은 (라)에 반하지 않는다.

64 다음 중 갑이 전파상에 고장난 라디오를 수리해 줄 것을 의뢰한 경우, 전파상 주인이 수리 대금을 받을 때까지 갑에게 라디오의 반환을 거부할 수 있는 권리는?

① 저당권
② 질권
③ 임차권
④ 유치권

65 다음 중 민법이 규정하는 사단법인과 재단법인의 차이에 대한 설명으로 옳지 않은 것은?

① 사단법인과 재단법인 모두 공익법인이다.
② 사단법인에는 사원총회가 있으나, 재단법인에는 없다.
③ 사단법인은 2인 이상의 사원으로 구성되며, 재단법인은 일정한 목적에 바쳐진 재산에 의해 구성된다.
④ 사단법인의 정관은 반드시 서면으로 작성해야 하지만, 재단법인의 기부행위는 반드시 서면으로 작성할 것을 요하지 않는다.

66 다음 중 높은 재고자산회전율에 대한 설명으로 옳지 않은 것은?

① 자본수익률이 높아진다.
② 상품의 재고 손실을 막을 수 있다.
③ 매입채무가 감소된다.
④ 설비투자에 대한 부정적인 신호가 된다.

67 다음 계정과목 중 재무상태표에서 비유동자산에 해당하는 것은?

① 영업권
② 매입채무
③ 매출채권
④ 자기주식

68 다음 〈보기〉에서 기업의 현금유입에 해당하는 현금흐름을 모두 고르면?

보기

가. 대여금이자 수취
나. 유가증권의 판매
다. 투자자산의 처분
라. 임금의 지급
마. 법인세 납부
바. 유상감자

① 가, 나, 다
② 가, 다, 바
③ 다, 라, 마
④ 라, 마, 바

69 다음 중 탈신공공관리론(Post－NPM)에서 강조하는 행정개혁 전략으로 옳지 않은 것은?

① 분권화와 집권화의 조화
② 민간－공공부문 간 파트너십 강조
③ 규제완화
④ 인사관리의 공공책임성 중시

70 다음 중 고전적 경영이론에 대한 설명으로 옳지 않은 것은?

① 페이욜은 기업활동을 기술활동, 영업활동, 재무활동, 회계활동 4가지 분야로 구분하였다.
② 차별 성과급제, 기능식 직장제도는 테일러의 과학적 관리법을 기본이론으로 한다.
③ 포드의 컨베이어 벨트 시스템은 표준화를 통한 대량생산방식을 설명한다.
④ 베버는 조직을 합리적이고 법적인 권한으로 운영하는 관료제 조직이 가장 합리적이라고 주장한다.

71 K기업은 단일 품목을 생산하여 판매하고 있다. 변동비는 판매가의 60%이고 고정비가 600,000원일 때 다음 중 손익분기점(BEP)에 해당하는 매출액으로 옳은 것은?

① 1,000,000원
② 1,250,000원
③ 1,500,000원
④ 1,800,000원

72 다음 〈보기〉에서 총수요 – 총공급 이론에 대한 설명으로 옳은 것을 모두 고르면?

보기

가. 국제유가 상승은 총공급곡선을 왼쪽으로 이동시킨다.
나. 신기술 개발은 총공급곡선을 왼쪽으로 이동시킨다.
다. 정부지출 감소는 총수요곡선을 오른쪽으로 이동시킨다.
라. 정부조세 감소는 총수요곡선을 오른쪽으로 이동시킨다.

① 가, 다
② 가, 라
③ 나, 다
④ 나, 라

73 독점기업 K가 이윤을 극대화하기 위해 단위당 가격을 100으로 책정하였으며, 이 가격에서 수요의 가격탄력성은 2이다. 다음 중 K기업의 한계비용은?

① 25
② 50
③ 100
④ 150

74 K국의 2023년 명목 GDP는 100억 원이었고, 2024년 명목 GDP는 150억 원이었다. 기준연도인 2023년 GDP 디플레이터가 100이고, 2024년 GDP 디플레이터는 120인 경우, 다음 중 2024년의 전년 대비 실질 GDP 증가율은?

① 10% ② 15%
③ 20% ④ 25%

75 다음 중 노사가 합의한 일정 연령이 지나면 임금이 줄어드는 제도로, 정년 연장과 관련해 장기 근속 직원에게 임금을 적게 주는 대신 정년까지 고용을 보장하는 제도는?

① 임금피크제 ② 타임오프제
③ 최저임금제 ④ 복수노조제

76 다음 중 정책참여자 간의 관계에 대한 설명으로 옳지 않은 것은?

① 다원주의는 개인 차원에서 정책결정에 직접적 영향력을 행사하기가 수월하다.
② 조합주의는 정책결정에서 정부의 적극적인 역할을 인정하고 이익집단과의 상호 협력을 중시한다.
③ 엘리트주의에서 권력은 다수의 집단에 분산되어 있지 않으며 소수의 힘 있는 기관에 집중되고, 기관의 영향력 역시 일부 고위층에 집중되어 있다고 주장한다.
④ 정책공동체는 일시적이고 느슨한 형태의 집합체가 아니라 안정적인 상호 의존 관계를 유지하는 공동체의 시각을 반영한다.

77 다음 중 합리적 정책결정 과정에서 정책문제를 정의할 때의 주요 요소라고 보기 어려운 것은?

① 관련 요소 파악
② 역사적 맥락 파악
③ 정책대안의 탐색
④ 관련 요소들 간 인과관계의 파악

78 다음 중 예산개혁의 경향을 시기 순서대로 바르게 나열한 것은?

① 통제 지향 → 관리 지향 → 기획 지향 → 감축 지향 → 참여 지향
② 통제 지향 → 관리 지향 → 기획 지향 → 참여 지향 → 감축 지향
③ 관리 지향 → 감축 지향 → 통제 지향 → 기획 지향 → 참여 지향
④ 관리 지향 → 기획 지향 → 통제 지향 → 감축 지향 → 참여 지향

79 다음 중 사회적 자본(Social Capital)에 대한 설명으로 옳지 않은 것은?

① 사회 내 신뢰 강화를 통해 거래비용을 감소시킨다.
② 경제적 자본에 비해 형성 과정이 불투명하고 불확실하다.
③ 사회적 규범 또는 효과적인 사회적 제재력를 제공한다.
④ 동조성(Conformity)을 요구하면서 개인의 행동이나 사적 선택을 적극적으로 촉진시킨다.

80 다음 중 기계적 조직과 유기적 조직에 대한 설명으로 옳지 않은 것은?

① 기계적 조직은 공식화 정도가 낮고, 유기적 조직은 공식화 정도가 높다.
② 기계적 조직은 경영관리 위계가 수직적이고, 유기적 조직은 경영관리 위계가 수평적이다.
③ 기계적 조직은 직무 전문화가 높고, 유기적 조직은 직무 전문화가 낮다.
④ 기계적 조직은 의사결정 권한이 집중화되어 있고, 유기적 조직은 의사결정 권한이 분권화되어 있다.

| 02 | 보건의료지식(심사직)

41 다음은 요양급여의 적용기준 및 방법에 대한 설명이다. 빈칸 ㉠, ㉡에 들어갈 대상이 바르게 연결된 것은?

> 중증질환자("중증환자")에게 처방·투여하는 약제 중 ___㉠___이 정하여 고시하는 약제에 대한 요양급여의 적용기준 및 방법에 관한 세부사항은 제5조의2에 따른 중증질환심의위원회의 심의를 거쳐 ___㉡___이 정하여 공고한다.

	㉠	㉡
①	보건복지부장관	대통령
②	보건복지부장관	건강보험심사평가원장
③	건강보험심사평가원장	보건복지부장관
④	건강보험심사평가원장	국민건강보험공단 이사장

42 국민건강보험법상 직장가입자 A씨는 현재 40대 직장인 남성이다. 다음 중 A씨의 피부양자가 될 수 있는 사람이 아닌 것은?(단, 제시된 관계를 제외하고 다른 요건은 모두 만족한다)

① A의 장모
② A의 동생
③ A의 누나
④ A의 삼촌

43 다음 중 국민건강보험법상 가입자 자격의 변동 시기로 옳지 않은 것은?

① 지역가입자가 적용대상사업장의 근로자·공무원 또는 교직원으로 사용된 날
② 지역가입자가 다른 세대로 전입한 날의 다음 날
③ 직장가입자인 근로자·공무원 또는 교직원이 그 사용관계가 끝난 날의 다음 날
④ 직장가입자가 다른 적용대상사업장의 근로자·공무원 또는 교직원으로 사용된 날

44 **다음은 국민건강보험법상 직장가입자에서 제외되는 사람에 대한 설명이다. 빈칸에 공통으로 들어갈 숫자는?**

1. 비상근 근로자 또는 1개월 동안의 소정근로시간이 _____시간 미만인 단시간 근로자 2. 비상근 교직원 또는 1개월 동안의 소정근로시간이 _____시간 미만인 시간제공무원 및 교직원

① 54
② 56
③ 58
④ 60

45 **다음 중 공공부조에 대한 설명으로 옳은 것은?**

① 최소한의 경제적 부담으로 보건의료에 대한 접근성을 보장하려는 사회적 제도이다.
② 생활능력이 없는 국민에게 국가의 책임하에 직접 금품을 제공하거나 무료혜택을 주는 제도이다.
③ 국가, 지방자치단체 및 민간부문의 도움이 필요한 모든 국민에게 적절한 서비스를 제공하여 삶의 질이 향상되도록 지원하는 제도이다.
④ 국민의 건강과 일정수준의 소득을 보장하고자 법률의 규정으로 가입을 강제하고 보험료 부담을 의무화하여 보험급여를 실시하는 제도이다.

46 **다음 중 행위별수가제의 개념으로 옳은 것은?**

① 환자가 입원해서 퇴원할 때까지 발생하는 진료에 대하여 질병마다 미리 정해진 금액을 지불하는 방식이다.
② 의사가 제공한 의료행위마다 항목별로 가격을 책정하여 진료비를 지불하는 방식이다.
③ 의사가 맡고 있는 등록자 수에 비례하여 보수를 사전에 결정·지급하는 방식이다.
④ 일정 기간 동안 공급자가 제공하는 의료서비스에 대한 총비용을 사전에 계약하여 지불하는 방식이다.

47 다음 중 사용자가 사업장 탈퇴신고서에 사업장 탈퇴 사실을 증명할 수 있는 서류를 첨부하여 제출해야 하는 경우로 옳은 것을 〈보기〉에서 모두 고르면?

보기

㉠ 사업장이 합병되는 경우
㉡ 사업장이 폐쇄되는 경우
㉢ 사업장이 휴업·폐업되는 경우
㉣ 단시간 근로자만을 고용하게 되는 경우

① ㉠, ㉡
② ㉡, ㉣
③ ㉡, ㉢, ㉣
④ ㉠, ㉡, ㉢, ㉣

48 다음 중 건강보험증의 발급 신청에 대한 설명으로 옳은 것은?

① 가입자 또는 피부양자는 건강보험증을 발급받으려면 건강보험증 발급 신청서를 보건복지부에 제출해야 한다.
② 국민건강보험공단은 건강보험증 발급 신청을 받으면 신청을 받은 날부터 7일 이내에 건강보험증을 신청인에게 우편으로 송달해야 한다.
③ 국민건강보험공단은 국가로부터 제공받은 자료를 이용하여 가입자의 자격 취득 사실을 확인한 경우에는 가입자의 신청 없이도 건강보험증을 발급할 수 있다.
④ 건강보험증을 발급받은 가입자는 건강보험증에 기재된 내용이 변경된 경우 변경된 날부터 45일 이내에 건강보험증 기재사항 변경 신청서를 국민건강보험공단에 제출해야 한다.

49 다음 중 건강보험심사평가원의 임원에 대한 설명으로 옳지 않은 것은?

① 심사평가원의 임원은 원장, 이사 15명 및 감사 1명으로 구성되어 있다.
② 원장은 임원추천위원회가 복수로 추천한 사람 중에서 보건복지부장관의 제청으로 대통령이 임명한다.
③ 감사는 임원추천위원회가 복수로 추천한 사람 중에서 기획재정부장관의 제청으로 대통령이 임명한다.
④ 원장의 임기는 5년, 이사와 감사의 임기는 각각 2년으로 한다.

50 다음 중 요양급여 의뢰서 없이 2단계 진료기관에서 1단계 요양급여를 받을 수 있는 경우가 아닌 것은?

① 분만의 경우
② 이비인후과에서 요양급여를 받는 경우
③ 혈우병환자가 요양급여를 받는 경우
④ 치과에서 요양급여를 받는 경우

51 다음은 가입자 자격의 취득 시기와 변동 시기에 대한 설명이다. 빈칸 ㉠, ㉡에 들어갈 기간이 바르게 연결된 것은?

> • 가입자 자격을 얻은 경우 그 직장가입자의 사용자 및 지역가입자의 세대주는 그 명세를 보건복지부령으로 정하는 바에 따라 자격을 취득한 날부터 __㉠__ 이내에 보험자에게 신고하여야 한다.
> • 법무부장관 및 국방부장관은 직장가입자나 지역가입자가 교도소, 그 밖에 이에 준하는 시설에 수용되면 보건복지부령으로 정하는 바에 따라 그 사유에 해당된 날부터 __㉡__ 이내에 보험자에게 알려야 한다.

	㉠	㉡
①	7일	14일
②	7일	1개월
③	14일	14일
④	14일	1개월

52 다음은 소액 처리에 대한 설명이다. 빈칸에 들어갈 금액으로 옳은 것은?

> 국민건강보험공단은 징수하여야 할 금액이나 반환하여야 할 금액이 1건당 ______ 미만인 경우에는 징수 또는 반환하지 아니한다.

① 1,000원
② 2,000원
③ 3,000원
④ 4,000원

53 **다음 중 국민건강보험법상 보험재정에 대한 정부지원의 내용으로 옳지 않은 것은?**

① 국가에서 지원된 재원은 가입자 및 피부양자에 대한 보험급여로 사용할 수 있다.

② 국민건강보험공단은 국민건강증진법에서 정하는 바에 따라 같은 법에 따른 국민건강증진기금에서 자금을 지원받을 수 있다.

③ 국가는 매년 예산의 범위에서 해당 연도 보험료 예상 수입액의 100분의 14에 상당하는 금액을 국고에서 국민건강보험공단에 지원한다.

④ 국민건강증진기금에서 지원된 재원은 가입자와 피부양자의 음주로 인한 질병에 대한 보험급여에 사용할 수 있다.

54 **다음 중 건강보험심사평가원의 중장기 경영목표(2025 ~ 2029년) 중 전략목표로 옳은 것을 〈보기〉에서 모두 고르면?**

보기
㉠ 부적절한 의약품 사용 예방 성과 78% ㉡ 선별집중심사 항목 수 80개(누적) ㉢ 필요의료 수가개선율 100% ㉣ 의료 수준 우수기관 관리 성과 50% 이상

① ㉠, ㉡ ② ㉠, ㉢

③ ㉡, ㉢ ④ ㉡, ㉣

55 **다음 빈칸에 들어갈 금액으로 옳은 것은?**

국민건강보험법에 따르면 직장가입자의 보수 외 소득월액은 보수월액 산정에 포함된 보수를 제외한 직장가입자의 소득이 대통령령으로 정하는 금액을 초과하는 경우 다음의 계산식에 따른 값을 보건복지부령이 정하는 바에 따라 산정한다. [(연간 보수 외 소득) − (   )] × $\frac{1}{12}$

① 1,000만 원 ② 1,500만 원

③ 2,000만 원 ④ 2,500만 원

56 **다음 중 직장가입자 및 지역가입자의 보험료율로 옳은 것은?**

① $\frac{709}{1,000}$

② $\frac{709}{5,000}$

③ $\frac{709}{10,000}$

④ $\frac{709}{20,000}$

57 **다음 중 공표심의위원회에 대한 설명으로 옳지 않은 것은?**

① 공무원을 제외한 공표심의위원회 위원의 임기는 2년이다.

② 위원장은 공표심의위원회의 업무를 총괄한다.

③ 재적위원 과반수의 출석으로 개의되는 회의에서는 출석위원 과반수의 찬성으로 의결된다.

④ 위원장 1명을 포함한 10명의 위원으로 구성된다.

58 **다음 중 요양급여비용의 청구 및 통보 순서로 옳은 것은?**

① 요양기관 → 건강보험심사평가원 → 국민건강보험공단

② 국민건강보험공단 → 요양기관 → 건강보험심사평가원

③ 건강보험심사평가원 → 국민건강보험공단 → 요양기관

④ 건강보험심사평가원 → 요양기관 → 국민건강보험공단

59 다음 중 국민건강보험공단 이사회의 회의에 대한 설명으로 옳지 않은 것은?

① 임시회의는 이사장을 제외한 재적이사 3분의 1 이상이 요구할 때 소집한다.
② 이사회의 회의는 이사장을 포함한 재적이사 과반수의 출석으로 개의한다.
③ 이사회의 회의는 이사장을 포함한 재적이사 과반수의 찬성으로 의결한다.
④ 이사회의 회의에서 임시회의는 정기회의에 속한다.

60 다음 중 외국인 등의 직장가입자 자격취득 신고에 대한 설명으로 옳지 않은 것은?

① 재외국민은 외국인등록증 사본 또는 외국인등록 사실증명 서류를 제출하여야 한다.
② 국내에 체류하는 외국인이 직장가입자가 되는 경우에는 그 직장가입자가 된 날부터 14일 이내에 건강보험 직장가입자 자격취득 신고서를 제출하여야 한다.
③ 사용자는 직장가입자가 된 국내체류 외국인 등이 직장가입자의 자격을 잃은 경우 건강보험 직장가입자 자격상실 신고서를 제출하여야 한다.
④ 국내체류 외국인 등의 직장가입자 자격 취득 및 상실 신고의 절차 및 방법 등에 필요한 세부 사항은 보건복지부장관이 정하여 고시한다.

61 다음은 국민건강보험종합계획 수립에 대한 설명이다. 빈칸 ㉠, ㉡에 들어갈 말을 바르게 연결한 것은?

> 보건복지부장관은 법 제3조의2 제1항 전단에 따른 국민건강보험종합계획("종합계획") 및 같은 조 제3항에 따른 연도별 시행계획("시행계획")을 수립하는 경우에는 다음 각 호의 구분에 따른 시기까지 수립하여야 한다.
> 1. 종합계획 : 시행 연도 ___㉠___까지
> 2. 시행계획 : 시행 연도 ___㉡___까지

	㉠	㉡
①	전년도의 6월 30일	전년도의 9월 30일
②	차년도의 6월 30일	차년도의 9월 30일
③	전년도의 9월 30일	전년도의 12월 31일
④	차년도의 9월 30일	차년도의 12월 31일

62 다음 중 선별급여의 적합성평가 항목으로 옳지 않은 것은?

① 치료 효과 및 치료 과정의 개선에 관한 사항
② 비용 효과에 관한 사항
③ 대통령이 적합성평가를 위하여 특히 필요하다고 인정하는 사항
④ 국민건강에 대한 잠재적 이득에 관한 사항

63 다음 중 소득월액의 조정에 대한 설명으로 옳지 않은 것은?

① 직장가입자는 공단의 정관으로 정하는 사유로 소득이 감소한 경우 서류 등을 통해 소득월액 조정을 신청할 수 있다.
② 조정 신청을 받은 공단은 소득월액보험료 부과 시점의 사업소득 등 자료를 소득월액 산정에 반영해 조정할 수 있다.
③ 직장가입자는 소득월액을 조정한 이후 해당 연도의 사업소득이 발생한 경우 사업소득이 발생한 날이 속한 다음 달 1일부터 3개월 내로 공단에 신고해야 한다.
④ 소득월액을 조정하여 산정한 소득월액보험료의 금액이 추가로 확인된 사업소득에 따라 다시 정산한 소득월액보험료의 금액보다 적을 경우 부족액을 추가로 징수해야 한다.

64 다음 중 국민건강보험법상 임의계속가입자(실업자)에 대한 특례를 설명한 내용으로 옳지 않은 것은?

① 공단에 신청한 임의계속가입자는 대통령령으로 정하는 기간 동안 직장가입자의 자격을 유지한다.
② 임의계속가입자의 보수월액은 보수월액보험료가 산정된 최근 9개월간의 보수월액을 평균한 금액으로 한다.
③ 임의계속가입자의 보험료는 보건복지부장관이 정하여 고시하는 바에 따라 그 일부를 경감할 수 있다.
④ 임의계속가입자의 보수월액보험료는 임의계속가입자가 전액을 부담하고 납부한다.

65 다음은 이의신청에 대한 설명이다. 빈칸 ㉠, ㉡에 들어갈 기간이 바르게 연결된 것은?

> ① 가입자 및 피부양자의 자격, 보험료 등, 보험급여, 보험급여 비용에 대한 공단의 처분에 이의가 있는 자는 공단에 이의신청을 할 수 있다.
> ② 요양급여비용 및 요양급여의 적정성 평가 등에 대한 심사평가원의 처분에 이의가 있는 공단, 요양기관 또는 그 밖의 자는 심사평가원에 이의신청을 할 수 있다.
> ③ 제1항 및 제2항에 따른 이의신청("이의신청")은 처분이 있음을 안 날부터 ___㉠___ 이내에 문서(전자문서를 포함한다)로 하여야 하며 처분이 있은 날부터 ___㉡___을 지나면 제기하지 못한다. 다만, 정당한 사유로 그 기간에 이의신청을 할 수 없었음을 소명한 경우에는 그러하지 아니하다.

	㉠	㉡
①	90일	180일
②	90일	200일
③	120일	180일
④	120일	200일

66 다음 〈보기〉에서 요양급여에 해당하는 것을 모두 고르면?

> **보기**
> ㉠ 진찰·검사
> ㉡ 퇴원
> ㉢ 간호
> ㉣ 입원

① ㉠, ㉡
② ㉠, ㉡, ㉢
③ ㉠, ㉢, ㉣
④ ㉡, ㉢, ㉣

67 다음 중 희귀난치성질환자 등이 본인부담액 경감 인정을 받기 위해 경감 신청서를 제출해야 하는 대상은?

① 보건복지부장관
② 특별자치도지사·시장·군수·구청장
③ 건강보험심사평가원장
④ 국민건강보험공단 이사장

68 **다음은 요양급여비용의 가감지급 기준에 대한 설명이다. 빈칸에 들어갈 숫자로 옳은 것은?**

> 요양급여의 적정성 평가 결과에 따라 요양급여비용을 가산하거나 감액하여 지급하는 금액은 평가대상 요양기관의 평가대상기간에 대한 심사결정 공단부담액의 ________ 범위에서 보건복지부장관이 정하여 고시한 기준에 따라 산정한 금액으로 한다.

① $\frac{10}{100}$ ② $\frac{20}{100}$

③ $\frac{30}{100}$ ④ $\frac{40}{100}$

69 **다음 중 건강보험심사평가원의 전략방향으로 옳은 것은?**

① 의료 서비스 미래 기술 도입
② 디지털 기반 국민서비스 체감 향상
③ 건강수명 향상을 위한 맞춤형 건강관리
④ 공공기관 신뢰 회복을 위한 열린 경영

70 **다음 중 피부양자 자격상실 시기에 대한 설명으로 옳지 않은 것은?**

① 피부양자는 사망한 날의 다음 날 자격을 상실한다.
② 피부양자는 대한민국의 국적을 잃은 날의 다음 날 자격을 상실한다.
③ 직장가입자가 자격을 상실한 날 피부양자 자격도 상실한다.
④ 피부양자 자격을 취득한 사람이 본인의 신고에 따라 피부양자 자격 상실 신고를 한 경우 신고한 날 자격을 상실한다.

71 국민건강보험공단은 가입자 및 피부양자의 자격 관리, 보험료의 부과·징수, 보험급여의 관리 등 건강보험 사업의 수행을 위해서 자료를 제공하도록 요청할 수 있다. 다음 중 해당 자료로 옳지 않은 것은?

① 국세
② 주민등록
③ 출입국관리
④ 상속세

72 다음 중 보험료 부과·징수 특례 대상의 외국인에 해당하지 않는 사람은?

① 문화예술(D－1)의 체류자격이 있는 사람
② 기술지도(E－4)의 체류자격이 있는 사람
③ 결혼이민(F－6)의 체류자격이 있는 사람
④ 방문취업(H－2)의 체류자격이 있는 사람

73 다음 〈보기〉에서 직장가입자에서 제외되는 사업장의 근로자 및 사용자와 공무원 및 교직원에 해당하는 사람으로 옳은 것을 모두 고르면?

보기

㉠ 비상근 근로자 및 비상근 교직원
㉡ 소재지가 일정하지 않은 사업장의 근로자
㉢ 1개월 동안의 소정근로시간이 70시간인 단시간 근로자
㉣ 1개월 동안의 소정근로시간이 80시간인 시간제공무원 및 교직원
㉤ 근로자가 없거나 비상근 근로자만을 고용하고 있는 사업장의 사업주

① ㉠, ㉡, ㉤
② ㉢, ㉣, ㉤
③ ㉠, ㉢, ㉣, ㉤
④ ㉡, ㉢, ㉣, ㉤

74 다음 중 체납자에 대한 공매대행의 통지 등에 대한 설명으로 옳지 않은 것은?

① 국민건강보험공단은 공매대행을 의뢰할 경우 체납자의 성명, 주소 등을 알려야 한다.
② 국민건강보험공단은 공매대행을 의뢰할 경우 공매할 재산의 종류·수량·품질 및 소재지 등을 알려야 한다.
③ 국민건강보험공단은 공매대행을 의뢰할 경우 압류에 관계되는 보험료 등의 납부 연도·금액 및 납부기한 등을 알려야 한다.
④ 국민건강보험공단이 점유하고 있는 압류재산은 대행기관에 인도할 수 있으나, 제3자로 하여금 보관하게 한 압류재산은 인도할 수 없다.

75 다음 중 임의계속가입·탈퇴 및 자격 변동 시기에 대한 설명으로 옳지 않은 것은?

① 임의계속가입자가 직장가입자인 사용자, 근로자, 공무원 또는 교직원이 된 날 자격이 변동된다.
② 임의계속탈퇴 신청서가 접수된 날 임의계속가입자의 자격이 변동된다.
③ 임의계속가입자가 되려는 사람은 주민등록표 등본으로 피부양자와 해당 임의계속가입자의 관계를 확인할 수 없는 경우 가족관계등록부의 증명서를 제출하여야 한다.
④ 임의계속가입자가 되려는 사람은 피부양자가 장애인, 국가유공자 등 또는 보훈보상대상자의 경우 증명할 수 있는 서류를 제출하여야 한다.

76 다음 중 3년 동안 행사하지 않으면 소멸시효가 완성되는 권리로 볼 수 없는 것은?

① 보험료, 연체금 및 가산금을 징수할 권리
② 과다납부된 본인일부부담금을 돌려받을 권리
③ 휴직자 등의 보수월액보험료를 징수할 권리
④ 보험료, 연체금 및 가산금으로 과오납부한 금액을 환급받을 권리

77 다음 중 국민건강보험공단 재정운영위원회의 위원은 총 몇 명인가?

① 25명 ② 30명
③ 35명 ④ 40명

78 다음 중 건강보험심사평가원이 관장하는 업무가 아닌 것을 〈보기〉에서 모두 고르면?

> **보기**
> ㉠ 요양급여비용의 심사
> ㉡ 심사기준 및 평가기준의 개발
> ㉢ 의료시설의 운영
> ㉣ 건강보험에 관한 교육훈련 및 홍보
> ㉤ 요양급여의 적정성 평가

① ㉠, ㉡
② ㉡, ㉢
③ ㉡, ㉣
④ ㉢, ㉣

79 다음 중 보건복지부장관이 요양급여 대상의 여부를 결정할 때 고려해야 할 사항에 해당하지 않는 것은?

① 임상적 유용성
② 환자의 가족관계 및 범죄이력
③ 환자의 비용부담 정도
④ 건강보험 재정상황

80 다음 중 국민건강보험법상 보수월액에 대한 설명으로 옳지 않은 것은?

① 직장가입자의 보수월액은 직장가입자가 지급받는 보수를 기준으로 하여 산정한다.
② 휴직자의 보수월액보험료는 해당 사유가 생기기 전 달의 보수월액을 기준으로 산정한다.
③ 보수 관련 자료가 없을 경우 건강보험심사평가원장이 정하여 고시하는 금액을 보수로 본다.
④ 보수는 근로자 등이 근로를 제공하고 사용자·국가 또는 지방자치단체로부터 지급받는 금품으로서 대통령령으로 정하는 것을 말한다.

시대에듀

M E M O

2일 차
기출응용 모의고사

〈문항 및 시험시간〉

평가영역	문항 수	시험시간	모바일 OMR 답안분석
[공통] 의사소통+수리+문제해결+정보 [행정직] 보건의료지식+법/행정/경영/경제 [심사직] 보건의료지식	80문항	100분	행정직 심사직

※ 수록 기준

법 : 법률 제20505호(시행 25.4.23.), 영 : 대통령령 제35597호(시행 25.6.21.),
규칙 : 보건복지부령 제1109호(시행 25.4.23.), 요양급여 규칙 : 보건복지부령 제1096호(시행 25.3.11.)

건강보험심사평가원 NCS + 전공

2일 차 기출응용 모의고사

문항 수 : 80문항
시험시간 : 100분

제1영역 직업기초능력평가

01 다음 글에 이어질 내용으로 가장 적절한 것은?

태초의 자연은 인간과 동등한 위치에서 상호 소통할 수 있는 균형적인 관계였다. 그러나 기술의 획기적인 발달로 인해 자연과 인간사회 사이에 힘의 불균형이 초래되었다. 자연과 인간의 공생은 힘의 균형을 전제로 한다. 균형적 상태에서 자연과 인간은 긴장감을 유지하지만 한쪽에 의한 폭력적 관계가 아니기에 소통이 원활히 발생한다. 또한 일방적인 관계에서는 한쪽의 희생이 필수적이지만 균형적 관계에서는 상호 호혜적인 거래가 발생한다. 이때의 거래란 단순히 경제적인 효율을 의미하는 것이 아니다. 대자연의 환경에서 각 개체와 그 후손들의 생존은 상호 관련성을 지닌다. 이에 따라 자연은 인간에게 먹거리를 제공하고 인간은 자연을 위한 의식을 행함으로써 상호 이해와 화해를 도모하게 된다. 인간에게 자연이란 정복의 대상이 아닌 존중받아야 할 거래 대상인 것이다. 결국 대칭적인 관계로의 회복을 위해서는 힘의 균형이 전제되어야 한다.

① 인간과 자연이 힘의 균형을 회복하기 위한 방법
② 인간과 자연이 거래하는 방법
③ 태초의 자연이 인간을 억압해 온 사례
④ 인간 사회에서 소통의 중요성

02 다음은 외국인 건강보험 제도변경에 대한 안내문이다. 이를 이해한 내용으로 적절하지 않은 것은?

〈외국인 건강보험 제도변경 안내〉

외국인 및 재외국민이 대한민국에서 6개월 이상 체류하게 되면 건강보험에 필수 가입되도록 제도가 변경되었습니다. 주요 내용은 다음과 같습니다.

• 6개월 이상 체류하는 경우 건강보험 필수 가입
  – 유학 또는 결혼이민의 경우는 입국하여 외국인 등록한 날 가입
  ※ 가입 제외 신청 대상 : 외국의 법령·보험 및 사용자의 계약에 따라 법 제41조에 따른 요양급여에 상당하는 의료보장을 받을 수 있는 경우
• 자격은 등록된 체류지(거소지)에 따라 개인별로 관리(취득)되며, 건강보험료도 개인별로 부과
  – 다만, 같은 체류지(거소지)에 배우자 및 만 19세 미만 자녀와 함께 거주하여 가족 단위로 보험료 납부를 원하는 경우에는 가족관계를 확인할 수 있는 서류를 지참하여 방문 신청 필요
    ※ 가족관계 확인용 서류 : 해당국 외교부(또는 아포스티유) 확인을 받은 가족관계나 혼인 사실이 나타나는 서류(한글 번역 포함)
  – 보험료는 소득·재산에 따라 산정하며, 산정된 보험료가 전년도 11월 전체 가입자 평균보험료 미만인 경우 평균보험료를 부과
• 매월 25일까지 다음 달 보험료 납부
• 건강보험 혜택은 대한민국 국민과 동일(입원, 외래진료, 중증질환, 건강검진 등)
• 보험료 미납 시 불이익 발생
  – 병·의원 이용 시 건강보험 혜택 제한
  – 비자 연장 등 각종 체류 허가 제한(법무부 출입국·외국인 관서)
  – 기한을 정하여 독촉하고, 그래도 납부하지 않으면 소득, 재산, 예금 등 압류하여 강제 징수

① 외국인 유학생 A씨의 경우 체류 기간과 관계없이 외국인 등록을 한 날에 건강보험에 가입된다.

② 보험료가 미납된 외국인 B씨가 비자 연장을 신청할 경우 신청이 제한될 수 있다.

③ 배우자와 국내에 함께 체류 중인 외국인 C씨가 가족 단위로 보험료를 납부하고자 할 경우에는 별도의 신청이 필요하다.

④ 보험료를 매월 납부하고 있는 외국인 D씨의 경우 외래진료 시에는 보험 혜택을 받을 수 있지만, 건강검진은 제공되지 않는다.

03 다음 글을 통해 알 수 있는 내용으로 적절하지 않은 것은?

> 고혈압은 너무 친숙하여 환자가 일상생활 중 고혈압약을 먹어도 이상하게 생각하거나 차별을 받지 않는 사회적으로도 널리 인식된 질병이다. 실제로 약 6백만 명이 고혈압 진료를 받고 있으며 1년에 건강보험 진료비는 약 3조 원으로, 1인당 약 50만 원씩 고혈압 진료비로 사용하고 있는 셈이다. 그러나 고혈압은 치명적인 질병으로 이어지기도 한다. 실제로 미국의 루스벨트 대통령도 1945년 집무실에서 고혈압으로 인한 뇌졸중으로 사망하였다. 미국국립보건연구원에서는 그 사건을 계기로 보스턴 옆의 프레이밍햄시(市) 주민 전체를 대상으로 뇌졸중과 심장병 발생 원인을 추적 조사하여 고혈압, 흡연, 음주, 소금 섭취량 과다, 운동 부족, 고혈당, 고지혈증 등을 위험요인이라고 밝혀내고 그중 고혈압이 가장 큰 위험요인이라고 발표하였다. 그 후에도 여러 연구를 통하여 고혈압으로 인한 위험 중 대표적이고 중한 질병이 심장병과 뇌졸중이라고 공표되었다.
> 세계보건기구에서 2017년 조사한 바에 의하면 세계 고혈압 인구는 10억 명 이상이며 빠른 속도로 증가하고 있다. 전 세계 사망 원인의 14%가 고혈압으로 인한 질병이고, 사망 위험요인 중 1위이다. 고혈압으로 인한 심장질환으로 사망할 확률은 120/80mmHg부터 시작하여 수축기 혈압이 20mmHg 높아질 때마다 2배씩 높아진다. 수축기 혈압이 180mmHg이면 8배가 높아진다. 반대로 100만 명을 대상으로 연구한 61개 연구를 분석한 결과 집단적으로 평균 혈압을 2mmHg만 낮추어도 심장병 사망률 7%, 뇌졸중 사망률 10%가 감소한다는 연구결과가 발표되었다.
> 미국 심장학회는 개인의 나이, 성별, 혈압, 콜레스테롤, 흡연 여부, 당뇨병 여부를 입력하면 10년 내 심장병과 뇌졸중 발생위험을 알려주는 프로그램을 만들어 공개하였다. 구글에 ASCVD를 찾아 입력하면 위험도가 바로 산출된다. 이밖에도 미국 질병관리본부의 심장 나이, 부정맥을 가진 사람의 뇌졸중 위험도 평가인 CHADS 점수 등 많은 프로그램이 개발되어 국민이 스스로 간단히 위험도를 평가할 수 있다.
> 최근에 고혈압과 관련되어 두 가지 중요한 이슈가 있었다. 하나는 그동안 비교적 정확하게 혈압을 측정하던 수은혈압계가 세계적인 수은 사용중지 정책으로 2020년부터는 사용하지 못한다는 것이다. 이에 따라 정확하게 혈압을 측정할 수 있는 전자측정계가 개발되고 있다. 두 번째는 미국 심장학회 등 11개 학회가 고혈압의 기준을 130/80mmHg으로 하향 조정한 것이다. 고혈압을 보다 적극적으로 개발하면 심장병과 뇌졸중 발생을 대폭 줄일 수 있다는 장기간의 연구결과에 따른 것이다. 그러나 기준을 낮추면 환자가 큰 폭으로 늘어난다. 30대 이상 인구의 50%에 달할 수 있다고 추계하기도 한다. 아울러 제약회사와 의사가 협력한 현대의 대표적인 의료화 정책이란 비판과 일부에서는 음모론을 제기하기도 한다. 그러나 현대 의학의 근거를 기반으로 할 때 고혈압 기준을 낮추어 일찍부터 적극적으로 관리하면 그만큼 합병증이 줄어들 것은 분명하다.

① 고혈압 환자가 늘어나면서 현재 고혈압은 특별한 질환이 아니게 되었다.
② 심장병과 뇌졸중은 고혈압으로 발생할 수 있는 가장 크고 중한 질병이다.
③ 고혈압의 기준을 하향 조정하면 제약회사와 의사가 가장 큰 피해를 본다.
④ 어떤 집단의 심장병과 뇌졸중 사망률이 각각 31%, 54%일 때, 이 집단이 평균 혈압을 2mmHg 낮춘다면 이 집단의 심장병 사망률은 24%, 뇌졸중 사망률은 44%이다.

04 다음 문단을 논리적 순서대로 바르게 나열한 것은?

(가) 이처럼 사대부들의 시조는 심성 수양과 백성의 교화라는 두 가지 주제로 나타난다. 이는 사대부들이 재도지기(載道之器), 즉 문학을 도(道)를 싣는 수단으로 보는 효용론적 문학관에 바탕을 두었기 때문이다. 이때 도(道)란 수기(修己)의 도와 치인(治人)의 도라는 두 가지 의미를 지니는데, 강호가류(江湖歌類)의 시조는 수기의 도를, 오륜가류(五倫歌類)의 시조는 치인의 도를 표현한 것이라 할 수 있다.

(나) 한편, 오륜가류는 백성들에게 유교적 덕목인 오륜(五倫)을 실생활 속에서 실천할 것을 권장하려는 목적으로 창작한 시조이다. 사대부들이 관직에 나아가면 남을 다스리는 치인을 위해 최선을 다했고, 그 방편으로 오륜가류를 즐겨 지었던 것이다. 오륜가류는 쉬운 일상어를 활용하여 백성들이 일상생활에서 마땅히 행하거나 행하지 말아야 할 것들을 명령이나 청유 등의 어조로 노래하였다. 이처럼 오륜가류는 유교적 덕목인 인륜을 실천함으로써 인간과 인간이 이상적 조화를 이루고, 이를 통해 천하가 평화로운 상태까지 나아가는 것을 주요 내용으로 하였다.

(다) 조선시대 시조 문학의 주된 향유 계층은 사대부들이었다. 그들은 '사(士)'로서 심성을 수양하고 '대부(大夫)'로서 관직에 나아가 정치 현실에 참여하는 것을 이상으로 여겼다. 세속적 현실 속에서 나라와 백성을 위한 이념을 추구하면서 동시에 심성을 닦을 수 있는 자연을 동경했던 것이다. 이러한 의식의 양면성에 기반을 두고 시조 문학은 크게 강호가류와 오륜가류의 두 가지 경향으로 발전하게 되었다.

(라) 강호가류는 자연 속에서 한가롭게 지내는 삶을 노래한 것으로, 시조 가운데 작품 수가 가장 많다. 강호가류가 크게 성행한 시기는 사화와 당쟁이 끊이질 않았던 16 ~ 17세기였다. 세상이 어지러워지자 정치적 이상을 실천하기 어려웠던 사대부들은 정치 현실을 떠나 자연으로 회귀하였다. 이때 사대부들이 지향했던 자연은 세속적 이익과 동떨어진 검소하고 청빈한 삶의 공간이자 안빈낙도(安貧樂道)의 공간이었다. 그 속에서 사대부들은 강호가류를 통해 자연과 인간의 이상적 조화를 추구하며 자신의 심성을 닦는 수기에 힘썼다.

① (다) – (나) – (가) – (라)
② (다) – (라) – (나) – (가)
③ (라) – (나) – (가) – (다)
④ (라) – (다) – (나) – (가)

05 다음 기사의 제목으로 적절하지 않은 것은?

대・중소기업 간 동반성장을 위한 '상생'이 산업계의 화두로 주목받고 있다. 4차 산업혁명 시대 도래 등 글로벌 시장에서의 경쟁이 날로 치열해지는 상황에서 대기업과 중소기업이 힘을 합쳐야 살아남을 수 있다는 위기감이 상생의 중요성을 부각하고 있다고 분석한다. 재계 관계자는 "그동안 반도체, 자동차 등 제조업에서 세계적인 경쟁력을 갖출 수 있었던 배경에는 대기업과 협력업체 간 상생의 역할이 컸다."라며 "고속 성장기를 지나 지속 가능한 구조로 한 단계 더 도약하기 위해 상생 경영이 중요하다."라고 강조했다.
우리 기업들은 협력사의 경쟁력 향상이 곧 기업의 성장으로 이어질 것으로 보고 2・3차 중소 협력업체들과의 상생 경영에 힘쓰고 있다. 단순히 갑을 관계에서 대기업을 서포트 해야 하는 존재가 아니라 상호 발전을 위한 동반자라는 인식이 자리 잡고 있다는 분석이다. 이에 따라 협력사들에 대한 지원도 거래대금의 현금 지급 등 1차원적인 지원 방식에서 벗어나 경영 노하우 전수, 기술 이전 등을 통한 '상생 생태계' 구축에 도움을 주는 방향으로 초점이 맞춰지는 추세다.
특히 최근에는 상생협력이 대기업이 중소기업에 주는 일시적인 시혜 차원의 문제가 아니라 경쟁에서 살아남기 위한 생존 문제와 직결된다는 인식이 강하다. 협약을 통해 협력업체를 지원해 준 대기업이 업체의 기술력 향상으로 더 큰 이득으로 보상받고 이를 통해 우리 산업의 경쟁력이 강화된다는 것이다.
경제 전문가는 "대・중소기업 간의 상생 협력이 강제 수단이 아니라 문화적으로 자리 잡아야 할 시기"라며 "대기업, 특히 오너 중심의 대기업들도 단기적인 수익이 아닌 장기적인 시각에서 질적 평가를 통해 협력업체의 경쟁력을 키울 방안을 고민해야 한다."라고 강조했다.
이와 관련해 국내 주요 기업들은 대기업보다 연구개발(R&D) 인력과 관련 노하우가 부족한 협력사들을 위해 각종 노하우를 전수하는 프로그램을 운영 중이다. 특히 K전자는 협력사들에 기술 노하우를 전수하기 위해 경영관리 제조 개발 품질 등 해당 전문 분야에서 20년 이상 노하우를 가진 K전자 임원과 부장급 100여 명으로 '상생컨설팅팀'을 구성했다. 지난해부터는 해외에 진출한 국내 협력사에도 노하우를 전수하고 있다.

① 지속 가능한 구조를 위한 상생협력의 중요성
② 상생 경영, 함께 가야 멀리 간다.
③ 대기업과 중소기업, 상호 발전을 위한 동반자로
④ 시혜적 차원에서의 대기업 지원의 중요성

06 다음 글의 빈칸에 들어갈 내용으로 가장 적절한 것은?

과학은 한 형태의 자연에 대한 지식이라는 사실 그 자체만으로도 한없이 귀중하고, 과학적 기술이 인류에게 가져온 지금까지의 혜택은 아무리 부정하려 해도 부정할 수 없다. 앞으로도 더 많고 정확한 과학 지식과 고도로 개발된 과학적 기술이 필요하다. 그러나 문제의 핵심은 생태학적이고 예술적인 자연관, 즉 존재 일반에 대한 넓고 새로운 시각, 포괄적인 맥락에서 과학적 지식과 기술의 의미에 눈을 뜨고 그러한 지식과 기술을 활용함에 있다. 그렇지 않고 오늘날과 같은 추세로 그러한 지식과 기술을 당장의 욕망을 위해서 인간 중심적으로 개발하고 이용한다면 그 효과가 당장은 인간에게 만족스럽다고 해도 머지않아 자연의 파괴뿐만 아니라 인간적 삶의 파괴, 그리고 궁극적으로는 인간 자신의 멸망을 초래하고 말 것이다. 한마디로 지금 우리에게 필요한 것은 과학적 비전과 과학적 기술의 의미를 보다 포괄적인 의미에서 이해하는 작업이다. 이러한 작업을 ___________라 불러도 적절할 것 같다.

① 예술의 다양화
② 예술의 기술화
③ 과학의 예술화
④ 과학의 현실화

07 다음 글의 ㉠~㉣ 중 쓰임이 적절하지 않은 것은?

컴퓨터가 인간의 지능 활동을 ㉠ 창조할 수 있도록 하는 것을 인공지능이라 한다. 즉, 인간의 지능이 할 수 있는 사고・학습・자기 계발 등을 컴퓨터가 할 수 있도록 연구하는 컴퓨터공학 및 정보기술 분야를 말한다. 초기의 인공지능은 게임・바둑 등의 분야에 사용되는 정도였지만, 실생활에 ㉡ 응용되기 시작하면서 지능형 로봇 등 활용 분야가 ㉢ 비약적으로 발전하였다. 또한 인공지능은 그 자체만으로 존재하는 것이 아니라 컴퓨터과학의 다른 분야와 직간접으로 많은 ㉣ 관련을 맺고 있다. 특히 현대에는 정보기술의 여러 분야에서 인공지능적 요소를 도입해 그 분야의 문제해결에 활용하려는 시도가 활발히 이루어지고 있다.

① ㉠
② ㉡
③ ㉢
④ ㉣

※ 다음 글을 읽고 이어지는 질문에 답하시오. [8~9]

남한의 한글맞춤법과 북한의 조선말규범집(1988년)에서 규정한 한글 자모의 수는 서로 다르다. 남한이 24자이지만 북한은 40자이다. 남한은 기본 자모로 자음 'ㄱ, ㄴ, ㄷ, ㄹ, ㅁ, ㅂ, ㅅ, ㅇ, ㅈ, ㅊ, ㅋ, ㅌ, ㅍ, ㅎ'의 14자와 모음 'ㅏ, ㅑ, ㅓ, ㅕ, ㅗ, ㅛ, ㅜ, ㅠ, ㅡ, ㅣ'의 10자를 합쳐서 총 24자이다. 이에 비해 북한은 위의 24자 이외에 'ㄲ, ㄸ, ㅃ, ㅆ, ㅉ'의 5자와 'ㅐ, ㅒ, ㅔ, ㅖ, ㅚ, ㅟ, ㅢ, ㅘ, ㅝ, ㅙ, ㅞ'의 11자를 합쳐 모두 40자이다. 남한에서 두 개 이상의 자모를 아울러서 적는 글자는 제외한 반면, 북한은 소위 겹자모까지도 자모 수에 넣었기 때문이다.
남한의 한글 자모 배열 순서는 한글맞춤법 제4항 [붙임 2]에 의거하여 자음 자모는 'ㄱ ㄲ ㄴ ㄷ ㄸ ㄹ ㅁ ㅂ ㅃ ㅅ ㅆ ㅇ ㅈ ㅉ ㅊ ㅋ ㅌ ㅍ ㅎ'으로, 모음 자모는 'ㅏ ㅐ ㅑ ㅒ ㅓ ㅔ ㅕ ㅖ ㅗ ㅘ ㅙ ㅚ ㅛ ㅜ ㅝ ㅞ ㅟ ㅠ ㅡ ㅢ ㅣ'로, 받침 자모는 'ㄱ ㄲ ㄳ ㄴ ㄵ ㄶ ㄷ ㄹ ㄺ ㄻ ㄼ ㄽ ㅀ ㅁ ㅂ ㅄ ㅅ ㅆ ㅇ ㅈ ㅊ ㅋ ㅌ ㅍ ㅎ'으로 배열하고 있다. 이에 비해 북한에서는 자음 자모는 'ㄱ ㄴ ㄷ ㄹ ㅁ ㅂ ㅅ ㅇ ㅈ ㅊ ㅋ ㅌ ㅍ ㅎ ㄲ ㄸ ㅃ ㅆ ㅉ'으로, 모음 자모는 'ㅏ ㅑ ㅓ ㅕ ㅗ ㅛ ㅜ ㅠ ㅡ ㅣ ㅐ ㅒ ㅔ ㅖ ㅚ ㅟ ㅢ ㅘ ㅝ ㅙ ㅞ'로 배열하고 있다. 남한에서는 홑자모와 겹자모를 통합하여 배열하고 있지만 북한에서는 홑자모와 겹자모를 분리하여, 먼저 홑자모를 배열하고 그 뒤에 겹자모를 배열하고 있다. 편하게 기억하거나 사전에서 검색을 용이하게 하기 위해서는 북한의 배열방식이 바람직하지만, 받침 자모에서는 통일성을 잃어서 문제가 발생할 수 있다. 예컨대 '낙, 낚, 낛, 난, 낝, 낟'을 배열할 때 북한식으로 따르자면 '낙, 난, 낟, 낚, 낛, 낝'이 될 것이기 때문이다. 특히 사전에서의 배열 순서에서 'ㅇ'은 남한에서는 'ㅅ' 다음에 배열하지만 북한에서는 ㅎ 의 뒤, 즉 맨 마지막에 배열한다. 'ㅇ'은 초성일 때에는 음가가 없기 때문이다. 조선말규범에서 'ㅇ'이 'ㅅ' 다음에 배열되어 있는 것은 이 'ㅇ'이 종성으로 음가를 가지고 있을 때이지만, 사전배열에서는 초성을 중심으로 검색할 수 있도록 하였기 때문에 'ㅇ'이 음가가 없어서 맨 마지막에 배열되는 것이다.

08 다음 중 윗글의 주된 내용 전개 방식으로 가장 적절한 것은?

① 공통된 주제를 놓고 대상을 비교 분석하고 있다.
② 두 가지 대상에 대해 설명한 뒤, 각 대상의 장단점을 제시하고 있다.
③ 어떠한 사실이 발생하게 된 원인에 대해 분석하고 있다.
④ 제시된 두 가지 대상의 주관적인 형태를 서술하고 있다.

09 다음 중 윗글의 내용으로 적절하지 않은 것은?

① 남한의 어문은 한글맞춤법 규정에 의거하고 있고, 북한의 어문은 조선말규범집 규정에 의거하고 있다.
② 남한식으로 배열하면 '가 갸 거 겨 까 카'이고 북한식으로 배열하면 '가 갸 거 겨 카 까'이다.
③ 북한의 배열방식은 기억하기 쉽고 사전에서 검색이 용이하나, 받침 자모에서 통일성을 잃는 문제가 발생할 수 있다.
④ 'ㅇ'은 초성일 때에는 음가가 있기 때문에 사전 배열 순서에서 남한에서는 'ㅅ' 다음에 배열하지만 북한에서는 'ㅎ'의 뒤, 즉 맨 마지막에 배열한다.

10 다음 글을 통해 추론할 수 있는 내용으로 가장 적절한 것은?

> 사람과 동물처럼 우리 몸을 구성하는 세포도 자의적으로 죽음을 선택하기도 한다. 그렇다면 세포는 왜 죽음을 선택할까? 소위 '진화'의 관점으로 본다면 개별 세포도 살기 위해 발버둥 쳐야 마땅한데 스스로 죽기로 결정한다니 역설적인 이야기처럼 들린다. 세포가 죽음을 선택하는 이유는 자신이 죽는 것이 전체 개체에 유익하기 때문이다. 도대체 '자의적'이란 말을 붙일 수 있는 세포의 죽음은 어떤 것일까?
> 세포의 '자의적' 죽음이 있다는 말은 '타의적' 죽음도 있다는 말일 것이다. 타의적인 죽음은 네크로시스(Necrosis), 자의적인 죽음은 아포토시스(Apoptosis)라고 부른다. 이 두 죽음은 그 과정과 형태에서 분명한 차이를 보인다. 타의적인 죽음인 네크로시스는 세포가 손상되 어쩔 수 없이 죽음에 이르는 과정을 말한다. 세포 안팎의 삼투압 차이가 수만 배까지 나면 세포 밖의 물이 세포 안으로 급격하게 유입돼 세포가 터져 죽는다. 마치 풍선에 바람을 계속 불어넣으면 '펑!' 하고 터지듯이 말이다. 이때 세포의 내용물이 쏟아져 나와 염증 반응을 일으킨다. 이러한 네크로시스는 정상적인 발생 과정에서는 나타나지 않고 또한 유전자의 발현이나 새로운 단백질의 생산도 필요 없다.
> 반면 자의적인 죽음인 아포토시스는 유전자가 작동해 단백질을 만들어 내면 세포가 스스로 죽기로 결정하고, 생체 에너지인 ATP를 적극적으로 소모하면서 죽음에 이르는 과정을 말한다. 네크로시스와는 정반대로 세포는 쪼그라들고, 세포 내의 DNA는 규칙적으로 절단된다. 그 다음 쪼그라들어 단편화된 세포 조각들을 주변의 식세포가 시체 처리하듯 잡아먹는 것으로 과정이 종료된다.
> 인체 내에서 아포토시스가 일어나는 경우는 크게 두 가지다. 하나는 발생과 분화의 과정 중에 불필요한 부분을 없애기 위해서 일어난다. 사람의 손은 태아일 때 몸통에서 주걱 모양으로 손이 먼저 나온 후에 손가락 위치가 아닌 나머지 부분의 세포들이 사멸해서 우리가 보는 일반적인 손 모양을 만든다. 이런 과정을 이미 죽음이 예정돼 있다고 해서 PCD(Programed Cell Death)라고 부른다.
> 다른 하나는 세포가 심각하게 훼손돼 암세포로 변할 가능성이 있을 때 전체 개체를 보호하기 위해 세포가 죽음을 선택하는 것이다. 즉, 방사선, 화학 약품, 바이러스 감염 등으로 유전자 변형이 일어나면 세포는 이를 감지하고 자신이 암세포로 변해 전체 개체에 피해를 입히기 전에 스스로 죽음을 결정한다. 이때 아포토시스 과정에 문제가 있는 세포는 죽지 못하고 암세포로 변한다. 과학자들은 이와 같은 아포토시스와 암의 관계를 알게된 후 암세포의 죽음을 유발하는 물질을 이용해 항암제를 개발하려는 연구를 진행하고 있다.
> 흥미로운 것은 외부로부터 침입한 세균 등을 죽이는 역할의 T－면역 세포(Tk Cell)도 아포토시스를 이용한다는 사실이다. 세균이 몸 안에 침입하면 T－면역 세포는 세균에 달라붙어서 세균의 세포벽에 구멍을 뚫고 아포토시스를 유발하는 물질을 집어넣는다. 그러면 세균은 원치 않는 죽음을 맞이하게 되는 것이다.

① 손에 난 상처가 회복되는 것은 네크로시스와 관련이 있겠군.
② 우리 몸이 일정한 형태를 갖추게 된 것은 아포토시스와 관련이 있겠군.
③ 아포토시스를 이용한 항암제는 세포의 유전자 변형을 막는 역할을 하겠군.
④ 화학 약품은 네크로시스를 일으켜 암세포로 진행되는 것을 막는 역할을 하겠군.

11 자동차의 정지거리는 공주거리와 제동거리의 합이다. 공주거리는 공주시간 동안 이동한 거리이며, 공주시간은 주행 중 운전자가 전방의 위험상황을 발견하고 브레이크를 밟아서 실제 제동이 시작될 때까지 걸리는 시간이다. 자동차의 평균 제동거리가 다음과 같을 때, 72km/h의 속력으로 달리는 자동차의 평균 정지거리는 몇 m인가?(단, 공주시간은 1초로 가정한다)

속도(km)	평균 제동거리(m)
12	1
24	4
36	6
48	16
60	25
72	36

① 52m
② 54m
③ 56m
④ 58m

12 B대리는 주말마다 집 앞 산책로에서 운동을 한다. 길이가 10km인 산책로를 3km/h의 속력으로 걷다가 중간에 6km/h의 속력으로 뛰어 2시간 만에 완주할 때, B대리가 6km/h의 속력으로 뛰어간 거리는?

① 4km
② 6km
③ 8km
④ 10km

13 빨간색 수건 3장, 노란색 수건 4장, 파란색 수건 3장이 들어있는 상자가 있다. 상자에서 수건을 두 번 뽑을 때, 처음에 빨간색 수건을 뽑고 다음에 파란색 수건을 뽑을 확률은?(단, 한 번 꺼낸 수건은 다시 넣지 않는다)

① $\frac{9}{100}$
② $\frac{1}{10}$
③ $\frac{11}{100}$
④ $\frac{2}{15}$

14 다음은 K정화시설의 에너지 소비량 및 온실가스 배출량에 대한 자료이다. 〈보기〉 중 이에 대한 설명으로 옳은 것을 모두 고르면?

〈K정화시설 에너지 소비량〉

(단위 : TOE)

구분	에너지 소비량									
	합계	건설 부문				이동 부문				
		소계	경유	도시가스	수전전력	소계	휘발유	경유	도시가스	천연가스
2023년	11,658	11,234	17	1,808	9,409	424	25	196	13	190
2024년	17,298	16,885	58	2,796	14,031	413	28	179	15	191

〈K정화시설 온실가스 배출량〉

(단위 : 톤CO_2eq)

구분	온실가스 배출량				
	합계	고정 연소	이동 연소	공정 배출	간접 배출
2023년	30,823	4,052	897	122	25,752
2024년	35,638	6,121	965	109	28,443

보기

ㄱ. 에너지 소비량 중 이동 부문에서 경유가 차지하는 비중은 2024년에 전년 대비 10%p 이상 감소하였다.
ㄴ. 건설 부문의 도시가스 소비량은 2024년에 전년 대비 30% 이상 증가하였다.
ㄷ. 2024년 온실가스 배출량 중 간접 배출이 차지하는 비중은 2023년 온실가스 배출량 중 고정 연소가 차지하는 비중의 5배 이상이다.

① ㄱ
② ㄴ
③ ㄱ, ㄷ
④ ㄴ, ㄷ

15 다음은 K공사 신입사원 채용 현황에 대한 자료이다. 이에 대한 설명으로 옳지 않은 것은?(단, 소수점 둘째 자리에서 반올림한다)

〈신입사원 채용 현황〉

(단위 : 명)

구분	입사지원자 수	합격자 수
남자	10,891	1,699
여자	3,984	624

① 전체 입사지원자의 합격률은 15% 이상이다.
② 여자 입사지원자의 합격률은 20% 미만이다.
③ 전체 입사지원자 중 여자는 30% 미만이다.
④ 합격자 중 남자의 비율은 80%이다.

16 다음은 연도별 투약일당 약품비에 대한 자료이다. 2023년의 총투약일수가 120일, 2024년의 총투약일수가 150일인 경우, 2023년의 종합병원의 총약품비와 2024년의 상급종합병원의 총약품비의 합은?

〈투약일당 약품비〉

(단위 : 원)

구분	전체	상급종합병원	종합병원	병원	의원
2020년	1,753	2,704	2,211	1,828	1,405
2021년	1,667	2,551	2,084	1,704	1,336
2022년	1,664	2,482	2,048	1,720	1,352
2023년	1,662	2,547	2,025	1,693	1,345
2024년	1,709	2,686	2,074	1,704	1,362

※ 투약 1일당 평균적으로 소요되는 약품비를 나타내는 지표임
※ (투약일당 약품비)=(총약품비)÷(총투약일수)

① 635,900원
② 640,900원
③ 645,900원
④ 658,000원

17 다음은 비만도 측정에 대한 자료와 학생 3명의 신체조건이다. 이에 대한 설명으로 옳지 않은 것은?(단, 비만도의 소수점은 버림한다)

〈비만도 측정법〉

• (표준체중)=[(신장)−100]×0.9

• $(\text{비만도})=\dfrac{(\text{현재체중})}{(\text{표준체중})}\times 100$

※ 신장은 cm, 체중은 kg을 기준 단위로 함

〈비만도 구분〉

구분	조건
저체중	90% 미만
정상체중	90% 이상 110% 이하
과체중	110% 초과 120% 이하
경도비만	120% 초과 130% 이하
중등도비만	130% 초과 150% 이하
고도비만	150% 초과 180% 이하
초고도비만	180% 초과

〈신체조건〉

• 혜지 : 키 158cm, 몸무게 58kg
• 기원 : 키 182cm, 몸무게 71kg
• 용준 : 키 175cm, 몸무게 96kg

① 혜지의 표준체중은 52.2kg이며, 기원이의 표준체중은 73.8kg이다.
② 기원이의 체중이 5kg 증가하면 과체중 범주에 포함된다.
③ 3명의 학생 중 정상체중인 학생은 기원이뿐이다.
④ 용준이가 약 22kg 이상 체중 감량을 할 시 정상체중 범주에 포함된다.

18 다음은 우리나라 일부 업종에서 일하는 근로자 수 및 고령근로자 비율과 국가별 65세 이상 경제활동 참가율 현황에 대한 자료이다. 이에 대한 설명으로 옳은 것은?(단, 소수점 둘째 자리에서 반올림한다)

〈업종별 근로자 수 및 고령근로자 비율〉

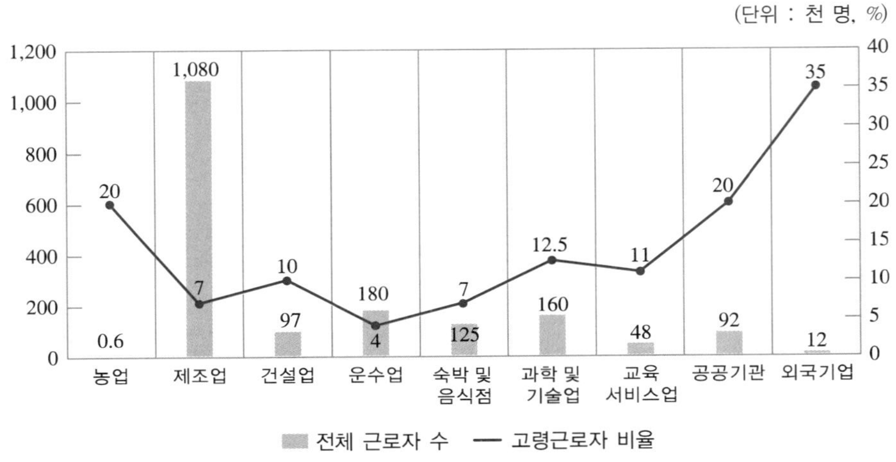

〈국가별 65세 이상 경제활동 참가율〉

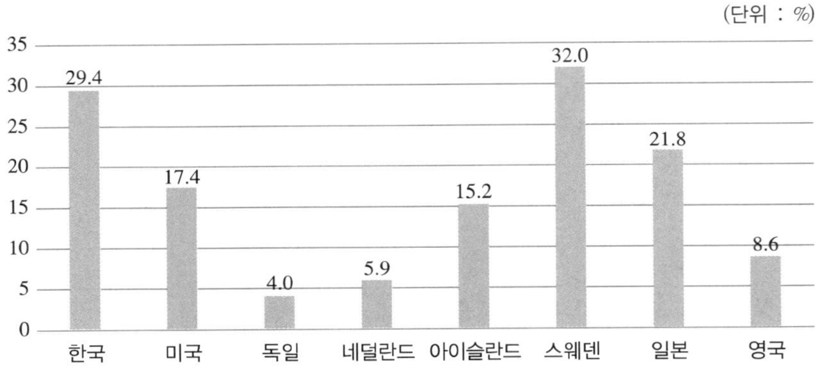

① 건설업에 종사하는 고령근로자는 외국기업에 종사하는 고령근로자 수의 3배 이상이다.

② 국가별 65세 이상 경제활동 조사 인구가 같을 경우 미국의 고령근로자 수는 영국 고령근로자 수의 3배 이상이다.

③ 농업과 교육 서비스업, 공공기관에 종사하는 총 고령근로자 수는 과학 및 기술업에 종사하는 고령근로자 수보다 많다.

④ 독일, 네덜란드와 아이슬란드의 65세 이상 경제활동 참가율의 합은 한국의 65세 이상 경제활동 참가율의 90% 이상을 차지한다.

※ K그룹은 신생아를 출산한 산모를 위한 하반기 신제품을 기획하고자 산모 150명을 대상으로 조사를 진행했다. 다음 자료를 참고하여 이어지는 질문에 답하시오. **[19~20]**

〈산모의 태아 유형〉

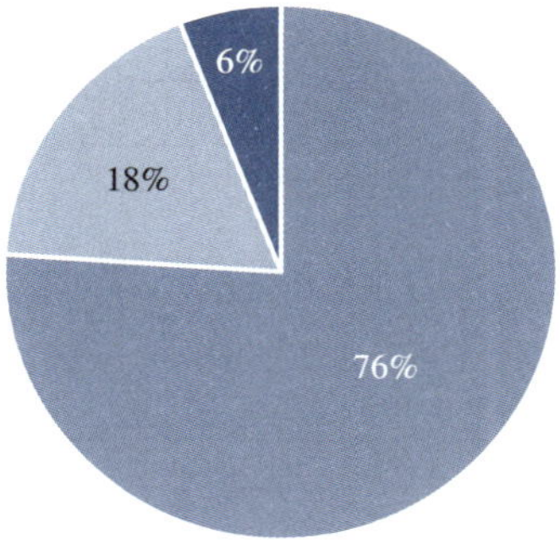

※ 산모의 태아 유형은 제시된 것 외에는 없음

〈산모 현황〉

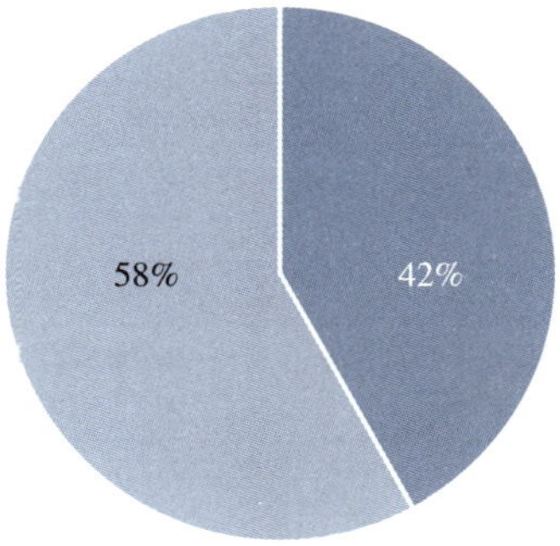

〈산모의 연령대〉

구분	20세 이상 25세 미만	25세 이상 30세 미만	30세 이상 35세 미만	35세 이상 40세 미만
비율	12%	46%	32%	10%

※ 산모의 연령대는 제시된 것 외에는 없음

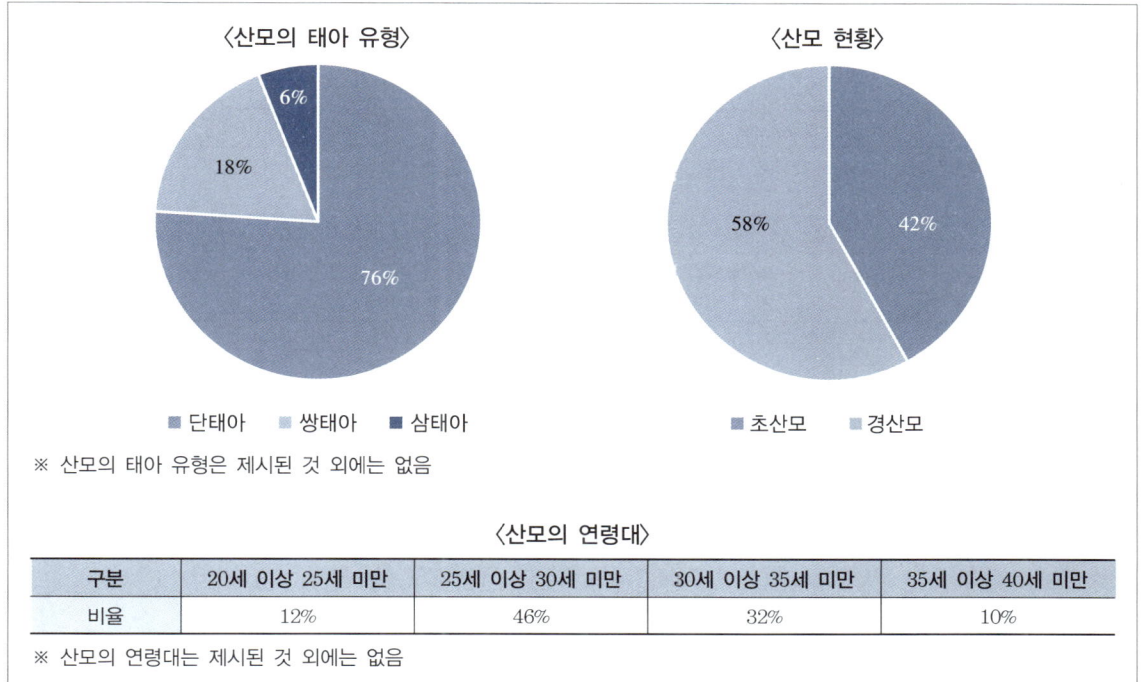

19 다음 중 자료에 대한 설명으로 옳지 않은 것은?(단, 소수점은 버림한다)

① 초산모가 모두 20대라고 할 때, 20대에서 초산모가 차지하는 비율은 70% 이상이다.

② 초산모가 모두 단태아를 출산했다고 할 때, 단태아를 출산한 산모 중 경산모가 차지하는 비율은 48% 미만이다.

③ 경산모의 $\frac{1}{3}$이 30대라고 할 때, 30대에서 경산모가 차지하는 비율은 50% 이상이다.

④ 20대 산모는 30대 산모보다 20명 이상 많다.

20 25세 이상 35세 미만 산모의 $\frac{1}{3}$이 경산모라고 할 때, 이 인원이 경산모에서 차지하는 비율은 얼마인가? (단, 소수점은 버림한다)

① 29%
② 37%
③ 44%
④ 58%

21 안전본부 사고분석 개선처에 근무하는 B대리는 혁신우수 연구대회에 출전하여 첨단장비를 활용한 차종별 보행자 사고 모형개발 자료를 발표했다. 연구 추진방향을 도출하기 위해 SWOT 분석을 한 결과가 다음과 같을 때, 분석결과에 대응하는 전략과 그 내용이 잘못 짝지어진 것은?

〈SWOT 분석결과〉

강점(Strength)	약점(Weakness)
10년 이상 지속적인 교육과 연구로 신기술 개발을 위한 인프라 구축	보행자 사고 모형개발을 위한 예산 및 실차 실험을 위한 연구소 부재
기회(Opportunity)	**위협(Threat)**
첨단 과학장비(3D스캐너, MADYMO) 도입으로 정밀 시뮬레이션 분석 가능	교통사고에 대한 국민의 관심과 분석수준 향상으로 공사의 사고분석 질적 제고 필요

① SO전략 : 과학장비를 통한 정밀 시뮬레이션 분석을 토대로 국내 차량의 전면부 형상을 취득하고 보행자 사고를 분석해 신기술 개발에 도움을 준다.

② WO전략 : 실차 실험 대신 과학장비를 통한 시뮬레이션 연구로 모형개발에 힘쓴다.

③ ST전략 : 지속적 교육과 연구로 쌓아온 데이터를 바탕으로 사고분석 프로그램 신기술 개발을 통해 사고분석 질적 향상에 기여한다.

④ WT전략 : 신기술 개발을 위한 연구대회를 개최해 인프라를 더욱 탄탄히 구축한다.

22 K사는 6층 건물의 모든 층을 사용하고 있으며, 건물에는 기획부, 인사교육부, 서비스개선부, 연구・개발부, 해외사업부, 디자인부가 층별로 위치하고 있다. 다음 〈조건〉을 참고할 때 항상 옳은 것은?(단, 6개의 부서는 서로 다른 층에 위치하며, 3층 이하에 위치한 부서의 직원은 출근 시 반드시 계단을 이용해야 한다)

조건

- 기획부의 문대리는 해외사업부의 이주임보다 높은 층에 근무한다.
- 인사교육부는 서비스개선부와 해외사업부 사이에 위치한다.
- 디자인부의 김대리는 오늘 아침 엘리베이터에서 서비스개선부의 조대리를 만났다.
- 6개의 부서 중 건물의 옥상과 가장 가까이에 위치한 부서는 연구・개발부이다.
- 연구・개발부의 오사원이 인사교육부 박차장에게 휴가 신청서를 제출하려면 4개의 층을 내려가야 한다.
- 건물 1층에는 회사에서 운영하는 커피숍이 함께 있다.

① 출근 시 엘리베이터를 탄 디자인부의 김대리는 5층에서 내린다.

② 디자인부의 김대리가 서비스개선부의 조대리보다 먼저 엘리베이터에서 내린다.

③ 인사교육부와 커피숍은 같은 층에 위치한다.

④ 기획부의 문대리는 출근 시 반드시 계단을 이용해야 한다.

23 한 경기장에는 네 개의 탈의실이 있는데 이를 대여할 때는 〈조건〉을 따라야 하며, 이미 예약된 탈의실은 다음과 같다고 한다. 금요일 빈 시간에 탈의실을 대여할 수 있는 단체를 모두 고르면?

〈탈의실 예약 현황〉

구분	월요일	화요일	수요일	목요일	금요일
A	시대		한국		
B	우리			시대	
C			나라		나라
D	한국	시대		우리	

조건

- 일주일에 최대 세 번, 세 개의 탈의실을 대여할 수 있다.
- 탈의실은 하루에 두 개까지 대여할 수 있다.
- 한 단체가 하루에 두 개의 탈의실을 대여하려면, 인접한 탈의실을 대여해야 한다.
- 탈의실은 A－B－C－D 순서대로 직선으로 나열되어 있다.
- 전날 대여한 탈의실을 똑같은 단체가 다시 대여할 수 없다.

① 나라, 한국
② 우리, 나라, 한국
③ 우리, 시대, 나라
④ 시대, 한국, 나라

24 K공사의 기획팀은 A팀장, B과장, C대리, D주임, E사원으로 구성되어 있다. 다음 〈조건〉에 따라 출근한다고 할 때, 먼저 출근한 사람부터 순서대로 바르게 나열한 것은?

조건

- E사원은 항상 A팀장보다 먼저 출근한다.
- B과장보다 일찍 출근하는 팀원은 한 명뿐이다.
- D주임보다 늦게 출근하는 직원은 두 명 있다.
- C대리는 팀원 중 가장 일찍 출근한다.

① C대리－B과장－D주임－E사원－A팀장
② C대리－B과장－E사원－D주임－A팀장
③ E사원－A팀장－B과장－D주임－C대리
④ E사원－A팀장－D주임－C대리－B과장

25 다음은 도서코드(ISBN)에 대한 자료이다. 주문한 도서에 대한 설명으로 옳은 것은?

〈[예시] 도서코드(ISBN)〉

국제표준도서번호					부가기호		
접두부	국가번호	발행자번호	서명식별번호	체크기호	독자대상	발행형태	내용분류
123	12	1234 – 567		1	1	1	123

※ 국제표준도서번호는 5개의 군으로 나누어지고 군마다 '–'로 구분함

〈도서코드(ISBN) 세부사항〉

접두부	국가번호	발행자번호	서명식별번호	체크기호
978 또는 979	한국 89 미국 05 중국 72 일본 40 프랑스 22	발행자번호 – 서명식별번호 (7자리 숫자) 예 8491 – 208 : 발행자번호가 8,491번인 출판사에서 208번째 발행한 책		0 ~ 9

독자대상	발행형태	내용분류
0 교양 1 실용 2 여성 3 (예비) 4 청소년 5 중고등 학습참고서 6 초등 학습참고서 7 아동 8 (예비) 9 전문	0 문고본 1 사전 2 신서판 3 단행본 4 전집 5 (예비) 6 도감 7 그림책, 만화 8 혼합자료, 점자자료, 전자책, 마이크로자료 9 (예비)	030 백과사전 100 철학 170 심리학 200 종교 360 법학 470 생명과학 680 연극 710 한국어 770 스페인어 740 영미문학 720 유럽사

〈주문도서〉

978 – 05 – 441 – 1011 – 314710

① 한국에서 출판한 도서이다.

② 441번째 발행된 도서이다.

③ 발행자번호는 총 7자리이다.

④ 한 권으로만 출판되지는 않았다.

26 K공사는 직원들의 체력 증진 및 건강 개선을 위해 점심시간을 이용해 운동 프로그램을 운영하고자 한다. 다음 자료와 〈조건〉을 바탕으로 업체를 선정할 때, 최종적으로 선정될 업체는?

〈후보 업체 사전조사 결과〉

업체명	프로그램	흥미 점수	건강증진 점수
A업체	집중GX	5점	7점
B업체	필라테스	7점	6점
C업체	자율 웨이트	5점	5점
D업체	스피닝	4점	8점

조건

- K공사는 전 직원들을 대상으로 후보 업체들에 대한 사전조사를 하였다. 각 후보 업체들에 대한 흥미 점수와 건강증진 점수는 전 직원들이 10점 만점으로 부여한 점수의 평균값이다.
- 흥미 점수와 건강증진 점수를 2 : 3의 가중치로 합산하여 1차 점수를 산정하고, 1차 점수가 높은 후보 업체 3개를 1차 선정한다.
- 직원들의 흥미가 더 중요하다고 생각되어, 1차 선정된 후보 업체 중 흥미 점수와 건강증진 점수에 3 : 3 가중치로 합산하여 2차 점수를 산정한다.
- 2차 점수가 가장 높은 1개의 업체를 최종적으로 선정한다. 만일 1차 선정된 후보 업체들의 2차 점수가 모두 동일한 경우, 건강증진 점수가 가장 높은 후보 업체를 선정한다.

① A업체
② B업체
③ C업체
④ D업체

27 K공사에서는 A씨에게 부패 방지 교육을 위해 오늘 일과 중 1시간 동안 부서별로 토론식 교육을 할 것을 지시하였다. A씨의 직급은 사원으로, 적당한 교육 시간을 판단하여 보고하여야 한다. 부서원의 스케줄이 다음과 같을 때, 교육을 편성하기에 가장 적절한 시간대는?

〈업무 스케줄〉

<table>
<tr><th rowspan="2">시간</th><th colspan="5">직급별 스케줄</th></tr>
<tr><th>부장</th><th>차장</th><th>과장</th><th>대리</th><th>사원</th></tr>
<tr><td>09:00 ~ 10:00</td><td colspan="2">부서장 회의</td><td></td><td></td><td></td></tr>
<tr><td>10:00 ~ 11:00</td><td></td><td></td><td></td><td></td><td>비품 신청</td></tr>
<tr><td>11:00 ~ 12:00</td><td></td><td></td><td>고객 응대</td><td></td><td></td></tr>
<tr><td>12:00 ~ 13:00</td><td colspan="5">점심식사</td></tr>
<tr><td>13:00 ~ 14:00</td><td colspan="3">부서 업무 회의</td><td></td><td></td></tr>
<tr><td>14:00 ~ 15:00</td><td></td><td></td><td></td><td colspan="2">타 지점 방문</td></tr>
<tr><td>15:00 ~ 16:00</td><td></td><td></td><td colspan="3">일일 업무 결산</td></tr>
<tr><td>16:00 ~ 17:00</td><td></td><td>업무보고</td><td></td><td></td><td></td></tr>
<tr><td>17:00 ~ 18:00</td><td>업무보고</td><td></td><td></td><td></td><td></td></tr>
</table>

① 09:00 ~ 10:00
② 10:00 ~ 11:00
③ 13:00 ~ 14:00
④ 14:00 ~ 15:00

28 다음은 A와 B의 시계조립 작업지시서의 내용이다. 다음 〈조건〉에 따라 작업할 때, B의 최종 완성 시간과 유휴 시간이 바르게 연결된 것은?(단, 이동 시간은 고려하지 않는다)

〈작업지시서〉

• 각 공작 기계 및 소요 시간
1. 앞면 가공용 공작 기계 : 20분
2. 뒷면 가공용 공작 기계 : 15분
3. 조립 : 5분

• 공작 순서
시계는 각 1대씩 만들며 A는 앞면부터 가공을 시작하여 완료 후 뒷면 가공과 조립을 하고, B는 뒷면부터 가공을 시작하여 완료 후 앞면과 조립을 하기로 하였다.

조건

1. 공작 기계는 앞면 가공용, 뒷면 가공용 각 1대씩이며 모두 사용해야 하고, 두 명이 동시에 작업을 시작한다.
2. 조립은 가공이 이루어진 후 즉시 실시한다.

	최종 완성 시간	유휴 시간
①	40분	5분
②	40분	10분
③	45분	5분
④	45분	10분

29 다음은 K기업의 대졸공채 신입사원 지원 자격에 대한 자료이다. 이를 바탕으로 〈보기〉의 지원자 중 K기업 지원 자격에 부합하는 사람은 모두 몇 명인가?

〈K기업 대졸공채 신입사원 지원 자격〉

- 4년제 정규대학 모집 대상 전공 중 학사학위 이상 소지한 자(졸업예정자 지원 불가)
- TOEIC 750점 이상인 자(국내 응시 시험에 한함)
- 병역필 또는 면제자로 학업성적이 우수하고, 해외여행에 결격사유가 없는 자

※ 공인회계사, 외국어 능통자, 통계 전문가, 전공 관련 자격 보유자 및 장교 출신 지원자 우대

모집 분야		대상 전공
일반직	일반 관리	• 상경, 법정 계열 • 통계 / 수학, 산업공학, 신문방송, 식품공학(식품 관련 학과) • 중국어, 러시아어, 영어, 일어, 불어, 독어, 서반아어, 포르투갈어, 아랍어
	운항 관리	• 항공교통, 천문기상 등 기상 관련 학과 – 운항관리사, 항공교통관제사 등 관련 자격증 소지자 우대
전산직		• 컴퓨터공학, 전산학 등 IT 관련 학과
시설직		• 전기부문 : 전기공학 등 관련 전공 – 전기기사, 전기공사기사, 소방설비기사(전기) 관련 자격증 소지자 우대 • 기계부문 : 기계학과, 건축설비학과 등 관련 전공 – 소방설비기사(기계), 전산응용기계제도기사, 건축설비기사, 공조냉동기사, 건설기계기사, 일반기계기사 등 관련 자격증 소지자 우대 • 건축부문 : 건축공학 관련 전공(현장 경력자 우대)

보기

지원자	지원 분야	학력	전공	병역사항	TOEIC 점수	참고 사항
A	전산직	대졸	컴퓨터공학	병역필	820점	• 중국어, 일본어 능통자이다. • 해외 비자가 발급되지 않는 상태이다.
B	시설직 (건축 부문)	대졸	식품공학	면제	930점	• 건축현장 경력이 있다. • 전기기사 자격증을 소지하고 있다.
C	일반직 (운항 관리)	대재	항공교통학	병역필	810점	• 전기공사기사 자격증을 소지하고 있다. • 학업 성적이 우수하다.
D	시설직 (기계 부문)	대졸	기계공학	병역필	745점	• 건축설비기사 자격증을 소지하고 있다. • 장교 출신 지원자이다.
E	일반직 (일반 관리)	대졸	신문방송학	미필	830점	• 소방설비기사 자격증을 소지하고 있다. • 포르투갈어 능통자이다.

① 1명
② 2명
③ 3명
④ 없음

30 다음은 K공사의 고객의 소리 운영 규정의 일부이다. 고객서비스 업무를 담당하고 있는 1년 차 사원인 M씨는 8월 18일 월요일에 어느 한 고객으로부터 질의 민원을 접수받았다. 그러나 부득이한 사유로 기간 내 처리가 불가능할 것으로 보여 본사 총괄부서장의 승인을 받고 처리를 지연하였다. 해당 민원은 늦어도 언제까지 처리가 완료되어야 하는가?

> **목적(제1조)**
> 이 규정은 K공사에서 고객의 소리 운영에 필요한 사항에 대하여 규정함을 목적으로 한다.
>
> **정의(제2조)**
> "고객의 소리(Voice of Customer)"라 함은 K공사 직무와 관련된 행정 처리에 대한 이의신청, 진정 등 민원과 K공사의 제도, 서비스 등에 대하여 불만이나 불편사항, 건의·단순 질의 등 모든 고객의 의견을 말한다.
>
> **처리기간(제7조)**
> ① 고객의 소리는 다른 업무에 우선하여 처리하여야 하며, 처리기간이 남아있음 등의 이유로 처리를 지연시켜서는 아니 된다.
> ② 고객의 소리 처리기간은 24시간으로 한다. 다만, 서식민원은 별도로 한다.
>
> **처리기간의 연장(제8조)**
> ① 부득이한 사유로 기간 내에 처리하기 곤란한 경우 중간답변을 하여야 하며, 이 경우 처리기간은 48시간으로 한다.
> ② 중간답변을 하였음에도 기간 내에 처리하기 어려운 사항은 1회에 한하여 본사 총괄부서장의 승인을 받고 추가로 연장할 수 있다. 이 경우 추가되는 연장시간은 48시간으로 한다.
> ③ 업무의 성격이나 중요도, 본사 총괄부서의 처리시간에 임박한 재배정 등으로 제1항 내지 제2항의 기간 내에 처리할 수 없는 사항은 부서장 또는 소속장이 본사 총괄부서장에게 특별 기간연장을 요구할 수 있다.

① 8월 19일 ② 8월 20일
③ 8월 21일 ④ 8월 22일

31 다음은 데이터베이스에 대한 설명이다. 빈칸 ㉠, ㉡에 들어갈 내용을 바르게 연결한 것은?

> 파일시스템에서 하나의 파일은 독립적이고 어떤 업무를 처리하는 데 필요한 모든 정보를 가지고 있다. 파일도 데이터의 집합이므로 데이터베이스라고 볼 수도 있으나 일반적으로 데이터베이스는 ___㉠___을 의미한다. 따라서 사용자는 여러 개의 파일에 있는 정보를 한 번에 검색해 볼 수 있다. 데이터베이스 관리시스템은 데이터와 파일, 그들의 관계 등을 생성하고 유지하고 검색할 수 있게 해주는 소프트웨어이다. 반면에 파일 관리시스템은 ___㉡___에 대해서 생성, 유지, 검색을 할 수 있는 소프트웨어이다.

	㉠	㉡
①	여러 개의 독립된 파일	한 번에 복수의 파일
②	여러 개의 독립된 파일	한 번에 한 개의 파일
③	여러 개의 연관된 파일	한 번에 복수의 파일
④	여러 개의 연관된 파일	한 번에 한 개의 파일

32 다음은 기획안을 제출하기 위한 정보수집 전에 어떠한 정보를 어떻게 수집할지에 대한 '정보의 전략적 기획'의 사례이다. S사원이 필요한 정보로 적절하지 않은 것은?

> K전자의 S사원은 상사로부터 세탁기 신상품에 대한 기획안을 제출하라는 업무를 받았다. 먼저 S사원은 기획안을 작성하기 위해 자신에게 어떠한 정보가 필요한지를 생각해 보았다. 개발하려는 세탁기 신상품의 컨셉은 중년층을 대상으로 한 실용적이고 경제적이며 조작하기 쉬운 것을 대표적인 특징으로 삼고 있다.

① 기존에 세탁기를 구매한 고객들의 데이터베이스로부터 정보가 필요할 수도 있다.
② 현재 세탁기를 사용하면서 불편한 점은 무엇인지에 대한 정보가 필요하다.
③ 데이터베이스로부터 성별로 세탁기 선호 디자인에 대한 정보가 필요하다.
④ 고객들이 세탁기에 대해 부담 가능한 금액은 얼마인지에 대한 정보도 필요할 것이다.

33 다음 중 데이터 유효성 검사에 대한 설명으로 옳지 않은 것은?

① 목록의 값들을 미리 지정하여 데이터 입력을 제한할 수 있다.
② 입력할 수 있는 정수의 범위를 제한할 수 있다.
③ 목록으로 값을 제한하는 경우 드롭다운 목록의 너비를 지정할 수 있다.
④ 유효성 조건 변경 시 변경 내용을 범위로 지정된 모든 셀에 적용할 수 있다.

34 K공사에 근무하고 있는 C사원은 우리나라 국경일을 CONCATENATE 함수를 이용하여 다음과 같이 입력하고자 한다. [C2] 셀에 입력해야 하는 함수식으로 옳은 것은?

	A	B	C
1	국경일	날짜	우리나라 국경일
2	3·1절	매년 3월 1일	3·1절(매년 3월 1일)
3	제헌절	매년 7월 17일	제헌절(매년 7월 17일)
4	광복절	매년 8월 15일	광복절(매년 8월 15일)
5	개천절	매년 10월 3일	개천절(매년 10월 3일)
6	한글날	매년 10월 9일	한글날(매년 10월 9일)

① =CONCATENATE(A2,(,B2,))
② =CONCATENATE(B2,(,A2,))
③ =CONCATENATE(A2,"(",B2,")")
④ =CONCATENATE(B2,"(",A2,")")

35 다음 중 아래의 워크시트를 참조하여 작성한 수식 「=VLOOKUP(SMALL(A2:A10,3),A2:E10,4,0)」의 결괏값으로 옳은 것은?

	A	B	C	D	E
1	번호	억양	발표	시간	자료준비
2	1	80	84	91	90
3	2	89	92	86	74
4	3	72	88	82	100
5	4	81	74	89	93
6	5	84	95	90	88
7	6	83	87	72	85
8	7	76	86	83	87
9	8	87	85	97	94
10	9	98	78	96	81

① 82
② 83
③ 86
④ 87

36 다음 엑셀 시트에서 [B1] 셀에 〈보기〉의 (가) ~ (마) 함수를 입력하였을 때, 표시되는 결괏값이 다른 것은?

	A	B
1	333	
2	합격	
3	불합격	
4	12	
5	7	

보기

(가) 「=ISNUMBER(A1)」
(나) 「=ISNONTEXT(A2)」
(다) 「=ISTEXT(A3)」
(라) 「=ISEVEN(A4)」

① (가)
② (나)
③ (다)
④ (라)

37 다음은 4차 산업혁명에 대한 글이다. 빈칸에 들어갈 단어를 순서대로 나열한 것은?

> 4차 산업혁명이란 사물인터넷, 인공지능, 빅데이터, 블록체인 등 정보통신기술의 ______으로 새로운 서비스와 산업이 창출되는 차세대 혁명이다. 이 용어는 2016년 ______에서 클라우스 슈밥 회장이 처음 사용하면서 이슈화됐다. 경제 산업 전반에 정보화, 자동화를 통한 생산성 증대뿐 아니라 자율주행차, 무인점포 등 일상생활에 획기적 변화를 가져다주고 있다. 예를 들면 미래 사회에는 사물과 인간, 사물과 사물 간이 자유자재로 연결되고 정보를 공유하며, 인공지능의 발달로 우리의 실생활 곳곳에 인공지능 로봇이 자리를 잡으면서 산업분야의 경계가 허물어질 수 있다.

① 융합, IMD
② 융합, WEF
③ 집합, IMD
④ 복합, WEF

38 다음은 K사 영업팀의 실적을 정리한 파일이다. 고급 필터의 조건 범위를 [E1:G3] 영역으로 지정한 후 고급 필터를 실행했을 때 나타나는 데이터에 대한 설명으로 옳은 것은?(단, [G3] 셀에는 「=C2>=AVERAGE($C$2:$C$8)」가 입력되어 있다)

	A	B	C	D	E	F	G
1	부서	사원	실적		부서	사원	식
2	영업2팀	최지원	250,000		영업1팀	*수	
3	영업1팀	김창수	200,000		영업2팀		TRUE
4	영업1팀	김홍인	200,000				
5	영업2팀	홍상진	170,000				
6	영업1팀	홍상수	150,000				
7	영업1팀	김성민	120,000				
8	영업2팀	황준하	100,000				

① 부서가 '영업1팀'이고 이름이 '수'로 끝나거나 부서가 '영업2팀'이고 실적이 실적의 평균 이상인 데이터
② 부서가 '영업1팀'이거나 이름이 '수'로 끝나고 부서가 '영업2팀'이거나 실적이 실적의 평균 이상인 데이터
③ 부서가 '영업1팀'이고 이름이 '수'로 끝나거나 부서가 '영업2팀'이고 실적의 평균이 250,000 이상인 데이터
④ 부서가 '영업1팀'이거나 이름이 '수'로 끝나고 부서가 '영업2팀'이거나 실적의 평균이 250,000 이상인 데이터

39 다음 프로그램의 실행 결과로 옳은 것은?

```
#include <stdio.h>
void func( ) {
  static int num1=0;
  int num2=0;
  num1++;
  num2++;
  printf("num1 : %d, num2 : %d ₩n", num1, num2);
}

void main( )
{
  int i;
  for(i=0; i<5; i++) {
    func( );
  }
}
```

① num1 : 0, num2 : 0

② num1 : 1, num2 : 1

③ num1 : 1, num2 : 5

④ num1 : 5, num2 : 1

40 다음 순서도에 의해 출력되는 값으로 옳은 것은?

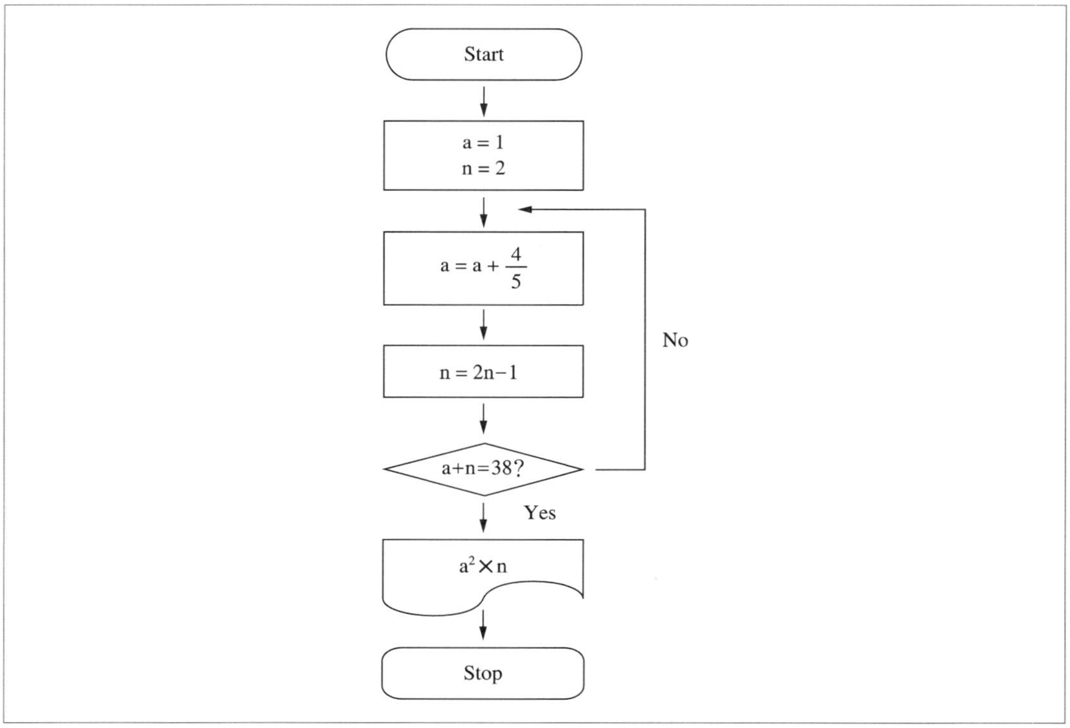

① 810　　② 815
③ 820　　④ 825

| 01 | 보건의료지식 + 전공(행정직)

41 다음 중 국민건강보험제도의 특징으로 옳지 않은 것은?

① 강제 가입을 특징으로 하며, 보험료 납부에 강제성이 있다.
② 민간보험과 사회보험 모두 균등급여를 받는다.
③ 원칙적으로 국가가 설계하고 운영·관리해야 한다.
④ 지급기간이 단기간에 이루어지는 단기보험에 해당한다.

42 다음 〈보기〉에서 건강보험심사평가원의 핵심가치로 옳은 것을 모두 고르면?

보기

㉠ 신뢰받는 검사
㉡ 공정한 평가
㉢ 지속적인 소통
㉣ 체계적인 발전

① ㉠, ㉡
② ㉠, ㉢
③ ㉡, ㉢
④ ㉡, ㉣

43 다음은 보험료율에 대한 설명이다. 빈칸에 들어갈 내용이 바르게 연결된 것은?

① 직장가입자의 보험료율은 ___㉠___의 범위에서 심의위원회으 의결을 거쳐 대통령령으로 정한다.
② 국외에서 업무에 종사하고 있는 직장가입자에 대한 보험료율은 제1항에 따라 정해진 보험료율의 ___㉡___으로 한다.
③ 지역가입자의 재산보험료부과점수당 금액은 심의위원회의 의결을 거쳐 ___㉢___으로 정한다.

① ㉠ : 1,000분의 90
② ㉡ : 100분의 50
③ ㉡ : 100분의 70
④ ㉢ : 보건복지부령

44 다음 중 체납처분의 목적물인 총재산이 보험료보다 우선하지 않는 것은?

① 국세
② 지방세
③ 전세권
④ 재산세

45 다음 중 국민건강보험공단이 한국자산관리공사에 압류재산의 공매대행을 의뢰할 때 적어야 하는 사항이 아닌 것은?

① 공매할 재산의 종류
② 압류에 관계되는 보험료 등의 납부 연도
③ 체납자의 주소
④ 체납자의 나이

46 진료평가심사위원회의 심사위원에게는 예산의 범위에서 필요한 경비를 지급할 수 있다. 다음 〈보기〉에서 필요한 경비에 해당하는 것을 모두 고르면?

보기

㉠ 보수
㉡ 수당
㉢ 여비
㉣ 부담금

① ㉠, ㉡
② ㉢, ㉣
③ ㉠, ㉡, ㉢
④ ㉡, ㉢, ㉣

47 다음 중 요양기관이 건강보험심사평가원에 현황을 신고할 때 장비 등 요양기관의 현황을 관리하는 데에 필요한 사항을 정하는 주체는 누구인가?

① 기획재정부장관
② 보건복지부장관
③ 건강보험심사평가원장
④ 국민건강보험공단 이사장

48 다음 〈보기〉에서 요양급여를 실시하는 요양기관으로 옳지 않은 것을 모두 고르면?

보기

㉠ 약사법에 따라 설립된 한국희귀·필수의약품센터
㉡ 의료법에 따라 개설된 부속 의료기관
㉢ 지역보건법에 따른 보건소
㉣ 업무정지 처분을 받은 요양기관의 개설자가 개설한 의료기관
㉤ 사회복지사업법에 따른 사회복지시설에 수용된 사람의 진료를 주된 목적으로 개설된 의료기관

① ㉠, ㉡, ㉢
② ㉠, ㉡, ㉣
③ ㉠, ㉢, ㉣
④ ㉡, ㉣, ㉤

49 다음 중 직장가입자에서 제외되지 않는 사람은?

① 선거에 당선되어 취임하는 공무원으로서 매월 보수 또는 급료를 받지 아니하는 사람
② 고용 기간이 3개월인 일용근로자
③ 병역법에 따른 현역병
④ 전환복무된 군간부후보생

50 다음 중 국민건강보험법상 보험료를 경감받을 수 있는 사람으로 옳지 않은 것은?

① 섬·벽지·농어촌에 거주하는 사람
② 휴직자
③ 60세 이상인 사람
④ 국가유공자 등 예우 및 지원에 관한 법률에 따른 국가유공자

51 다음 중 민법상 대리권에 대한 설명으로 옳은 것은?

① 대리권은 성년후견의 개시로 소멸한다.
② 대리권은 본인의 파산으로 소멸한다.
③ 대리인은 행위능력자임을 요한다.
④ 대리인은 본인의 허락이 없으면 본인을 위하여 자기와 법률행위를 하거나 동일한 법률행위에 관하여 당사자 쌍방을 대리하지 못하며, 채무의 이행도 할 수 없다.

52 **다음 중 상법상 피보험이익에 대한 설명으로 옳지 않은 것은?**

① 인보험계약의 본질적인 요소이다.
② 적법하고 금전으로 산정할 수 있는 이익이어야 한다.
③ 보험계약의 동일성을 결정하는 기준이다.
④ 피보험이익의 주체를 피보험자라 한다.

53 **다음 중 법의 적용 및 해석에 대한 설명으로 옳은 것은?**

① 문리해석은 유권해석의 한 유형이다.
② 법률용어로 사용되는 선의·악의는 일정한 사항에 대해 아는 것과 모르는 것을 의미한다.
③ 간주란 법이 사실의 존재·부존재를 법정책적으로 확정하되, 반대사실의 입증이 있으면 번복되는 것이다.
④ 추정이란 나중에 반증이 나타나도 이미 발생된 효과를 뒤집을 수 없는 것을 말한다.

54 **다음 중 헌법상 통치구조에 대한 설명으로 옳지 않은 것은?**

① 법원의 재판에 이의가 있는 자는 헌법재판소에 헌법소원심판을 청구할 수 있다.
② 헌법재판소는 지방자치단체 상호 간의 권한의 범위에 관한 분쟁에 대하여 심판한다.
③ 행정법원은 행정소송사건을 담당하기 위하여 설치된 것으로, 3심제로 운영된다.
④ 법원의 재판에서 판결선고는 항상 공개하여야 하지만 심리는 공개하지 않을 수 있다.

55 **K기업의 기업가치는 10억 원(발행주식수=10만 주)이고, P기업의 기업가치는 5억 원(발행주식수=10만 주)이며 두 기업 모두 무부채기업이다. K기업이 P기업을 흡수합병할 경우 합병 후의 기업가치는 18억 원이 될 것으로 예상된다. K기업이 P기업 주주에게 6억 원의 현금을 지불하고 합병할 때, K기업이 합병을 통해 얻는 NPV는 얼마인가?**

① 1억 원
② 2억 원
③ 3억 원
④ 4억 원

56 다음 중 통합적 마케팅 커뮤니케이션에 대한 설명으로 옳지 않은 것은?

① 강화광고는 기존 사용자에게 브랜드에 대한 확신과 만족도를 높여 준다.

② 가족 브랜딩(Family Branding)은 개별 브랜딩과는 달리 한 제품을 촉진하면 나머지 제품도 촉진된다는 이점이 있다.

③ 촉진에서 풀(Pull) 정책은 제품에 대한 강한 수요를 유발할 목적으로 광고나 판매촉진 등을 활용하는 정책이다.

④ 버즈(Buzz) 마케팅은 소비자에게 메시지를 빨리 전파할 수 있도록 이메일이나 모바일을 통하여 메시지를 공유한다.

57 다음 중 목표설정이론 및 목표관리(MBO)에 대한 설명으로 옳지 않은 것은?

① 목표는 지시적 목표, 자기설정 목표, 참여적 목표로 구분된다.

② 목표를 설정하는 과정에 부하직원이 함께 참여한다.

③ 조직의 목표를 구체적인 부서별 목표로 전환하게 된다.

④ 성과는 경영진이 평가하여 부하직원 개개인에게 통보한다.

58 다음 중 시장지향적 마케팅에 대한 설명으로 옳지 않은 것은?

① 고객지향적 마케팅의 장점을 포함하면서 그 한계점을 극복하기 위한 포괄적 마케팅이다.

② 기업이 최종 고객들과 원활한 교환을 통하여 최상의 가치를 제공하기 위함을 목표로 한다.

③ 기존 사업시장에 집중하여 경쟁우위를 점하기 위한 마케팅이다.

④ 다양한 시장 구성요소들이 원만하게 상호작용하며 마케팅 전략을 구축한다.

59 다음 중 어떤 산업이 자연독점화되는 이유로 옳은 것은?

① 고정비용의 크기가 작은 경우

② 최소효율규모의 수준이 매우 큰 경우

③ 다른 산업에 비해 규모의 경제가 작게 나타나는 경우

④ 생산량이 증가함에 따라 평균비용이 계속 늘어나는 경우

60 다음 중 경기부양을 위해 확장적 재정정책을 과도하게 실행할 경우 나타나는 현상으로 거리가 먼 것은?

① 물가 상승
② 이자율 상승
③ 통화가치 하락
④ 재정흑자 발생

61 다음 중 상품시장을 가정할 때, 완전경쟁시장의 균형점이 파레토 효율적인 이유로 옳지 않은 것은?

① 완전경쟁시장 균형점에서 가장 사회적 잉여가 크기 때문이다.
② 완전경쟁시장 균형점에서 사회적 형평성이 극대화되기 때문이다.
③ 완전경쟁시장 균형점에서 소비자는 효용 극대화, 생산자는 이윤 극대화를 달성하기 때문이다.
④ 완전경쟁시장 균형점에서 재화 한 단위 생산에 따른 사회적 한계편익과 사회적 한계비용이 같기 때문이다.

62 기업의 생산함수가 $Y = 200N - N^2$이고, 근로자의 여가 1시간당 가치는 40이다. 상품시장과 생산요소시장이 완전경쟁시장이고, 생산물의 가격은 1일 때, 균형노동시간은 얼마인가?(단, Y는 생산량, N은 노동시간이다)

① 60시간
② 70시간
③ 80시간
④ 90시간

63 과거 몇 년간 자동차의 가격은 지속적으로 상승하였고, 판매량도 지속적으로 증가하였다. 다음 중 이에 대한 원인으로 옳은 것은?(단, 수요곡선은 우하향하고, 공급곡선은 우상향한다)

① 자동차의 수요는 변하지 않고 공급이 감소하였다.
② 자동차의 수요는 변하지 않고 공급이 증가하였다.
③ 자동차의 공급은 변하지 않고 수요가 감소하였다.
④ 자동차의 공급은 변하지 않고 수요가 증가하였다.

64 다음 〈보기〉에서 가격책정 방법에 대한 설명으로 옳은 것을 모두 고르면?

보기

㉠ 준거가격이란 구매자가 어떤 상품에 대해 지불할 용의가 있는 최고가격을 의미한다.
㉡ 명성가격이란 가격 – 품질 연상관계를 이용한 가격책정 방법이다.
㉢ 단수가격이란 판매가격을 단수로 표시하여 가격이 저렴한 인상을 소비자에게 심어주어 판매를 증대시키는 방법이다.
㉣ 최저수용가격이란 심리적으로 적당하다고 생각하는 가격 수준을 의미한다.

① ㉠, ㉡
② ㉠, ㉢
③ ㉡, ㉢
④ ㉡, ㉣

65 다음 중 인플레이션에 대한 설명으로 옳지 않은 것은?

① 수요견인 인플레이션은 총수요의 증가가 인플레이션의 주요한 원인이 되는 경우이다.
② 정부가 화폐공급량 증가를 통해 얻게 되는 추가적인 재정수입을 화폐발행의 이득이라고 한다.
③ 예상한 인플레이션의 경우에는 메뉴비용이 발생하지 않는다.
④ 예상하지 못한 인플레이션은 채권자에게서 채무자에게로 소득재분배를 야기한다.

66 다음 〈보기〉에서 맥그리거의 XY이론에 따른 X이론적 인간관과 동기부여 전략을 모두 고르면?

보기

ㄱ. 천성적 나태
ㄴ. 변화지향적
ㄷ. 자율적 활동
ㄹ. 민주적 관리
ㅁ. 어리석은 존재
ㅂ. 타율적 관리
ㅅ. 변화에 저항적
ㅇ. 높은 책임감

① ㄱ, ㄴ, ㄷ, ㄹ
② ㄱ, ㅁ, ㅂ, ㅅ
③ ㄴ, ㄷ, ㄹ, ㅇ
④ ㄴ, ㅁ, ㅂ, ㅅ

67 다음 중 베버(Weber)가 제시한 이념형 관료제에 대한 설명으로 옳지 않은 것은?

① 관료의 충원 및 승진은 전문적인 자격과 능력을 기준으로 이루어진다.
② 하급자가 상급자의 지시나 명령에 복종하는 계층제의 원리에 따라 조직이 운영된다.
③ 민원인의 만족 극대화를 위해 업무처리 시 관료와 민원인과의 긴밀한 감정 교류가 중시된다.
④ 조직 내의 모든 업무는 문서로 처리하는 것이 원칙이다.

68 다음 중 정책집행에 대한 설명으로 옳지 않은 것은?

① 정책의 희생집단보다 수혜집단의 조직화가 강하면 정책집행이 곤란하다.
② 집행은 명확하고 일관되게 이루어져야 한다.
③ 정책집행 유형은 집행자와 결정자와의 관계에 따라 달라진다.
④ 정책집행에는 환경적 요인도 작용한다.

69 다음 중 마이클 포터의 5 Forces 모델에 대한 설명으로 옳지 않은 것은?

① 정태적 모형이므로 동태적(Dynamic) 변화를 반영하지 못하고 있다.
② 진입장벽이 높을수록 잠재적 경쟁자의 진입위협이 낮아지게 됨으로써 산업의 매력성은 높다.
③ 대체재의 위협이 낮고 공급자의 교섭력이 높을수록 해당 산업의 매력성은 높다.
④ 기존 기업 간의 경쟁이 낮을수록 해당 산업의 매력성은 높다.

70 다음 중 실업자로 분류되는 사람은?

① 두 달 후에 있을 공무원 시험을 치기 위해 공부하고 있는 A씨
② 서류 전형에서 거듭 낙방한 후 산속에 들어가 버섯 재배업을 시작한 B씨
③ 대학 졸업 후 부모님에게 얹혀살면서 취업의 필요성을 느끼지 않는 C씨
④ 다니던 직장에 만족하지 못해 사직한 후 외국계 회사에 면접을 보러 다니는 D씨

71 다음은 K회사의 2024년도 매출자료이다. 매출채권이 1회전하는 데 소요되는 기간은?(단, 회계기간은 1월 1일부터 12월 31일까지이다)

> • 매출액 : 2,000,000원
> • 기초매출채권 : 120,000원
> • 기말매출채권 : 280,000원

① 14.6일
② 29.2일
③ 36.5일
④ 42.5일

72 A국과 B국은 각각 고구마와 휴대폰을 생산한다. A국은 고구마 1kg 생산에 200명이, 휴대폰 1대 생산에 300명이 투입된다. B국은 고구마 1kg 생산에 150명이, 휴대폰 1대 생산에 200명이 투입된다. 두 나라에 각각 6,000명의 투입 가능한 인력이 있다고 할 때 비교우위에 의한 생산량을 바르게 계산한 것은?

① A국 휴대폰 20대, B국 고구마 30kg
② A국 휴대폰 20대, B국 고구마 40kg
③ A국 고구마 30kg, B국 휴대폰 30대
④ A국 고구마 30kg, B국 휴대폰 40대

73 다음 중 기대이론에서 동기부여를 유발하는 요인에 대한 설명으로 옳지 않은 것은?

① 수단성이 높아야 동기부여가 된다.
② 조직에 대한 신뢰가 클수록 수단성이 높아진다.
③ 가치관에 부합되는 보상이 주어질수록 유의성이 높아진다.
④ 종업원들은 주어진 보상에 대하여 동일한 유의성을 갖는다.

74 다음 중 신제품을 출시할 때 고가로 책정한 후 대체품이 출시되기 전 가격을 내려 소비층을 확대하는 전략은?

① 침투가격전략
② 적응가격전략
③ 시가전략
④ 스키밍 가격전략

75 다음 〈보기〉에서 변동환율제도하에서 국내 원화의 가치가 상승하는 요인을 모두 고르면?

보기	
㉠ 외국인의 국내 부동산 구입 증가	㉡ 국내 기준금리 인상
㉢ 미국의 확대적 재정정책 시행	㉣ 미국의 국채 이자율의 상승

① ㉠, ㉡
② ㉠, ㉢
③ ㉡, ㉢
④ ㉡, ㉣

76 다음 중 물권적 청구권에 대한 설명으로 옳지 않은 것은?(단, 다툼이 있는 경우 판례에 따른다)

① 소유권에 기한 물권적 청구권은 소멸시효에 걸리지 않는다.
② 부동산에 대한 점유취득시효 완성을 원인으로 하는 소유권이전등기 청구권은 물권적 청구권이다.
③ 임차인이 임차권에 기하여 토지를 점유하고 있는 경우, 임대인인 토지소유자는 임차인에게 물권적 청구권을 행사할 수 없다.
④ 소유권을 상실한 전(前)소유자는 제3자의 불법점유에 대하여 소유권에 기한 물권적 청구권을 행사할 수 없다.

77 다음 중 시장경제체제에서 나타나는 사회 현상으로 옳지 않은 것은?

① 자유경쟁에 의해 자원이 효율적으로 배분된다.
② 사유재산제도에 의해 생산이 증가하고 경제가 성장한다.
③ 가격이 생산자의 비용과 소비자의 편익에 대한 신호를 전달한다.
④ 학연・지연・혈연에 의한 교환 활동이 증가한다.

78 **다음 중 법의 효력에 대한 설명으로 옳지 않은 것은?**

① 법률의 시행기간은 시행일부터 폐지일까지이다.

② 법률은 특별한 규정이 없는 한 공포일로부터 30일을 경과하면 효력이 발생한다.

③ 범죄 후 법률의 변경이 피고인에게 유리한 경우에는 소급적용이 허용된다.

④ 외국에서 범죄를 저지른 한국인에게 우리나라 형법이 적용되는 것은 속인주의에 따른 것이다.

79 **다음 중 공공선택론에 대한 설명으로 옳지 않은 것은?**

① 정부를 공공재의 생산자로 규정하며, 시민들을 공공재의 소비자로 규정한다.

② 자유시장의 논리를 공공부문에 도입함으로써 시장실패라는 한계를 안고 있다.

③ 시민 개개인의 선호와 선택을 존중하며 경쟁을 통해 서비스를 생산하고 공급함으로써 행정의 대응성이 높아진다.

④ 뷰캐넌(J. Buchanan)이 창시하고 오스트롬(V. Ostrom)이 발전시킨 이론으로 정치학적인 분석 도구를 중시한다.

80 **다음 중 신공공관리론의 오류에 대한 반작용으로 대두된 신공공서비스론에서 주장하는 원칙으로 옳은 것은?**

① 지출보다는 수익 창출

② 노 젓기보다는 방향 잡기

③ 서비스 제공보다 권한 부여

④ 고객이 아닌 시민에 대한 봉사

| 02 | 보건의료지식(심사직)

41 다음 중 빈칸에 들어갈 수를 모두 합한 값은?

> 진료심사평가위원회는 위원장을 포함하여 ______명 이내의 상근 심사위원과 ______명 이내의 비상근 심사위원으로 구성하며, 진료과목별 분과위원회를 둘 수 있다.

① 1,000 ② 1,050
③ 1,090 ④ 1,120

42 다음 〈보기〉에서 국민건강보험의 가입자나 피부양자가 될 수 없는 사람을 모두 고르면?

> **보기**
> ㉠ 직장가입자의 형제·자매
> ㉡ 독립유공자예우에 관한 법률에 따라 의료보호를 받는 사람
> ㉢ 유공자 등 의료보호대상자 중 건강보험의 적용을 보험자에게 신청한 사람
> ㉣ 의료급여법에 따라 의료급여를 받는 사람
> ㉤ 직장가입자의 배우자

① ㉠, ㉡ ② ㉡, ㉢
③ ㉡, ㉣ ④ ㉢, ㉣

43 어느 직장가입자가 이직으로 인해 올해 7월 8일에 다른 직장가입자로 자격이 변동된 경우 보수월액보험료 부과에 대한 보수월액의 적용기간으로 옳은 것은?

① 올해 7월부터 다음 해 2월까지
② 올해 8월부터 다음 해 2월까지
③ 올해 7월부터 다음 해 3월까지
④ 올해 8월부터 다음 해 3월까지

44 다음은 체납 또는 결손처분 자료의 제공에 대한 설명이다. 빈칸에 공통으로 들어갈 금액으로 옳은 것은?

> 공단은 보험료 징수 및 징수금("부당이득금")의 징수 또는 공익목적을 위하여 필요한 경우에 신용정보의 이용 및 보호에 관한 법률의 종합신용정보집중기관에 다음 각 호의 어느 하나에 해당하는 체납자 또는 결손처분자의 인적사항・체납액 또는 결손처분액에 관한 자료("체납 등 자료")를 제공할 수 있다. 다만, 체납된 보험료나 부당이득금과 관련하여 행정심판 또는 행정소송이 계류 중인 경우, 분할납부를 승인받은 경우 중 대통령령으로 정하는 경우, 그 밖에 대통령령으로 정하는 사유가 있을 때에는 그러하지 아니하다.
> 1. 이 법에 따른 납부기한의 다음 날부터 1년이 지난 보험료 및 그에 따른 연체금과 체납처분비의 총액이 _____ 이상인 자
> 2. 이 법에 따른 납부기한의 다음 날부터 1년이 지난 부당이득금 및 그에 따른 연체금과 체납처분비의 총액이 1억 원 이상인 자
> 3. 제84조에 따라 결손처분한 금액의 총액이 _____ 이상인 자

① 100만 원
② 300만 원
③ 500만 원
④ 1,000만 원

45 다음 중 국민건강보험공단이 체신관서나 금융기관에 위탁할 수 있는 업무로 옳지 않은 것은?

① 보험료의 수납
② 보험급여 비용의 지급
③ 연금보험료의 수납
④ 보험료의 징수

46 다음 중 보험료 등의 충당과 환급에 대한 설명으로 옳지 않은 것은?

① 공단은 납부의무자가 보험료를 과오납부를 하였으면 이를 우선 충당하여야 한다.
② 공단은 납부의무자에게 과오납부를 충당하고 남은 금액이 있으면 환급해야 한다.
③ 공단은 납부의무자에게 과오납부를 충당할 때 이자는 지급하지 않는다.
④ 공단은 납부의무자에게 연체금 또는 체납처분비로 낸 금액 중 과오납부가 있으면 이를 우선 충당하여야 한다.

47 다음은 가입자 자격의 취득 · 변동 · 상실의 신고에 대한 설명이다. 빈칸에 들어갈 기간으로 옳은 것은?

> 사용자는 직장가입자인 공무원 · 교직원이 소속 기관장을 달리하는 기관으로 전출되어 국민건강보험공단에 신고한 직장가입자의 내용이 변경된 경우에는 변경된 날부터 _____ 이내에 직장가입자 내용변경 신고서를 국민건강보험공단에 제출해야 한다.

① 14일
② 21일
③ 30일
④ 50일

48 다음은 징수이사 후보의 자격기준 및 심사기준 등에 대한 설명이다. 빈칸 ㉠, ㉡에 들어갈 내용이 바르게 연결된 것은?

> 징수이사추천위원회의 회의는 재적위원 ___㉠___의 출석으로 개의하고, 출석위원 ___㉡___의 찬성으로 의결한다.

	㉠	㉡
①	과반수	과반수
②	과반수	3분의 2 이상
③	3분의 2 이상	과반수
④	3분의 2 이상	4분의 3 이상

49 다음은 국민건강보험공단의 준비금에 대한 설명이다. 빈칸 ㉠, ㉡에 들어갈 내용이 바르게 연결된 것은?

> 국민건강보험공단은 회계연도마다 결산상의 잉여금 중에서 그 연도의 보험급여에 든 비용의 ___㉠___ 이상에 상당하는 금액을 그 연도에 든 비용의 ___㉡___에 이를 때까지 준비금으로 적립하여야 한다.

	㉠	㉡
①	100분의 50	100분의 50
②	100분의 50	100분의 10
③	100분의 5	100분의 50
④	100분의 5	100분의 10

50 다음 중 이의신청위원회의 구성원은 몇 명인가?

① 22명
② 23명
③ 24명
④ 25명

51 국민건강보험공단은 공익을 위하여 필요한 경우 종합신용정보집중기관에 체납자의 인적사항에 대한 자료를 제공할 수 있으나, 제한된 경우 체납자의 자료를 제공하지 않는다. 다음 중 국민건강보험공단이 체납자의 자료를 제공하지 않는 경우가 아닌 것은?

① 재해 또는 도난으로 체납자의 재산이 심하게 손실되었을 경우
② 질병 또는 상해로 체납자의 거동이 불편하여 납부가 지연된 경우
③ 체납자가 체납액을 회생계획의 납부일정에 따라 내고 있는 경우
④ 체납자의 사업이 현저하게 손실을 입거나 중대한 위기에 처했을 경우

52 다음 중 공표대상자인 사실을 통지받은 요양기관에 대하여 소명자료를 제출하거나 출석하여 의견을 진술할 기회를 주는 기간은?

① 통지를 받은 날부터 10일 동안
② 통지를 받은 날부터 20일 동안
③ 통지를 받은 다음 날부터 10일 동안
④ 통지를 받은 다음 날부터 20일 동안

53 다음 중 보험급여에 대한 거짓 서류를 제출한 자가 받게 되는 처벌은?

① 300만 원 이하의 벌금
② 500만 원 이하의 벌금
③ 700만 원 이하의 벌금
④ 1,000만 원 이하의 벌금

54 **다음 중 국민건강보험료 납부기한의 연장에 대한 설명으로 옳지 않은 것은?**

① 납부의무자의 책임 없는 사유로 납입고지서가 납부기한이 지나서 송달된 경우에는 납부기간을 연장할 수 있다.

② 자동 계좌이체의 방법으로 보험료를 납부할 때 정보통신망의 장애로 납부기한까지 이체되지 않은 경우에는 납부기간을 연장할 수 있다.

③ 납부기한의 연장을 신청하려는 사람은 해당 보험료의 납부기한으로부터 3개월 이내에 보험료 납부기한 연장신청서를 국민건강보험공단에 제출하여야 한다.

④ 국민건강보험공단은 납부기한 연장 신청을 받으면 그 연장 여부를 결정하여 지체 없이 납부의무자에게 문서 등으로 통지하여야 한다.

55 **직장가입자에 해당하지 않는 국내체류 외국인 등이 보건복지부령으로 정하는 일정 기간 동안 국내에 거주하였거나 해당 기간 동안 국내에 지속적으로 거주할 것으로 예상할 수 있는 사유로서 보건복지부령으로 정하는 사유에 해당하면 지역가입자가 될 수 있다. 이때 보건복지부령으로 정한 기간은?**

① 1개월 이상
② 2개월 이상
③ 3개월 이상
④ 6개월 이상

56 **다음 중 국민건강보험법상 보험료의 납부에 대한 설명으로 옳지 않은 것은?**

① 신용카드를 통해 보험료를 납부할 수 있다.
② 직불카드를 통해 보험료를 납부할 수 있다.
③ 보험료 등 납부대행기관은 납부자로부터 납부를 대행하는 대가로 수수료를 받을 수 있다.
④ 보험료 등 납부대행기관의 지정 및 운영은 보건복지부령으로 정한다.

57 **다음 중 국민건강보험법상 보건복지부장관의 권한을 직접 위임받을 수 있는 주체로 옳지 않은 것은?**

① 특별시장
② 특별자치도지사
③ 도지사
④ 국민건강보험공단 및 건강보험심사평가원

58 다음은 결산에 대한 설명이다. 빈칸에 들어갈 기간으로 옳은 것은?

> 국민건강보험공단은 회계연도마다 결산보고서와 사업보고서를 작성하여 다음 해 ______일까지 보건복지부 장관에게 보고하여야 한다.

① 1월 말
② 2월 초
③ 2월 말
④ 3월 초

59 다음 중 적용대상사업장이 되었으나 이 사실을 보험자에게 기한 내에 신고하지 않았을 경우에 받게 되는 처벌은?

① 500만 원 이하의 과태료
② 700만 원 이하의 과태료
③ 900만 원 이하의 과태료
④ 1,000만 원 이하의 과태료

60 다음은 보험료가 면제되는 국외 체류기간에 대한 설명이다. 빈칸 ㉠, ㉡에 들어갈 기간이 바르게 연결된 것은?

> 국민건강보험공단은 직장가입자가 __㉠__ 이상 국외에 체류하는 경우에는 그 가입자의 보험료를 면제한다. 다만, 업무에 종사하기 위해 국외에 체류하는 경우라고 국민건강브험공단이 인정하는 때에는 __㉡__을 말한다.

	㉠	㉡
①	3개월	1개월
②	3개월	2개월
③	2개월	1개월
④	2개월	3개월

61 다음은 부당이득 징수금 체납자의 인적사항 공개 제외에 대한 설명이다. 빈칸에 들어갈 숫자로 옳은 것은?

> 국민건강보험법 제57조의2 제1항 단서에서 “체납된 금액의 일부 납부 등 대통령령으로 정하는 사유가 있는 경우”란 다음 각 호의 어느 하나에 해당하는 경우를 말한다.
> 1. 법 제57조의2 제3항에 따른 통지 당시 체납액의 100분의 ____ 이상을 그 통지일부터 6개월 이내에 납부한 경우

① 10
② 15
③ 20
④ 25

62 직장가입자 보수월액보험료의 월별 보험료액 상한을 정한다고 한다. 보험료가 부과되는 연도가 2024년일 때, 어느 해의 평균 보수월액보험료를 고려해야 하는가?

① 2024년
② 2023년
③ 2022년
④ 2021년

63 국민건강보험공단에서 수급자에게 요양비 등 수급계좌로 요양비 등을 보내려고 하지만 정보통신장애로 보낼 수가 없었다. 이때, 수급자에게 전달하는 방법으로 옳은 것은?

① 예금주가 수급자인 다른 계좌로 보낸다.
② 수급자의 가족의 계좌로 보낸다.
③ 직접 현금으로 지급한다.
④ 다음 요양비 등 지급일 때 같이 지급한다.

64 다음 중 요양기관 또는 대행청구단체가 건강보험심사평가원에 요양급여비용을 청구할 때 제출하는 요양급여비용 명세서에 포함되어야 하는 사항으로 옳은 것을 〈보기〉에서 모두 고르면?

보기

㉠ 처방전 내용
㉡ 질병명 또는 부상명
㉢ 요양급여비용의 내용
㉣ 요양 개시 연월일 및 요양 일수
㉤ 요양기관의 시설, 장비 및 진료과목별 인력 현황
㉥ 가입자의 성명 및 건강보험증 번호

① ㉠, ㉢, ㉥
② ㉠, ㉣, ㉥
③ ㉡, ㉢, ㉣, ㉤
④ ㉠, ㉡, ㉢, ㉣, ㉥

65 다음은 요양급여비용 지급 등의 특례에 대한 설명이다. 빈칸에 들어갈 내용으로 옳은 것은?

보건복지부장관은 요양기관 또는 대행청구단체의 요양급여비용 청구가 있음에도 불구하고 천재지변·파업 등 특별한 사유로 건강보험심사평가원이 기간 내에 요양급여비용 심사를 하는 것이 불가능하거나 현저히 곤란하다고 판단하는 경우에는 ________(으)로 하여금 요양급여비용의 전부 또는 일부를 요양기관에 우선 지급하게 할 수 있다.

① 보건복지부
② 기획재정부
③ 국민건강보험공단
④ 특별자치도지사·시장·군수·구청장

66 다음 빈칸에 들어갈 용어로 옳은 것은?

> 공단은 제94조 제1항에 따라 신고한 보수 또는 소득 등에 축소 또는 탈루(脫漏)가 있다고 인정하는 경우에는 보건복지부장관을 거쳐 소득의 축소 또는 탈루에 관한 사항을 문서로 ______에게 송부할 수 있다.

① 국세청장
② 경찰청장
③ 관세청장
④ 조달청장

67 다음 중 보수가 지급되지 않는 사용자의 보수월액 결정에서 세무서장에게 성실신고확인서를 제출한 사용자가 수입을 증명할 수 있는 자료를 국민건강보험공단에 제출해야 하는 기간은?

① 매년 5월 25일까지
② 매년 5월 31일까지
③ 매년 6월 15일까지
④ 매년 6월 30일까지

68 다음 중 건강검진에 대한 내용으로 옳지 않은 것은?

① 건강검진은 지정된 검진기관에서 실시해야 한다.
② 건강검진을 실시하는 데 필요한 사항은 보건복지부장관이 정한다.
③ 영유아건강검진은 직장가입자의 피부양자인 영유아에게 실시하는 경우 그 직장가입자에게 통보한다.
④ 검진기관이 건강검진 결과를 당사자에게 직접 통보해도 공단은 건강검진 결과를 당사자에게 반드시 통보해야 한다.

69 다음은 국민건강보험법상 과징금에 대한 설명이다. 빈칸 ㉠, ㉡에 들어갈 내용이 바르게 연결된 것은?

> 1. 보건복지부장관은 과징금 부과 대상이 된 약제가 그 과징금이 부과된 날부터 5년의 범위에서 대통령령으로 정하는 기간 내에 다시 과징금 부과 대상이 되는 경우에 국민 건강에 심각한 위험을 초래할 것이 예상되는 등 특별한 사유가 있다고 인정되는 때에는 해당 약제에 대한 요양급여비용 총액의 __㉠__을 넘지 않는 범위에서 과징금을 징수할 수 있다.
> 2. 대통령령으로 해당 약제에 대한 요양급여비용 총액을 정할 때에는 그 약제의 과거 요양급여 실적 등을 고려해 __㉡__간의 요양급여 총액을 넘지 않는 범위에서 정하여야 한다.

	㉠	㉡
①	100분의 60	1년
②	100분의 60	3년
③	100분의 100	1년
④	100분의 100	3년

70 다음 중 선별급여의 실시 조건, 선별급여의 평가에 필요한 자료의 제출, 선별급여의 실시 제한 등에 필요한 사항을 정하는 주체는?

① 대통령
② 보건복지부장관
③ 건강보험심사평가원장
④ 국민건강보험공단 이사장

71 다음 빈칸에 들어갈 내용으로 옳은 것은?

> 보건복지부장관은 요양기관이 다음 각 호의 어느 하나에 해당하면 그 요양기관에 대하여 _____의 범위에서 기간을 정하여 업무정지를 명할 수 있다. 이 경우 보건복지부장관은 그 사실을 공단 및 심사평가원에 알려야 한다.
> 1. 속임수나 그 밖의 부당한 방법으로 보험자·가입자 및 피부양자에게 요양급여비용을 부담하게 한 경우
> 2. 제97조 제2항에 따른 명령에 위반하거나 거짓 보고를 하거나 거짓 서류를 제출하거나, 소속 공무원의 검사 또는 질문을 거부·방해 또는 기피한 경우
> 3. 정당한 사유 없이 요양기관이 제41조의3 제1항에 따른 결정을 신청하지 아니하고 속임수나 그 밖의 부당한 방법으로 행위·치료재료를 가입자 또는 피부양자에게 실시 또는 사용하고 비용을 부담시킨 경우

① 1년
② 2년
③ 3년
④ 4년

72 다음 중 직장가입자의 피부양자가 아닌 자는?

① 직장가입자의 배우자
② 직장가입자의 직계비속과 그 배우자
③ 직장가입자의 배우자의 직계존속
④ 직장가입자의 4촌 형제

73 다음 중 국민건강보험법상 재정운영위원회에 대한 설명으로 옳지 않은 것은?

① 직장가입자 대표 10명, 지역가입자 대표 10명, 공익을 대표하는 위원 10명으로 구성된다.
② 공무원을 제외한 재정운영위원회 위원의 임기는 3년이다.
③ 공익을 대표하는 위원은 관계 공무원 및 건강보험에 대한 학식과 경험이 풍부한 사람으로 임명한다.
④ 재정운영위원회의 운영 등에 필요한 사항은 대통령령으로 정한다.

74 **다음 중 부당이득 징수금 체납자의 인적사항 등 공개에 대한 설명으로 옳지 않은 것은?**

① 부당이득 징수금 체납자의 인적사항 등의 공개 여부를 심의하는 주체는 국민건강보험공단의 재정운영위원회이다.

② 징수금을 납부할 의무가 있는 요양기관 개설자가 납입 고지 문서에 기재된 납부기한의 다음 날부터 1년이 경과한 징수금을 1억 원 이상 체납한 경우에 국민건강보험공단은 인적사항 등을 공개할 수 있다.

③ 부당이득 징수금 체납자의 인적사항 등의 공개는 관보에 게재하거나 국민건강보험공단 인터넷 홈페이지에 게시하는 방법으로 한다.

④ 심의를 거쳐 결정된 인적사항 공개대상자에게는 소명의 기회가 주어지며, 통지일로부터 6개월이 경과한 후 체납자의 납부이행 등을 고려하여 공개대상자가 최종 선정된다.

75 **다음 중 보건복지부장관이 분쟁조정위원회 위원을 해임할 수 있는 경우가 아닌 것은?**

① 직무와 관련된 비위사실이 있는 경우

② 위원의 배우자가 안건의 당사자가 되었음에도 불구하고 회피하지 않은 경우

③ 직무태만 등의 이유로 위원으로 적합하지 않다고 인정되는 경우

④ 교통사고로 인해 일정 기간 동안 업무가 어려운 경우

76 **다음 중 국민건강보험법에서 사용하는 용어의 뜻이 바르게 연결되지 않은 것은?**

① 근로자 : 교직원 등 직업의 종류와 관계없이 근로의 대가로 보수를 받아 생활하는 사람을 말한다.

② 교직원 : 사립학교나 사립학교의 경영기관에서 근무하는 교원과 직원을 말한다.

③ 공무원 : 국가나 지방자치단체에서 상시 공무에 종사하는 사람을 말한다.

④ 사업장 : 사업소나 사무소를 말한다.

77 **다음 중 국민건강보험법상 보험료 납부의무에 대한 설명으로 옳지 않은 것은?**

① 보수 외 소득월액보험료는 직장가입자가 납부한다.

② 지역가입자의 보험료는 그 가입자가 속한 세대의 지역가입자 전원이 연대하여 납부한다.

③ 소득 및 재산이 없는 미성년자는 납부의무를 부담하지 않는다.

④ 보수월액보험료는 사용자가 납부하며, 사업장의 사용자가 2명인 경우 정해진 1명의 사용자가 해당 직장가입자의 보험료를 납부한다.

78 **다음 중 진료심사평가위원회 자격에 부합하지 않는 사람은?**

① 의사 면허를 취득한 후 10년이 지난 사람으로서 의과대학에서 종사한 사람
② 한의사 면허를 취득한 후 10년이 지난 사람으로서 한의학대학에서 종사한 사람
③ 고등교육법 제2조 제1호부터 제3호까지의 학교에서 전임강사 이상의 경력을 가진 사람으로서 보건의약관련 분야에 10년 이상 종사한 사람
④ 건강보험과 관련된 분야에서 10년 이상 종사한 사람 중 심사위원 과반수가 심사위원 자격이 있다고 인정하는 사람

79 **국민건강보험공단은 가입자나 피부양자가 보건복지부령으로 정하는 긴급하거나 그 밖의 부득이한 사유로 요양기관과 비슷한 기능을 하는 기관으로서 보건복지부령으로 정하는 기관에서 질병・부상・출산 등에 대하여 요양을 받거나 요양기관이 아닌 장소에서 출산한 경우에는 그 요양급여에 상당하는 금액을 보건복지부령으로 정하는 바에 따라 가입자나 피부양자에게 요양비로 지급하여야 한다. 다음 중 보건복지부령으로 정하는 기관에 해당하지 않는 곳은?**

① 속임수로 피부양자에게 요양급여비용을 부담하게 하여 업무정지가 된 요양기관
② 의료법에 따라 면허자격정지 처분을 1년 동안 2회 이상 받은 요양기관
③ 부당한 방법에 의한 행위를 가입자에게 실시하고 비용을 부담시켜 업무정지가 된 요양기관
④ 거짓 보고를 하여 업무정지가 된 요양기관

80 **다음 중 체납보험료 분할납부의 승인 등에 대한 설명으로 옳지 않은 것은?**

① 국민건강보험공단은 체납보험료 분할납부 신청의 절차・방법 등에 대한 사항을 보험료 등을 징수할 때 납입 고지하는 문서와 체납처분을 하기 전에 발송하는 통보서에 적어 안내하여야 한다.
② 국민건강보험공단은 분할납부를 신청한 자가 법에 따라 승인이 취소된 적이 있으면 분할납부를 승인해야 한다.
③ 국민건강보험공단은 분할납부를 승인할 경우 매월 납부할 금액은 해당 월별로 고지된 보험료 이상으로 정하여 신청인에게 통보하여야 한다.
④ 국민건강보험공단은 분할납부 승인을 받은 자에게 매회 납부기일 10일 전까지 분할보험료 납입고지서를 발급하여야 한다.

3일 차
기출응용 모의고사

www.sdedu.co.kr

〈문항 및 시험시간〉

평가영역	문항 수	시험시간	모바일 OMR 답안분석
[공통] 의사소통+수리+문제해결+정보 [행정직] 보건의료지식+법/행정/경영/경제 [심사직] 보건의료지식	80문항	100분	행정직 심사직

※ 수록 기준
법 : 법률 제20505호(시행 25.4.23.), 영 : 대통령령 제35597호(시행 25.6.21.),
규칙 : 보건복지부령 제1109호(시행 25.4.23.), 요양급여 규칙 : 보건복지부령 제1096호(시행 25.3.11.)

건강보험심사평가원 NCS + 전공	
3일 차 기출응용 모의고사	문항 수 : 80문항 시험시간 : 100분

제 1 영역 직업기초능력평가

01 다음 글에서 〈보기〉의 문단이 들어갈 위치로 가장 적절한 곳은?

(가) 휴대폰은 어린이들이 자신의 속마음을 고백하기도 하고, 그가 하는 말을 들어주기도 하며, 또 자신의 호주머니나 입 속에 다 쑤셔 넣기도 하는 곰돌이 인형과 유사하다. 다른 점이 있다면, 곰돌이 인형은 휴대폰과는 달리 말하는 사람에게 주의 깊게 귀를 기울여 준다는 것이다.

(나) 휴대폰이 제기하는 핵심 문제는 바로 이러한 모순 가운데 있다. 곰돌이 인형과 달리 휴대폰을 통해 듣는 목소리는 우리가 듣기를 바라는 것과는 다른 대답을 자주 한다. 그것은 특히 우리가 대화 상대자와 다른 시간과 다른 장소 그리고 다른 정신상태에 처해 있기 때문이다.

(다) 그리 오래 전 일도 아니지만, 우리가 시·공간적으로 떨어져 있는 상대와 대화를 나누고 싶을 때 할 수 있는 일이란 기껏해야 독백을 하거나 글쓰기에 호소하는 것밖에 없었다. 하지만 글을 써본 사람이라면 펜을 가지고 구어(口語)적 사고를 진행시킨다는 것이 얼마나 어려운 일인지 잘 안다.

(라) 반면 우리가 머릿속에 떠오르는 말들에 따라, 그때그때 우리가 취하는 어조와 몸짓들은 얼마나 다양한가! 휴대폰으로 말미암아 우리는 혼자 말하는 행복을 되찾게 되었다. 더 이상 독백의 기쁨을 만끽하기 위해서 혼자 숨어들 필요가 없는 것이다.

어린이에게 자신이 보호받고 있다는 느낌을 주기 위해 발명된 곰돌이 인형을 어린이는 가장 좋은 대화 상대자로 이용한다. 마찬가지로 통신 수단으로 발명된 휴대폰은 고독 속에서 우리를 안도시키는 절대적 수단이 될 것이다.

보기

곰돌이 인형에게 이야기하는 어린이가 곰돌이 인형이 자기 말을 듣고 있다고 믿는 이유는 곰돌이 인형이 결코 대답하는 법이 없기 때문이다. 만일 곰돌이 인형이 대답을 한다면 그것은 어린이가 자신의 마음속에서 듣는 말일 것이다.

① (가) 문단의 뒤
② (나) 문단의 뒤
③ (다) 문단의 뒤
④ (라) 문단의 뒤

02 다음 글의 제목으로 가장 적절한 것은?

사회보장제도는 사회구성원에게 생활의 위험이 발생했을 때 사회적으로 보호하는 대응체계를 가리키는 포괄적 용어로, 크게 사회보험, 공공부조, 사회서비스가 있다. 예를 들면 실직자들이 구직활동을 포기하고 다시 노숙자가 되지 않도록 지원하는 것 등이 있다.
사회보험은 보험의 기전을 이용하여 일반주민들을 질병, 상해, 폐질, 실업, 분만 등으로 인한 생활의 위협으로부터 보호하기 위하여 국가가 법에 의하여 보험가입을 의무화하는 제도로, 개인적 필요에 따라 가입하는 민간보험과 차이가 있다.
공공부조는 극빈자, 불구자, 실업자 또는 저소득계층과 같이 스스로 생계를 영위할 수 없는 계층의 생활을 그들이 자립할 수 있을 때까지 국가가 재정기금으로 보호하여 주는 일종의 구빈제도이다.
사회서비스는 복지사회를 건설할 목적으로 법률이 정하는 바에 의하여 특정인에게 사회보장 급여를 국가 재정 부담으로 시행하는 제도로, 군경, 전상자, 배우자 사후, 고아, 지적 장애아 등과 같은 특별한 사유가 있는 자나 노령자 등이 해당된다.

① 사회보장제도의 의의
② 사회보장제도의 대상자
③ 우리나라의 사회보장제도
④ 사회보장제도와 소득보장의 차이점

03 다음 글의 ㉠ ~ ㉣ 중 단어의 쓰임이 옳지 않은 것은?

서울시는 '공동주택 공동체 활성화 공모 사업' 5년 차를 맞아 아파트 단지의 ㉠ <u>자생력(自生力)</u>을 강화하도록 지원 내용을 변경할 예정이다. 기존에는 사업비 자부담률이 지원 연차와 관계없이 일괄 적용되었지만, 앞으로는 연차에 따라 ㉡ <u>차등(次等)</u> 적용된다. 한편, 서울시는 한 해 동안의 공동체 활성화 사업의 성과와 우수사례를 소개하고 공유하는 '공동주택 공동체 활성화 사업 우수사례 발표회'를 개최하고 있다. 지난해 개최된 발표회에서는 심사를 거쳐 ㉢ <u>엄선(嚴選)</u>된 우수단지의 사례를 발표한 바 있다. 올해도 이웃 간 소통과 교류를 통해 아파트 공동체를 회복하고 각종 생활 불편들을 자발적으로 해결해 나가는 방안을 ㉣ <u>도출(導出)</u>하여 '살기 좋은 아파트 만들기 문화'를 확산해 나갈 예정이다. 서울시 관계자는 "공동주택이라는 주거 공동체가 공동체 활성화 사업을 통해 지속적으로 교류하고 소통할 수 있도록 적극적으로 지원해 나가겠다."라고 말했다.

① ㉠
② ㉡
③ ㉢
④ ㉣

04 다음 글의 빈칸에 들어갈 내용으로 가장 적절한 것은?

> 포논(Phonon)이라는 용어는 소리(Pho-)라는 접두어에 입자(-non)라는 접미어를 붙여 만든 단어로, 실제로 포논이 고체 안에서 소리를 전달하기 때문에 이런 이름이 붙었다. 어떤 고체의 한쪽을 두드리면 포논이 전파해 반대쪽에서 소리를 들을 수 있다.
> 아인슈타인이 새롭게 만든 고체의 비열 공식(아인슈타인 모형)은 실험 결과와 상당히 잘 맞았다. 그런데 그의 성공은 고체 내부의 진동을 포논으로 해석한 데에만 있지 않다. 그는 포논이 보존(Boson) 입자라는 사실을 간파하고, 고체 내부의 세상에 보존의 물리학(보즈 - 아인슈타인 통계)을 적용했다. 비로소 고체의 비열이 온도에 따라 달라진다는 결론을 얻을 수 있었다.
> 양자역학의 세계에서 입자는 스핀 상태에 따라 분류된다. 스핀이 1/2의 홀수배(1/2, 3/2, …)인 입자들은 원자로를 개발한 유명한 물리학자 엔리코 페르미의 이름을 따 '페르미온'이라고 부른다. 오스트리아의 이론물리학자 볼프강 파울리는 페르미온들은 같은 에너지 상태를 가질 수 없고 서로 배척한다는 사실을 알아냈다. 즉, 같은 에너지 상태에서는 +/- 반대의 스핀을 갖는 페르미온끼리만 같이 존재할 수 있다. 이를 '파울리의 배타원리'라고 한다. 페르미온은 대개 양성자, 중성자, 전자 같은 물질을 구성하며, 파울리의 배타원리에 따라 페르미온 입자로 이뤄진 물질은 우리가 손으로 만질 수 있다.
> 스핀이 0, 1, 2, … 등 정수 값인 입자도 있다. 바로 보존이다. 인도의 무명 물리학자였던 사티엔드라 나트 보즈의 이름을 본떴다. 보즈는 페르미가 개발한 페르미 통계를 공부하고 보존의 물리학을 만들었다. 당시 그는 박사학위도 없는 무명의 물리학자여서 논문을 작성한 뒤 아인슈타인에게 편지로 보냈다. 다행히 아인슈타인은 그 논문을 쓰레기통에 넣지 않고 꼼꼼히 읽어본 뒤 자신의 생각을 첨가하고 독일어로 번역해 학술지에 제출했다. 바로 보존 입자의 물리학(보즈 - 아인슈타인 통계)이다. 이에 따르면, 보존 입자는 페르미온과 달리 파울리의 배타원리를 따르지 않는다. 따라서 같은 에너지 상태를 지닌 입자라도 서로 겹쳐서 존재할 수 있다. 만져지지 않는 에너지 덩어리인 셈이다. 이들 보존 입자는 대개 힘을 매개한다.
> 빛 알갱이, 즉 ________________ 빛은 실험을 해보면 입자의 특성을 보이지만, 질량이 없고 물질을 투과하며 만져지지 않는다. 포논은 어떨까? 원자 사이의 용수철 진동을 양자화한 것이므로 물질이 아니라 단순한 에너지의 진동으로서 파울리의 배타원리를 따르지 않는다. 즉, 포논은 광자와 마찬가지로 스핀이 0인 보존 입자다.

① 광자는 파울리의 배타원리를 따른다.
② 광자는 스핀 상태에 따라 분류할 수 없다.
③ 광자는 스핀이 1/2의 홀수배인 입자의 대표적인 예이다.
④ 광자는 보존의 대표적인 예이다.

※ 환경문제에 관심이 많은 A사원은 미세먼지에 대한 글을 읽었다. 이어지는 질문에 답하시오. [5~6]

> 봄철 미세먼지 때문에 야외활동이 힘들다. 미세먼지는 직경 10μm 이하의 작은 입자 크기로, 1μm는 0.001mm이다. 이렇게 작은 먼지들을 흡입하게 되면, 몸 밖으로 배출되지 않고 체내에 축적되기 때문에 더욱 위험하다. 폐에 쌓인 미세먼지는 잔기침과 가래를 유발하고, 폐렴이나 호흡곤란을 일으킬 수도 있다. 또 호흡기를 지나 혈액으로 침투하게 되면 큰 질병으로 번질 우려가 있다. 이외에도 아토피나 알레르기성 피부염 증상을 유발하기도 하고, 결막염의 원인이 되기도 한다. 이러한 이유로 세계보건기구(WHO)는 미세먼지를 담배보다 해로운 1급 발암물질로 규정할 만큼 치명적이라고 한다.
>
> 미세먼지를 막기 위해서는 어떻게 해야 할까? 전문가들은 야외로 나갈 때는 항상 마스크를 착용하도록 권장하고 있다. 여기서 마스크는 일반 마스크가 아닌 미세먼지 마스크를 말하는데, 일반 마스크로는 미세먼지를 막을 수 없기 때문이다.
>
> 그렇다면 미세먼지 전용 마스크에는 어떤 비밀이 숨어 있을까? 미세먼지 마스크의 비밀은 특수 필터와 섬유에 숨어 있다. 일반적인 섬유보다 더 가늘게 연사한 나노 섬유(Nano Fiber)를 사용한 특수 필터가 세밀하게 미세먼지를 걸러준다. 게다가 섬유가 직각으로 교차하는 일반 마스크와는 달리 특수 필터의 섬유는 무작위로 얽혀 있어 틈이 매우 작다. 또한, 섬유가 이중, 삼중으로 배치되어 있어 미세먼지들이 통과하지 못하고 걸러지게 제작되었다.
>
> 무작위로 얽힌 섬유가 아무리 빼곡할지라도 틈새는 있기 마련이다. 그래서 2μm보다 작은 먼지들이 통과하지 못하도록 미세먼지 마스크의 특수 섬유는 정전기를 띠고 있다. 정전기를 이용한 특수 섬유는 부분별로 다른 극성을 띠도록 제작되었다. 그래서 양극(+)이나 음극(−) 중 하나를 띠고 있는 미세먼지 대부분을 잡아낼 수 있는 것이다.
>
> ＿＿＿＿＿＿ 미세먼지 마스크는 이런 구조 탓에 재활용할 수 없다는 단점이 있다.
>
> 미세먼지 농도를 수시로 확인해서 미세먼지 농도가 높을 때는 외출을 자제해야 한다. 외출이 불가피한 경우에는 미세먼지 마스크의 착용은 물론 신체노출부위를 최소화할 수 있도록 긴소매의 옷을 입어주는 것이 안전하다. 귀가 후에는 양치질을 통해 몸에 남아있는 미세먼지를 제거해야 한다.
>
> 외출을 아무리 자제한다고 해도 실내 미세먼지의 위험이 있을 수 있다. 가정 또는 사무실에서 창문을 열어 놓으면 미세먼지가 유입될 가능성이 높다. 이때에는 공기청정기와 가습기를 이용해 쾌적한 내부 환경을 유지하고, 가급적 많은 양의 물을 마셔서 호흡기를 건조하지 않게 하는 것이 좋다. 또 실내에서 흡연을 하거나 촛불을 켜는 것도 미세먼지 농도를 높이는 원인이 될 수 있으니 자제하는 것이 좋겠다.

05 다음 중 윗글을 읽고 A사원이 동료 직원들에게 조언할 말로 적절하지 않은 것은?

① 일반 마스크로는 미세먼지를 막을 수 없으니 반드시 미세먼지 전용 마스크를 착용하도록 해.
② 가급적 물을 많이 마셔서 호흡기가 건조하지 않도록 하고, 외출 시 신체노출부위를 최소화하도록 해.
③ 체내에 쌓인 미세먼지는 폐렴을 유발할 수 있고, 혈액으로 침투해 큰 병을 일으킬 수 있으니 조심해야 해.
④ 미세먼지 전용 마스크는 특수 섬유로 이루어져 있어 대부분의 미세먼지를 막을 수 있고 여러 번 재사용할 수 있으니 경제적이야.

06 다음 중 윗글의 빈칸에 들어갈 접속어로 가장 적절한 것은?

① 하지만 ② 또한
③ 요컨대 ④ 그리고

07 다음 글의 내용으로 적절하지 않은 것은?

> 스마트팩토리는 인공지능(AI), 사물인터넷(IoT) 등 다양한 기술이 융합된 자율화 공장으로, 제품 설계와 제조, 유통, 물류 등의 산업 현장에서 생산성 향상에 초점을 맞췄다. 이곳에서는 기계, 로봇, 부품 등의 상호 간 정보 교환을 통해 제조 활동을 하고, 모든 공정 이력이 기록되며, 빅데이터 분석으로 사고나 불량을 예측할 수 있다.
>
> 스마트팩토리에서는 컨베이어 생산 활동으로 대표되는 산업 현장의 모듈형 생산이 컨베이어를 대체하고 IoT가 신경망 역할을 한다. 센서와 기기 간 다양한 데이터를 수집하고, 이를 서버에 전송하면 서버는 데이터를 분석해 결과를 도출한다. 서버는 AI 기계학습 기술이 적용되어 빅데이터를 분석하고 생산성 향상을 위한 최적의 방법을 제시한다.
>
> 스마트팩토리의 대표 사례로는 고도화된 시뮬레이션 '디지털 트윈'을 들 수 있다. 이는 데이터를 기반으로 가상공간에서 미리 시뮬레이션하는 기술이다. 시뮬레이션을 위해 빅데이터를 수집하고 분석과 예측을 위한 통신・분석 기술에 가상현실(VR), 증강현실(AR)과 같은 기술을 얹는다. 이를 통해 산업 현장에서 작업 프로세스를 미리 시뮬레이션하고, VR・AR로 검증함으로써 실제 시행에 따른 손실을 줄이고, 작업 효율성을 높일 수 있다.
>
> 한편 '에지 컴퓨팅'도 스마트팩토리의 주요 기술 중 하나이다. 에지 컴퓨팅은 산업 현장에서 발생하는 방대한 데이터를 클라우드로 한 번에 전송하지 않고, 에지에서 사전 처리한 후 데이터를 선별해서 전송한다. 서버와 에지가 연동해 데이터 분석 및 실시간 제어를 수행하여 산업 현장에서 생산되는 데이터가 기하급수적으로 늘어도 서버에 부하를 주지 않는다. 현재 클라우드 컴퓨팅이 중앙 데이터 센터와 직접 소통하는 방식이라면 에지 컴퓨팅은 기기 가까이에 위치한 일명 '에지 데이터 센터'와 소통하며, 저장을 중앙 클라우드에 맡기는 형식이다. 이를 통해 데이터 처리 지연 시간을 줄이고 즉각적인 현장 대처를 가능하게 한다.

① 스마트팩토리에서는 제품 생산 과정에서 발생할 수 있는 사고를 미리 예측할 수 있다.

② 스마트팩토리에서는 AI 기계학습 기술을 통해 생산성을 향상시킬 수 있다.

③ 스마트팩토리에서는 작업을 시행하기 전에 앞서 가상의 작업을 시행해볼 수 있다.

④ 스마트팩토리에서는 발생 데이터를 중앙 데이터 센터로 직접 전송함으로써 데이터 처리 지연 시간을 줄일 수 있다.

08 다음 글의 주제로 가장 적절한 것은?

지구 내부는 끊임없이 운동하며 막대한 에너지를 지표면으로 방출하고, 이로 인해 지구 표면에서는 지진이나 화산 등의 자연 현상이 일어난다. 그런데 이러한 자연 현상을 예측하기란 매우 어렵다. 그 이유는 무엇일까? 지구 내부는 지각, 상부 맨틀, 하부 맨틀, 외핵, 내핵이 층상 구조를 이루고 있다. 지구 내부로 들어갈수록 온도가 증가하는데, 이 때문에 외핵은 액체 상태로 존재한다. 고온의 외핵이 하부 맨틀의 특정 지점을 가열하면 이 부분의 중심부 물질은 상승류를 형성하여 움직이기 시작한다. 아주 느린 속도로 맨틀을 통과한 상승류는 지표면 가까이에 있는 판에 부딪치게 된다. 판은 매우 단단한 암석으로 이루어져 있어 거대한 상승류도 쉽게 뚫지 못한다. 그러나 간혹 상승류가 판의 가운데 부분을 뚫고 곧바로 지표면으로 나오기도 하는데, 이곳을 열점이라 한다. 열점에서는 지진과 화산 활동이 활발히 일어난다.

한편 딱딱한 판을 만난 상승류는 꾸준히 판에 힘을 가하여 거대한 길이의 균열을 만들기도 한다. 결국 판이 완전히 갈라지면 이 틈으로 아래의 물질이 주입되어 올라오고, 올라온 물질은 지표면에서 옆으로 확장되면서 새로운 판을 형성한다. 상승류로 인해 판이 갈라지는 이 부분에서도 지진과 화산 활동이 일어난다.

새롭게 생성된 판은 오랜 세월 천천히 이동하는 동안 식으면서 밀도가 높아지는데, 이미 존재하고 있던 다른 판 중 밀도가 낮은 판과 충돌하면 그 아래로 가라앉게 된다. 가라앉는 판이 상부 맨틀의 어느 정도 깊이까지 들어가면 용융 온도가 낮은 일부 물질은 녹는데, 이 물질이 이미 존재하던 판의 지표면으로 상승하면서 지진을 동반한 화산 활동이 일어나기도 한다. 그러나 녹지 않은 대부분의 물질은 위에서 내리누르는 판에 의해 큰 흐름을 만들면서 맨틀을 통과한다. 이 하강류는 핵과 하부 맨틀 경계면까지 내려와 외핵의 한 부분을 누르게 된다. 외핵은 액체로 되어 있으므로 한 부분을 누르면 다른 부분에서 위로 솟아오르는데, 솟아오른 이 지점에서 또 다른 상승류가 시작된다. 그런데 하강류가 규칙적으로 발생하지 않으므로 상승류가 언제 어디서 발생하는지 알기 어렵다.

지금까지 살펴본 바처럼 화산과 지진 등의 자연 현상은 맨틀의 상승류와 하강류로 인해 일어난다. 맨틀의 상승류와 하강류는 흘러가는 동안 여러 장애물을 만나게 되고 이로 인해 그 흐름이 불규칙하게 진행된다. 그런데 현대과학 기술로 지구 내부에 있는 이 장애물의 성질과 상태를 모두 밝혀내기는 어렵다. 바로 이것이 지진이나 화산과 같은 자연 현상을 쉽게 예측할 수 없는 이유이다.

① 판의 분포　　② 지각의 종류

③ 지구 내부의 구조　　④ 내핵의 구성 성분

09 다음 글에서 ㉠ ~ ㉣의 수정 방안으로 적절하지 않은 것은?

> 미세조류는 광합성을 하는 수중 단세포 생물로 '식물성 플랑크톤'으로도 불린다. 미세조류를 높은 밀도로 배양하여 처리하면 기름, 즉 바이오디젤을 얻을 수 있다. 최근 국내에서 미세조류에 관한 연구가 ㉠ 급속히 빠르게 늘고 있다. 미세조류는 성장 과정에서 많은 양의 이산화탄소를 소비하는 환경친화적인 특성을 지닌다. ㉡ 그러므로 미세조류로 만든 바이오디젤은 연소 시 석유에 비해 공해 물질을 ㉢ 적게 배출하는 환경친화적인 특성이 있다. 또 미세조류는 옥수수, 콩, 사탕수수 등 다른 바이오디젤의 원료와 달리 식용 작물이 아니어서 식량 자원을 에너지원으로 쓴다는 비판에서 벗어날 수 있다. 다만 아직까지는 미세조류로 만든 바이오디젤이 석유에 비해 ㉣ 두 배 가량 비싸다는 문제가 남아 있다. 향후 이 문제가 극복되면 미세조류를 대체 에너지원으로 쓸 수 있을 것이다.

① ㉠ : 의미가 중복되므로 '빠르게'를 삭제한다.
② ㉡ : 앞 문장과의 관계를 고려하여 '그리고'로 고친다.
③ ㉢ : 문맥의 흐름을 고려하여 '작게'로 고친다.
④ ㉣ : 띄어쓰기가 옳지 않으므로 '두 배가량'으로 고친다.

10 다음은 플라시보 소비에 대한 글이다. 이에 대한 사례로 가장 거리가 먼 것은?

> 플라시보 소비란 속임약을 뜻하는 '플라시보'와 '소비'가 결합된 말로, 가격 대비 마음의 만족이란 의미의 '가심비(價心費)'를 추구하는 소비를 뜻한다. 플라시보 소비에서의 '플라시보(Placebo)'란 실제로는 생리 작용이 없는 물질로 만든 약을 말한다. 젖당・녹말・우유 따위로 만들어지며 어떤 약물의 효과를 시험하거나 환자를 일시적으로 안심시키기 위한 목적으로 투여한다. 환자가 이 속임약을 진짜로 믿게 되면 실제로 좋은 반응이 생기기도 하는데, 이를 '플라시보 효과'라고 한다.
> 즉, 가심비를 추구하는 소비에서는 소비자가 해당 제품을 통해서 심리적으로 안심이 되고 제품에 대한 믿음을 갖게 되면, 플라시보 효과처럼 객관적인 제품의 성능과는 상관없이 긍정적인 효과를 얻게 된다. 이러한 효과는 소비자가 해당 제품을 사랑하는 대상에 지출할 때, 제품을 통해 안전에 대한 심리적 불안감과 스트레스를 해소할 때일수록 강해진다. 따라서 상품의 가격과 성능이라는 객관적인 수치에 초점을 두었던 기존의 가성비(價性費)에 따른 소비에서는 소비자들이 '싸고 품질 좋은 제품'만을 구매했다면, 가심비에 따른 소비에서는 다소 비싸더라도 '나에게 만족감을 주는 제품'을 구매하게 된다.

① 김씨는 딸을 위해 비싸지만 천연 소재의 원단으로 제작된 유치원복을 구매하였다.
② 최씨는 자신만의 물건이라는 만족감을 얻기 위해 비싼 가격에 각인이 가능한 만년필을 구매하였다.
③ 손씨는 계절이 바뀔 때면 브랜드 세일 기간을 공략해 꼭 필요한 옷을 산다.
④ 이씨는 평소 좋아하는 캐릭터의 피규어를 비싸게 구매하였다.

11 농도 5%의 소금물 900g을 A, B 두 개의 컵에 각각 600g, 300g씩 나누어 담은 후, A컵에는 소금을 넣고, B컵은 100g의 물을 증발시켜 농도를 같게 하려고 한다. 이때, A컵에 넣어야 할 소금의 양은?

① $\frac{500}{37}$g
② $\frac{600}{37}$g
③ $\frac{500}{33}$g
④ $\frac{500}{31}$g

12 다음은 버스 3대의 배차간격에 대한 정보이다. 오후 4시 50분에 동시에 출발한 이후 A~C버스가 다시 같이 출발하는 시간은 언제인가?

〈버스 정보〉

- A버스는 배차간격이 8분이다.
- B버스는 배차간격이 15분이다.
- C버스는 배차간격이 12분이다.

① 5시 40분
② 6시 30분
③ 6시 50분
④ 7시 10분

13 K공사는 사옥 옥상 정원에 있는 가로 644cm, 세로 476cm인 직사각형 모양의 뜰 가장자리에 조명을 설치하려고 한다. 네 모퉁이에는 반드시 조명을 설치하고, 일정한 간격으로 조명을 추가 배열하려고 할 때, 필요한 조명의 최소 개수는?(단, 조명의 크기는 고려하지 않는다)

① 72개
② 76개
③ 80개
④ 84개

14 다음은 2024년 K대의 Z과목에서의 학점 비율을 나타낸 자료이다. 〈조건〉을 참고할 때, 2023년에 F학점을 받은 학생 수는 몇 명인가?

〈K대 Z과목 학점 비율〉

(단위 : %)

구분	A	B	C	D	F	합계
2024년 학생 수의 비율				10		100

조건

- 이 과목을 수강한 전체 학생 수는 200명이다.
- A학점을 받은 학생 수의 비율은 D학점을 받은 학생 수의 비율의 1.5배이다.
- B학점을 받은 학생 수의 비율은 F학점을 받은 학생 수 비율의 4배이다.
- C학점을 받은 학생 수의 비율은 B학점과 F학점을 받은 학생 수 비율의 합의 2배이다.
- 2023년과 2024년의 A과목 학점 비율은 같고, 2023년 수강생은 120명이다.

① 6명 ② 10명
③ 18명 ④ 20명

15 다음은 학년별 온라인수업 수강 방법에 대한 자료이다. 이에 대한 설명으로 옳은 것을 〈보기〉에서 모두 고르면?

〈학년별 온라인수업 수강 방법〉

(단위 : %)

구분		스마트폰	태블릿PC	노트북	PC
학년	초등학생	7.2	15.9	34.4	42.5
	중학생	5.5	19.9	36.8	37.8
	고등학생	3.1	28.5	38.2	30.2
성별	남학생	10.8	28.1	30.9	30.2
	여학생	3.8	11.7	39.1	45.4

보기

㉠ 초등학생에서 중학생, 고등학생으로 올라갈수록 스마트폰과 PC의 이용률은 감소하고, 태블릿PC와 노트북의 이용률은 증가한다.
㉡ 초·중·고등학생의 노트북과 PC의 이용률의 차이는 고등학생이 가장 작다.
㉢ 태블릿PC의 남학생·여학생 이용률의 차이는 노트북의 남학생·여학생 이용률의 차이의 2배이다.

① ㉠ ② ㉠, ㉡
③ ㉠, ㉢ ④ ㉡, ㉢

16 다음은 K공사에서 발표한 행동강령 위반 신고 물품 처리현황이다. 이에 대한 설명으로 옳은 것은?

〈행동강령 위반 신고 물품 처리현황〉

연번	접수일시	제공받은 물품	제공자 인적 사항		처리내용	처리일시
			소속	성명		
1	22.01.28	귤 1상자(10kg)	직무관련자	김혜진	복지단체기증	22.01.29
2	22.04.19	결혼경조금 200,000원	직무관련자	이미애	즉시 반환	22.04.23
3	22.08.11	박카스 10상자(100병)	민원인	김철수	즉시 반환	22.08.12
4	22.11.11	사례금 100,000원	민원인	이영수	즉시 반환	22.11.14
5	22.12.11	과메기 1상자	직무관련자	박대기	즉시 반환	22.12.12
6	23.09.07	음료 1상자	민원인	유인정	즉시 반환	23.09.07
7	23.09.24	음료 1상자	민원인	김지희	즉시 반환	23.09.24
8	24.02.05	육포 1상자	직무관련자	최지은	즉시 반환	24.02.11
9	24.04.29	1만 원 상품권 5매	직무관련업체	S마켓	즉시 반환	24.05.03
10	24.07.06	음료 1상자	민원인	차은재	복지단체기증	24.07.06
11	24.09.01	표고버섯 선물세트 3개, 견과류 선물세트 1개	직무관련업체	M단체	즉시 반환	24.09.01
12	24.09.07	표고버섯 선물세트 3개, 확인미상 물품 1개	직무관련업체	L단체	즉시 반환	24.09.07
13	24.09.12	과일선물세트 1개	직무관련업체	N병원	즉시 반환	24.09.12
14	24.09.12	음료 1상자	민원인	장지수	복지단체기증	24.09.12
15	24.09.22	사례금 20,000원	민원인	고유림	즉시 반환	24.09.23
16	24.10.19	홍보 포스트잇	직무관련업체	Q화학	즉시 반환	24.10.19

① 신고 물품 중 직무관련업체로부터 제공받은 경우가 가장 많았다.

② 모든 신고 물품은 접수일시로부터 3일 이내에 처리되었다.

③ 직무관련업체로부터 받은 물품은 모두 즉시 반환되었다.

④ 2022년 4월부터 2024년 9월 말까지 접수된 신고 물품 중 개인으로부터 제공받은 신고 물품이 차지하는 비중은 80% 이상이다.

17 다음은 지식경제부에서 발표한 산업경제지표 추이이다. 이에 대한 설명으로 옳지 않은 것은?

〈산업경제지표 추이〉

주가(Pt)	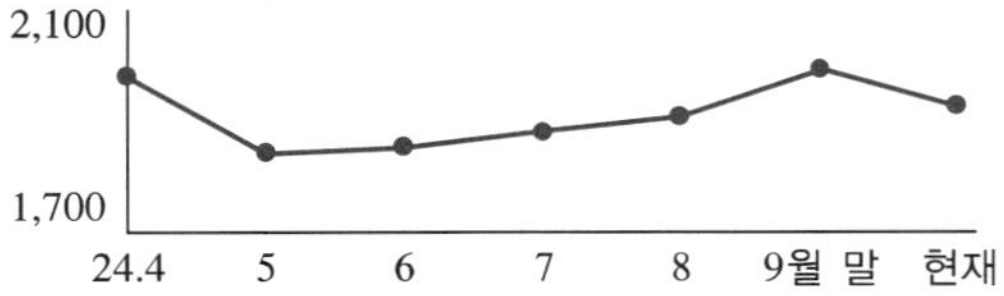
환율(원/$)	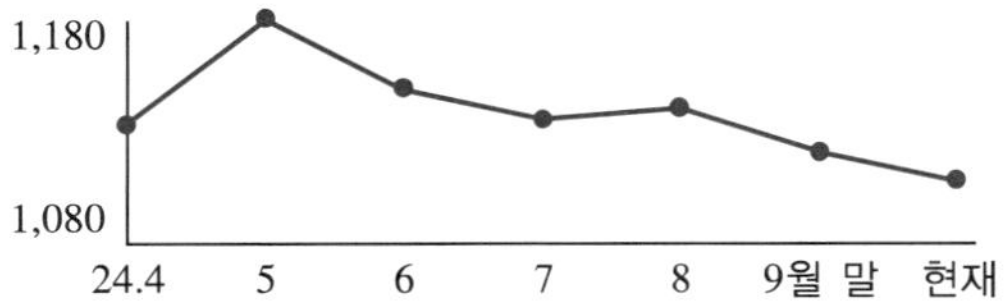
유가($/B)	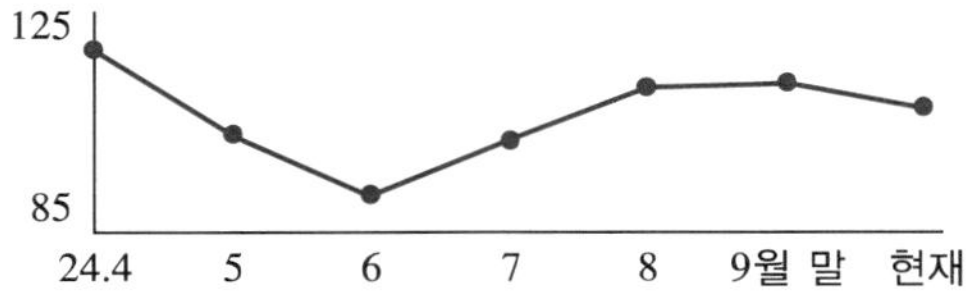

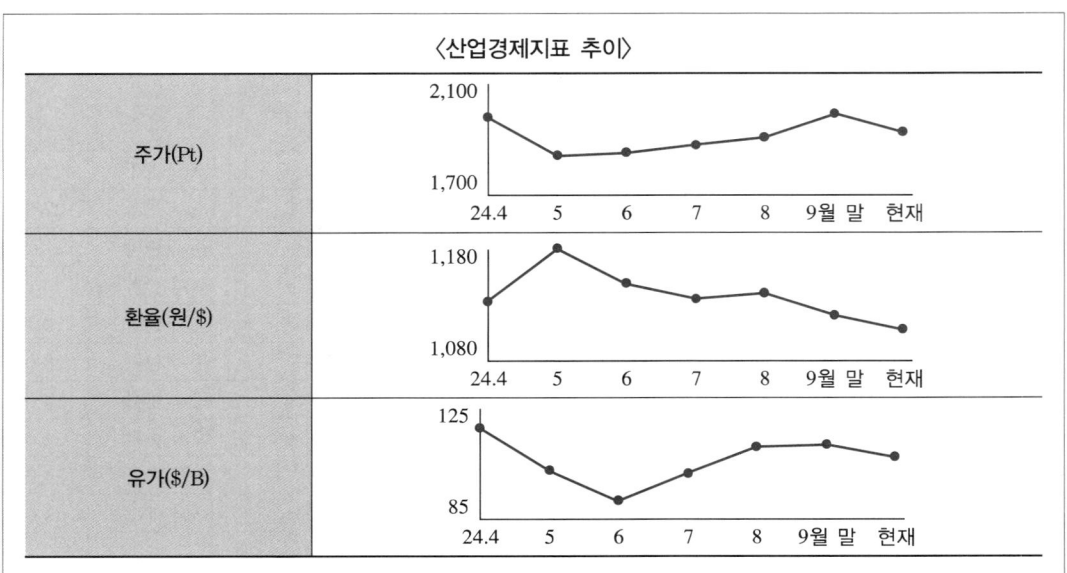

① 2024년 8월을 기점으로 위 세 가지 지표는 모두 하락세를 보이고 있다.

② 환율은 5월 이후 하락세에 있으므로 원화가치는 높아질 것이다.

③ 유가는 6월까지는 큰 폭으로 하락했으나, 그 이후 9월까지 서서히 상승세를 보이고 있다.

④ 숫자상의 변동 폭이 가장 작은 지표는 유가이다.

18 다음은 K공사의 퇴직연금사업장 취급실적 현황에 대한 자료이다. 이에 대한 내용으로 옳지 않은 것은?

〈퇴직연금사업장 취급실적 현황〉

(단위 : 건)

구분		확정급여형 (DB)	확정기여형 (DC)	확정급여 · 기여형 (DB · DC)	IRP 특례	합계
2022년	1/4	56,013	66,541	3,157	27,199	152,910
	2/4	60,032	75,737	3,796	27,893	167,458
	3/4	63,150	89,571	3,881	29,087	185,689
	4/4	68,031	101,086	4,615	29,756	203,488
2023년	1/4	70,868	109,820	4,924	30,350	215,962
	2/4	73,301	117,808	5,300	30,585	226,994
	3/4	74,543	123,650	5,549	31,974	235,716
	4/4	80,107	131,741	6,812	35,478	254,138
2024년	1/4	80,746	136,963	6,868	35,409	259,986
	2/4	80,906	143,450	6,886	32,131	262,373
	3/4	83,003	146,952	7,280	35,220	272,455
	4/4	83,643	152,904	6,954	32,046	275,547

※ 퇴직연금사업자가 취급한 건수는 퇴직연금 도입 사업장 수와 동일함

※ 확정급여 · 기여형은 확정급여형과 확정기여형을 동시에 취급한 건수를 의미함

① 퇴직연금을 도입한 사업장 수는 매 분기 꾸준히 증가하고 있다.

② 퇴직연금제도 형태별로는 확정기여형이 확정급여형보다 많은 것으로 나타난다.

③ 2023년 중 확정기여형을 도입한 사업장 수가 전년 동기 대비 가장 많이 증가한 시기는 2/4분기이다.

④ 2022년부터 2024년까지 분기별 확정급여형 취급실적은 동기간 IRP 특례의 2배 이상이다.

19 다음은 동일한 상품군을 판매하는 백화점과 TV홈쇼핑의 상품군별 2024년 판매수수료율에 대한 자료이다. 이에 대한 설명으로 옳은 것을 〈보기〉에서 모두 고르면?

〈백화점 판매수수료율 순위〉

(단위 : 위, %)

판매수수료율 상위 5개			판매수수료율 하위 5개		
순위	상품군	판매수수료율	순위	상품군	판매수수료율
1	셔츠	33.9	1	디지털기기	11.0
2	레저용품	32.0	2	대형가전	14.4
3	잡화	31.8	3	소형가전	18.6
4	여성정장	31.7	4	문구	18.7
5	모피	31.1	5	신선식품	20.8

〈TV홈쇼핑 판매수수료율 순위〉

(단위 : 위, %)

판매수수료율 상위 5개			판매수수료율 하위 5개		
순위	상품군	판매수수료율	순위	상품군	판매수수료율
1	셔츠	42.0	1	여행패키지	8.4
2	여성캐주얼	39.7	2	디지털기기	21.9
3	청바지	37.8	3	유아용품	28.1
4	남성정장	37.4	4	건강용품	28.2
5	화장품	36.8	5	보석	28.7

보기

㉠ 백화점과 TV홈쇼핑 모두 셔츠 상품군의 판매수수료율이 전체 상품군 중 가장 높았다.
㉡ 여성정장 상품군과 모피 상품군의 판매수수료율은 TV홈쇼핑이 백화점보다 더 낮았다.
㉢ 디지털기기 상품군의 판매수수료율은 TV홈쇼핑이 백화점보다 더 높았다.
㉣ 여행패키지 상품군의 판매수수료율은 백화점이 TV홈쇼핑의 2배 이상이었다.

① ㉠, ㉡　② ㉠, ㉢
③ ㉡, ㉣　④ ㉠, ㉢, ㉣

20 다음은 국민권익위원회에서 발표한 행정기관들의 고충민원 접수처리 현황에 대한 자료이다. 이에 대한 설명으로 옳은 것을 〈보기〉에서 모두 고르면?(단, 소수점 셋째 자리에서 반올림한다)

〈고충민원 접수처리 현황〉

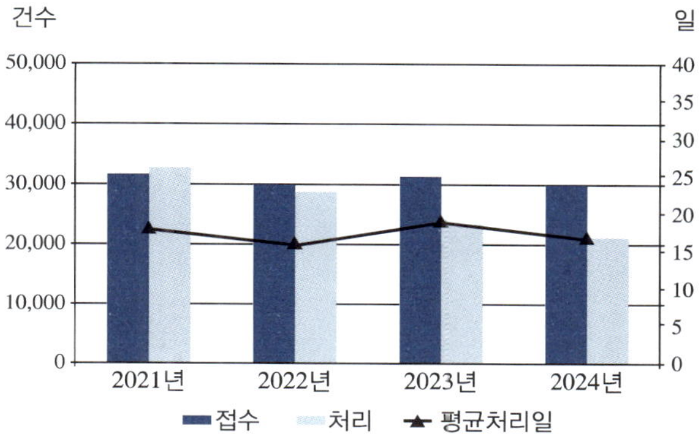

〈고충민원 접수처리 항목별 세부현황〉

(단위 : 건, 일)

구분			2021년	2022년	2023년	2024년
접수			31,681	30,038	31,308	30,252
처리			32,737	28,744	23,573	21,080
	인용	시정권고	277	257	205	212
		제도개선	0	0	0	0
		의견표명	467	474	346	252
		조정합의	2,923	2,764	2,644	2,567
		소계	3,667	3,495	3,195	3,031
	단순안내		12,396	12,378	10,212	9,845
	기타처리		16,674	12,871	10,166	8,204
평균처리일			18	16	19	17

보기

ㄱ. 기타처리 건수의 전년 대비 감소율은 매년 증가하였다.
ㄴ. 처리 건수 중 인용 건수 비율은 2024년이 2021년에 비해 3%p 이상 높다.
ㄷ. 처리 건수 대비 조정합의 건수의 비율은 2022년이 2023년보다 높다.
ㄹ. 평균처리일이 짧은 해일수록 조정합의 건수 대비 의견표명 건수 비율이 높다.

① ㄱ
② ㄴ
③ ㄱ, ㄷ
④ ㄴ, ㄹ

21 **K공사는 직원 A ~ E 중 일부를 지방으로 발령하기로 결정하였다. 다음 〈조건〉에 따라 A의 지방 발령이 결정되었다고 할 때, 지방으로 발령되지 않는 직원은 총 몇 명인가?**

> **조건**
> - K공사는 B와 D의 지방 발령에 대하여 같은 결정을 한다.
> - K공사는 C와 E의 지방 발령에 대하여 다른 결정을 한다.
> - D를 지방으로 발령한다면, E는 지방으로 발령하지 않는다.
> - E를 지방으로 발령하지 않는다면, A도 지방으로 발령하지 않는다.

① 1명　　② 2명
③ 3명　　④ 4명

22 **취업준비생 A ~ E 5명이 지원한 회사는 가 ~ 마 회사 중 1곳이며, 회사는 서로 다른 곳에 위치하고 있다. 이들은 모두 서류에 합격해 필기시험을 보러 가는데, 지하철, 버스, 택시 중 1가지를 타려고 한다. 다음 중 참이 아닌 것은?(단, 1가지 교통수단은 최대 2명까지 탈 수 있으며, 1명도 타지 않은 교통수단은 없다)**

> - 택시를 타면 가, 나, 마 회사에 갈 수 있다.
> - A는 다 회사에 지원했다.
> - E는 어떤 교통수단을 선택해도 지원한 회사에 갈 수 있다.
> - 지하철에는 D를 포함한 2명이 타며, 둘 중 1명은 라 회사에 지원했다.
> - B가 탈 수 있는 교통수단은 지하철뿐이다.
> - 버스와 택시로 갈 수 있는 회사는 가 회사를 제외하면 서로 겹치지 않는다.

① A는 버스를 탄다.
② B와 D는 함께 지하철을 탄다.
③ C는 나 또는 마 회사에 지원했다.
④ E는 라 회사에 지원했다.

23 김대리는 이번 휴가에 여행을 갈 장소를 고르고 있다. 관광 코스에 대한 정보가 다음과 같을 때, 〈조건〉에 따라 김대리가 선택할 관광 코스로 가장 적절한 것은?

〈관광 코스 정보〉

구분	A코스	B코스	C코스	D코스
기간	3박 4일	2박 3일	4박 5일	4박 5일
비용	245,000원	175,000원	401,000원	332,000원
경유지	3곳	2곳	5곳	5곳
참여인원	25명	18명	31명	28명
할인	K카드로 결제 시 5% 할인	–	I카드로 결제 시 귀가셔틀버스 무료 제공	I카드로 결제 시 10% 할인
비고	공항 내 수화물 보관서비스 제공	–	경유지별 수화물 운송서비스 제공	–

조건

- 휴가기간에 맞추어 4일 이상 관광하되 5일을 초과하지 않아야 한다.
- 비용은 결제금액이 30만 원을 초과하지 않아야 한다.
- 모든 비용은 I카드로 결제한다.
- 참여인원이 30명을 넘지 않는 코스를 선호한다.
- 되도록 경유지가 많은 코스를 고른다.

① A코스 ② B코스
③ C코스 ④ D코스

24 다음은 K회사의 캐주얼 SPA 브랜드 시장 신규 진출을 위한 3C 분석 결과에 대한 자료이다. 이를 바탕으로 추진하려는 신규 사업 계획의 타당성에 대해 평가할 때, 가장 적절한 것은?

〈K회사의 캐주얼 SPA 브랜드 신규 진출을 위한 3C 분석 결과〉

3C	분석 결과
고객(Customer)	• 40대 중년 남성을 대상으로 한 정장 시장은 정체 및 감소 추세 • 20대 캐주얼 및 SPA 시장은 매년 급성장
경쟁사(Competitor)	• 20대 캐주얼 SPA 시장에 진출할 경우, 경쟁사는 글로벌 및 토종 SPA 기업, 캐주얼 전문 기업 외에도 비즈니스 캐주얼, 아웃도어 의류 기업도 포함 • 경쟁사들은 브랜드 인지도, 유통망, 생산 등에서 차별화된 경쟁력을 가짐 • 경쟁사 중 상위업체는 하위업체와의 격차 확대를 위해 파격적 가격 정책과 20대 지향 디지털마케팅 전략을 구사
자사(Company)	• 신규 시장 진출 시 막대한 마케팅 비용 발생 • 낮은 브랜드 인지도 • 기존 신사 정장 이미지 고착 • 유통과 생산 노하우 부족 • 디지털마케팅 역량 미흡

① 20대 SPA 시장이 급성장하고, 경쟁이 치열해지고 있지만, 자사의 유통 및 생산 노하우로 가격경쟁력을 확보할 수 있으므로 신규 사업을 추진하는 것이 바람직하다.

② 20대 SPA 시장은 계속해서 성장하고 매력적이지만, 경쟁이 치열하고 경쟁자의 전략이 막강하다. 이에 비해 자사의 자원과 역량은 부족하여 신규 사업 진출은 하지 않는 것이 바람직하다.

③ 20대 SPA 시장이 급성장하고 있지만, 하위업체의 파격적인 가격정책을 이겨 내기에 막대한 비용이 발생하므로 신규 사업 진출은 적절하지 않다.

④ 40대 중년 정장 시장은 감소 추세에 있으므로 새로운 수요발굴이 필요하며, 기존의 신사 정장 이미지를 벗어나 20대 지향 디지털마케팅 전략을 구사하면 신규 시장의 진입이 가능하므로 신규 사업을 진행하는 것이 바람직하다.

25 K공사는 A ~ D사원과 연봉 협상을 하는 중이다. 연봉은 전년도 성과 지표에 따라 결정되고 직원들의 성과 지표가 다음과 같을 때, 가장 많은 연봉을 받을 직원은 누구인가?

〈사원별 성과 지표 결과〉

(단위 : 점)

구분	수익 실적	업무 태도	영어 실력	동료 평가	발전 가능성
A사원	3	3	4	4	4
B사원	3	3	3	4	4
C사원	5	2	2	3	2
D사원	4	2	5	3	3

※ (당해 연도 연봉)=3,000,000원+(성과금)
※ 성과금은 각 성과 지표와 그에 해당하는 가중치를 곱한 뒤 모두 더함
※ 성과 지표의 평균이 3.5점 이상인 경우 당해 연도 연봉에 1,000,000원이 추가됨

〈성과 지표별 가중치〉

(단위 : 원)

성과 지표	수익 실적	업무 태도	영어 실력	동료 평가	발전 가능성
가중치	3,000,000	2,000,000	1,000,000	1,500,000	1,000,000

① A사원　　② B사원
③ C사원　　④ D사원

※ 다음은 서울시 K구에 위치한 K은행의 지점을 도식화한 자료이다. A ~ G는 영업점을, 선은 연결 가능한 구간을, 선 위의 숫자는 두 영업점 간의 거리를 나타내고 있다. 이어지는 질문에 답하시오. **[26~27]**

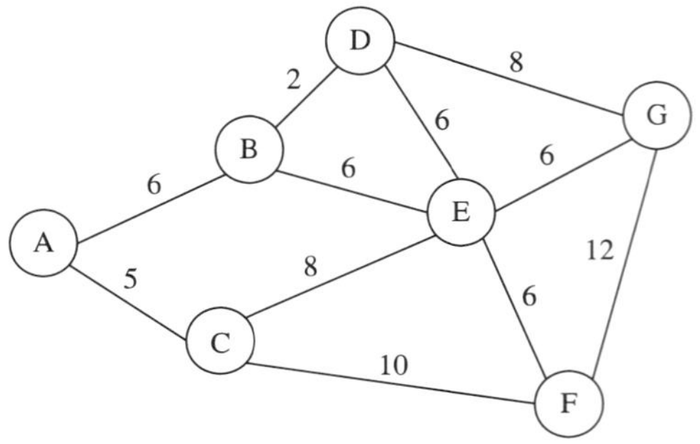

26 A지점은 K구의 신규 입주아파트 분양업자와 협약체결을 통하여 분양 중도금 관련 집단대출을 전담하게 되었다. A지점에 근무하는 B씨는 한 입주예정자로부터 평일에는 개인 사정으로 인해 영업시간 내에 방문하지 못한다는 문의를 받고 입주예정자의 거주지 근처인 G지점에서 대출 신청을 진행할 수 있도록 안내하였다. 다음 〈조건〉을 참고하였을 때, A지점이 입주예정자의 대출 신청을 완료할 때까지 걸리는 최소시간은 얼마인가?

조건

- 대출과 관련한 서류는 A지점에서 G지점까지 행낭을 통해 전달한다.
- 은행 영업점 간 행낭 배송은 시속 60km로 운행하며, 요청에 따라 배송지 순서는 변경(생략)할 수 있다(단, 연결된 구간으로만 운행 가능하다).
- 대출 신청서 등 대출 관련 서류는 입주예정자 본인 또는 대리인이 작성하여야 한다(작성하는 시간은 총 30분이 소요된다).
- 대출 신청 완료는 A지점에 입주예정자가 작성한 신청 서류가 도착했을 때를 기준으로 한다.

① 49분 ② 57분
③ 1시간 2분 ④ 1시간 5분

27 은행 지점 간 행낭 배송에 대한 잦은 요청으로 배송 업무의 비효율성이 높아져 비용과 인력이 낭비되는 현상을 개선하고자 다음과 같은 규칙을 정하였다. 이에 따라 운행할 경우, 하루 동안 발생하는 최소비용은 얼마인가?

〈규칙〉

- 행낭 배송은 오전 1회, 오후 1회로 운영하며, 각 지점에 하루 2회 방문한다(단, 오전 배송 마지막 지점은 하루 1회 방문한다).
- 행낭 배송은 오전 10:00에 A지점에서부터 시작하며, 오후 16:00에 A지점이 아닌 곳에서 마감한다.
- 1회 운송 시 관할구의 모든 지점을 단 한 번만 거쳐야 한다.
- 각 지점에서 갈 수 있는 경로 중 최소거리의 경로만을 선택하여 배송한다(단, 이미 지나온 경로나 지점은 고려하지 않는다).

〈고려사항〉

- 행낭 배송원은 10:00 ~ 16:00까지 근무하며, 시간당 10,000원의 급여가 지급된다(단, 점심 식대는 시급의 80%를 별도로 지급한다).
- 유류비는 1km당 200원을 기준으로 계산하며, 운행 거리에 따라 지급한다.

① 62,200원　② 80,000원
③ 82,800원　④ 84,200원

※ K공사에 근무하는 L사원은 준공무원에게도 음주운전에 대해 공무원과 같은 규정을 도입하게 된다는 소식을 들었다. 이어지는 질문에 답하시오. [28~29]

〈규정〉

- 관련 지침
  - 공무원이 음주운전을 하고 관계기관으로부터 음주운전 사실이 통보되었을 때는 통보될 당시 직원이 소속된 기관의 장은 징계위원회를 개최해야 하며 징계위원회는 징계의결을 해야 한다.
  - 징계처분의 집행이 종료된 날로부터 일정기간이 경과하지 않은 사람은 승진임용의 대상이 되지 못한다(강등 24개월, 정직 18개월, 감봉 12개월, 견책 6개월).
- 공무원 복무·징계 관련 예규 : 음주운전자에 대한 처리기준

유형	처리기준
1. 단순음주운전(3회 이상)	중징계 의결
2. 면허취소(2회 이상)	
3. 면허취소 1회와 면허정지 2회 이상	
4. 음주운전으로 인적·물적피해를 발생시킨 후 필요한 조치를 취하지 않고 도주	
5. 음주운전으로 사망사고 발생	
6. 음주운전으로 인한 면허정지·취소 상태에서의 무면허 음주운전	
1. 음주측정 불응으로 벌금형 처벌을 받은 자	경징계 의결
2. 혈중알코올농도 0.05% 이상으로 확인된 자	
3. 면허취소 1회	

※ 경징계 : 견책, 감봉
※ 중징계 : 정직, 강등, 해임, 파면
※ 단순음주운전(혈중알코올농도 0.05% 이상인 상태에서 인적·물적사고 없이 운전한 것)으로 적발 시 혈중알코올농도 0.05% 이상 0.10% 미만의 경우는 면허정지 처벌을 받고, 0.10% 이상이면 면허가 취소됨

28 다음 중 중징계 의결로 처리되는 경우가 아닌 것은?

① 사거리에서 하는 음주측정에 불응하여 벌금형을 받았다.
② 음주운전 중 가게 유리문을 부쉈지만 무시하고 도망갔다.
③ 음주운전으로 인도에 있는 학생을 치어 학생이 사망하였다.
④ 혈중알코올농도가 0.10% 이상인 상태로 두 번째 적발되었다.

29 다음은 A의 음주운전 사례이다. 이를 규정에 따라 처리하고자 할 때, 처벌받게 될 사항으로 옳은 것은?

〈사례〉

2024년 甲공공기관에서 근무 중인 A의 음주운전 사실이 통보되었다. A는 乙공공기관 근무 당시인 2023년 11월 30일 새벽 3시 20분경 본인의 승용차로 약 8km를 음주운전하던 중 적발되었다. 검사결과 혈중알코올 농도는 0.193%로 밝혀졌다. 당시 그는 준공무원 신분임을 속이고 무직 상태라고 진술하였다. A는 이전에 음주운전으로 적발된 적이 없었다.

① 乙공공기관장이 징계위원회를 개최해야 한다.
② A는 면허가 취소되어 정직을 받게 될 것이다.
③ A는 징계처리 이후 최소한 18개월간 승진임용대상이 되지 못한다.
④ A가 향후 단순음주운전으로 2회 이상 적발될 경우, 중징계 의결 대상이 될 것이다.

30 K공사는 11월 둘째 주(11월 8일 ~ 11월 12일) 중에 2회에 걸쳐 전 직원을 대상으로 '고객 개인정보 유출 방지'에 대한 교육을 지역 문화회관에서 진행하려고 한다. 다음 자료를 바탕으로 교육을 진행할 수 있는 요일과 시간대를 모두 고르면?(단, 교육은 1회당 3시간씩 진행되며, K공사의 근무시간은 9시부터이다)

〈문화회관 이용 가능 요일〉

구분	월요일	화요일	수요일	목요일	금요일
9 ~ 12시	○	×	○	×	○
12 ~ 13시	점심시간(운영 안 함)				
13 ~ 17시	×	○	○	×	×

〈주간 주요 일정표〉

일정	내용
11월 8일 월요일	09:30 ~ 10:30 주간조회 및 부서별 회의 14:00 ~ 15:00 팀별 전략 회의
11월 9일 화요일	09:00 ~ 10:00 경쟁력 강화 회의
11월 10일 수요일	11:00 ~ 13:00 부서 점심 회식 17:00 ~ 18:00 팀 회식
11월 11일 목요일	15:00 ~ 16:00 경력사원 면접
11월 12일 금요일	특이사항 없음

※ 주요 일정이 있는 시간 이외에 문화회관 이용 시간과 일정 시간이 겹치지 않는다면 언제든지 교육을 받을 수 있음

① 화요일 오전, 수요일 오후, 목요일 오전
② 화요일 오전, 수요일 오전, 금요일 오전
③ 화요일 오후, 수요일 오후, 목요일 오후
④ 화요일 오후, 수요일 오후, 금요일 오전

31 다음 워크시트에서 [A1:B1] 영역을 선택한 후 채우기 핸들을 이용하여 [B3] 셀까지 드래그했을 때, [A3] 셀과 [B3] 셀의 값으로 옳은 것은?

	A	B
1	가-011	01월15일
2		
3		
4		

	[A3]	[B3]
①	다-011	01월17일
②	가-013	01월17일
③	가-013	03월15일
④	다-011	03월15일

32 다음 시트에서 [E10] 셀에 수식 「=INDEX(E2:E9,MATCH(0,D2:D9,0))」를 입력했을 때, [E10] 셀에 표시되는 결과로 옳은 것은?

	A	B	C	D	E
1	부서	직위	사원명	근무연수	근무월수
2	재무팀	사원	이수연	2	11
3	교육사업팀	과장	조민정	3	5
4	신사업팀	사원	최지혁	1	3
5	교육컨텐츠팀	사원	김다연	0	2
6	교육사업팀	부장	민경희	8	10
7	기구설계팀	대리	김형준	2	1
8	교육사업팀	부장	문윤식	7	3
9	재무팀	대리	한영혜	3	0
10					

① 0　　② 1

③ 2　　④ 3

33 다음 시트에서 상품이 '하모니카'인 악기의 평균 매출액을 구하려고 할 때, [E11] 셀에 입력할 수식으로 옳은 것은?

	A	B	C	D	E
1	모델명	상품	판매금액	판매수량	매출액
2	D7S	통기타	₩189,000	7	₩1,323,000
3	LC25	우쿨렐레	₩105,000	11	₩1,155,000
4	N1120	하모니카	₩60,000	16	₩960,000
5	MS083	기타	₩210,000	3	₩630,000
6	H904	하모니카	₩63,000	25	₩1,575,000
7	C954	통기타	₩135,000	15	₩2,025,000
8	P655	기타	₩193,000	8	₩1,544,000
9	N1198	하모니카	₩57,000	10	₩513,000
10	하모니카의 평균 판매수량				17
11	하모니카 평균 매출액				₩1,016,000

① =COUNTIF(B2:B9,"하모니카")

② =AVERAGE(E2:E9)

③ =AVERAGEIF(B2:B9,"하모니카",E2:E9)

④ =AVERAGEA(B2:B9,"하모니카",E2:E9)

34 다음 프로그램의 실행 결과로 옳은 것은?

```
#include <stdio.h>
int main( ) {
    int i=1;
    while (i<=50) {
        if (i>30) {
            break;
        }
        i=i+i;
    }
    printf("%d", i);
}
```

① 32　　② 31

③ 30　　④ 0

35 다음 글에 따라 2차 자료에 해당하는 것은?

> 우리는 흔히 필요한 정보를 수집할 수 있는 원천을 정보원(Sources)이라 부른다. 정보원은 정보를 수집하는 사람의 입장에서 볼 때 공개된 것은 물론이고 비공개된 것도 포함되며 수집자의 주위에 있는 유형의 객체 가운데서 발생시키는 모든 것이 정보원이라 할 수 있다.
> 이러한 정보원은 크게 1차 자료와 2차 자료로 구분할 수 있다. 1차 자료는 원래의 연구성과가 기록된 자료를 의미한다. 2차 자료는 1차 자료를 효과적으로 찾아보기 위한 자료 혹은 1차 자료에 포함되어 있는 정보를 압축 · 정리해서 읽기 쉬운 형태로 제공하는 자료를 의미한다.

① 학술회의자료
② 백과사전
③ 출판 전 배포자료
④ 학위논문

36 다음 중 Windows에 설치된 프린터의 [인쇄 관리자] 창에서 할 수 있는 작업으로 옳지 않은 것은?

① 인쇄 중인 문서도 강제로 종료시킬 수 있다.
② 인쇄 중인 문서를 일시 정지하고 이어서 다른 프린터로 출력하도록 할 수 있다.
③ 현재 사용 중인 프린터를 기본 프린터로 설정할 수 있다.
④ 현재 사용 중인 프린터를 공유하도록 설정할 수 있다.

37 다음 중 컴퓨터 시스템을 안정적으로 사용하기 위한 관리 방법으로 옳지 않은 것은?

① 컴퓨터를 이동하거나 부품을 교체할 때는 반드시 전원을 끄고 작업하는 것이 좋다.
② 직사광선을 피하고 습기가 적으며 통풍이 잘되고 먼지 발생이 적은 곳에 설치한다.
③ 시스템 백업 기능을 자주 사용하면 시스템 바이러스 감염 가능성이 높아진다.
④ 디스크 조각 모음에 대해 예약 실행을 설정하여 정기적으로 최적화시킨다.

38 K전자는 사원들만 이용할 수 있는 사내 공용 서버를 운영하고 있다. 이 서버에는 아이디와 패스워드를 입력하지 않고 자유롭게 접속하여 업무 관련 파일들을 공유할 수 있다. 하지만 얼마 전부터 공용 서버의 파일을 다운로드한 개인용 컴퓨터에서 바이러스가 감지되어 우선적으로 공용 서버의 바이러스를 모두 치료하였다. 이런 상황에서 발생한 문제에 대처하기 위한 추가 조치사항으로 옳은 것을 〈보기〉에서 모두 고르면?

보기

ㄱ. 접속하는 모든 컴퓨터를 대상으로 바이러스를 치료한다.
ㄴ. 공용 서버에서 다운로드한 파일을 모두 실행한다.
ㄷ. 접속 후에는 쿠키를 삭제한다.
ㄹ. 임시 인터넷 파일의 디스크 공간을 최대로 늘린다.

① ㄱ, ㄴ
② ㄱ, ㄷ
③ ㄴ, ㄷ
④ ㄷ, ㄹ

39 다음 엑셀 시트에서 [E2:E7] 영역처럼 표시하려고 할 때, [E2] 셀에 입력할 수식으로 옳은 것은?

	A	B	C	D	E
1	순번	이름	주민등록번호	생년월일	백넘버
2	1	박민석 11	831121-1092823	831121	11
3	2	최성영 20	890213-1928432	890213	20
4	3	이형범 21	911219-1223457	911219	21
5	4	임정호 26	870211-1098432	870211	26
6	5	박준영 28	850923-1212121	850923	28
7	6	김민욱 44	880429-1984323	880429	44

① =MID(B2, 5, 2)
② =LEFT(B2, 2)
③ =RIGHT(B2, 5, 2)
④ =MID(B2, 5)

40 다음 순서도에 의해 출력되는 값은 얼마인가?

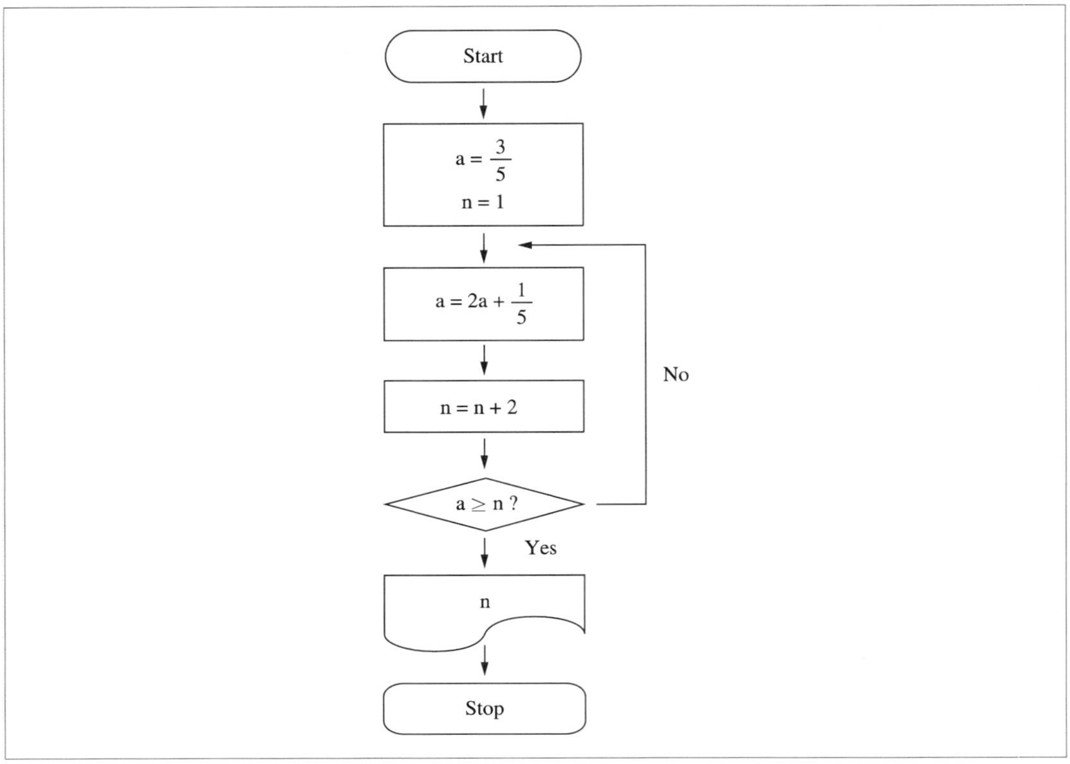

① 5
② 7
③ 9
④ 11

| 01 | 보건의료지식 + 전공(행정직)

41 다음 중 의약품안전사용서비스(DUR)에 대한 설명으로 옳지 않은 것은?

① 의약품 안정성 등과 관련된 정보를 실시간으로 의사와 약사에게 제공하여 부적절한 약물 사용을 예방하는 시스템이다.
② 개인 투약이력, 헌혈 및 인체조직 이식・분배 금지 의약품 복용 정보, 감영병 관련 정보 등을 제공한다.
③ 요양기관에서 환자에게 처방・조제된 모든 의약품을 점검 대상으로 하며, 비급여의약품을 포함한다.
④ 처방전 간 점검을 제외한 모든 처방전 내 점검을 점검 범위로 한다.

42 다음 중 수급권 보호 및 구상권에 대한 설명으로 옳은 것은?

① 보험급여를 받을 권리는 양도할 수는 없지만, 압류할 수는 있다.
② 요양비 등 수급계좌에 입금된 요양비 등은 압류할 수 있다.
③ 제3자의 행위로 보험급여사유가 발생해 가입자에게 보험급여를 한 경우에 공단은 그 급여에 들어간 비용 한도에서 그 제3자에게 손해배상을 청구할 수 있다.
④ 위의 ③에 따라 보험급여를 받은 사람이 제3자로부터 이미 손해배상을 받았더라도 공단은 보험급여를 해야 한다.

43 다음은 보수월액 산정을 위한 보수 등의 통보에 대한 설명이다. 빈칸에 들어갈 기간으로 옳은 것은?

> 사용자는 보수월액의 산정을 위하여 매년 ______까지 전년도 직장가입자에게 지급한 보수의 총액과 직장가입자가 해당 사업장・국가・지방자치단체・사립학교 또는 그 학교경영기관("사업장 등")에 종사한 기간 등 보수월액 산정에 필요한 사항을 국민건강보험공단에 통보해야 한다.

① 1월 1일
② 2월 10일
③ 3월 10일
④ 3월 11일

44 다음은 약제 · 치료재료의 요양급여비용에 대한 설명이다. 빈칸 ㉠, ㉡에 들어갈 내용을 바르게 연결한 것은?

> ① 약제 · 치료재료에 대한 요양급여비용은 다음 각 호의 구분에 따라 결정한다. 이 경우 구입금액이 상한금액보다 많을 때에는 구입금액은 상한금액과 같은 금액으로 한다.
> 1. 한약제 : 상한금액
> 2. 한약제 외의 약제 : 구입금액
> 3. 삭제
> 4. 치료재료 : ___㉠___
>
> ② 제1항에 따른 약제 및 치료재료에 대한 요양급여비용의 결정 기준 · 절차, 그 밖에 필요한 사항은 ___㉡___이 정하여 고시한다.

	㉠	㉡
①	상한금액	보건복지부장관
②	상한금액	기획재정부장관
③	구입금액	국민건강보험공단 이사장
④	구입금액	보건복지부장관

45 직장가입자가 더 이상 국내에 거주하지 아니하게 되어 가입자 자격 상실을 신고하려고 한다. 국내에 거주하지 않게 된 날의 다음 날을 기준으로 며칠 이내에 보험자에게 신고해야 하는가?

① 5일
② 7일
③ 10일
④ 14일

46 다음 중 의약품안전사용서비스(DUR)의 점검 절차를 순서대로 바르게 나열한 것은?

> ㉠ 의사는 처방단계에서 환자의 처방(의약품)정보를 건강보험심사평가원으로 전송한다.
> ㉡ 처방의사는 점검 결과를 바탕으로 처방을 변경하거나 부득이하게 처방해야 하는 경우 처방 · 조제사유를 기재하여 처방을 완료하고, 최종 처방내역을 건강보험심사평가원에 전송한다.
> ㉢ 건강보험심사평가원은 DUR 기준과 환자의 투약정보를 점검하여 그 결과를 처방의사에게 제공한다.
> ㉣ 약사도 동일한 과정을 거치게 되며, 점검 결과를 바탕으로 처방의사와 사전 협의하여 진행하고, 최종 조제내역을 건강보험심사평가원에 전송한다.

① ㉠ – ㉡ – ㉢ – ㉣
② ㉠ – ㉢ – ㉡ – ㉣
③ ㉡ – ㉠ – ㉢ – ㉣
④ ㉡ – ㉢ – ㉣ – ㉠

47 다음 중 공표심의위원회의 위원으로 임명될 수 없는 사람은?

① 언론인
② 법률 전문가
③ 공표심의위원회 위원장이 추천하는 사람
④ 보건복지부의 고위공무원단에 속하는 일반직공무원

48 다음은 요양기관의 서류의 보존에 대한 설명이다. 빈칸에 들어갈 기간을 바르게 연결한 것은?

요양기관은 요양급여가 끝난 날부터 ___㉠___간 보건복지부령으로 정하는 바에 따라 제47조에 따른 요양급여비용의 청구에 관한 서류를 보존하여야 한다. 다만, 약국 등 보건복지부령으로 정하는 요양기관은 처방전을 요양급여비용을 청구한 날부터 ___㉡___간 보존하여야 한다.

	㉠	㉡
①	1년	1년
②	1년	3년
③	5년	1년
④	5년	3년

49 다음은 국민건강보험 요양급여의 기준에 관한 규칙 중 일부이다. 빈칸에 들어갈 말로 옳은 것은?

이 규칙은 ____________ 제41조 제3항 및 제4항에 따라 요양급여의 방법·절차·범위·상한 및 제외대상 등 요양급여기준에 관하여 필요한 사항을 규정함을 목적으로 한다.

① 민법
② 노인장기요양보험법
③ 행정법
④ 국민건강보험법

50 다음 중 국민건강보험공단의 재정운영위원회에 대한 설명으로 옳지 않은 것은?

① 재정운영위원회의 위원장은 공익을 대표하는 위원 중에서 호선하며, 임기는 2년이다.
② 재정운영위원회의 위원은 직장가입자, 지역가입자, 공익을 대표하는 위원 10명씩 총 30명으로 구성된다.
③ 재정운영위원회의 위원 중에 직장가입자를 대표하는 위원은 노동조합과 사용자단체에서 동수로 추천한다.
④ 재정운영위원회는 요양급여비용의 계약 및 결손처분 등 보험재정에 관련된 사항을 심의할 수는 있으나, 의결할 권한은 없다.

51 **다음 중 헌법재판소의 역할로 옳지 않은 것은?**

① 행정청의 처분의 효력 유무 또는 존재 여부 심판
② 탄핵의 심판
③ 정당의 해산 심판
④ 법원의 제청에 의한 법률의 위헌여부 심판

52 **다음 중 사회보장제도의 목적으로 옳은 것은?**

① 지속가능한 사회 실현
② 독점기업의 횡포 방지
③ 균형 있는 국민생활의 실현
④ 행복하고 인간다운 생활 보장

53 **다음 중 보스턴 컨설팅그룹(BCG) 매트릭스에 대한 설명으로 옳지 않은 것은?**

① 세로축은 시장성장률, 가로축은 상대적 시장점유율을 나타내어 사업기회를 분석하는 기법이다.
② 상대적 시장점유율과 업계성장률이 높은 경우는 별(Star)이다.
③ 개(Dog) 사업은 시장이 커질 가능성도 낮고 수익도 거의 나지 않는다.
④ 물음표(Question Mark)는 높은 시장성장률과 높은 상대적 시장점유율을 유지하기 때문에 투자가 필요하지 않다.

54 **K주식의 금년도 말 1주당 배당금은 3,500원으로 추정되며, 이후 배당금은 매년 5%씩 증가할 것으로 예상된다. K주식에 대한 요구수익률이 12%일 경우, 고든(M. J. Gordon)의 항상성장모형에 의한 K주식의 1주당 현재가치는?**

① 24,400원
② 37,333원
③ 41,000원
④ 50,000원

55 다음 중 생산합리화의 3S를 바르게 연결한 것은?

① 표준화(Standardization) – 단순화(Simplification) – 전문화(Specialization)
② 규격화(Specification) – 세분화(Segmentation) – 전문화(Specialization)
③ 단순화(Simplification) – 규격화(Specification) – 세분화(Segmentation)
④ 세분화(Segmentation) – 표준화(Standardization) – 단순화(Simplification)

56 다음 중 채권자대위권에 대한 설명으로 옳은 것은?(단, 다툼이 있는 경우 판례에 따른다)

① 채권자대위권의 행사는 채무자의 무자력을 요하므로 소유권이전등기청구권은 피보전채권이 될 수 없다.
② 조합원의 조합탈퇴권은 일신전속적 권리이므로 채권자대위권의 대상이 되지 못한다.
③ 토지거래규제구역 내의 토지 매매의 경우 매수인이 매도인에 대하여 가지는 토지거래허가신청 절차 협력의무의 이행청구권도 채권자대위권 행사의 대상이 될 수 있다.
④ 피보전채권이 금전채권인 경우 대위채권자는 채무자의 금전채권을 자신에게 직접 이행하도록 청구할 수 없다.

57 제품 A의 연간 수요는 10,000개로 예상되며, 연간 재고유지비용은 단위당 200원이고 주문 1회당 소요되는 주문비용은 100원이다. 이때, 경제적 주문량(EOQ)에 의한 최적 주문횟수는?

① 50회
② 75회
③ 100회
④ 150회

58 다음 중 정부가 상품 공급자에게 일정한 금액의 물품세를 부과하는 경우 조세부담의 귀착에 대한 설명으로 옳지 않은 것은?(단, 조세부과 이전의 균형 가격과 수급량은 모두 같고 다른 조건은 일정하다)

① 공급곡선의 기울기가 가파를수록 정부의 조세수입은 더 커진다.
② 공급곡선의 기울기가 완만할수록 공급자의 조세부담이 더 작아진다.
③ 수요곡선의 기울기가 가파를수록 정부의 조세수입은 더 작아진다.
④ 조세가 부과되면 균형 수급량은 감소한다.

59 어느 대학생이 노트북을 100만 원에 구매하려고 하는데 현재 노트북 가격은 80만 원이다. 만약 노트북에 대한 물품세가 1대당 30만 원이 부과되어 노트북의 가격이 110만 원으로 상승하였을 때, 옳은 것을 〈보기〉에서 모두 고르면?

보기

가. 물품세가 부과되기 전 소비자 잉여는 20만 원이다.
나. 물품세가 부과되고 나면 소비자 잉여는 발생하지 않는다.
다. 물품세가 부과되고 나면 경제적 순손실은 20만 원만큼 발생한다.
라. 물품세가 부과되고 나면 경제적 순손실은 30만 원만큼 발생한다.
마. 물품세가 부과되고 나면 경제적 순손실은 80만 원만큼 발생한다.

① 가, 나
② 나, 마
③ 가, 나, 다
④ 가, 나, 라

60 생산물시장과 생산요소시장이 완전경쟁시장일 때 시장의 균형 임금은 시간당 2만 원이다. 어떤 기업이 시간당 노동 1단위를 추가로 생산에 투입할 때 산출물은 추가로 5단위 증가한다고 하면, 이윤을 극대화하는 기업의 한계비용은 얼마인가?

① 2,000원
② 4,000원
③ 10,000원
④ 20,000원

61 다음 중 정부가 재정적자를 국채의 발행으로 조달할 경우 국채의 발행이 채권가격의 하락으로 이어져 시장이자율이 상승하여 투자에 부정적인 영향을 주는 것은?

① 피셔 방정식
② 구축효과
③ 유동성 함정
④ 오쿤의 법칙

62 **다음 중 대표관료제에 대한 설명으로 옳지 않은 것은?**

① 대표관료제는 정부관료제가 그 사회의 인적 구성을 반영하도록 구성함으로써 관료제 내 민주적 가치를 반영시키려는 의도에서 발달하였다.

② 대표관료제는 할당제를 강요하는 결과를 초래해 현대 인사행정의 기본 원칙인 실적주의를 훼손하고 행정 능률을 저해할 수 있다는 비판을 받는다.

③ 대표관료제의 장점은 사회의 인구 구성적 특징을 반영하는 소극적 측면의 확보를 통해서 관료들이 출신 집단의 이익을 위해 행동하는 적극적인 측면을 자동적으로 확보하는 데 있다.

④ 크렌츠(Kranz)는 대표관료제의 개념을 비례대표로까지 확대하여 관료제 내의 출신 집단별 구성 비율이 총인구 구성 비율과 일치해야 할 뿐만 아니라 나아가 관료제 내의 모든 직무 분야와 계급의 구성 비율까지도 총인구 비율에 상응하게 분포되어 있어야 한다고 주장한다.

63 **다음 중 정책문제의 구조화 기법과 〈보기〉를 바르게 연결한 것은?**

A. 경계분석(Boundary Analysis)	B. 가정분석(Assumption Analysis)
C. 계층분석(Hierarchy Analysis)	D. 분류분석(Classification Analysis)

보기

ㄱ. 정책문제와 관련된 여러 구조화되지 않은 가설들을 창의적으로 통합하기 위해 사용하는 기법으로, 이전에 건의된 정책부터 분석한다.

ㄴ. 간접적이고 불확실한 원인으로부터 차츰 확실한 원인을 차례로 확인해 나가는 기법으로, 인과 관계 파악을 주된 목적으로 한다.

ㄷ. 정책문제의 존속기간 및 형성 과정을 파악하기 위해 사용하는 기법으로, 포화표본추출(Saturation Sampling)을 통해 관련 이해당사자를 선정한다.

ㄹ. 문제상황을 정의하기 위해 당면문제를 그 구성요소들로 분해하는 기법으로, 논리적 추론을 통해 추상적인 정책문제를 구체적인 요소들로 구분한다.

	A	B	C	D
①	ㄱ	ㄷ	ㄴ	ㄹ
②	ㄱ	ㄷ	ㄹ	ㄴ
③	ㄷ	ㄱ	ㄴ	ㄹ
④	ㄷ	ㄱ	ㄹ	ㄴ

64 다음 중 피터스(Peters)가 제시한 뉴거버넌스 정부개혁모형별 문제의 진단 기준과 해결 방안으로 옳지 않은 것은?

① 전통적 정부모형의 문제 진단 기준은 전근대적인 권위에 있으며, 구조 개혁 방안으로 계층제를 제안한다.
② 참여적 정부모형의 문제 진단 기준은 관료적 계층제에 있으며, 구조 개혁 방안으로 가상조직을 제안한다.
③ 시장적 정부모형의 문제 진단 기준은 공공서비스에 대한 정부의 독점적 공급에 있으며, 구조 개혁 방안으로 분권화를 제안한다.
④ 탈내부규제 정부모형의 문제 진단 기준은 내부규제에 있으며, 관리 개혁 방안으로 관리 재량권 확대를 제안한다.

65 다음 중 정책결정의 이론에 대한 설명으로 옳지 않은 것은?

① 쿠바 미사일 사태에 대한 사례 분석인 앨리슨(Allison) 모형은 정부의 정책결정 과정에서 합리모형보다는 조직과정모형과 정치모형으로 설명하는 것이 더 바람직하다고 주장한다.
② 드로어(Dror)가 주장한 최적모형은 기존의 합리적 결정 방식이 지나치게 수리적 완벽성을 추구해 현실성을 잃었다는 점을 지적하고 합리적 분석뿐만 아니라 결정자의 직관적 판단도 중요한 요소로 간주한다.
③ 쓰레기통모형은 문제, 해결책, 선택 기회, 참여자의 네 요소가 독자적으로 흘러다니다가 어떤 계기로 만나게 될 때 결정이 이루어진다고 설명한다.
④ 사이먼(Simon)의 만족모형에 의하면 정책담당자들은 경제인과 달리 최선의 합리성을 추구하기보다는 시간과 공간, 재정적 측면에서의 여러 요인을 고려해 만족할 만한 수준에서 정책을 결정하게 된다.

66 다음 중 신의성실의 원칙에 대한 설명으로 옳은 것은?(단, 다툼이 있는 경우 판례에 따른다)

① 인지청구권의 포기는 허용되지 않지만, 인지청구권에는 실효의 법리가 적용될 수 있다.
② 신의성실의 원칙에 반한다는 것을 당사자가 주장하지 않더라도 법원은 직권으로 판단할 수 있다.
③ 임대차계약의 당사자가 차임을 증액하지 않기로 약정한 경우 사정변경의 원칙에 따라 차임을 증액할 수 없다.
④ 취득시효 완성 후 그 사실을 모르고 권리를 주장하지 않기로 하였다가 후에 시효주장을 하는 것은 특별한 사정이 없는 한 신의칙상 허용된다.

67 **다음 중 행정기관에 대한 설명으로 옳은 것은?**

① 행정청의 자문기관은 합의제이며, 그 구성원은 공무원으로 한정된다.
② 국무조정실, 각 부의 차관보·실장·국장 등은 행정조직의 보조기관이다.
③ 행정청은 행정주체의 의사를 결정하여 외부에 표시하는 권한을 가진 기관이다.
④ 보좌기관은 행정조직의 내부기관으로서 행정청의 권한 행사를 보조하는 것을 임무로 하는 행정기관이다.

68 **다음 중 법률행위의 무효와 취소에 대한 설명으로 옳지 않은 것은?(단, 다툼이 있는 경우 판례에 따른다)**

① 법률행위의 일부분이 무효인 경우 원칙적으로 그 전부를 무효로 한다.
② 반사회적 법률행위는 당사자의 추인으로 유효하게 될 수 없다.
③ 법정대리인의 동의 없이 행한 미성년자의 법률행위는 미성년자가 단독으로 취소할 수 있다.
④ 가분적 법률행위의 일부분에만 취소사유가 있는 경우 나머지 부분이라도 유지하려는 당사자의 가정적 의사가 인정되더라도 그 일부만의 취소는 불가능하다.

69 **다음 중 상품매출원가를 산정하는 계산식으로 옳은 것은?**

① (기초상품재고액)+(당기상품매출액)−(기말상품재고액)
② (당기상품매입액)+(기말상품재고액)−(기초상품재고액)
③ (기말상품재고액)+(기초상품재고액)−(당기상품매입액)
④ (기초상품재고액)+(당기상품매입액)−(기말상품매입액)

70 **다음 중 유형자산의 감가상각에 대한 설명으로 옳지 않은 것은?**

① 감가상각방법은 해당 자산에 내재되어 있는 미래 경제적 효익이 소비되는 형태를 반영한다.
② 원가모형과 재평가모형 중 하나를 선택하여 유형자산의 분류별로 동일하게 적용한다.
③ 유형자산에 내재된 미래 경제적 효익이 다른 자산을 생산하는 데 사용되는 경우 유형자산의 감가상각액은 해당 자산의 원가의 일부가 된다.
④ 정액법의 경우 자산이 가동되지 않거나 유휴상태가 되면 감가상각이 완전히 이루어지기 전이라도 감가상각을 중단해야 한다.

71 다음 중 조직설계 요소에서 통제범위에 대한 설명으로 옳지 않은 것은?

① 과업이 복잡할수록 통제범위는 좁아진다.
② 관리자가 스탭으로부터 업무상 조언과 지원을 많이 받을수록 통제의 범위가 좁아진다.
③ 관리자가 작업자에게 권한과 책임을 위임할수록 통제범위는 넓어진다.
④ 작업자와 관리자의 상호작용 및 피드백이 많이 필요할수록 통제범위는 좁아진다.

72 다음 중 정치행정이원론에 대한 설명으로 옳지 않은 것은?

① 행정의 입법기능을 강조한다.
② 정치와 행정을 엄격히 분리하고, 행정의 독립성과 자율성을 강조한다.
③ 행정의 관리적 성격을 중시하며, 행정집행의 과정에서 기업의 능률정신을 강조한다.
④ 행정에 있어서 가치판단 및 정책결정기능을 배제한다.

73 다음 중 전형적인 제품수명주기(PLC)에 대한 설명으로 옳지 않은 것은?

① 성장기에는 제품선호형 광고에서 정보제공형 광고로 전환한다.
② 도입기에는 제품인지도를 높이기 위해 광고비가 많이 소요된다.
③ 성숙기에는 제품의 매출성장률이 점차적으로 둔화되기 시작한다.
④ 쇠퇴기에는 제품에 대해 유지전략, 수확전략, 철수전략 등을 고려할 수 있다.

74 다음 〈보기〉에서 경쟁시장의 특징으로 옳지 않은 것을 모두 고르면?

보기

가. 다수의 수요자와 공급자가 참가한다.
나. 가격이 경직적이다.
다. 개인의 수요곡선이 매우 탄력적이다.
라. 시장 참가자는 가격에 영향력을 미칠 수 있다.
마. 기업의 진입과 퇴거가 자유롭다.

① 가, 라
② 가, 마
③ 나, 다
④ 나, 라

75 다음 모형에서 정부지출(G)을 1만큼 증가시킬 때 균형소비지출(C)의 증가량은 얼마인가?(단, Y는 국민소득, I는 투자, X는 수출, M은 수입이며 수출은 외생적이다)

- $Y = C + I + G + X - M$
- $C = 0.5Y + 10$
- $I = 0.4Y + 10$
- $M = 0.1Y + 20$

① 0.1
② 0.2
③ 1.5
④ 2.5

76 다음 〈보기〉에서 조직이론에 대한 설명으로 옳은 것을 모두 고르면?

보기

ㄱ. 베버(M. Weber)의 관료제론에 따르면 규칙에 의한 규제는 조직에 계속성과 안정성을 제공한다.
ㄴ. 행정관리론에서는 효율적 조직관리를 위한 원리들을 강조한다.
ㄷ. 호손(Hawthorne)실험을 통하여 조직 내 비공식집단의 중요성이 부각되었다.
ㄹ. 조직군 생태이론(Population Ecology Theory)에서는 조직과 환경의 관계를 분석함에 있어서 조직의 주도적·능동적 선택과 행동을 강조한다.

① ㄱ, ㄴ
② ㄷ, ㄹ
③ ㄱ, ㄴ, ㄷ
④ ㄱ, ㄷ, ㄹ

77 다음 중 우상향하는 총공급곡선(AS)을 왼쪽으로 이동시키는 요인으로 옳은 것은?

① 임금 상승
② 통화량 증가
③ 독립투자 증가
④ 정부지출 증가

78 다음 중 국회에 대한 설명으로 옳은 것은?

① 국회의 임시회는 대통령 또는 국회재적의원 5분의 1 이상의 요구에 의하여 집회된다.
② 국회의원은 현행범인인 경우를 포함하여 회기 중 국회의 동의 없이도 체포 또는 구금이 가능하다.
③ 국회는 의원의 자격을 심사할 수 있으나, 징계할 수는 없다.
④ 국채를 모집하거나 예산 외에 국가의 부담이 될 계약을 체결하려 할 때에는 정부는 미리 국회의 의결을 얻어야 한다.

79 다음 중 조직구조에 대한 설명으로 옳지 않은 것은?

① 공식화(Formalization)의 수준이 높을수록 조직구성원들의 재량이 증가한다.
② 통솔범위(Span of Control)가 넓은 조직은 일반적으로 저층구조의 형태를 보인다.
③ 집권화(Centralization)의 수준이 높은 조직의 의사결정권한은 조직의 상층부에 집중된다.
④ 복잡성은 조직 내 분화의 정도로, 수평적·수직적·공간적 분산에 의해 나타난다.

80 다음 중 행정책임과 행정통제에 대한 설명으로 옳지 않은 것은?

① 행정통제의 중심과제는 궁극적으로 민주주의와 관료제 간의 조화 문제로 귀결된다.
② 행정통제란 어떤 측면에서는 관료로부터 재량권을 빼앗는 것이다.
③ 행정책임은 국가적 차원에서 국민에 대한 국가 역할의 정당성을 확인하는 것이다.
④ 행정통제는 설정된 행정목표와 기준에 따라 성과를 측정하는 데 초점을 맞추면 별도의 시정 노력은 요구되지 않는 특징이 있다.

| 02 | 보건의료지식(심사직)

41 다음 중 국민건강보험법상 지역가입자의 보험료부과점수의 기준으로 옳은 것은?

① 지역가입자의 재산
② 지역가입자의 나이
③ 지역가입자의 직업
④ 지역가입자의 전과

42 다음 중 국민건강보험법상 고액·상습체납자의 인적사항 공개에 대한 설명으로 옳지 않은 것은?

① 체납자 인적사항 등의 공개는 관보에 게재할 수 없으며, 공단 인터넷 홈페이지에 게시하는 방법에 따른다.
② 체납자의 인적사항 등에 대한 공개 여부를 심의하기 위하여 공단에 보험료정보공개심의위원회를 둔다.
③ 공개대상자에게 공개대상자임을 서면으로 통지하여 소명의 기회를 부여하여야 한다.
④ 납부기한의 다음 달부터 1년이 경과한 보험료, 연체금과 체납처분비의 총액이 1천만 원 이상인 체납자가 납부능력이 있음에도 불구하고 체납한 경우 그 인적사항·체납액 등을 공개할 수 있다.

43 다음 중 건강보험심사평가원의 업무에 대한 내용으로 옳지 않은 것은?

① 의약품 관리 : 의약품의 가격을 책정하고 급여기준 등을 설정하여 관리한다.
② 현지조사 : 일반병원이 지급받은 비용 등에 대해 사실관계 및 적법 여부를 조사한다.
③ 의료자원 관리 : 의료 인력·시설·장비 등을 의료공급자로부터 신고받아 등록·관리한다.
④ 치료재료 관리 : 치료재료의 용도, 기능 등을 고려하여 코드를 부여하며 가격과 급여기준을 설정한다.

44 다음 〈보기〉에서 상임이사추천위원회의 구성에 대한 설명으로 옳은 것을 모두 고르면?

> **보기**
> ㉠ 상임이사추천위원회는 위원장을 포함한 7명의 위원으로 구성한다.
> ㉡ 위원에는 이사장이 위촉하는 국민건강보험공단의 비상임이사 3명이 포함된다.
> ㉢ 위원에는 이사장이 위촉하는 국민건강보험공단의 임직원이 아닌 사람 3명이 포함된다.
> ㉣ 상임이사추천위원회의 위원장은 국민건강보험공단의 인사업무를 담당하는 상임이사로 한다.
> ㉤ 인사업무를 담당하는 상임이사를 후보를 추천하는 경우에는 이사장이 지명하는 이사를 상임이사추천위원회의 위원장으로 한다.

① ㉠, ㉤
② ㉠, ㉢
③ ㉡, ㉢
④ ㉣, ㉤

45 한 가족은 할아버지가 말기 암 판정을 받자 호스피스 서비스 이용에 대해 고민하고 있다. 다음 중 호스피스 서비스에 대해 잘못 알고 있는 사람은?

> 아버지 : 할아버지께 말기 암이라고 알리는 것이 나을 것 같아. 그리고 호스피스 전문기관의 전문 간병 서비스를 이용하자.
> 어머니 : 저도 할아버지께 말씀드리고 호스피스 전문기관에서 치료받는 것이 나을 것 같아요. 그곳에서 통증을 조절하는 것이 맞아요.
> 아들 : 호스피스 전문기관은 가족과 함께할 수 없으니깐 별로인 것 같은데.
> 딸 : 아니, 가족과 함께 지낼 수 있고, 건강보험도 적용받을 수 있어서 비용 부담도 적어.

① 아버지
② 어머니
③ 아들
④ 딸

46 다음은 국민건강보험공단의 비상임이사이사로 임명되는 관계 공무원에 대한 설명이다. 빈칸 ㉠, ㉡에 들어갈 내용을 바르게 연결한 것은?

> 기획재정부장관, 보건복지부장관 및 ___㉠___은 해당 기관 소속의 3급 공무원 또는 고위공무원단에 속하는 일반직공무원 중에서 각 ___㉡___을 지명하는 방법으로 국민건강보험공단의 비상임이사를 추천한다.

	㉠	㉡
①	인사혁신처장	1명씩
②	인사혁신처장	2명씩
③	식품의약품안전처장	1명씩
④	식품의약품안전처장	2명씩

47 **다음은 국민건강보험법상 근로자의 정의이다. 빈칸 ㉠~㉢에 들어갈 말을 바르게 연결한 것은?**

> "근로자"란 직업의 종류와 관계없이 근로의 대가로 ___㉠___을/를 받아 생활하는 사람(법인의 이사와 그 밖의 임원을 포함한다)으로서 ___㉡___ 및 ___㉢___을/를 제외한 사람을 말한다.

	㉠	㉡	㉢
①	소득	사용자	피부양자
②	보수	사용자	피부양자
③	소득	공무원	교직원
④	보수	공무원	교직원

48 **다음 중 직장가입자의 보수월액 결정에 대한 설명으로 옳지 않은 것은?**

① 통보받은 보수의 총액을 전년도 중 직장가입자가 그 사업장 등에 종사한 기간의 개월수로 나눈 금액을 매년 보수월액으로 결정한다.

② 직장가입자의 보수월액을 규정에 따라 산정하기 곤란하거나 보수를 확인할 수 있는 자료가 없는 경우 보수월액의 산정방법은 심사평가원의 의결을 거친다.

③ 상시 100명 이상의 근로자가 소속된 사업장의 사용자는 해당 월의 보수가 14일 이전에 변경된 경우 해당 월의 15일까지 보수월액의 변경을 신청한다.

④ 직장가입자가 둘 이상의 건강보험 적용 사업장에서 보수를 받고 있는 경우에는 각 사업장에서 받고 있는 보수를 기준으로 각각 보수월액을 결정한다.

49 **직장가입자 보수월액보험료의 월별 보험료액의 하한을 정한다고 한다. 보험료가 부과되는 연도의 전전년도 평균 보수월액보험료의 적용범위로 옳은 것은?**

① $\frac{50}{1,000}$ 이상 $\frac{85}{1,000}$ 미만

② $\frac{70}{1,000}$ 이상 $\frac{85}{1,000}$ 이하

③ $\frac{70}{1,000}$ 이상 $\frac{90}{1,000}$ 미만

④ $\frac{90}{1,000}$ 이상 $\frac{100}{1,000}$ 이하

50 **다음 중 보수월액보험료 납입고지 유예와 그 해지 신청 등에 대한 설명으로 옳지 않은 것은?**

① 사용자는 신청서가 제출된 후 납입 고지 유예 사유가 없어진 경우에는 그 사유가 없어진 날부터 14일 이내에 휴직자 등 직장가입자 보험료 납입고지 유예 해지 신청서를 공단에 제출하여야 한다.

② 신청에 따라 납입고지가 유예되는 보수월액보험료에는 그 사유가 발생한 날이 속하는 달의 다음 달부터 그 사유가 없어진 날이 속하는 달까지에 해당하는 보수월액보험료가 속한다.

③ 공단은 납입고지가 유예된 보수월액보험료를 보수월액과 납입고지 유예기간 중의 보험료율을 적용하지 않고 산정한다.

④ 사용자는 납입고지가 유예된 보수월액보험료를 그 사유가 없어진 후 보수가 지급되는 최초의 달의 보수에서 공제하여 납부해야 한다.

51 **다음 중 보험료 등의 납부를 대행하는 기관이 납부자로부터 받을 수 있는 납부대행 수수료로 옳지 않은 것은?**

① 납부금액의 $\frac{3}{1,000}$

② 납부금액의 $\frac{5}{1,000}$

③ 납부금액의 $\frac{7}{1,000}$

④ 납부금액의 $\frac{15}{1,000}$

52 **다음 〈보기〉에서 국민건강보험공단의 설립등기에 포함되는 항목으로 옳은 것을 모두 고르면?**

> **보기**
>
> ㉠ 목적
> ㉡ 명칭
> ㉢ 임직원의 주소
> ㉣ 분사무소의 소재지
> ㉤ 정관

① ㉠, ㉡, ㉢

② ㉠, ㉡, ㉣

③ ㉠, ㉢, ㉣

④ ㉡, ㉢, ㉤

53 다음 중 국민건강보험법상 사용자에 해당하지 않는 것은?

① 근로자가 소속되어 있는 사업장의 사업주
② 공무원이 소속되어 있는 기관의 장으로서 대통령령으로 정하는 사람
③ 교직원이 소속되어 있는 사립학교를 설립한 사람
④ 근로의 대가로 보수를 받고 보건복지부장관이 인정하는 사람

54 다음 중 국민건강보험법상 보험료 경감 대상이 되는 경우로 옳지 않은 것은?

① 휴직자
② 국가유공자 등 예우 및 지원에 대한 법률에 따른 국가유공자
③ 65세 이상인 사람
④ 모든 섬·벽지·농어촌 지역

55 다음 중 국민건강보험공단의 이의신청위원회 위원으로 임명될 수 있는 자가 아닌 것은?

① 국민건강보험공단의 임직원
② 사용자단체가 추천한 사람
③ 농어업인단체가 추천한 사람
④ 의약 관련 단체가 추천한 사람

56 다음은 심의위원회의 간사에 대한 설명이다. 빈칸 ㉠, ㉡에 들어갈 내용을 바르게 연결한 것은?

심의위원회의 사무를 처리하는 간사는 __㉠__이며, 위원장이 지명하는 __㉡__ 소속 4급 이상 공무원은 간사가 될 수 있다.

	㉠	㉡
①	1명	보건복지부
②	1명	기획재정부
③	1명	대통령
④	2명	보건복지부

57 다음은 요양기관에 대한 과징금 부과기준에 대한 설명이다. ㉠~㉣ 중 옳지 않은 것은?

> 과징금은 업무정지기간이 ㉠ 10일 이하인 경우에는 총부당금액의 2배, 업무정지기간이 ㉡ 30일까지에 해당하는 경우에는 총부당금액의 3배, ㉢ 50일까지에 해당하는 경우에는 총부당금액의 4배, 50일을 초과하는 경우에는 총부당금액의 5배로 한다. 또한 요양기관이 과징금의 분할납부를 신청하는 경우 보건복지부장관은 ㉣ 24개월의 범위에서 과징금의 분할납부를 허용할 수 있다.

① ㉠
② ㉡
③ ㉢
④ ㉣

58 다음 〈보기〉에서 국민건강보험법상 보험급여의 정지사유에 해당하는 경우를 모두 고르면?

> **보기**
> 가. 국내에서 장기 여행 중인 경우
> 나. 교도소에 수용되어 있는 경우
> 다. 군간부후보생에 해당하게 된 경우
> 라. 3개월 이상 보험료를 체납한 경우

① 가, 나
② 나, 다
③ 가, 나, 다
④ 나, 다, 라

59 요양기관이 납부기한까지 과징금을 납부하지 않을 경우 보건복지부장관은 납부기한이 지난 후 15일 이내에 독촉장을 발급해야 한다. 이때, 요양기관은 언제까지 과징금을 납부해야 하는가?

① 독촉장 발급일로부터 10일 이내
② 독촉장 발급일로부터 15일 이내
③ 독촉장 발급 다음 날로부터 10일 이내
④ 독촉장 발급 다음 날로부터 15일 이내

60 다음 〈보기〉에서 국민건강보험종합계획 및 연도별 시행계획을 수립하거나 변경한 경우에 이를 알려야 하는 대상으로 옳은 것을 모두 고르면?

> **보기**
> ㉠ 관계 중앙행정기관의 장
> ㉡ 국민건강보험공단의 이사장
> ㉢ 건강보험심사평가원의 원장
> ㉣ 시장, 군수 및 자치구의 구청장

① ㉠, ㉡, ㉢
② ㉠, ㉡, ㉣
③ ㉠, ㉢, ㉣
④ ㉡, ㉢, ㉣

61 다음 중 보고와 검사에 대한 설명으로 옳지 않은 것은?

① 보건복지부장관은 보험급여를 받은 자에게 해당 보험급여의 내용에 관해 보고하게 할 수 있다.
② 보건복지부장관은 요양급여비용의 심사청구를 대행하는 단체에 필요한 자료의 제출을 명할 수 있다.
③ 보건복지부장관을 통해 소속 공무원은 그 권한을 표시하는 증표가 없어도 질문・검사・조사할 수 있다.
④ 보건복지부장관을 통해 소속 공무원은 요양급여비용의 심사청구를 대행하는 단체에 대하여 해당하는 자료를 조사・확인할 수 있다.

62 다음 중 국민건강보험법상 제조업자 등의 금지행위에 대한 설명으로 옳지 않은 것은?

① 손실에 상당하는 금액의 산정, 부과・징수절차 및 납부방법 등에 관하여 필요한 사항은 대통령령으로 정한다.
② 공단은 보험자・가입자 및 피부양자에게 손실을 주는 행위를 한 제조업자에 대하여 손실에 상당하는 금액을 징수할 수 있다.
③ 공단은 가입자나 피부양자에게 지급하여야 하는 손실 상당액을 그 가입자 및 피부양자가 내야 하는 보험료 등과 상계할 수 없다.
④ 보건복지부장관은 제조업자에게 약제・치료재료와 관련하여 위반한 사실이 있는지 확인하기 위해 제조업자에게 서류의 제출을 명할 수 있다.

63 다음 중 납부의무자가 보험료와 연체금을 과오납부한 경우 공단이 이를 충당하는 순서대로 바르게 나열한 것은?

㉠ 체납된 보험료와 그에 따른 연체금 ㉡ 체납처분비 ㉢ 앞으로 내야 할 1개월분의 보험료(납부의무자가 동의한 경우)

① ㉠－㉡－㉢
② ㉠－㉢－㉡
③ ㉡－㉠－㉢
④ ㉡－㉢－㉠

64 다음 중 심판청구 결정서에 포함되는 내용으로 옳지 않은 것은?

① 청구인의 성명
② 처분을 한 자
③ 결정 이유
④ 첨부서류의 표시

65 다음 중 심판청구를 하려는 자가 심판청구서에 항상 적어야 하는 내용이 아닌 것은?

① 청구인과 처분을 받은 자의 주민등록번호
② 첨부서류의 표시
③ 심판청구의 취지 및 이유
④ 처분을 받은 자와의 관계

66 다음 중 빈칸에 들어갈 내용으로 옳은 것은?

① 직장가입자의 보험료율은 __㉠__의 범위에서 심의위원회의 의결을 거쳐 대통령령으로 정한다. ② 국외에서 업무에 종사하고 있는 직장가입자에 대한 보험료율은 제1항에 따라 정해진 보험료율의 __㉡__으로 한다. ③ 지역가입자의 보험료율과 재산보험료부과점수당 금액은 심의위원회의 의결을 거쳐 대통령령으로 정한다.

	㉠	㉡
①	1,000분의 80	100분의 40
②	1,000분의 80	100분의 50
③	1,000분의 100	100분의 40
④	1,000분의 100	100분의 50

67 다음 중 심사위원회의 회의에 대한 설명으로 옳지 않은 것은?

① 심사위원회의 구성·운영 등에 필요한 사항은 공단의 정관으로 정한다.
② 심사위원회의 회의는 건강보험심사평가원 원장의 요구로 소집할 수 있다.
③ 심사위원회의 회의는 재적위원 3분의 1 이상이 요구하면 소집할 수 있다.
④ 심사위원회의 회의는 출석위원 과반수의 찬성으로 의결한다.

68 다음은 보수월액의 결정·변경 등의 통지에 대한 설명이다. 빈칸에 들어갈 기간으로 옳은 것은?

> 국민건강보험공단은 가입자의 보수월액을 결정·변경한 경우 또는 보수월액보험료의 초과액을 반환하거나 보수월액보험료의 부족액을 추가 징수하는 경우에는 ________ 그 사실을 문서로 사용자에게 알려야 하며, 통지를 받은 사용자는 지체 없이 직장가입자에게 알려야 한다.

① 지체 없이
② 다음 날
③ 3일 이내
④ 5일 이내

69 보험료를 분기별로 납부하려는 직장가입자 및 지역가입자는 언제까지 국민건강보험공단에 건강보험료 분기 납부 신청서를 제출하여야 하는가?

① 분기가 시작되는 달의 말일까지
② 분기가 끝나는 달의 말일까지
③ 분기가 시작되는 달의 전달 10일까지
④ 분기가 시작되는 달의 전달 말일까지

70 건강보험심사평가원은 요양급여비용의 심사, 심사기준 및 평가 기준의 개발에 따른 업무를 수행할 때 국민건강보험공단으로부터 부담금을 징수할 수 있다. 이 부담금은 국민건강보험공단의 전전년도 보험료 수입의 최대 얼마를 넘을 수 없는가?

① 1,000분의 10
② 1,000분의 20
③ 1,000분의 30
④ 1,000분의 40

71 **다음 중 보건복지부장관이 보험료 부과제도에 대해 적정성을 평가할 때 고려해야 할 사항이 아닌 것은?**

① 심의위원회가 심의한 가입자의 소득 파악 현황
② 공단의 소득 관련 자료 보유 현황
③ 직장가입자와 지역가입자의 연금소득 현황
④ 직장가입자에게 부과되는 보험료와 지역가입자에게 부과되는 보험료 간 형평성

72 **다음 중 국민건강보험법상 외국인 등에 대한 특례의 내용으로 옳지 않은 것은?(단, 건강보험 적용대상사업장의 근로자이면서 제6조 제2항 각 호의 어느 하나에 해당하지 않는 외국인을 대상으로 한다)**

① 주민등록법 제6조 제1항 제3호에 따라 등록한 사람은 직장가입자가 된다.
② 재외동포의 출입국과 법적 지위에 대한 법률 제6조에 따라 국내거소신고를 한 사람은 지역가입자가 된다.
③ 국내체류가 법률에 위반되는 경우로서 대통령령으로 정하는 사유가 있는 경우에는 가입자 및 피부양자가 될 수 없다.
④ 정부는 외국 정부가 사용자인 사업장의 근로자의 건강보험에 관하여는 외국 정부와 한 합의에 따라 이를 따로 정할 수 있다.

73 **다음은 심판청구에 대한 설명이다. 빈칸에 공통으로 들어갈 내용으로 옳은 것은?**

> ① 이의신청에 대한 결정에 불복하는 자는 제89조에 따른 ____________에 심판청구를 할 수 있다. 이 경우 심판청구의 제기기간 및 제기방법에 관하여는 제87조 제3항을 준용한다.
> ② 제1항에 따라 심판청구를 하려는 자는 대통령령으로 정하는 심판청구서를 제87조 제1항 또는 제2항에 따른 처분을 한 공단 또는 심사평가원에 제출하거나 제89조에 따른 ____________에 제출하여야 한다.
> ③ 제1항 및 제2항에서 규정한 사항 외에 심판청구의 절차・방법・결정 및 그 결정의 통지 등에 필요한 사항은 대통령령으로 정한다.

① 건강보험분쟁조정위원회 ② 건강보험정책심의위원회
③ 보건복지부 ④ 대한보건협회

74 다음 〈보기〉에서 국민건강보험법의 적용대상자에 해당하는 것을 모두 고르면?

> **보기**
> ㄱ. 직장가입자
> ㄴ. 국가유공자 등 의료보호대상자
> ㄷ. 지역가입자
> ㄹ. 의료급여법상 의료급여 수급권자

① ㄹ
② ㄱ, ㄷ
③ ㄴ, ㄹ
④ ㄱ, ㄴ, ㄷ

75 다음 중 부당이득징수금체납정보공개심의위원회의 구성에 대한 설명으로 옳지 않은 것은?

① 위원장 1명을 포함한 9명의 위원으로 구성한다.
② 위원장은 공단 임원 중 해당 업무를 담당하는 상임이사가 된다.
③ 위원은 위원장이 임명할 수 있다.
④ 위원의 임기는 2년이며, 한 차례만 연임할 수 있다.

76 다음은 공무원 전출 시의 보수월액보험료 납부에 대한 설명이다. 빈칸 ㉠, ㉡에 들어갈 내용이 바르게 연결된 것은?

> 공무원인 직장가입자가 다른 기관으로 전출된 경우 전출된 날이 속하는 달의 보수월액보험료는 ___㉠___의 장이 전출된 공무원에게 지급할 보수에서 이를 공제하여 납부한다. 다만, 전출한 기관의 장이 전출한 날이 속하는 달의 보수를 지급하지 아니한 경우에는 ___㉡___의 장이 보수에서 공제하여 납부한다.

	㉠	㉡
①	전출 전 기관	전입 받은 기관
②	전출 전 기관	전출한 기관
③	전입 받은 기관	전입 받은 기관
④	해당 직장가입자	전입 받은 기관

77 다음 중 요양급여비용의 산정에서 요양급여의 상대가치 점수에 대한 항목과 관련되지 않는 것은?

① 요양급여에 드는 시간과 노력
② 요양급여에 드는 비용
③ 요양급여의 위험도
④ 시설 및 장비 등 자원의 양

78 다음 중 건강보험심사평가원이 요양기관으로부터 신고받은 사항 중 요양급여비용 지급을 위하여 국민건강보험공단에 통보해야 하는 사항으로 옳은 것을 〈보기〉에서 모두 고르면?

보기

㉠ 의료인 수
㉡ 사업자등록번호
㉢ 금융기관의 계좌명세
㉣ 대표자의 성명 및 주민등록번호
㉤ 개설 신고(허가 · 등록)일, 폐업일
㉥ 요양기관의 현재 이용자 수

① ㉠, ㉡, ㉣
② ㉠, ㉡, ㉥
③ ㉡, ㉢, ㉣, ㉤
④ ㉡, ㉢, ㉣, ㉥

79 다음은 보건의료자원 통합신고포털의 설치 · 운영에 대한 설명이다. 빈칸에 들어갈 내용으로 옳은 것은?

보건의료자원 통합신고포털의 설치 · 운영 방법, 정보시스템의 연계 운영 방법, 그 밖에 보건의료자원 통합신고포털을 관리하는 데에 필요한 사항은 ____________이 정하여 고시한다.

① 보건복지부장관
② 국민건강보험공단 이사장
③ 건강보험심사평가원장
④ 과학기술정보통신부장관

80 다음 중 국민건강보험공단의 이사장이 지원받은 과징금의 전년도 사용실적을 보건복지부장관에게 보고해야 하는 기한은?

① 매년 1월 31일까지
② 매년 3월 31일까지
③ 매년 4월 30일까지
④ 매년 5월 31일까지

4일 차
기출응용 모의고사

〈문항 및 시험시간〉

평가영역	문항 수	시험시간	모바일 OMR 답안분석
[공통] 의사소통+수리+문제해결+정보 [행정직] 보건의료지식+법 / 행정 / 경영 / 경제 [심사직] 보건의료지식	80문항	100분	행정직 심사직

※ 수록 기준
법 : 법률 제20505호(시행 25.4.23.), 영 : 대통령령 제35597호(시행 25.6.21.),
규칙 : 보건복지부령 제1109호(시행 25.4.23.), 요양급여 규칙 : 브건복지부령 제1096호(시행 25.3.11.)

4일 차 기출응용 모의고사

문항 수 : 80문항
시험시간 : 100분

제 1 영역 직업기초능력평가

01 다음 글의 빈칸에 들어갈 내용으로 가장 적절한 것은?

> 오늘날 유전 과학자들은 유전자의 발현에 대해 관심을 두고 있다. 캐나다 맥길 대학교의 연구팀은 이 물음에 답하려고 연구를 수행하였다.
> 연구 대상인 어미 쥐가 새끼를 핥아주는 성향에는 편차가 있다. 어떤 어미는 다른 어미보다 더 많이 핥아주었다. 연구팀은 어미가 누구든 많이 핥인 새끼는 그렇지 않은 새끼보다 뇌의 특정 부분, 특히 해마에서 당질 코르티코이드 수용체들, 즉 GR이 더 많이 생겨났다는 것을 발견했다. 이렇게 생긴 GR의 수는 성체가 되어도 크게 바뀌지 않았다. GR의 수는 GR 유전자의 발현에 달려있다. 이 쥐들의 GR 유전자는 차이가 없지만 그 발현 정도에는 차이가 있을 수 있다. 이 발현을 촉진하는 인자 중 하나가 NGF 단백질인데, 많이 핥인 새끼는 그렇지 못한 새끼에 비해 NGF 수치가 더 높았다.
> 스트레스 반응 정도는 코르티솔 민감성에 따라 결정되는데 GR이 많으면 코르티솔 민감성이 낮아지는 되먹임 회로가 강화된다. 이 때문에 ______________________________

① 어미의 보살핌 정도에 따라 GR 유전자의 차이가 발생하는 것이다.
② GR과 관계없이 코르티솔 민감성에 따라 스트레스 반응 정도가 달리 나타난다.
③ GR 유전자가 스트레스 반응에 중요한 작용을 하는 것이다.
④ 똑같은 스트레스를 받아도 많이 핥인 새끼는 그렇지 않은 새끼보다 더 무디게 반응한다.

02 다음 문단을 논리적 순서대로 바르게 나열한 것은?

(가) 그런데 자연의 일양성은 선험적으로 알 수 있는 것이 아니라 경험에 기대어야 알 수 있는 것이다. 즉, '귀납이 정당한 추론이다.'라는 주장은 '자연은 일양적이다.'라는 다른 지식을 전제로 하는데, 그 지식은 다시 귀납에 의해 정당화되어야 하는 경험 지식이므로 귀납의 정당화는 순환 논리에 빠져 버린다는 것이다. 이것이 귀납의 정당화 문제이다.

(나) 귀납은 논리학에서 연역이 아닌 모든 추론, 즉 전제가 결론을 개연적으로 뒷받침하는 모든 추론을 가리킨다. 귀납은 기존의 정보나 관찰 증거 등을 근거로 새로운 사실을 추가하는 지식 확장적 특성을 지닌다.

(다) 이와 관련하여 흄은 과거의 경험을 근거로 미래를 예측하는 귀납이 정당한 추론이 되려면 미래의 세계가 과거에 우리가 경험해 온 세계와 동일하다는 자연의 일양성, 곧 한결같음이 가정되어야 한다고 보았다.

(라) 이 특성으로 인해 귀납은 근대 과학 발전의 방법적 토대가 되었지만, 한편으로 귀납 자체의 논리 한계를 지적하는 문제들에 부딪히기도 한다.

① (나) – (가) – (다) – (라)
② (나) – (다) – (가) – (라)
③ (나) – (다) – (라) – (가)
④ (나) – (라) – (다) – (가)

03 다음 글의 빈칸에 들어갈 접속어로 가장 적절한 것은?

VOD의 전송 채널은 사용자별로 독립되어 있어 사용자가 직접 '일시 정지', '빨리 감기' 등과 같은 실시간 전송 제어를 할 수 있으며, 제한된 대역폭으로도 다양한 콘텐츠의 동시 서비스가 가능하다. ________ 동시 접속 사용자의 수에 비례하여 서버가 전송해야 하는 전체 데이터의 양이 증가하므로, 대역폭의 제한이 있는 상황에서는 동시 접속이 가능한 사용자의 수에 한계가 있다.

① 또한
② 그리고
③ 그러므로
④ 그러나

※ 다음은 연명의료중단에 대한 글이다. 이어지는 질문에 답하시오. [4~5]

■ 연명의료중단 등 결정의 이행

연명의료중단 등 결정을 이행하려는 담당의사는 ① 이행 대상 환자인지 판단하고 ② 연명의료중단 등 결정에 관한 해당 환자의 의사를 확인한 후 ③ 이행하여야 함

① 이행 대상 환자 판단
- 담당의사와 해당 분야 전문의 1명은 해당 환자가 임종과정에 있는지를 판단하여야 하며, 그 결과를 기록하여야 함

② 연명의료중단 등 결정에 관한 환자 의사 확인
- 임종과정에 있는 환자에 대하여 연명의료중단 등 결정을 이행하려는 담당의사는 다음 중 어느 하나의 방법으로 환자의 의사를 확인하고 기록하여야 함

가. 연명의료계획서로 확인

나. 사전연명의료의향서로 확인
- (환자의 의사능력이 있는 경우) 환자가 미리 작성한 사전연명의료의향서(이하 '의향서')가 있는 경우 담당의사가 그 내용을 환자에게 확인
- (환자의 의사능력이 없는 경우) 미리 작성한 의향서가 있어도 환자가 의향서의 내용을 확인하기에 충분한 의사능력이 없다는 의학적 판단이 있는 경우, 의향서의 적법성을 담당의사와 해당 분야의 전문의가 함께 확인

다. 환자의 의사에 대한 환자가족 2인 이상의 일치하는 진술로 확인
- 위의 방법으로 환자의 의사를 확인할 수 없고, 환자도 자신의 의사를 표현할 수 없는 의학적인 상태인 경우, 담당의사와 해당 분야 전문의 1명은 환자의 연명의료중단 등 결정에 관한 의사로 보기에 충분한 기간 일관하여 표시된 연명의료중단 등에 관한 의사에 대하여 19세 이상의 환자가족 2명 이상의 일치하는 진술을 확인하면 환자의 의사로 간주함
- '환자가족'이란 19세 이상인 자로서 ① 배우자, ② 직계비속, ③ 직계존속을 말하며, ①, ②, ③이 모두 없는 경우에만 형제자매가 해당
- 환자가족이 1명만 있는 경우에는 해당하는 1명의 진술로 가능
- 환자가족의 진술과 배치되는 내용의 다른 환자가족의 진술이나 객관적인 증거가 있는 경우에는 환자의 의사로 추정할 수 없음

라. 환자가족 전원의 합의를 통한 환자의 연명의료중단 등 결정
- 연명의료계획서나 사전연명의료의향서 또는 환자가족의 진술 등으로 환자의 의사를 확인할 수 없고, 환자가 자신의 의사를 표현할 수 없는 의학적 상태일 때는 환자가족 전원의 합의로 연명의료중단 등 결정의 의사표시를 하고 이를 담당의사와 해당 분야 전문의 1명이 확인
- 이때, ① 경찰관서에 행방불명 사실이 신고된 날부터 3년 이상 경과한 사람, ② 실종선고를 받은 사람, ③ 의식불명 또는 이에 준하는 사유로 자신의 의사를 표명할 수 없는 의학적 상태에 있는 사람으로서 전문의 1명 이상의 진단·확인을 받은 사람은 환자가족의 범위에서 제외함
- 미성년자에 대해서는 환자의 친권자인 법정대리인의 의사표시를 담당의사와 해당 분야 전문의 1명이 확인
- 다만, 담당의사 또는 해당 분야 전문의 1명이 환자가 연명의료중단 등 결정을 원하지 아니하였다는 사실을 확인한 경우에는 할 수 없음

③ 이행

- 담당의사는 확인된 환자의 연명의료중단 등 결정을 존중하여 이행하여야 함
- 이행하는 경우에도 통증완화를 위한 의료행위와 영양분 공급, 물 공급, 산소의 단순 공급은 시행하지 않거나 중단해서는 아니 됨
- 담당의사는 이행을 거부할 수 있으며, 이 경우 의료기관의 장은 의료기관윤리위원회의 심의를 거쳐 담당의사를 교체하여야 함. 다만, 연명의료중단 등 결정의 이행 거부를 이유로 담당의사에게 해고나 그 밖의 불리한 처우를 하여서는 아니 됨
- 담당의사는 이행 과정 및 결과를 기록하여야 하며, 의료기관의 장은 그 결과를 관리기관의 장에게 통보하여야 함

04 **다음 중 윗글에 대한 내용으로 적절하지 않은 것은?**

① 연명의료중단 등 결정을 이행하기 전에 담당의사는 두 가지 단계를 거쳐야 한다.

② 이행 대상 환자인지 판단할 때는 담당의사뿐만 아니라 해당 분야 전문의의 의견도 필요하다.

③ 환자의 의사능력에 관계없이 환자가 사전에 의향서를 작성했다면 담당의사는 그 내용을 바탕으로 연명의료를 중단할 수 있다.

④ 만약 담당의사가 환자의 연명의료중단을 거부한다고 해도 이것을 이유로 의사에게 불리한 처우를 할 수는 없다.

05 **다음 〈보기〉의 상황에서 갑이 판단할 수 있는 내용으로 적절하지 않은 것은?**

> **보기**
>
> K병원의 의사 갑의 담당환자 중 연명의료중단을 원하는 말기 암 환자인 김씨가 있다. 김씨는 가족들에게 경제적 부담을 주기 싫다며 석 달 전 사전연명의료의향서를 작성하였다. 최근 상태가 급격히 악화된 김씨는 본인의 의사도 제대로 표현할 수 없을 정도가 되었으며, 더는 어떠한 치료도 무의미한 상태가 되었다.

① 김씨에게는 배우자와 두 아들이 있으니 김씨 누나의 진술은 법적으로 효과가 없을 거야.

② 환자가족들을 불러 김씨가 평소 연명의료중단에 대해 일관된 의사를 보였는지 진술을 확인해야겠어.

③ 만약 환자가족의 진술로도 정확히 확인할 수 없다면, 환자가족 전원의 합의가 필요할 거야.

④ 김씨의 어머니가 실종되었다고 들었는데, 어머니는 환자가족 범위에 포함되지 않지만 18살인 막내아들은 포함해야 하겠네.

06 다음 중 (가)와 (나)를 읽고 추론한 내용으로 적절하지 않은 것은?

(가) 그러므로 나는 인류학적 정신에서 다음과 같은 민족의 정의를 제안한다. 즉, 민족은 본래 제한되고 주권을 가진 것으로 상상되는 정치공동체이다. 민족은 가장 작은 민족의 구성원들도 대부분의 자기 동료들을 알지도 만나지도 못하고 심지어 그들에 대한 이야기를 듣지도 못하지만, 구성원 각자의 마음에 친교의 이미지가 살아있기 때문에 상상된 것이다. 이때 민족은 제한된 것으로 상상된다. 왜냐하면 10억의 인구를 가진 가장 큰 민족도 비록 유동적이기는 하지만 한정된 경계를 가지고 있어 그 너머에는 다른 민족이 살고 있기 때문이다. 어떤 민족도 그 자신을 인류와 동일시하지 않는다. 어떤 구세주적 민족주의자들도 모든 인류의 성원이 그들의 민족에 동참하는 날이 올 것을 꿈꾸지는 않는다. 또한 민족은 주권을 가진 것으로 상상된다. 왜냐하면 이 개념은 계몽사상과 혁명이 신이 정한 계층적 왕국의 합법성을 무너뜨리던 시대에 태어났기 때문이다. 마지막으로 민족은 공동체로 상상된다. 왜냐하면 각 민족에 보편화되어 있을지도 모르는 실질적인 불평등과 수탈에도 불구하고 민족은 언제나 심오한 수평적 동료 의식으로 상상되기 때문이다. 궁극적으로 지난 2세기 동안 수백만의 사람들로 하여금 그렇게 제한된 상상체들을 위해 남을 죽이기보다 스스로 기꺼이 죽게 만들 수 있었던 것은 이 형제애이다.

(나) 나는 민족을 원초적이거나 불변의 사회적 실체로 보지 않는다. 민족은 역사적으로 최근의 특정 시기에만 나타난다. 그것은 특정한 종류의 근대적 영토국가, 즉 민족국가(Nation-state)에 관련된 때에 한해서만 사회적 실체이다. 따라서 민족을 민족국가와 연결시키지 않고 논의하는 것은 의미가 없다.

① 민족은 경험을 통해 구성되고 의미가 부여된 역사적 공동체이다.
② 민족은 구성원 간의 계급적 차별을 은폐하는 효과를 가질 수 있다.
③ 민족은 민족국가 형성에 기여한 측면이 있다.
④ 상상된 공동체인 민족은 그 실체가 없다.

07 K공사 자격설계팀의 김팀장은 이사원에게 다음과 같은 업무지시를 내렸고, 이사원은 김팀장의 업무지시에 따라 홍보 자료를 작성하려고 한다. 다음 중 이사원이 작성 과정에서 고려해야 할 사항으로 적절하지 않은 것은?

이○○ 씨, 근로자들에게 NCS 기반의 신직업자격을 알리기 위한 홍보 자료를 제작해야 합니다. 먼저, 아무래도 신직업자격의 개념과 기능에 대한 설명이 있어야 할 것 같군요. 그리고 기존 국가기술자격에 비해 무엇이 달라졌는지 알려주는 것도 좋을 것 같네요. 마지막으로 신직업자격 체계도를 한 눈에 볼 수 있었으면 좋겠네요. 참! 관련 문의는 이메일로만 받을 예정이므로 참고 바랍니다.

① 기업과 근로자 두 가지 측면에서의 기능으로 나누어 필요성을 강조해야겠어.
② 모든 근로자들의 이해를 돕기 위해 개념은 핵심 용어 중심으로 쉽게 설명해야겠어.
③ 펼칠 수 있는 신직업자격 체계도 맵을 만들어 한눈에 볼 수 있게 해야지.
④ 궁금한 점은 별도로 문의할 수 있도록 자격설계팀 이메일 주소를 넣어야겠어.

08 다음 글의 주제로 가장 적절한 것은?

> 표준화된 언어는 의사소통을 효과적으로 하기 위하여 의도적으로 선택해야 할 공용어로서의 가치가 있다. 반면에 방언은 지역이나 계층의 언어와 문화를 보존하고 드러냄으로써 국가 전체의 언어와 문화를 다양하게 발전시키는 토대로서의 가치가 있다. 이러한 의미에서 표준화된 언어와 방언은 상호보완적인 관계에 있다. 표준화된 언어가 있기에 정확한 의사소통이 가능하며, 방언이 있기에 개인의 언어생활에서나 언어 예술 활동에서 자유롭고 창의적인 표현이 가능하다. 결국 우리는 표준화된 언어와 방언 모두의 가치를 인정해야 하며, 발화(發話) 상황(狀況)을 고려해서 표준화된 언어와 방언을 잘 가려서 사용할 줄 아는 능력을 길러야 한다.

① 창의적인 예술 활동에서는 방언의 기능이 중요하다.
② 표준화된 언어와 방언에는 각각 독자적인 가치와 역할이 있다.
③ 정확한 의사소통을 위해서는 표준화된 언어가 꼭 필요하다.
④ 표준화된 언어는 방언보다 효용가치가 있다.

09 다음은 업무에서 사용되는 문서의 일부이다. 밑줄 친 단어를 어법에 맞게 수정할 때 적절하지 않은 것은?

> 공고 제○○-○○호
>
> **입찰공고**
>
> 1. 입찰에 <u>붙이는</u> 사항
> 가. 입찰건명 : 미래<u>지향</u>적 경영체계 구축을 위한 조직진단
> 나. 계약기간(용역기한) : 계약<u>채결</u>일부터 6개월
> 다. 총 사업예산 : 400,000,000원(VAT 등 모든 비용 포함)
>
> 2. 입찰방법 : 제한경쟁 / 협상에 의한 계약
>
> **〈입찰주의사항〉**
> • 입찰금액은 반드시 부가가치세 등 모든 비용을 포함한 금액으로 써내야 하며, 입찰결과 낙찰자가 면세사업자인 경우 낙찰금액에서 부가가치세 상당액을 <u>합산한</u> 금액을 계약금액으로 함
> • 기한 내 미제출 업체의 입찰서는 무효처리함
> • 접수된 서류는 일체 반환하지 않음

① 붙이는 → 부치는
② 지향 → 지양
③ 채결 → 체결
④ 합산한 → 차감한

10 다음 글의 내용으로 적절하지 않은 것은?

연방준비제도(이하 연준)가 고용 증대에 주안점을 둔 정책을 입안한다 해도 정책이 분배에 미치는 영향을 고려하지 않는다면 그 정책은 거품과 불평등만 부풀릴 것이다. 기술 산업의 거품 붕괴로 인한 경기 침체에 대응하여 2000년대 초에 연준이 시행한 저금리 정책이 이를 잘 보여준다.
특정한 상황에서는 금리 변동이 투자와 소비의 변화를 통해 경기와 고용에 영향을 줄 수 있다. 하지만 다른 수단이 훨씬 더 효과적인 상황도 많다. 가령 부동산 거품에 대한 대응책으로는 금리 인상보다 주택 담보대출에 대한 규제가 더 합리적이다. 생산적 투자를 위축시키지 않으면서 부동산 거품을 가라앉힐 수 있기 때문이다.
경기 침체기라 하더라도 금리 인하는 은행의 비용을 줄이는 것 말고는 경기 회복에 별다른 도움이 되지 않을 수 있다. 대부분의 부문에서 설비 가동률이 낮은 상황이라면 대출 금리가 낮아져도 생산적인 투자가 별로 증대하지 않는다. 2000년대 초가 바로 그런 상황이었기 때문에 당시의 저금리 정책은 생산적인 투자 증가 대신에 주택 시장의 거품만 초래한 것이다.
금리 인하는 국공채에 투자했던 퇴직자들의 소득을 감소시켰다. 노년층에서 정부로, 정부에서 금융업으로 부의 대규모 이동이 이루어져 불평등이 심화되었다. 이에 따라 금리 인하는 다양한 경로로 소비를 위축시켰다. 은퇴 후의 소득을 확보하기 위해 혹은 자녀의 학자금을 확보하기 위해 사람들은 저축을 늘렸다. 연준은 금리 인하가 주가 상승으로 이어질 것이므로 소비가 늘어날 것이라고 주장했다. 하지만 2000년대 초 연준의 금리 인하 이후 주가 상승에 따라 발생한 이득은 대체로 부유층에 집중되었으므로 대대적인 소비 증가로 이어지지는 않았다.
2000년대 초 고용 증대를 기대하고 시행한 연준의 저금리 정책은 노동을 자본으로 대체하는 투자를 증대시켰다. 그리고 인위적인 저금리로 자본 비용이 낮아지자 이런 기회를 이용하려는 유인이 생겨났다. 노동력이 풍부한 상황인데도 노동을 절약하는 방향의 혁신이 강화되었고, 미숙련 노동자들의 실업률이 높은 상황인데도 가게들은 계산원을 해고하고 자동화 기계를 들여놓았다. 경기가 회복되더라도 실업률이 떨어지지 않는 구조가 만들어진 것이다.

① 금리 인상은 부동산 거품 대응 정책 가운데 가장 효과적인 정책이 아닐 수 있다.
② 2000년대 초 연준이 금리 인하 정책을 시행한 후 주택 가격과 주식 가격은 상승하였다.
③ 2000년대 초 연준은 고용 증대를 기대하고 금리를 인하했지만, 결과적으로 고용 증대가 더 어려워지도록 만들었다.
④ 2000년대 초 연준의 금리 인하로 국공채에 투자한 퇴직자의 소득이 줄어들어 금융업으로부터 정부로 부가 이동하였다.

11 다음은 2024년 1분기 및 2025년 1분기 산업단지별 수출현황이다. 빈칸 (가) ~ (다)에 들어갈 수치로 옳은 것은?(단, 전년 대비 수치는 소수점 둘째 자리에서 반올림한다)

〈2024년 1분기 및 2025년 1분기 수출현황〉

(단위 : 백만 불)

구분	2024년 1분기	2025년 1분기	전년 대비
국가	58,809	66,652	13.3% 상승
일반	29,094	34,273	(가) 상승
농공	3,172	2,729	14.0% 하락
합계	91,075	(나)	(다) 상승

	(가)	(나)	(다)
①	15.8%	102,554	11.8%
②	15.8%	103,654	13.8%
③	17.8%	102,554	11.8%
④	17.8%	103,654	13.8%

12 나영이와 현지가 집에서 공원을 향해 분당 150m의 속력으로 걸어가고 있다. 30분 정도 걸었을 때, 나영이가 지갑을 집에 두고 온 것을 기억하여 분당 300m의 속력으로 집에 갔다가 같은 속력으로 다시 공원을 향해 걸어간다고 한다. 현지는 그 속력 그대로 20분 뒤에 공원에 도착했을 때, 나영이는 현지가 공원에 도착하고 몇 분 후에 공원에 도착할 수 있는가?(단, 집에서 공원까지의 거리는 직선이고, 이동시간 외 다른 소요시간은 무시한다)

① 20분　　② 25분
③ 30분　　④ 35분

13 K통신회사는 휴대전화의 통화 시간에 따라 월 2시간까지는 기본요금, 2시간 초과 3시간까지는 분당 a원, 3시간 초과부터는 $2a$원을 부과한다. 다음과 같이 요금이 청구되었을 때, a의 값은 얼마인가?

〈휴대전화 이용요금〉

구분	통화시간	요금
6월	3시간 30분	21,600원
7월	2시간 20분	13,600원

① 50
② 80
③ 100
④ 120

14 다음 〈조건〉은 200명의 시민을 대상으로 A ~ C회사에서 생산한 자동차의 소유 현황을 조사한 결과이다. 조사 대상자 중 세 회사에서 생산된 어떤 자동차도 가지고 있지 않은 사람의 수는?

조건

- 자동차를 2대 이상 가진 사람은 없다.
- A사 자동차를 가진 사람은 B사 자동차를 가진 사람보다 10명 많다.
- B사 자동차를 가진 사람은 C사 자동차를 가진 사람보다 20명 많다.
- A사 자동차를 가진 사람 수는 C사 자동차를 가진 사람 수의 2배이다.

① 20명
② 40명
③ 60명
④ 80명

15 다음은 연대별로 정리한 유지관리 도로 거리 변천에 대한 자료이다. 이에 대한 설명으로 옳지 않은 것은? (단, 비중은 소수점 둘째 자리에서 반올림한다)

〈연대별 유지관리 도로 거리〉

(단위 : km)

구분	2차로	4차로	6차로	8차로	10차로	비고
1960년대	–	304.7	–	–	–	–
1970년대	761.0	471.8	–	–	–	–
1980년대	667.7	869.5	21.7	–	–	–
1990년대	367.5	1,322.6	194.5	175.7	–	–
2000년대	155.0		450.0	342.0	–	27개 노선
현재	–	3,130.0	508.0	434.0	41.0	29개 노선

〈연대별 유지관리 도로 총거리〉

(단위 : km)

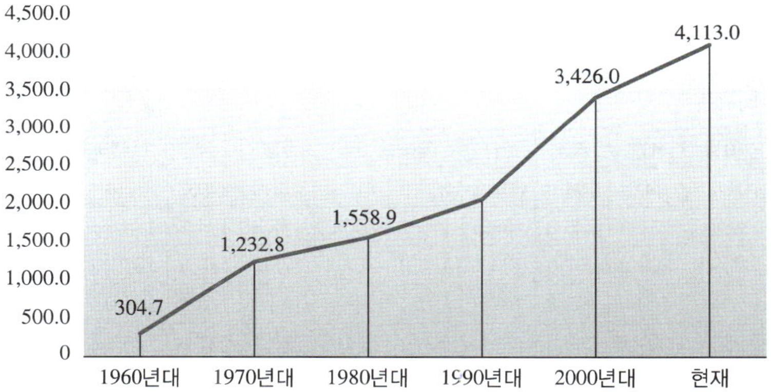

① 1960년대부터 유지관리하는 4차로 도로의 거리는 현재까지 계속 증가했다.

② 현재 유지관리하는 도로 한 노선의 평균거리는 120km 이상이다.

③ 현재 유지관리하는 도로의 총거리는 1990년대보다 1,950km 미만으로 길어졌다.

④ 차선이 만들어진 순서는 4차로 – 2차로 – 6차로 – 8차로 – 10차로이다.

16 다음은 한 국제기구가 발표한 2023년 3월 ~ 2024년 3월 동안의 식량 가격지수와 품목별 가격지수에 대한 자료이다. 이에 대한 설명으로 옳지 않은 것은?

〈식량 가격지수〉

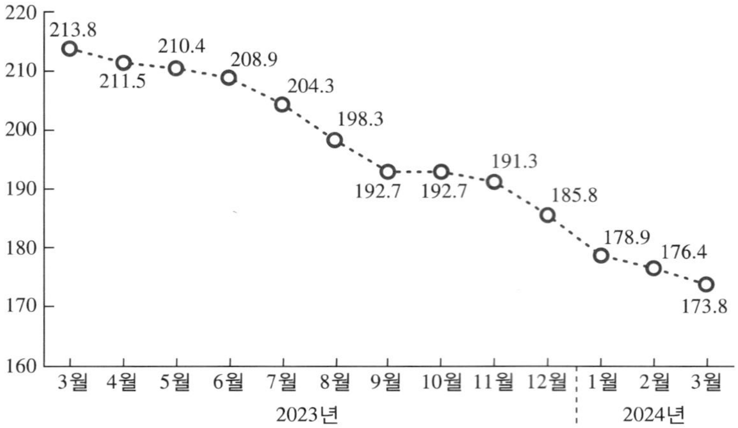

〈품목별 가격지수〉

구분	2023년										2024년		
	3월	4월	5월	6월	7월	8월	9월	10월	11월	12월	1월	2월	3월
육류	185.5	190.4	194.6	202.8	205.9	212.0	211.0	210.2	206.4	196.4	183.5	178.8	177.0
낙농품	268.5	251.5	238.9	236.5	226.1	200.8	187.8	184.3	178.1	174.0	173.8	181.8	184.9
곡물	208.9	209.2	207.0	196.1	185.2	182.5	178.2	178.3	183.2	183.9	177.4	171.7	169.8
유지류	204.8	199.0	195.3	188.8	181.1	166.6	162.0	163.7	164.9	160.7	156.0	156.6	151.7
설탕	254.0	249.9	259.3	258.0	259.1	244.3	228.1	237.6	229.7	217.5	217.7	207.1	187.9

※ 기준연도인 2022년의 가격지수는 100임

① 2024년 3월의 식량 가격지수는 2023년 3월보다 15% 이상 하락했다.
② 2023년 4월부터 2023년 9월까지 식량 가격지수는 매월 하락했다.
③ 2023년 3월보다 2024년 3월 가격지수가 가장 큰 폭으로 하락한 품목은 낙농품이다.
④ 2022년 가격지수 대비 2024년 3월 가격지수의 상승률이 가장 낮은 품목은 육류이다.

※ 다음은 K공사의 동호회 인원 구성에 대한 자료이다. 이어지는 질문에 답하시오. **[17~18]**

〈K공사 동호회 인원〉

(단위 : 명)

구분	2021년	2022년	2023년	2024년
축구	87	92	114	131
농구	73	77	98	124
야구	65	72	90	117
배구	52	56	87	111
족구	51	62	84	101
등산	19	35	42	67
여행	12	25	39	64
합계	359	419	554	715

17 2024년 축구 동호회의 전년 대비 인원 증가율이 계속 유지된다고 가정할 때, 2025년 축구 동호회의 인원은?(단, 소수점 첫째 자리에서 반올림한다)

① 147명 ② 149명

③ 151명 ④ 153명

18 다음 중 자료에 대한 설명으로 옳은 것은?

① 2021 ~ 2024년 동호회 인원 전체에서 등산이 차지하는 비중은 전년 대비 매년 증가했다.

② 2021 ~ 2024년 동호회 인원 전체에서 배구가 차지하는 비중은 전년 대비 매년 증가했다.

③ 2022년 족구 동호회 인원은 2022년 전체 동호회의 평균 인원보다 많다.

④ 등산과 여행 동호회 인원의 합은 같은 해의 축구 동호회 인원에 비해 매년 적다.

19 다음은 어린이 및 청소년의 표준 키와 체중을 조사한 자료이다. 이를 나타낸 그래프로 옳은 것은?

〈어린이 및 청소년의 표준 키와 체중〉

(단위 : cm, kg)

나이	남		여		나이	남		여	
	키	체중	키	체중		키	체중	키	체중
1세	76.5	9.77	75.6	9.28	10세	137.8	34.47	137.7	33.59
2세	87.7	12.94	87.0	12.50	11세	143.5	38.62	144.2	37.79
3세	95.7	15.08	94.0	14.16	12세	149.3	42.84	150.9	43.14
4세	103.5	16.99	102.1	16.43	13세	155.3	44.20	155.0	47.00
5세	109.5	18.98	108.6	18.43	14세	162.7	53.87	157.8	50.66
6세	115.8	21.41	114.7	20.68	15세	167.8	58.49	159.0	52.53
7세	122.4	24.72	121.1	23.55	16세	171.1	61.19	160.0	54.53
8세	127.5	27.63	126.0	26.16	17세	172.2	63.20	160.4	54.64
9세	132.9	30.98	132.2	29.97	18세	172.5	63.77	160.5	54.65

① 10세 이전 남녀의 키

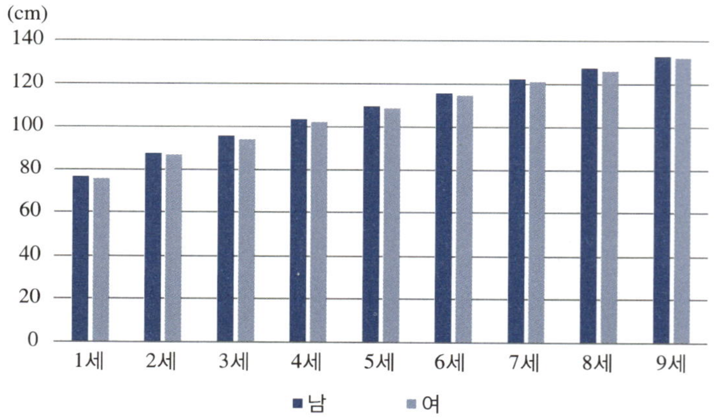

② 10대 남녀의 표준 체중

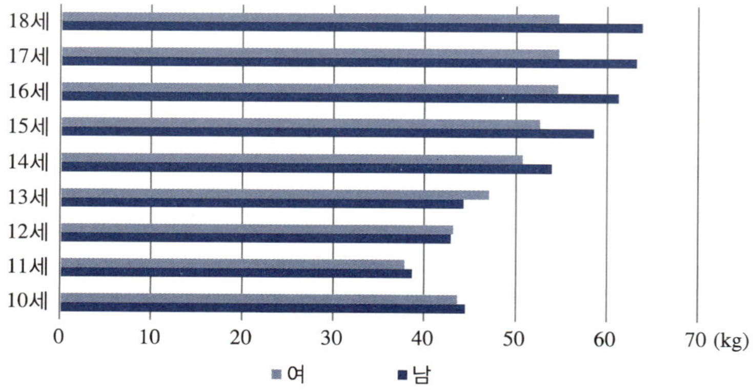

③ 10세 이전 남자의 표준 키 및 체중

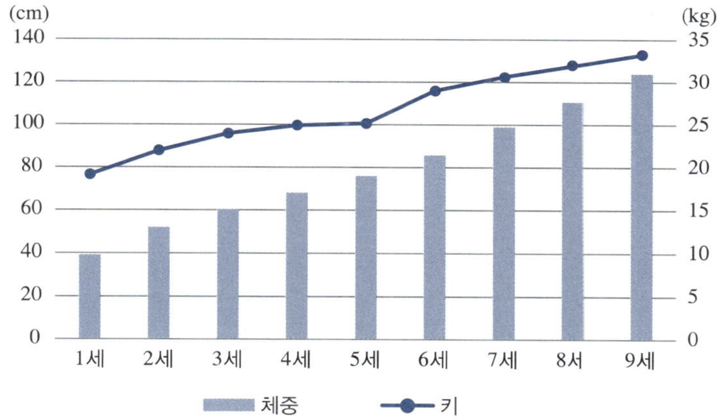

④ 10대 여자의 표준 키 및 체중

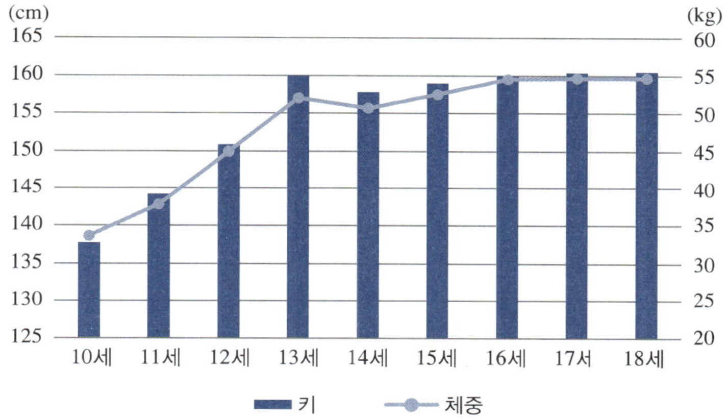

20 다음은 외환위기 전후 한국의 경제 상황을 나타낸 자료이다. 이에 대한 설명으로 옳은 것은?

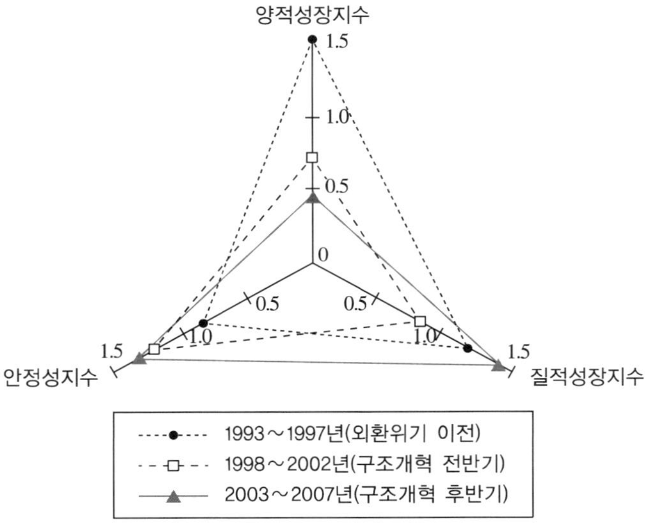

① 1993년 이후 양적성장지수가 감소함에 따라 안정성지수 또한 감소하였다.

② 안정성지수는 구조개혁 전반기와 구조개혁 후반기에 직전기간 대비 모두 증가하였으나, 구조개혁 후반기의 직전기간 대비 증가율은 구조개혁 전반기의 직전기간 대비 증가율보다 낮다.

③ 세 지수 모두에서 구조개혁 전반기의 직전기간 대비 증감폭보다 구조개혁 후반기의 직전기간 대비 증감폭이 크다.

④ 구조개혁 전반기와 후반기 모두에서 양적성장지수의 직전기간 대비 증감폭보다 안정성지수의 직전기간 대비 증감폭이 크다.

※ 다음은 이번 달 K공사의 업무일정에 대한 자료이다. 이어지는 질문에 답하시오. **[21~22]**

〈업무일정 기간 및 순서〉

구분	업무별 소요 기간	선결업무
A업무	3일	–
B업무	1일	A업무
C업무	6일	–
D업무	7일	B업무
E업무	5일	A업무
F업무	3일	B, C업무

21 다음 중 모든 업무를 끝마치는 데 걸리는 최소 소요 기간은?

① 8일 ② 9일
③ 10일 ④ 11일

22 다음 〈보기〉 중 옳지 않은 것을 모두 고르면?

보기

㉠ B업무의 소요 기간이 4일로 연장된다면 D업무를 마칠 때까지 11일이 소요된다.
㉡ D업무의 선결업무가 없다면 모든 업무를 마치는 데 최소 8일이 소요된다.
㉢ E업무의 선결업무에 C업무가 추가된다면 최소 소요 기간은 11일이 된다.
㉣ C업무의 소요 기간이 2일 연장되더라도 최소 소요 기간은 변하지 않는다.

① ㉠, ㉡ ② ㉠, ㉢
③ ㉡, ㉢ ④ ㉡, ㉣

23 K공사에서는 매주 수요일 오전에 주간 회의가 열린다. 주거복지기획부, 공유재산관리부, 공유재산개발부, 인재관리부, 노사협력부, 산업경제사업부 중 이번 주 주간 회의에 참여할 부서들의 〈조건〉이 다음과 같을 때, 이번 주 주간 회의에 참석할 부서의 최대 수는?

조건

- 주거복지기획부는 반드시 참석해야 한다.
- 공유재산관리부가 참석하면 공유재산개발부도 참석한다.
- 인재관리부가 참석하면 노사협력부는 참석하지 않는다.
- 산업경제사업부가 참석하면 주거복지기획부는 참석하지 않는다.
- 노사협력부와 공유재산관리부 중 한 부서만 참석한다.

① 2개 ② 3개
③ 4개 ④ 5개

24 K회사 영업지원팀 문팀장은 새로 출시한 제품 홍보를 지원하기 위해 월요일부터 목요일까지 매일 남녀 1명씩을 홍보팀으로 보내야 한다. 영업지원팀에는 현재 남자 사원 4명(기태, 남호, 동수, 지원)과 여자 사원 4명(고은, 나영, 다래, 리화)이 근무하고 있다. 다음 〈조건〉을 만족할 때, 옳지 않은 것은?

조건

(가) 매일 다른 사람을 보내야 한다.
(나) 기태는 화요일과 수요일에 휴가를 간다.
(다) 동수는 다래의 바로 이전 요일에 보내야 한다.
(라) 고은은 월요일에는 근무할 수 없다.
(마) 남호와 나영은 함께 근무할 수 없다.
(바) 지원은 기태 이전에 근무하지만 화요일은 갈 수 없다.
(사) 리화는 고은과 나영 이후에 보낸다.

① 고은이 수요일에 근무한다면 기태는 리화와 함께 근무한다.
② 다래가 수요일에 근무한다면 화요일에는 동수와 고은이 근무한다.
③ 리화가 수요일에 근무한다면 남호는 화요일에 근무한다.
④ 고은이 화요일에 근무한다면 지원은 월요일에 근무할 수 없다.

25 다음은 K공사가 공개한 부패공직자 사건 및 징계 현황이다. 이에 대한 설명으로 옳지 않은 것을 〈보기〉에서 모두 고르면?

〈부패공직자 사건 및 징계 현황〉

구분	부패행위 유형	부패 금액	징계 종류	처분일	고발 여부
1	이권개입 및 직위의 사적사용	23만 원	감봉 1개월	2019.06.19.	미고발
2	직무관련자로부터 금품 및 향응 수수	75만 원	해임	2020.05.20.	미고발
3	직무관련자로푸터 향응 수수	6만 원	견책	2021.12.22.	미고발
4	직무관련자로부터 금품 및 향응 수수	11만 원	감봉 1개월	2022.02.04.	미고발
5	직무관련자로부터 금품 수수	40만 원가량	경고(무혐의 처분, 징계시효 말소)	2023.03.06.	미고발
6	직권남용(직위의 사적이용)	–	해임	2023.05.24.	고발
7	직무관련자로부터 금품 수수	526만 원	해임	2023.09.17.	고발
8	직무관련자로부터 금품 수수 등	300만 원	해임	2024.05.18.	고발

보기

ㄱ. 공단에서 해당 사건의 부패 금액이 일정 수준 이상인 경우에만 고발한 것으로 해석할 수 있다.
ㄴ. 해임당한 공직자들은 모두 고발되었다.
ㄷ. 직무관련자로부터 금품을 수수한 사건은 총 5건 있었다.
ㄹ. 동일한 부패행위 유형에 해당하더라도 다른 징계처분을 받을 수 있다.

① ㄱ, ㄴ
② ㄱ, ㄷ
③ ㄴ, ㄷ
④ ㄴ, ㄹ

※ K은행은 지역 고령 농민을 위한 스마트뱅킹 교육을 실시하려고 한다. 이어지는 질문에 답하시오. [26~27]

〈지역 고령 농민을 위한 스마트뱅킹 교육〉

- 참가인원 : 지역 고령 농민 50명, K은행 임직원 15명
- 교육일시 : 2025년 7월 30일 오전 09시 ~ 11시
- 필요장비 : 컴퓨터, 빔 프로젝터, 마이크
- 특이사항
  - 교육 종료 후 다과회가 있으므로 별도 회의실이 필요하다.
  - 교육 장소는 조건을 충족하는 장소 중에서 가장 저렴한 장소로 선택한다.

〈센터별 대여료 및 세부사항〉

구분	대여료	보유 장비	수용인원	사용 가능 시간	비고
A센터	400,000원	컴퓨터, 빔 프로젝터, 마이크	50명	3시간	회의실 보유
B센터	420,000원	컴퓨터, 빔 프로젝터, 마이크	65명	4시간	회의실 보유
C센터	350,000원	컴퓨터, 마이크	45명	3시간	–
D센터	500,000원	마이크, 빔 프로젝터	75명	1시간	회의실 보유

26 다음 중 지역 고령 농민을 위한 스마트뱅킹 교육 계획에 맞는 장소로 가장 적절한 곳은?

① A센터 ② B센터
③ C센터 ④ D센터

27 다음 중 지역 고령 농민 참여자가 30명으로 변경되었을 때, 대여할 교육 장소로 가장 적절한 곳은?

① A센터 ② B센터
③ C센터 ④ D센터

28 음료수를 생산하는 K회사는 음료수를 생산하기 위한 SWOT 분석을 실시하기 위해 다음과 같이 조직 환경을 분석하였다. 다음 중 SWOT 분석의 정의에 따라 분석결과를 바르게 분류한 것은?

〈K회사의 음료수 생산을 위한 SWOT 분석결과〉

ⓐ 생수시장 및 기능성 음료시장의 급속한 성장
ⓑ 확고한 유통망(유통채널상의 지배력이 크다)
ⓒ 새로운 시장모색의 부족
ⓓ 경기 회복으로 인한 수요의 회복 추세
ⓔ 무역자유화(유통시장 개방, 다국적 기업의 국내 진출)
ⓕ 종합식품업체의 음료시장 잠식
ⓖ 짧은 제품주기(마케팅 비용의 증가)
ⓗ 지구온난화 현상(음료 소비 증가)
ⓘ 과다한 고정·재고비율로 인한 유동성 하락
ⓙ 계절에 따른 불규칙한 수요
ⓚ 대형할인점의 등장으로 인한 가격인하 압박 증가
ⓛ 매출액 대비 경상이익률의 계속적인 증가
ⓜ 국내 브랜드로서의 확고한 이미지
ⓝ 합병으로 인해 기업 유연성의 하락
ⓞ 주력 소수 제품에 대한 매출의존도 심각(탄산, 주스 음료가 많은 비중 차지)
ⓟ 경쟁업체에 비해 취약한 마케팅 능력과 홍보력

① 강점(S) : ⓑ, ⓓ, ⓗ
약점(W) : ⓒ, ⓔ, ⓘ, ⓝ, ⓟ
기회(O) : ⓐ, ⓛ, ⓜ
위협(T) : ⓕ, ⓖ, ⓙ, ⓞ, ⓚ

② 강점(S) : ⓑ, ⓛ, ⓜ
약점(W) : ⓒ, ⓘ, ⓝ, ⓞ, ⓟ
기회(O) : ⓐ, ⓓ, ⓗ
위협(T) : ⓔ, ⓕ, ⓖ, ⓙ, ⓚ

③ 강점(S) : ⓐ, ⓛ, ⓜ
약점(W) : ⓒ, ⓔ, ⓘ, ⓝ
기회(O) : ⓑ, ⓓ, ⓗ
위협(T) : ⓕ, ⓖ, ⓙ, ⓞ, ⓟ, ⓚ

④ 강점(S) : ⓑ, ⓛ, ⓜ
약점(W) : ⓔ, ⓕ, ⓖ, ⓙ, ⓝ
기회(O) : ⓐ, ⓓ, ⓗ
위협(T) : ⓒ, ⓘ, ⓞ, ⓟ, ⓚ

29 올해 목표를 금연으로 정한 S씨는 금연치료지원 프로그램에 참여했다. 그러나 S씨는 개인 사정으로 프로그램 참여 시작 후 7주(49일) 만에 그만두게 되었다. 금연치료지원 프로그램 안내문과 S씨의 참여내역이 다음과 같을 때, S씨가 7주(49일)까지 냈던 본인부담금은?(단, 부가세는 고려하지 않는다)

〈금연치료지원 프로그램 안내문〉

1. 프로그램의 개요

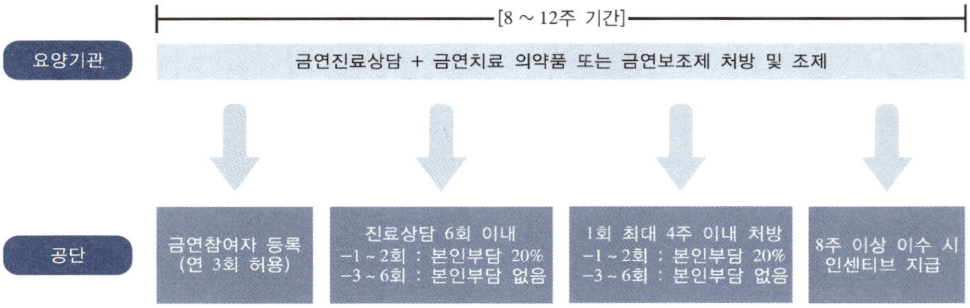

※ 8 ~ 12주 기간 동안 6회 이내의 진료 상담과 금연치료 의약품 또는 금연보조제(니코틴패치, 껌, 정제) 구입 비용 지원

2. 제공기관 및 지원대상

- 제공기관 : 공단에 금연치료지원사업의 참여를 신청한 모든 병·의원, 보건소, 보건지소 등
- 지원대상 : 금연치료 참여 의료기관에 방문하여 등록한 금연치료를 희망하는 모든 흡연자에 대해 지원(단, 1년에 3번까지 지원 가능하며, 예정된 차기 진료일로부터 1주 이상 의료기관을 방문하여 진료받지 않은 경우 프로그램 탈락으로 간주하여 1회 차 지원을 종료함)

3. 지원내용

- 금연진료·상담료 : '최초상담료'와 '금연유지상담료'로 구분하고, 공단에서 80%를 지원(금연참여자가 20% 부담)

구분	금연(단독)진료	금연(동시)진료
최초상담	22,500원	금연(단독)진료와 전체 금액은 같으나 최초상담 시 1,500원, 유지상담 시 900원을 공단이 더 부담
유지상담	13,500원	

※ 금연진료를 타 상병과 동시에 진료하는 경우 '금연(동시)진료'와 금연진료만 행하는 '금연(단독)진료'로 구분
※ 의료급여수급자 및 저소득층(건강보험료 하위 20% 이하)은 진료·상담료 전액 지원

- 약국 금연 관리 비용 : 금연치료 의약품, 금연보조제 등 사용 안내 및 복약지도 관련 비용 지원

금연치료 의약품			금연보조제		
합계	공단부담금	본인부담금	합계	공단부담금	본인부담금
8,100원	6,500원	1,600원	2,000원	1,600원	400원

※ 의료급여수급자 및 저소득층(건강보험료 하위 20% 이하)은 진료·상담료 전액 지원

- 금연치료 의약품 · 금연보조제 : 1회 처방당 4주 이내의 범위(총 12주)에서 금연치료 의약품 및 금연보조제(니코틴패치, 껌, 정제) 구입 비용 지원
  - 금연치료 의약품

구분		부프로피온정	바레니클린정	챔픽스정
약가 상한액		정당 530원	정당 1,800원	정당 2,100원
본인부담금	건강보험	정당 100원	정당 360원	정당 400원
	의료급여 / 저소득층	없음		

  - 금연보조제

구분		금연보조제 (니코틴패치, 껌, 정제)	비고
지원액	건강보험	1일당 1,500원	지원액을 초과하는 비용은 본인이 부담
	의료급여 / 저소득층	1일당 2,940원	

〈S씨의 7주 차까지의 참여내역〉

- 의료급여 · 저소득층 여부 : 해당사항 없음
- 처방받은 금연치료 의약품 : 챔픽스정(1일 2정 복용)
- 타 상병과 동시 진료 여부 : 고혈압으로 인해 매 진료 시 같이 진료받았음
- 금연진료 · 상담 방문 횟수 : 4회
- 약국방문 횟수 : 2회[1회 차 : 4주 치(28일 치) 처방, 2회 차 : 3주 치(21일 치) 처방]

① 43,500원
② 47,200원
③ 50,700원
④ 53,600원

30 다음은 우리나라 자동차 등록번호 부여방법과 K사 직원들의 자동차 등록번호에 대한 자료이다. 제시된 〈보기〉 중 자동차 등록번호가 잘못 부여된 것은 모두 몇 개인가?(단, K사 직원들의 자동차는 모두 비사업용이며 본인 소유의 승용차이다)

〈자동차 등록번호 부여방법〉

- 차량종류 – 차량용도 – 일련번호 순으로 부여한다.
- 차량종류별 등록번호

승용차	승합차	화물차	특수차	긴급차
100 ~ 699	700 ~ 799	800 ~ 979	980 ~ 997	998 ~ 999

- 차량용도별 등록번호

구분	문자열
비사업용 (32개)	가, 나, 다, 라, 마 거, 너, 더, 러, 머, 버, 서, 어, 저 고, 노, 도, 로, 모, 보, 소, 오, 조 구, 누, 두, 루, 무, 부, 수, 우, 주
운수사업용	바, 사, 아, 자
택배사업용	배
렌터카	하, 허, 호

- 일련번호

1000 ~ 9999 숫자 중 임의 발급

보기

〈K사 직원들의 자동차 등록번호〉

- 680 더 3412
- 521 버 2124
- 431 사 3019
- 531 서 9898
- 501 라 4395
- 421 저 2031
- 241 가 0291
- 670 로 3502
- 702 나 2838
- 431 구 3050
- 600 루 1920
- 912 라 2034
- 321 우 3841
- 214 하 1800
- 450 무 8402
- 531 고 7123

① 2개 ② 3개

③ 4개 ④ 5개

31 K학교에서 근무하는 P교사는 반 학생들의 과목별 수행평가 제출 여부를 확인하기 위해 다음과 같이 자료를 정리하였다. P교사가 [D11] ~ [D13] 셀에 〈보기〉와 같이 함수를 입력하였을 때, [D11] ~ [D13] 셀에 나타나는 결괏값이 바르게 연결된 것은?

	A	B	C	D
1			(제출했을 경우 '1'로 표시)	
2	이름	A과목	B과목	C과목
3	김혜진	1	1	1
4	이방숙	1		
5	정영교	재제출 요망	1	
6	정혜운		재제출 요망	1
7	이승준		1	
8	이혜진			1
9	정영남	1		1
10				
11				
12				
13				

보기

- [D11] 셀에 입력한 함수 → 「=COUNTA(B3:D9)」
- [D12] 셀에 입력한 함수 → 「=COUNT(B3:D9)」
- [D13] 셀에 입력한 함수 → 「=COUNTBLANK(B3:D9)」

	[D11]	[D12]	[D13]
①	12	10	11
②	12	10	9
③	10	12	11
④	10	12	9

※ 다음은 K공사 정보보안팀에서 배포한 사내 메신저 계정의 비밀번호 설정 규칙이다. 이어지는 질문에 답하시오. **[32~33]**

〈비밀번호 설정 규칙〉

- 오름차순 또는 내림차순으로 3회 이상 연이은 숫자, 알파벳은 사용할 수 없다.
  (예 123, 876, abc, jih, …)
- 특수문자를 반드시 포함하되 같은 특수문자를 연속하여 2회 이상 사용할 수 없다.
- 숫자, 특수문자, 알파벳 소문자와 대문자를 구별하여 8자 이상으로 설정한다.
  (단, 알파벳 대문자는 반드시 1개 이상 넣는다)
- 3자 이상 알파벳을 연이어 사용할 경우 단어가 만들어지면 안 된다.
  (단, 이니셜 및 약어까지는 허용한다)

〈불가능한 비밀번호 예시〉

- 3756#<u>DefG</u>99
- UnfkCKdR<u>$$</u>7576
- <u>eXtra</u>2@CL377
- ksn3<u>567</u>#38cA

⋮

32 K공사에 근무하는 B사원은 비밀번호 설정 규칙에 따라 사내 메신저 계정 비밀번호를 새로 설정하였으나 규칙에 어긋났다고 한다. 설정한 비밀번호가 다음과 같을 때, 어떤 규칙에 위배되었는가?

qdfk#9685@21ck

① 숫자가 내림차순으로 3회 연달아 배치되어서는 안 된다.
② 같은 특수문자가 2회 이상 연속되어서는 안 된다.
③ 알파벳 대문자가 1개 이상 들어가야 한다.
④ 특정 영단어가 형성되어서는 안 된다.

33 B사원이 비밀번호 설정 규칙에 따라 사내 메신저 계정 비밀번호를 다시 설정할 때, 다음 중 옳은 것은?

① Im#S367
② asDf#3689!!
③ C8&hOUse100%ck
④ 735%#Kmpkd2R6

34 C주임은 최근 개인정보 보호의 중요성을 실감하였고, 개인정보의 종류를 파악하기 위해 다음과 같이 표를 만들었다. 빈칸 ㉠ ~ ㉣에 들어갈 내용으로 옳지 않은 것은?

분류	내용
일반정보	이름, 주민등록번호, 운전면허정보, 주소, 전화번호, 생년월일, 출생지, 본적지, 성별, 국적 등
가족정보	가족의 이름, 직업, 생년월일, ___㉠___, 출생지 등
교육 및 훈련정보	최종학력, 성적, 기술자격증 / 전문면허증, 이수훈련 프로그램, 서클 활동, 상벌사항, 성격 / 행태보고 등
병역정보	군번 및 계급, 제대유형, 주특기, 근무부대 등
부동산 및 동산정보	소유주택 및 토지, ___㉡___, 저축현황, 현금카드, 주식 및 채권, 수집품, 고가의 예술품, 보석 등
소득정보	연봉, 소득의 원천, ___㉢___, 소득세 지불 현황 등
기타수익정보	보험가입현황, 수익자, 회사의 판공비 등
신용정보	저당, 신용카드, 담보 설정 여부 등
고용정보	고용주, 회사주소, 상관의 이름, 직무수행평가 기록, 훈련기록, 상벌기록 등
법적정보	전과기록, 구속기록, 이혼기록 등
의료정보	가족병력기록, 과거 의료기록, 신체장애, 혈액형 등
조직정보	노조가입, ___㉣___, 클럽회원, 종교단체 활동 등
습관 및 취미정보	흡연 / 음주량, 여가활동, 도박성향, 비디오 대여기록 등

① ㉠ : 주민등록번호
② ㉡ : 자동차
③ ㉢ : 대부상황
④ ㉣ : 정당 가입

35 직장인 K씨는 아침 회의에서 프레젠테이션을 이용하여 발표를 진행하다가 키보드의 〈Home〉 버튼을 잘못 눌러 슬라이드 쇼 화면 상태에서 슬라이드가 처음으로 되돌아가 버렸다. 발표를 진행했던 슬라이드부터 프레젠테이션을 실행하기 위해 〈Esc〉 버튼을 눌러 쇼 화면 상태에서 나간 후 [여러 슬라이드]에서 해당 슬라이드를 선택하여 프레젠테이션을 실행하려고 할 때, K씨가 눌러야 할 단축키로 옳은 것은?

① 〈Ctrl〉+〈S〉
② 〈Shift〉+〈F5〉
③ 〈Ctrl〉+〈P〉
④ 〈Shift〉+〈F10〉

※ 정보운영처에 근무하는 김대리는 랜섬웨어에 대한 대비책을 직원들에게 전파하려고 한다. 다음 메일을 보고 이어지는 질문에 답하시오. [36~37]

발신 : 김대리(정보운영처, ***@lx.or.kr) 2025.07.31 14:25:32

수신 : 전 임직원
참조 :
제목 : [긴급 공지] 랜섬웨어 유포 관련 주의사항

내용 :
안녕하십니까? 정보운영팀 김대리입니다.
최근 해외에서 기승을 부리던 랜섬웨어가 국내로까지 확장되고 있다는 보도가 나왔습니다. 이와 관련하여 직원 여러분들께 관련 보도자료와 몇 가지 주의사항을 당부드리고자 합니다.

〈보도자료〉

랜섬웨어(Ransomware)란 몸값을 의미하는 랜섬(Ransom)과 소프트웨어(Software)의 합성어로, 금전 갈취를 목표로 하는 신종 악성코드(Malware)의 일종이다. 랜섬웨어에 감염된 컴퓨터는 시스템에 대한 접근이 제한되고 이를 해결하기 위해서는 랜섬웨어 제작자에게 대가로 금품을 제공해야 한다. 이러한 랜섬웨어가 확산되기 시작하면서 컴퓨터 보안업계에 비상이 걸렸다. 그간 미국, 일본, 영국 등 해외에서 기승을 부리던 랜섬웨어가 이제는 한국어 버전으로 출현해 국내도 더 이상 안전지대가 아니라는 게 전문가들의 지적이다. 특히 문서, 사진, 동영상 등 데이터를 암호화하는 '크립토 랜섬웨어(Crypto Ransomware)'는 감염되면 복구가 쉽지 않아 보안이 허술한 중소기업 등의 경영 활동에 걸림돌이 될 수 있다는 우려도 제기된다.

〈주의사항〉

____

랜섬웨어 대응에 대해 궁금한 점이 있으시면 언제든지 정보운영처로 연락주시기 바랍니다. 감사합니다.

정보운영처 김대리 드림

36 다음 중 김대리가 보낸 메일의 빈칸에 들어갈 주의사항으로 옳지 않은 것은?

① 모바일 OS나 인터넷 브라우저 등을 최신 버전으로 유지하십시오.
② 출처가 명확하지 않은 앱이나 프로그램은 설치하지 마십시오.
③ 비트코인 등 전자 화폐를 구입하라는 메시지는 즉시 삭제하고, 유사 사이트에 접속하지 마십시오.
④ 파일이 랜섬웨어에 감염되면 복구 프로그램을 활용해서 최대한 빨리 복구하십시오.

37 메일을 발송하려던 중 랜섬웨어와 같은 컴퓨터 악성코드에 대해 잘 모르는 직원들을 위해 조금 더 설명을 추가하기로 하였다. 다음 중 김대리가 메일에 추가할 내용으로 옳지 않은 것은?

① 악성코드는 악의적인 용도로 사용될 수 있는 유해 프로그램을 말합니다.

② 악성코드는 외부 침입을 탐지하고 분석하는 프로그램으로, 잘못된 정보를 남발할 수 있습니다.

③ 악성코드는 때로 실행하지 않은 파일을 저절로 삭제하거나 변형된 모습으로 나타나게 합니다.

④ 악성코드에는 대표적으로 스파이웨어, 트로이 목마 같은 것이 있습니다.

38 다음 워크시트에서 판매실적을 구하기 위해 [A7] 셀에 수식 「=SUMIFS(D2:D6,A2:A6,"연필",B2:B6,"서울")」을 입력했을 때, 결괏값으로 옳은 것은?

	A	B	C	D
2	연필	경기	150	100
3	볼펜	서울	150	200
4	연필	서울	300	300
5	볼펜	경기	300	400
6	연필	서울	300	200
7				

① 100
② 500
③ 600
④ 800

39 다음 순서도에 의해 출력되는 값으로 옳은 것은?

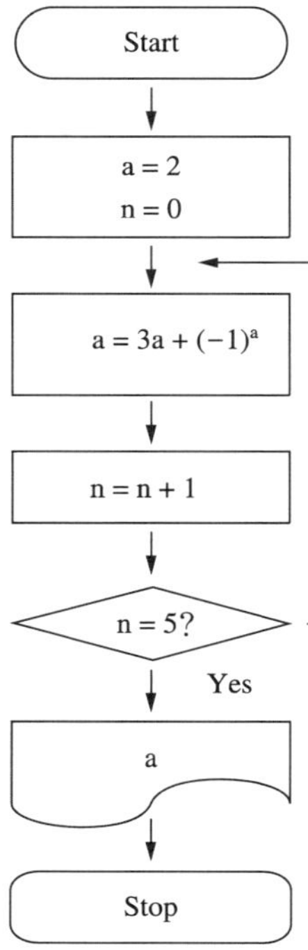

① 547　　② 545
③ 543　　④ 541

40 다음 프로그램의 실행 결과로 옳은 것은?

```
#include <stdio.h>
void main( ) {
    int temp=0;
    int i=10;

    temp=i++;
    temp=i--;

    printf(₩"%d, %d", temp, i);
}
```

① 10, 10　　② 11, 10
③ 11, 11　　④ 10, 11

| 01 | 보건의료지식 + 전공(행정직)

41 다음 〈보기〉 중 산모가 요양기관 이외의 장소에서 출산하였을 때 받을 수 있는 것을 모두 고르면?

> **보기**
>
> ㄱ. 본인부담액보상금　　　ㄴ. 요양급여
> ㄷ. 부가급여　　　ㄹ. 요양비

① ㄹ
② ㄱ, ㄷ
③ ㄴ, ㄹ
④ ㄱ, ㄴ, ㄷ

42 다음은 급여의 제한여부의 조회에 대한 설명이다. 빈칸에 들어갈 기간으로 옳은 것은?

> 급여제한 여부 조회 요청을 받은 공단은 ____(공휴일을 제외한다. 이하 같다) 이내에 급여제한 여부를 결정한 후 요양기관에 급여제한 여부 결정통보서로 회신하여야 하며, 회신을 받은 요양기관은 공단의 결정내용을 요양급여를 개시한 날부터 소급하여 적용하여야 한다.

① 5일
② 7일
③ 10일
④ 20일

43 다음 중 국민건강보험금 연체금 징수의 예외사항으로 옳지 않은 것은?

① 전쟁으로 인하여 체납한 경우
② 연체금 금액이 공단의 정관으로 정하는 금액 이하인 경우
③ 사업장의 폐업으로 체납액을 징수할 수 없는 경우
④ 국립학교의 폐교로 체납액을 징수할 수 없는 경우

44 다음 중 국민건강보험법상 지역가입자의 재산보험료부과점수를 정할 때 고려사항으로 옳은 것을 〈보기〉에서 모두 고르면?

> **보기**
>
> ㄱ. 경제활동참가율　　ㄴ. 재산
>
> ㄷ. 생활수준　　ㄹ. 소득월액

① ㄴ　　② ㄹ

③ ㄱ, ㄷ　　④ ㄴ, ㄹ

45 다음 중 소득 축소·탈루 자료의 송부 절차에 대한 설명으로 옳은 것을 〈보기〉에서 모두 고르면?

> **보기**
>
> ㉠ 공단은 사용자, 직장가입자 및 세대주가 신고한 보수 또는 소득 등이 해당 업종·직종별 평균 소득 등보다 낮은 경우에는 소득의 축소 또는 탈루에 관한 자료를 국세청장에게 송부해야 한다.
>
> ㉡ 공단은 사용자, 직장가입자 및 세대주가 신고 자료를 1개월 이상 늦게 제출한 경우에는 소득의 축소 또는 탈루에 관한 자료를 국세청장에게 송부해야 한다.
>
> ㉢ 공단은 사용자, 직장가입자 및 세대주가 신고한 사항이나 제출한 자료에 대해 사실 여부를 소속 직원이 조사할 때 조사를 1회 이상 거부·방해·기피한 경우에는 소득의 축소 또는 탈루에 관한 자료를 국세청장에게 송부해야 한다.

① ㉠　　② ㉡

③ ㉠, ㉡　　④ ㉡, ㉢

46 다음 중 우리나라에서 의료보험이 처음으로 실시된 시기는?

① 1970년　　② 1977년

③ 1979년　　④ 1989년

47 다음 중 국민건강보험종합계획 및 연도별 시행계획 수립에 대한 내용으로 옳지 않은 것은?

① 국민건강보험종합계획은 시행 연도 전년도의 9월 30일까지 수립한다.

② 시행계획은 시행 연도 전년도의 12월 31일까지 수립한다.

③ 수립한 종합계획 및 시행계획은 관보에 고시한다.

④ 시행계획을 변경한 경우 보건복지부 인터넷 홈페이지에 게시한다.

48 다음 중 건강보험심사평가원의 의약품 유통정보 관리 절차에 대한 설명으로 옳지 않은 것은?

① 의약품 표준코드를 통해 국내 유통 의약품에 대한 정보를 표준화한다.
② 공급업체로부터 생산·수입·공급 실적을 수집해 관리한다.
③ 포털시스템에서 수집한 정보를 국민들에게 제공한다.
④ 표준코드를 신청한 후 7일 이내에 공고한다.

49 다음 중 국민건강보험법상 건강보험심사평가원의 업무에 해당하는 것을 〈보기〉에서 모두 고르면?

보기

가. 건강보험급여 비용의 지급
나. 자산의 관리, 운영 및 증식사업
다. 피부양자의 자격 관리
라. 요양급여의 적정성에 대한 평가

① 다
② 라
③ 가, 나, 다
④ 나, 다, 라

50 다음 중 건강보험심사평가원의 비전으로 옳은 것은?

① 보건의료 디지털 혁신으로 최적의 의료문화를 만드는 Global HIRA
② 글로벌 건강 불평등 해소에 기여하는 국제보건의료 전문기관
③ 공정한 심사평가, 탄탄한 보건의료체계, 신뢰받는 국민의료관리 전문기관
④ 의료 질은 높게, 국민 건강엔 날개를

51 다음 중 행정입법에 대한 설명으로 옳지 않은 것은?(단, 다툼이 있는 경우 판례에 따른다)

① 국회규칙은 법규명령이다.
② 대통령령은 총리령 및 부령보다 우월한 효력을 가진다.
③ 총리령으로 제정된 법인세법 시행규칙에 따른 '소득금액조정합계표 작성요령'은 법령을 보충하는 법규사항으로서 법규명령의 효력을 가진다.
④ '학교장·교사 초빙제 실시'는 행정조직 내부에서만 효력을 가지는 행정상의 운영지침을 정한 것으로서 국민이나 법원을 구속하는 효력이 없는 행정규칙에 해당한다.

52 다음 글의 빈칸에 들어갈 내용으로 옳은 것은?

> 각 중앙관서의 장은 중기사업계획서를 매년 1월 31일까지 기획재정부장관에게 제출하여야 하며, 기획재정부장관은 국무회의 심의를 거쳐 대통령 승인을 얻은 다음 연도의 ________________을 매년 3월 31일까지 각 중앙관서의 장에게 통보하여야 한다.

① 국가재정 운용계획
② 예산 및 기금운용계획 집행지침
③ 예산안편성지침
④ 총사업비 관리지침

53 다음 중 국가배상에 대한 설명으로 옳은 것은?

① 도로건설을 위해 자신의 토지를 수용당한 개인은 국가배상청구권을 가진다.
② 공무원이 직무수행 중에 적법하게 타인에게 손해를 입힌 경우 국가가 배상책임을 진다.
③ 도로・하천 등의 설치 또는 관리에 하자가 있어 손해를 받은 개인은 국가가 배상책임을 진다.
④ 공무원은 어떤 경우에도 국가배상청구권을 행사할 수 없다.

54 다음 중 행정심판에 있어서 당사자와 관계인에 대한 설명으로 옳지 않은 것은?

① 심판청구의 대상과 관계되는 권리나 이익을 양수한 자는 위원회의 허가를 받아 청구인의 지위를 승계할 수 있다.
② 법인이 아닌 사단 또는 재단으로서 대표자나 관리인이 정하여져 있는 경우에는 그 대표자나 관리인의 이름으로 심판청구를 할 수 있다.
③ 청구인이 피청구인을 잘못 지정한 경우에는 위원회는 직권으로 또는 당사자의 신청에 의하여 결정으로써 피청구인을 경정할 수 있다.
④ 행정심판의 경우 여러 명의 청구인이 공동으로 심판청구를 할 때에는 청구인들 중에서 3명 이하의 선정대표자를 선정할 수 있다.

55 **다음 중 시장세분화에 대한 설명으로 옳은 것은?**

① 시장포지셔닝은 세분화된 시장의 좋은 점을 분석한 후 진입할 세분시장을 선택하는 것이다.
② 행동적 세분화는 구매자의 사회적 위치, 생활습관, 개인성격을 바탕으로 시장을 나누는 것이다.
③ 사회심리적 세분화는 추구하는 편익, 사용량, 상표애호도, 사용여부 등을 바탕으로 시장을 나누는 것이다.
④ 인구통계적 세분화는 나이, 성별, 가족규모, 소득, 직업, 종교, 교육수준 등을 바탕으로 시장을 나누는 것이다.

56 **다음 중 경영통제의 과정을 순서대로 바르게 나열한 것은?**

① 표준의 설정 → 편차의 수정 → 실제성과의 측정
② 표준의 설정 → 실제성과의 측정 → 편차의 수정
③ 실제성과의 측정 → 편차의 수정 → 표준의 설정
④ 실제성과의 측정 → 표준의 설정 → 편차의 수정

57 **다음 중 인간관계론에 대한 설명으로 옳은 것은?**

① 기획업무와 집행업무를 분리시킴으로써 계획과 통제의 개념을 확립한다.
② 시간 및 동작 연구를 통하여 표준과업량을 설정한다.
③ 자연발생적으로 형성된 비공식 조직의 존재를 인식한다.
④ 과업에 적합한 근로자 선발 및 교육훈련 방법을 고안한다.

58 **다음 중 보스턴 컨설팅 그룹(BCG)의 사업 포트폴리오 매트릭스에 대한 설명으로 옳은 것은?**

① 물음표(Question Mark)에 속해 있는 사업 단위는 투자가 필요하나, 성장 가능성은 낮다.
② 개(Dog)에 속해 있는 사업 단위는 확대전략이 필수적이다.
③ 별(Star)에 속해 있는 사업 단위는 철수나 매각이 필수적이다.
④ 자금젖소(Cash Cow)에 속해 있는 사업 단위는 수익이 높고 안정적이다.

59 다음 〈보기〉 중 솔로우(R. Solow) 경제성장모형에서 균제상태(Steady State)의 1인당 산출량을 증가시키는 요인으로 옳은 것을 모두 고르면?(단, 다른 조건은 일정하다고 가정한다)

보기

ㄱ. 저축률의 증가
ㄴ. 인구증가율의 증가
ㄷ. 감가상각률의 하락

① ㄱ
② ㄱ, ㄴ
③ ㄱ, ㄷ
④ ㄴ, ㄷ

60 다음 글의 ㉠ ~ ㉢에 대한 설명으로 옳은 것을 〈보기〉에서 모두 고르면?

> 우리나라에 거주 중인 광성이는 ㉠ 여름휴가를 앞두고 휴가 동안 발리로 서핑을 갈지 아니면 빈 필하모닉 오케스트라의 3년 만의 내한 협주를 들으러 갈지 고민하다가 ㉡ 발리로 서핑을 갔다. 그러나 화산폭발의 위험이 있어 안전의 위협을 느끼고 ㉢ 환불이 불가능한 숙박비를 포기한 채 우리나라로 돌아왔다.

보기

가. ㉠의 고민은 광성이의 주관적 희소성때문이다.
나. ㉠의 고민을 할 때는 기회비용을 고려한다.
다. ㉡의 기회비용은 빈필하모닉 오케스트라 내한 협주이다.
라. ㉡은 경제재이다.
마. ㉢은 비합리적 선택 행위의 일면이다.

① 가, 나, 라
② 나, 다, 라
③ 나, 다, 마
④ 가, 나, 다, 라

61 다음 중 소비자 잉여와 생산자 잉여에 대한 설명으로 옳지 않은 것은?

① 소비자 잉여는 소비자의 선호 체계에 의존한다.
② 독점시장의 시장가격은 완전경쟁시장의 가격보다 높게 형성되지만 소비자 잉여는 줄어들지 않는다.
③ 완전경쟁시장에서는 소비자 잉여와 생산자 잉여의 합인 사회적 잉여가 극대화된다.
④ 소비자 잉여는 어떤 상품에 소비자가 최대한으로 지급할 용의가 있는 가격에서 실제 지급한 가격을 차감한 차액이다.

62 **다음 중 국제 원자재 가격이 상승하면 우리나라 경상수지, 경제성장, 실업에 각각 미치는 영향을 순서대로 바르게 나열한 것은?**

① 개선 – 촉진 – 증가
② 개선 – 촉진 – 감소
③ 악화 – 촉진 – 증가
④ 악화 – 둔화 – 증가

63 **다음 중 정책의제 설정에 대한 설명으로 옳지 않은 것은?**

① 일반적으로 정책의제는 정치성, 주관성, 동태성 등의 성격을 가진다.
② 정책대안이 아무리 훌륭하더라도 정책문제를 잘못 인지하고 채택하여 정책문제가 여전히 해결되지 않은 상태로 남아있는 현상을 제2종 오류라 한다.
③ 킹던(Kingdon)의 정책의 창 모형은 정책문제의 흐름, 정책대안의 흐름, 정치의 흐름이 어떤 계기로 서로 결합함으로써 새로운 정책의제로 형성되는 것을 말한다.
④ 콥(R. W. Cobb)과 엘더(C. D. Elder)의 이론에 의하면 정책의제 설정 과정은 '사회문제 – 사회적 이슈 – 체제의제 – 제도의제'의 순서로 정책의제로 선택됨을 설명하고 있다.

64 **다음 중 자유민주적 기본질서의 원리와 거리가 먼 것은?**

① 법치주의
② 권력분립주의
③ 의회민주주의
④ 포괄위임입법주의

65 **다음 중 연구조사방법론에서 사용하는 타당성(Validity)에 대한 설명으로 옳지 않은 것은?**

① 내용 타당성(Content Validity)은 측정도구를 구성하는 측정지표 간의 일관성이다.
② 구성 타당성(Construct Validity)은 연구에서 이용된 이론적 구성개념과 이를 측정하는 측정수단 간에 일치하는 정도를 의미한다.
③ 기준 타당성(Criterion–related Validity)은 하나의 측정도구를 이용하여 측정한 결과와 다른 기준을 적용하여 측정한 결과를 비교했을 때 도출된 연관성의 정도이다.
④ 수렴적 타당성(Convergent Validity)은 동일한 개념을 다른 측정 방법으로 측정했을 때 측정된 값 간의 상관관계를 의미한다.

66 **세금은 거둬들이는 주체에 따라 국세와 지방세로 나뉜다. 우리나라 세금 항목 중 지방세끼리 바르게 연결된 것은?**

① 취득세, 교육세, 등록세
② 취득세, 재산세, 도시계획세
③ 법인세, 주민세, 부가가치세
④ 등록세, 주세, 농어촌특별세

67 **다음 중 특별지방행정기관에 대한 설명으로 옳은 것은?**

① 국가적 통일성보다는 지역의 특수성을 중요시하여 설치한다.
② 지방자치의 발전에 기여한다.
③ 지방자치단체와 명확한 역할 배분이 이루어져 행정의 효율성을 높일 수 있다.
④ 주민들의 직접 통제와 참여가 용이하지 않다.

68 **다음 중 행정법상 행정작용에 대한 설명으로 옳지 않은 것은?**

① 기속행위는 행정주체에 대하여 재량의 여지를 주지 않고 그 법규를 집행하도록 하는 행정행위를 말한다.
② 특정인에게 새로운 권리나 포괄적 법률관계를 설정해 주는 특허는 형성적 행정행위이다.
③ 의사표시 이외의 정신작용 등의 표시를 요소로 하는 행위는 준법률행위적 행정행위이다.
④ 개인에게 일정한 작위의무를 부과하는 하명은 형성적 행정행위이다.

69 **다음 중 행정행위의 직권취소 및 철회에 대한 설명으로 옳지 않은 것은?(단, 다툼이 있는 경우 판례에 따른다)**

① 행정행위의 처분권자는 취소사유가 있는 경우 별도의 법적 근거가 없더라도 직권취소를 할 수 있다.
② 행정청이 행한 공사중지명령의 상대방은 그 명령 이후에 그 원인사유가 소멸하였음을 들어 행정청에게 공사중지명령의 철회를 요구할 수 있는 조리상의 신청권이 없다.
③ 외형상 하나의 행정처분이라 하더라도 가분성이 있거나 그 처분대상의 일부가 특정될 수 있다면 그 일부만의 취소도 가능하고 그 일부의 취소는 당해 취소부분에 관하여 효력이 생긴다.
④ 수익적 행정행위의 철회는 법령에 명시적인 규정이 있거나 행정행위의 부관으로 그 철회권이 유보되어 있는 등의 경우가 아니라면, 원래의 행정행위를 존속시킬 필요가 없게 된 사정변경이 생겼거나 또는 중대한 공익상의 필요가 발생한 경우 등의 예외적인 경우에만 허용된다.

70 다음 설명에 해당하는 트렌드는?

> 사회문화적 환경의 변화와 함께 트렌드가 모여 사회의 거대한 조류를 형성하는 현상이다.

① 메타 트렌드
② 메가 트렌드
③ 사회적 트렌드
④ 소비자 트렌드

71 다음 중 주식의 발행시장과 유통시장에 대한 설명으로 옳지 않은 것은?

① 50명 이하의 소수 투자자와 사적으로 교섭하여 채권을 매각하는 방법을 사모라고 한다.
② 유통시장은 투자자 간의 수평적인 이전기능을 담당하는 시장으로, 채권의 매매가 이루어지는 시장이다.
③ 자사주 매입은 발행시장에서만 이루어진다.
④ 발행시장은 발행주체가 유가증권을 발행하고, 중간 중개업자가 인수하여 최종 자금 출자자에게 배분하는 시장이다.

72 다음 중 표적시장에 대한 설명으로 옳지 않은 것은?

① 단일표적시장에서는 집중적 마케팅 전략을 구사한다.
② 다수표적시장에서는 순환적 마케팅 전략을 구사한다.
③ 통합표적시장에서는 역세분화 마케팅 전략을 구사한다.
④ 인적, 물적, 기술적 자원이 부족한 기업은 보통 집중적 마케팅 전략을 구사한다.

73 다음 중 통화정책의 단기적 효과를 높이는 요인으로 옳은 것을 〈보기〉에서 모두 고르면?

> **보기**
> ㄱ. 화폐수요의 이자율 탄력성이 높은 경우
> ㄴ. 투자의 이자율 탄력성이 높은 경우
> ㄷ. 한계소비성향이 높은 경우

① ㄱ
② ㄴ
③ ㄱ, ㄴ
④ ㄴ, ㄷ

74 임금이 경직적이지 않음에도 불구하고 노동자들이 새로운 직장을 탐색하는 과정에서 겪는 실업만으로 이루어진 실업률을 자연실업률이라고 한다. 다음 중 자연실업률의 변화 방향이 다른 경우는?

① 취업정보의 비공개
② 경제 불확실성의 증가
③ 실업보험, 최저임금제 등 정부의 사회보장 확대
④ 정부가 구직 사이트 등을 운영해 취업정보를 제공

75 다음 중 시장실패(Market Failure)의 원인으로 볼 수 없는 것은?

① 독과점의 존재
② 소비의 경합성
③ 외부경제의 존재
④ 비대칭 정보의 존재

76 다음 중 ㉠, ㉡에 해당하는 용어를 바르게 연결한 것은?

> 국방은 한 국가가 현존하는 적국이나 가상의 적국 또는 내부의 침략에 대응하기 위하여 강구하는 다양한 방위활동을 말하는데, 이러한 국방은 ㉠ 많은 사람들이 누리더라도 다른 사람이 이용할 수 있는 몫이 줄어들지 않는다. 또한, 국방비에 대해 ㉡ 가격을 지급하지 않는 사람들이 이용하지 못하게 막기가 어렵다. 따라서 국방은 정부가 담당하게 된다.

	㉠	㉡
①	공공재	외부효과
②	배제성	경합성
③	무임승차	비배제성
④	비경합성	비배제성

77 다음은 K국의 고용정보를 나타낸 자료이다. 이에 대한 설명으로 옳지 않은 것은?(단, 소수점 셋째 자리에서 반올림한다)

구분	생산가능인구	경제활동인구	실업자
2023년	3,700만 명	2,400만 명	90만 명
2024년	4,300만 명	2,600만 명	110만 명

① 2023년에 비해 2024년의 실업률이 높다.
② 2023년에 비해 2024년의 고용률이 높다.
③ 2024년의 취업자수는 2023년에 비해 180만 명 증가하였다.
④ 2024년의 비경제활동인구는 2023년에 비해 400만 명 증가하였다.

78 다음 중 헌법의 개정과 유사한 개념 중에서 기존 헌법을 배제하고 수평적 헌법전의 교체가 이루어지는 것은?

① 헌법의 폐지
② 헌법의 파괴
③ 헌법의 정지
④ 헌법의 침해

79 다음 빈칸 ㉠, ㉡에 들어갈 내용을 바르게 연결한 것은?

> 정부회계의 발생주의는 정부의 수입을 ___㉠___ 시점으로, 정부의 지출을 ___㉡___의 발생 시점으로 계산하는 방식을 의미한다.

	㉠	㉡
①	현금수취	현금지불
②	현금수취	지출원인행위
③	납세고지	현금지불
④	납세고지	지출원인행위

80 화폐수량설과 피셔 방정식(Fisher Equation)이 성립하고 화폐유통속도가 일정한 경제에서 물가상승률이 3%, 통화증가율이 6%, 명목이자율이 10%라면 실질이자율의 값은?

① 3%
② 5%
③ 7%
④ 8%

| 02 | 보건의료지식(심사직)

41 **다음 중 진료비 지불제도에 대한 설명으로 옳지 않은 것은?**

① 행위별수가제 : 의료인이 제공한 진료행위마다 항목별로 가격을 책정하여 비용을 지불하는 방식이다.

② 총액계약제 : 보험자와 의료인단체 간에 연간 진료비를 총애긍로 계약하여 지급하는 방식이다.

③ 인두제 : 등록자 수에 따라 비용을 지불하는 방식으로, 의료인이 맡고 있는 주민 수에 1인당 단가인 인정금액을 곱하여 보수가 결정된다.

④ 포괄수가제 : 투입자원이나 서비스 강도에 차이를 두지 않고 진료 1일당 수가를 책정하여 진료기간에 따라 진료비 총액이 결정되는 방식이다.

42 **다음 중 건강보험정책에 대한 사항을 심의·의결하기 위하여 보건복지부장관 소속으로 있는 건강보험정책심의위원회에 대한 설명으로 옳은 것은?**

① 심의위원회 위원의 임기는 2년으로 한다.

② 심의위원회의 위원장은 보건복지부장관이다.

③ 근로자단체 및 사용자단체가 추천하는 위원은 각 3명이다.

④ 위원장 1명과 부위원장 1명을 포함하여 25명의 위원으로 구성한다.

43 **다음은 보수월액보험료 납입고지 유예에 대한 설명이다. 빈칸 ㉠, ㉡에 들어갈 내용을 바르게 연결한 것은?**

사용자는 납입고지가 유예된 보수월액보험료를 그 사유가 없어진 후 보수가 지급되는 최초의 달의 보수에서 공제하여 납부해야 한다. 다만, 납입고지가 유예된 보수월액보험료가 해당 직장가입자의 월 보수월액보험료의 __㉠__ 이상이고 해당 직장가입자가 원하는 경우에는 납입고지 유예 해지 신청을 할 때에 해당 보수월액보험료의 분할납부를 함께 신청해야 한다. 이에 따라 사용자가 분할납부를 신청한 경우에는 __㉡__의 범위에서 해당 보수월액보험료를 균등하게 분할하여 납부할 수 있다.

	㉠	㉡
①	3배	5회
②	3배	10회
③	5배	5회
④	5배	10회

44 **다음 중 의약품 안전사용서비스(DUR)의 운영 성과로 옳지 않은 것은?**

① 국민의 안전한 의약품 복용을 지원한다.
② 환자의 투약이력까지 실시간으로 점검하는 세계 유일의 시스템이다.
③ 의약품의 원활한 유통을 통해 한정된 의료자원을 합리적으로 선별하여 배분한다.
④ 의약품 금기 및 안정성 정보를 실시간으로 제공하여 의사 및 약사의 처방 및 조제를 지원한다.

45 **다음 중 국민건강보험법상 선별급여의 적합성평가의 평가주기로 옳은 것은?**

① 선별급여를 실시한 날부터 3년마다 평가한다.
② 선별급여를 실시한 날부터 5년마다 평가한다.
③ 선별급여를 실시한 다음 날부터 3년마다 평가한다.
④ 선별급여를 실시한 다음 날부터 5년마다 평가한다.

46 **다음 중 건강보험심사평가원이 필요에 따라 정할 수 있는 부담금에 대한 설명으로 옳지 않은 것은?**

① 부담금은 전전년도 보험료 수입의 1,000분의 30을 넘을 수 없다.
② 수수료는 심사평가원 원장이 업무를 위탁한 자와 정하는 금액으로 한다.
③ 부담금이 회계연도가 시작되기 전까지 확정되지 않은 경우에는 부담금 확정 후 정산한다.
④ 의료급여비용 심사에 관한 내용은 심사평가원장이 정하는 바에 따른다.

47 **다음 중 월별 보험료액의 상한과 하한을 정하여 고시하는 담당자는 누구인가?**

① 건강보험심상평가원의 원장
② 국민건강보험공단 이사장
③ 보건복지부장관
④ 대통령

48 **다음은 사업의 양도 · 양수에 따른 제2차 납부의무에 대한 설명이다. 빈칸 ㉠, ㉡에 들어갈 내용이 바르게 연결된 것은?**

> 다음 각 호의 어느 하나에 해당하는 경우에 사업양수 재산의 가액은 양수인이 양도인에게 지급했거나 지급해야 할 금액이 있는 경우에는 그 금액과 양수한 자산 및 부채를 공단이 평가한 후 그 자산총액에서 부채총액을 뺀 가액 중 큰 금액으로 한다.
> 1. 양수인이 양도인에게 지급했거나 지급해야 할 금액이 있는 경우에는 그 금액과 시가의 차액이 ___㉠___ 이상인 경우
> 2. 양수인이 양도인에게 지급했거나 지급해야 할 금액이 있는 경우에는 그 금액과 시가의 차액이 그 시가의 ___㉡___에 상당하는 금액 이상인 경우

	㉠	㉡
①	1억 원	100분의 30
②	1억 원	100분의 50
③	3억 원	100분의 30
④	3억 원	100분의 50

49 **다음 중 국민건강보험공단이 국민연금공단에 위탁할 수 있는 업무로 옳지 않은 것은?**

① 가입자의 자격 취득 · 변경 및 상실 신고의 접수 및 처리
② 연체금 및 체납처분비에 대한 징수
③ 건강보험증의 발급 및 가입자의 민원접수 및 처리
④ 요양급여비용의 지급에 관한 업무

50 **다음 중 징수이사추천위원회가 징수이사 후보로 추천될 사람과 협의해야 하는 계약 조건으로 옳은 것을 〈보기〉에서 모두 고르면?**

> **보기**
> ㉠ 보수와 상벌
> ㉡ 고용관계의 성립 · 소멸 등에 필요한 사항
> ㉢ 부담금 및 분담금 등의 징수 목표 및 민원관리에 관한 사항
> ㉣ 연금보험료, 고용보험료, 산업재해보상보험료 등의 징수 목표

① ㉠, ㉡, ㉢
② ㉠, ㉢, ㉣
③ ㉡, ㉢, ㉣
④ ㉠, ㉡, ㉢, ㉣

51 다음 중 요양급여 의뢰서 없이 2단계 진료기관에서 1단계 요양급여를 받을 수 있는 경우는?

① 내과에서 요양급여를 받는 경우
② 이비인후과에서 요양급여를 받는 경우
③ 비뇨기과에서 요양급여를 받는 경우
④ 치과에서 요양급여를 받는 경우

52 국민건강보험공단이 희귀난치성질환자 등의 본인부담액 경감 신청을 받은 구청장으로부터 본인부담액 경감 대상자의 기준 확인 결과를 통보받았을 경우, 며칠 이내에 인정 여부를 결정해 그 결과를 신청인에게 통보해야 하는가?

① 7일
② 14일
③ 21일
④ 30일

53 다음 〈보기〉 중 요양비의 지급과 관련된 조항의 밑줄 친 부분에 해당하는 사유는 모두 몇 개인가?

> 국민건강보험공단은 <u>피부양자가 보건복지부령으로 정하는 긴급하거나 그 밖의 부득이한 사유</u>로 요양기관과 비슷한 기능을 하는 기관으로서 보건복지부령으로 정하는 기관에서 질병·부상·출산 등에 대하여 요양을 받거나 요양기관이 아닌 장소에서 출산한 경우에는 그 요양급여에 상당하는 금액을 보건복지부령으로 정하는 바에 따라 가입자나 피부양자에게 요양비로 지급한다(법 제49조 제1항).

보기

㉠ 산소치료를 필요로 하는 환자가 의사의 산소치료 요양비처방전에 따라 보건복지부장관이 정하여 고시하는 방법으로 산소치료를 받는 경우
㉡ 인공호흡기를 필요로 하는 환자가 의사의 요양비처방전에 따라 인공호흡기를 대여받아 사용하는 경우
㉢ 신경인성 방광환자가 의사의 요양비처방전에 따라 자가도뇨에 사용되는 소모성 재료를 요양기관 외의 의료기기판매업소에서 구입한 경우
㉣ 당뇨병 환자가 의사의 요양비처방전에 따라 인슐린주사에 사용되는 소모성 재료를 요양기관 외의 의료기기판매업소에서 구입한 경우
㉤ 수면무호흡증 환자가 의사의 요양비처방전에 따라 양압기를 대여받아 사용하는 경우

① 2개
② 3개
③ 4개
④ 5개

54 **다음은 약제에 대한 요양급여비용 상한금액의 감액에 대한 설명이다. 빈칸 ㉠, ㉡에 들어갈 내용을 바르게 연결한 것은?**

> ① 보건복지부장관은 약사법 제47조 제2항의 위반과 관련된 제41조 제1항 제2호의 약제에 대하여는 요양급여비용 상한금액(제41조 제3항에 따라 약제별 요양급여비용의 상한으로 정한 금액을 말한다)의 ___㉠___을 넘지 아니하는 범위에서 그 금액의 일부를 감액할 수 있다.
> ② 보건복지부장관은 제1항에 따라 요양급여비용의 상한금액이 감액된 약제가 감액된 날부터 5년의 범위에서 대통령령으로 정하는 기간 내에 다시 제1항에 따른 감액의 대상이 된 경우에는 요양급여비용 상한금액의 ___㉡___을 넘지 아니하는 범위에서 요양급여비용 상한금액의 일부를 감액할 수 있다.

	㉠	㉡
①	100분의 20	100분의 30
②	100분의 20	100분의 40
③	100분의 30	100분의 40
④	100분의 30	100분의 50

55 **다음 중 국민건강보험공단의 재정에 대한 설명으로 옳지 않은 것은?**

① 공단은 직장가입자와 지역가입자의 재정을 통합하여 운영한다.
② 공단이 예산안을 편성하거나 예산을 변경하려고 할 경우에는 재정위원회의 의결과 대통령의 승인이 필요하다.
③ 공단이 현금이 부족해 현금을 차입하고자 하여 1년 미만의 단기로 차입할 경우에는 보건복지부장관의 승인을 필요로 하지 않는다.
④ 공단은 건강보험사업 및 국민연금사업, 고용보험사업, 산업재해보상보험사업, 임금채권보장사업에 관한 회계를 국민건강보험공단의 다른 회계와 구분하여 각각 처리해야 한다.

56 **다음은 보험료 산정 시 소득월액의 계산식이다. 빈칸에 들어갈 용어로 옳은 것은?(단, 보수월액 산정에 포함된 보수를 제외한 직장가입자의 소득이 대통령령으로 정한 금액을 초과한다)**

> $[(\qquad\qquad) - (\text{대통령령으로 정하는 금액})] \times \frac{1}{12}$

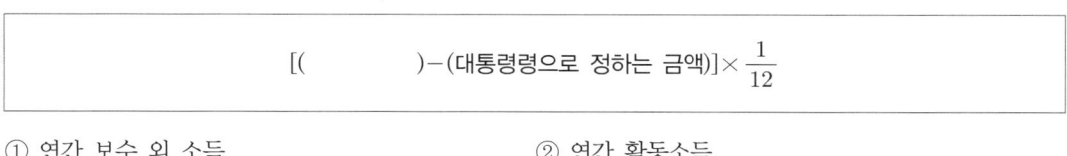

① 연간 보수 외 소득
② 연간 활동소득
③ 연간 과세소득
④ 연간 사업소득

57 다음 중 요양급여의 절차에 대한 설명으로 옳지 않은 것은?

① 가입자 등은 1단계 요양급여를 받은 후 2단계 요양급여를 받아야 한다.
② 1단계 요양급여는 상급종합병원에서 받는 요양급여를 말하며, 2단계 요양급여는 상급종합병원을 제외한 요양기관에서 받는 요양급여를 말한다.
③ 가정의학과에서 요양급여를 받는 경우, 당해 요양기관에서 근무하는 가입자가 요양급여를 받는 경우, 혈우병환자가 요양급여를 받는 경우에는 상급종합병원에서 1단계 요양급여를 받을 수 있다.
④ 가입자 등이 상급종합병원에서 2단계 요양급여를 받으려면 상급종합병원에서의 요양급여가 필요하다는 의사소견이 기재된 건강진단・건강검진결과서 또는 요양급여의뢰서를 제출해야 한다.

58 다음은 연체금에 대한 설명이다. 빈칸에 들어갈 내용으로 옳은 것은?

> 공단은 보험료 등의 납부의무자가 납부기한까지 보험료 등을 내지 아니하면 그 납부기한이 지난 날부터 매 1일이 경과할 때마다 다음 각 호에 해당하는 연체금을 징수한다.
> 1. 보험급여 제한 기간 중 받은 보험급여에 대한 징수금을 체납한 경우 : 해당 체납금액의 ________에 해당하는 금액. 이 경우 연체금은 해당 체납금액의 1,000분의 20을 넘지 못한다.

① 50분의 1
② 100분의 1
③ 1,000분의 1
④ 1,500분의 1

59 다음 중 국내체류 외국인이 건강보험 직장가입자의 자격을 상실하는 날로 옳지 않은 것은?

① 체류기간이 종료된 날
② 강제퇴거명령서를 발급받은 날의 다음 날
③ 사용자가 직장가입자의 가입 제외를 신청한 날
④ 직장가입자의 피부양자가 된 날

60 **다음 중 건강보험공단이 공개하는 고액 · 상습체납자의 인적사항에 해당하지 않는 것은?**

① 체납자의 성명
② 체납자의 나이
③ 체납자의 주소
④ 체납자의 가족관계

61 **다음 중 국민건강보험공단의 요양급여비용의 산정 계약에 대한 설명으로 옳은 것은?**

① 요양급여비용은 공단의 이사장과 요양기관을 대표하는 사람들의 계약으로 정하며, 계약기간은 3년으로 한다.
② 공단의 이사장은 건강보험정책심의위원회의 심의 · 의결을 거쳐 요양급여비용의 산정 등과 관련한 계약을 체결해야 한다.
③ 심사평가원은 공단의 이사장이 요양급여비용의 산정 등과 관련한 계약을 체결하기 위해 자료를 요청하면 그 요청에 성실히 따라야 한다.
④ 요양급여비용의 산정 등과 관련한 계약은 그 직전 계약기간 만료일이 속하는 연도의 3월 31일까지 체결하며, 그 기한까지 계약이 체결되지 못하면 보건복지부장관이 재정위원회의 의결을 거쳐 요양급여비용을 정한다.

62 **다음 중 국민건강보험법상 건강보험분쟁조정위원회에 대한 설명으로 옳지 않은 것은?**

① 위원장을 포함하여 60명 이내의 위원으로 구성하고, 위원장을 제외한 위원 중 1명은 당연직위원으로 한다.
② 분쟁조정위원회 및 사무국의 구성 및 운영 등에 필요한 사항은 대통령령으로 정한다.
③ 구성원 3분의 1의 출석과 출석위원 3분의 1의 찬성으로 의결한다.
④ 회의는 위원장, 당연직위원 및 위원장이 매 회의마다 지정하는 7명의 위원을 포함하여 총 9명으로 구성하되, 공무원이 아닌 위원이 과반수가 되도록 하여야 한다.

63 다음 중 보조기기에 대한 보험급여 청구 서류의 보존 기간으로 옳은 것은?

① 1년 ② 2년
③ 3년 ④ 4년

64 다음 중 부당이득의 징수에 대한 설명으로 옳지 않은 것은?

① 속임수로 보험급여를 받은 사람과 같은 세대에 속한 가입자에게 속임수로 보험급여를 받은 사람과 연대해 징수금을 내게 할 수 있다.
② 공단은 부당한 방법으로 보험급여를 받은 보조기기 판매업자에 대해 그 보험급여에 상당하는 금액의 전부 또는 일부를 징수한다.
③ 준요양기관의 속임수로 보험급여가 실시된 경우에 공단은 해당 준요양기관에게 보험급여를 받은 사람과 연대해 징수금을 내게 할 수 있다.
④ 의료법을 위반해 부당한 방법으로 개설된 의료기관이 속임수로 보험급여 비용을 받을 경우에 국민건강보험공단은 해당 의료기관의 개설자에게 그 요양기관과 연대해 징수금을 납부하게 할 수는 없다.

65 국민건강보험공단은 보험료와 그 밖에 법에 따른 징수금의 납입고지서를 납부의무자에게 언제까지 발급하여야 하는가?

① 납부기한 3일 전까지 ② 납부기한 7일 전까지
③ 납부기한 10일 전까지 ④ 납부기한 15일 전까지

66 사용자가 휴직자 등의 보수월액보험료에 대한 납입고지를 유예받으려면 휴직 등의 사유가 발생한 날부터 며칠 이내에 휴직자 등 직장가입자 보험료 납입고지 유예 신청서를 제출해야 하는가?

① 10일 ② 14일
③ 15일 ④ 20일

67 다음 중 건강보험심사평가원의 진료비 심사처리 절차를 순서대로 바르게 나열한 것은?

㉠ 전산심사	㉡ 청구명세서 접수
㉢ 심사 사후관리	㉣ 전문심사

① ㉠ → ㉡ → ㉣ → ㉢
② ㉡ → ㉠ → ㉣ → ㉢
③ ㉡ → ㉣ → ㉠ → ㉢
④ ㉢ → ㉡ → ㉣ → ㉠

68 다음 중 국민건강보험법상 이의신청에 대한 설명으로 옳지 않은 것은?

① 이의신청의 방법·결정 및 그 결정의 통지 등에 필요한 사항은 대통령령으로 정한다.
② 이의신청은 처분이 있음을 안 날부터 120일 이내에 문서(전자문서를 포함한다)로 하여야 한다.
③ 정당한 사유로 정해진 기간에 이의신청을 할 수 없었음을 소명한 경우에는 180일이 지나도 이의신청을 제기할 수 있다.
④ 요양급여비용 및 요양급여의 적정성 평가 등에 관한 건강보험심사평가원의 처분에 이의가 있는 공단이나 요양기관은 건강보험심사평가원에 이의신청을 할 수 있다.

69 다음 중 약제·치료재료에 대한 요양급여비용에 대한 설명으로 옳지 않은 것은?

① 한약제는 구입금액만을 적용한다.
② 한약제 외의 약제는 구입금액을 적용한다.
③ 치료재료는 구입금액을 적용한다.
④ 구입금액이 상한금액보다 많을 시 구입금액은 상한금액과 같은 금액을 적용한다.

70 다음 중 분쟁조정위원회 위원의 심리 · 의결 과정에서의 제척 사유에 해당하지 않는 것은?

① 위원의 배우자가 해당 안건의 당사자와 공동권리자인 경우
② 위원이 해당 안건에 대하여 증언 · 진술 · 자문을 한 경우
③ 위원이 해당 안건의 원인이 된 처분에 관여한 경우
④ 위원의 배우자가 해당 안건의 당사자와 친족인 경우

71 다음 중 국민건강보험법상 국민건강보험 자격의 취득 시기에 대한 설명으로 옳지 않은 것은?

① 직장가입자의 피부양자는 국내에 거주하게 된 날에 자격을 얻는다.
② 유공자 등 의료보호대상자는 그 대상자에서 제외된 날 자격을 얻는다.
③ 수급권자는 그 대상자에서 제외된 날 자격을 얻는다.
④ 국민건강보험 자격을 취득하면 그 직장가입자의 사용자는 취득한 날로부터 14일 이내에 보험자에게 신고해야 한다.

72 다음 중 결손처분에 대한 설명으로 옳지 않은 것은?

① 해당 권리에 대한 소멸시효가 완성된 경우에는 보험료 등을 결손처분할 수 있다.
② 국민건강보험공단이 보험료 등을 결손처분을 하려면 건강보험정책심의위원회의 심의를 거쳐야 한다.
③ 체납처분의 목적물인 총재산의 견적가격이 체납처분비에 충당하고 나면 남을 여지가 없을 경우에는 보험료 등을 결손처분할 수 있다.
④ 징수할 가능성이 없어서 보험료 등을 결손처분을 한 후 압류할 수 있는 다른 재산이 있는 것을 발견한 때에는 지체 없이 그 결손처분을 취소하고 체납처분을 한다.

73 다음 중 독립적 검토절차에 대한 설명으로 옳지 않은 것은?

① 검토 절차를 총괄하는 책임자는 2명이다.
② 검토를 담당하는 검토자는 30명 이내로 위촉한다.
③ 책임자와 검토자는 독립적으로 검토를 할 수 있는 사람 중에서 위촉한다.
④ 보건복지부장관은 치료재료 및 약제의 요양급여대상 여부 및 상한금액에 관하여 보건복지부, 국민건강보험공단 및 건강보험심사평가원으로부터 독립적으로 검토할 수 있는 절차를 마련하여야 한다.

74 **다음 중 요양기관의 업무정지에 대한 설명으로 옳지 않은 것은?**

① 보건복지부장관의 보고 명령을 받고 거짓 서류를 제출한 요양기관은 1년의 범위에서 업무정지 처분을 받을 수 있다.

② 부당한 방법으로 보험자 · 가입자 및 부양자에게 요양급여비용을 부담하게 한 요양기관은 3년의 범위에서 업무정지 처분을 받을 수 있다.

③ 업무정지 처분의 효과는 그 처분이 확정된 요양기관을 양수한 자 또는 합병 후 존속하는 법인이나 합병으로 설립되는 법인에 승계된다.

④ 행위 · 치료재료에 대한 요양급여대상 여부의 결정을 보건복지부장관에게 신청하지 않고 속임수로 행위 · 치료재료를 가입자에게 실시하고 비용을 부담시킨 요양기관은 1년의 범위에서 업무정지 처분을 받을 수 있다.

75 **다음 중 국민건강보험법상 포상금 등의 지급에 대한 설명으로 옳지 않은 것은?**

① 국민건강보험공단이 은닉사실을 알고 조사나 강제징수 절차에 착수한 재산은 은닉재산에서 제외된다.

② 포상금 및 장려금의 지급 기준과 범위, 절차 및 방법 등에 필요한 자세한 사항은 보건복지부령으로 정한다.

③ 국민건강보험공단은 부당한 방법으로 보험급여를 받은 준요양기관을 신고한 사람에게 포상금을 지급할 수 있다.

④ 국민건강보험공단은 속임수로 다른 사람이 보험급여를 받도록 한 자를 신고한 사람에게 포상금을 지급할 수 있다.

76 **다음 중 중증질환심의위원회에 대한 설명으로 옳지 않은 것은?**

① 중증환자에게 처방 · 투여되는 약제에 대한 요양급여 적용기준 및 방법을 심의한다.

② 중증질환심의위원회는 보건의료분야에 대한 학식과 경험이 풍부한 35인 이내의 위원들로 구성한다.

③ 중증질환심의위원회의 구성 및 운영 등에 관하여 필요한 사항은 건강보험심사평가원의 정관으로 정한다.

④ 약제에 대한 요양급여의 적용기준 및 방법에 대한 세부사항은 중증질환심사위원회의 심의를 거친 후 건강보험심사평가원이 정하여 공고한다.

77 **다음 중 요양 명세를 적은 영수증을 내주지 않은 자가 받는 처벌은?**

① 300만 원 이하의 벌금
② 500만 원 이하의 벌금
③ 700만 원 이하의 벌금
④ 1,000만 원 이하의 벌금

78 다음은 이의신청 결정기간에 대한 설명이다. 빈칸 ㉠~㉢에 들어갈 기간을 바르게 연결한 것은?

> 공단과 심사평가원은 이의신청을 받은 날부터 __㉠__ 이내에 결정을 하여야 한다. 다만, 부득이한 사정이 있는 경우에는 __㉡__의 범위에서 그 기간을 연장할 수 있다. 이때, 결정기간을 연장하려면 결정기간이 끝나기 __㉢__ 전까지 이의신청을 한 자에게 그 사실을 알려야 한다.

	㉠	㉡	㉢
①	30일	20일	5일
②	30일	30일	7일
③	60일	20일	5일
④	60일	30일	7일

79 다음 중 요양급여비용의 심사·지급에 필요한 사항을 정하는 주체는 누구인가?

① 보건복지부장관
② 한국사회보장정보원장
③ 건강보험심사평가원장
④ 국민건강보험공단 이사장

80 다음 빈칸에 들어갈 기간으로 옳은 것은?

> 공단은 지출할 현금이 부족한 경우에는 차입할 수 있다. 다만, ____ 이상 장기로 차입하려면 보건복지부장관의 승인을 받아야 한다.

① 6개월　② 1년
③ 1년 6개월　④ 2년

시대에듀

M E M O

답안채점 • 성적분석 서비스

모바일 OMR

도서 내 모의고사 우측 상단에 위치한 QR코드 찍기 → 로그인 하기 → '시작하기' 클릭 → '응시하기' 클릭 → 나의 답안을 모바일 OMR 카드에 입력 → '성적분석 & 채점결과' 클릭 → 현재 내 실력 확인하기

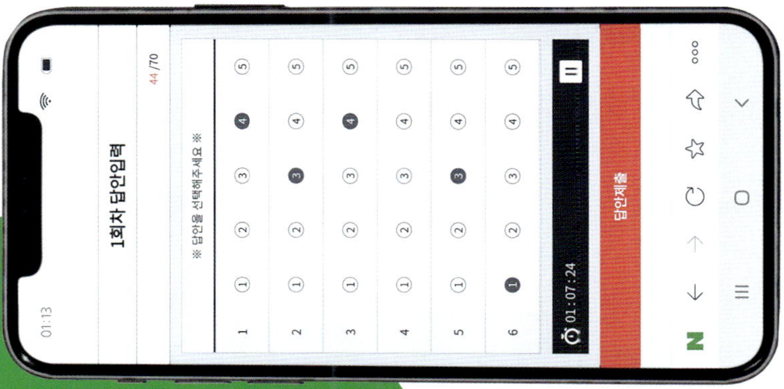

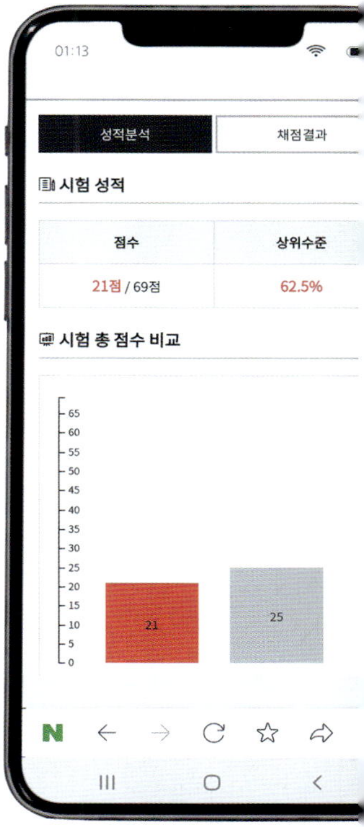

도서에 수록된 모의고사에 대한
객관적인 결과(정답률, 순위)를
종합적으로 분석하여 제공합니다.

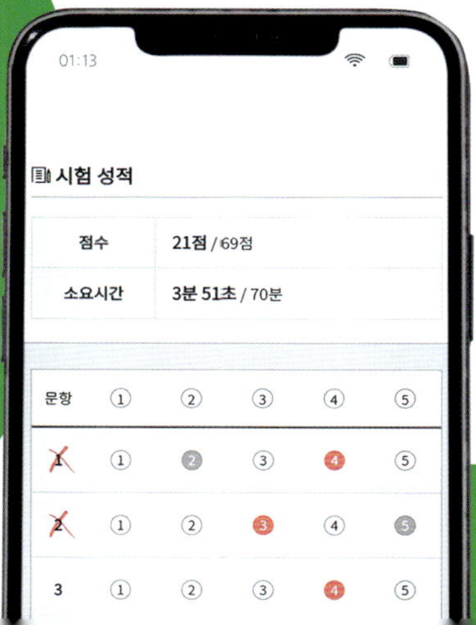

※OMR 답안채점 / 성적분석 서비스는 등록 후 30일간 사용 가능합니다.

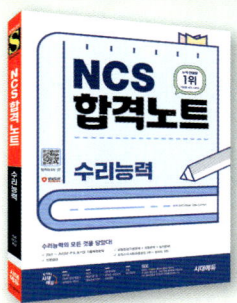

2025
전면개정판

사이다 기출응용
모의고사 시리즈

사이다

사일 동안
이것만 풀면
다 합격!

누적 판매량
1위
기업별 NCS 시리즈

건강보험심사평가원
NCS + 전공
4회분 | 정답 및 해설

모바일 OMR
답안채점 / 성적분석
서비스

NCS
핵심이론 및
대표유형 PDF

[합격시대]
온라인 모의고사
무료쿠폰

무료
NCS
특강

SDC SDC는 시대에듀 데이터 센터의 약자로 약 30만 개의 NCS · 적성 문제 데이터를 바탕으로 최신 출제경향을 반영하여 문제를 출제합니다.

편저 | SDC(Sidae Data Center)

시대에듀

기출응용 모의고사

정답 및 해설

건강보험심사평가원 NCS + 전공

1일 차 기출응용 모의고사 정답 및 해설

제1영역 직업기초능력평가

01	02	03	04	05	06	07	08	09	10
③	①	④	③	②	②	②	④	④	②
11	12	13	14	15	16	17	18	19	20
③	③	④	②	①	②	①	②	③	①
21	22	23	24	25	26	27	28	29	30
④	③	②	③	②	③	③	②	③	②
31	32	33	34	35	36	37	38	39	40
③	④	②	④	④	③	②	④	④	③

01 정답 ③

제시문의 문맥상 먼저 속담을 제시하고 그 속담에 얽힌 이야기가 순서대로 나와야 하므로 (라) 문단이 가장 먼저 와야 한다. 다음으로 '앞집'과 '뒷집'의 다툼이 시작되는 (가) 문단이 와야 하고, 적반하장격으로 뒷집이 앞집에 닭 한 마리 값을 물어주게 된 상황을 설명하는 (다) 문단이 이어져야 한다. 또한, 이야기를 전체적으로 요약하고 평가하는 (나) 문단이 마지막에 와야 한다. 따라서 (라) – (가) – (다) – (나) 순으로 나열하는 것이 적절하다.

02 정답 ①

K는 자신의 연구 결과를 토대로 가족 구성원이 많은 집에 사는 아이들은 가족 구성원들이 집안으로 끌고 들어오는 병균들에 의한 잦은 감염 덕분에 장기적으로 알레르기 예방에 유리하다고 주장하고 있다. 즉, 알레르기에 걸릴 확률은 유년기에 병균들에 얼마나 많이 노출되었는지에 달려 있다. 따라서 이와 의미가 유사한 ①이 빈칸에 들어갈 내용으로 가장 적절하다.

03 정답 ④

㉠ 지목(指目) : 사람이나 사물이 어떠하다고 가리켜 정함
㉡ 유발(誘發) : 어떤 것이 다른 일을 일어나게 함
㉢ 제한(制限) : 일정한 한도를 정하거나 그 한도를 넘지 못하게 막음. 또는 그렇게 정한 한계

오답분석

- 지칭(指稱) : 어떤 대상을 가리켜 이르는 일. 또는 그런 이름
- 촉발(觸發) : 어떤 일을 당하여 감정, 충동 따위가 일어남. 또는 그렇게 되게 함
- 한정(限定) : 수량이나 범위 따위를 제한하여 정함. 또는 그런 한도

04 정답 ③

제시문은 행위별수가제에 대한 글로, 환자, 의사, 건강보험 재정 등 많은 곳에서 한계점이 있다고 설명하면서 건강보험 고갈을 막기 위해 다양한 지불방식을 도입하는 등 구조적인 개편이 필요함을 설명하고 있다. 따라서 글의 주제로 '행위별수가제의 한계점'이 가장 적절하다.

05 정답 ②

아리스토텔레스에 따르면 스스로 결정하는 일에 참여할 때 교육적 효과가 가장 두드러진다. 따라서 빈칸에는 도덕적 결정의 상황에 실제로 참여해 보는 직접적 경험이 중요하다는 내용인 ②가 들어가야 한다.

06 정답 ②

제시문은 박람회의 여러 가지 목적 중 다양성을 통한 주최 국가의 '이데올로기적 통일성'을 표현하려는 의도에 대해 설명하고 있다.

㉠ 첫 번째 문단에서는 경제적 효과, 두 번째 문단에서는 사회적 효과, 즉 다양성을 통한 '이데올로기적 통일성'을 표현하려 한다고 했으므로 옳은 내용이다.
㉡ 다양성을 통해 '이데올로기적 통일성'을 표현하여 정치적 무기로 사용한다고 했으므로 옳은 추론이다.
㉢ 마지막 문단에서 당시의 '사회적 인식'을 기초로 해서 당시의 기득권 사회가 이를 그들의 합법적인 위치의 정당성과 권력을 위해 진행하고 있는 투쟁에서 의식적으로 조작된 정치적 무기로서 조직, 설립, 통제를 위한 수단으로 사용하고 있다고 했으므로 옳은 내용이다.

07

정답 ②

미네랄은 인체의 96.5%를 차지하는 산소, 탄소, 수소, 질소를 제외한 나머지 원소로 구성되어 있다.

08

정답 ④

(라)는 수돗물이 식수로 안전함을 강조하고 있으나, 위험한 물에 대한 언급은 없다. 따라서 '식수로 안전한 물과 위험한 물'이라는 주제는 적절하지 않다.

09

정답 ④

제시문에서는 '건강한 물'의 정의를 서두로 그 기준과 요소에 대해 설명하고 있다. 따라서 글의 제목으로 ④가 가장 적절하다.

10

정답 ②

국내 바이오헬스의 전체 기술력은 바이오헬스 분야에서 최고 기술을 보유하고 있는 미국 대비 78% 수준으로 약 3.8년의 기술격차를 보인다. 이는 기술격차를 줄이는 데 필요한 시간을 나타내는 것이므로 미국이 우리나라보다 3.8년 앞서 투자를 시작했다는 의미로 보기는 어렵다. 따라서 미국이 우리나라보다 3년 이상 앞서 투자했다는 내용은 적절하지 않다.

11

정답 ③

A씨의 식단을 끼니별로 나누어 칼로리를 계산하면 다음과 같다. 이때, 주어진 칼로리 정보를 고려하여 무게에 비례하여 칼로리를 계산하여야 하는 것에 주의한다.

구분	식단
아침	우유식빵 280kcal, 사과잼 110kcal, 블루베리 30kcal
점심	현미밥 360kcal, 갈비찜 597kcal, 된장찌개 88kcal, 버섯구이 30kcal, 시금치나물 5kcal
저녁	현미밥 180kcal, 미역국 176kcal, 고등어구이 285kcal, 깍두기 50kcal, 연근조림 48kcal

따라서 A씨가 하루에 섭취하는 총열량은 280+110+30+360+597+88+30+5+180+176+285+50+48=2,239kcal이다.

12

정답 ③

• 잘 익은 귤을 꺼낼 확률 : $1-\left(\frac{10}{100}+\frac{15}{100}\right)=\frac{75}{100}$

• 썩거나 안 익은 귤을 꺼낼 확률 : $\frac{10}{100}+\frac{15}{100}=\frac{25}{100}$

따라서 한 사람은 잘 익은 귤, 다른 한 사람은 썩거나 안 익은 귤을 꺼낼 확률은 $2\times\frac{75}{100}\times\frac{25}{100}=37.5\%$이다.

13

정답 ④

첫 번째와 마지막 시행령에 의해 신도시 신호등의 기본 점멸 시간을 구하면 60÷1.5=40cm/초이다.

• 5m 횡단보도의 신호등 점멸 시간

거리에 따른 신호등 점멸 시간을 t라 하면 $t=\frac{500}{40}=12.5$초이며, 세 번째 시행령에 의하여 추가 여유 시간을 더해 신호등 점멸 시간을 구하면 12.5+3=15.5초이다.

• 20m 횡단보도의 신호등 점멸 시간

거리에 따른 신호등 점멸 시간을 t_1이라 하면 $t_1=\frac{2,000}{40}=50$초이며. 이때 횡단보도의 길이가 10m 이상이므로 두 번째 시행령에 의해 추가 점멸 시간이 발생한다.

초과 거리는 20−10=10m이고, 추가 점멸 시간을 t_2라 하면 $t_2=10\times1.2=12$초이다. 추가 여유 시간을 더해 신호등 점멸 시간을 구하면 $t_1+t_2+3=50+12+3=65$초이다.

14

정답 ②

A와 B의 속력을 각각 x, ym/min라고 하면 다음 식이 성립한다.

$5(x+y)=2,000$ ⋯ ㉠

$10(x-y)=2,000$ ⋯ ㉡

㉠, ㉡을 연립하면 다음과 같다.

$\therefore x=300$

따라서 A의 속력은 300m/min이다.

15

정답 ①

2024년 50대, 60대, 70세 이상 연령의 전체 흡연율 합은 22.7+14.6+9.1=46.4%로, 2024년 19세 이상 성인의 전체 흡연율인 22.6%보다 높으므로 옳지 않다.

오답분석

② 2024년 여자의 고위험 음주율은 연령대가 높아질수록 낮아짐을 알 수 있다.

③ 2024년 연령대별 고위험 음주율에 따르면 남자는 50 ~ 59세에서 26%, 여자는 19 ~ 29세에서 9.6%로 가장 높다.

④ 19세 이상 성인의 전체 흡연율 및 고위험 음주율은 2019년에는 각각 26.3%, 13.6%이고, 2024년에는 22.6%, 13.2%로 2019년 대비 감소하였다.

16

정답 ②

A국 GDP는 18,562억 달러로, 나머지 다섯 국가의 GDP값의 합인 4,730억+3,495억+2,650억+2,488억+1,404억=14,767억 달러보다 크다.

오답분석

ㄱ. B국은 C국보다 GDP와 GDP 대비 국가자산총액이 모두 높다.

ㄷ. (국가자산총액)=(GDP 대비 국가자산총액)×(GDP)÷100으로 F국과 D국의 국가자산총액을 구하면 다음과 같다.

- F국 : $\frac{828}{100}\times 1,404 \fallingdotseq 11,625$억 달러
- D국 : $\frac{522}{100}\times 2,650 \fallingdotseq 13,833$억 달러

따라서 D국의 국가자산총액이 F국보다 더 크다.

17

정답 ①

영국의 고용률은 2024년 1분기에는 2023년보다 하락했고, 2024년 2분기에는 1분기와 같았다.

오답분석

② 프랑스와 한국의 2025년 1분기와 2분기의 고용률은 변하지 않았다.

③ 2025년 1분기 고용률이 가장 높은 국가는 독일이고, 가장 낮은 국가는 프랑스이다. 두 국가의 고용률 차이는 74.4−64.2=10.2%p이다.

④ • 2024년 2분기 OECD 전체 고용률 : 66.1%

• 2025년 2분기 OECD 전체 고용률 : 66.9%

∴ 2025년 2분기 OECD 전체 고용률의 작년 동기 대비 증가율

: $\frac{66.9-66.1}{66.1}\times 100 \fallingdotseq 1.21\%$

• 2025년 1분기 OECD 전체 고용률 : 66.8%

∴ 2025년 2분기 OECD 전체 고용률의 직전 분기 대비 증가율

: $\frac{66.9-66.8}{66.8}\times 100 \fallingdotseq 0.15\%$

18

정답 ②

ⓛ 2020년부터 2024년까지의 '영아돌연사증후군'으로 인한 총 사망자 수는 2020년 1,200×0.3=360명, 2021년 1,500×0.4=600명, 2022년 1,800×0.35=630명, 2023년 2,200×0.35=770명, 2024년 2,100×0.35=735명이다. 따라서 총 사망자 수는 360+600+630+770+735=3,095명이다.

ⓔ 2021년 영유아 사망률은 3%이고, 사망자 수는 1,500명이므로, 전체 영유아 수를 x명이라 하고 비례식을 세우면 3 : 100=1,500 : x가 되므로 x=50,000이다.

오답분석

ⓖ 2021년 이후 영유아 사망률은 2021년 3%, 2022년 3.5%, 2023년 3.6%, 2024년 4.5%로 매년 증가하고 있지만 사망자 수는 2021년 1,500명, 2022년 1,800명, 2023년 2,200명, 2024년 2,100명으로 2024년에는 전년 대비 감소하였다.

ⓒ '심장의 선천기형'으로 인한 2022년 사망자 수는 1,800×0.005=9명이고, 2021년 사망자 수는 1,500×0.05=75명이므로 2022년의 사망자 수는 2021년의 9÷75=0.12배이다.

19

정답 ③

2020년부터 2024년까지 '뇌 · 중추신경 악성신생물'로 인한 사망자 수를 구하면 다음과 같다.

- 2020년 : 1,200×0.015=18명
- 2021년 : 1,500×0.032=48명
- 2022년 : 1,800×0.02=36명
- 2023년 : 2,200×0.02=44명
- 2024년 : 2,100×0.02=42명

따라서 2021년에는 45명 이상인 것을 알 수 있다.

오답분석

① 영유아 사망 원인 중 '신생아 호흡곤란'은 2020년 1위(33%), 2021년 2위(25%), 2022년 3위(22%), 2023년 4위(10%), 2024년 5위(5%)로 매년 순위와 그 비율이 감소하였다.

② 영유아 사망 원인 중 하나인 '심장의 선천기형'은 2020년 2위, 2021년 5위, 2022년 7위로 순위권 안에 속했지만, 2023년부터는 순위권 안에서 찾을 수 없다.

④ 영유아 사망 원인 1 · 2위의 비율을 구하면 다음과 같다.

- 2022년 : 36+35=71%
- 2023년 : 37.8+35=72.8%
- 2024년 : 41.4+35=76.4%

따라서 사망 원인 1 · 2위가 전체의 70% 이상을 차지하며, 그 비율은 매년 증가하고 있다.

20

정답 ①

4 ~ 7월까지 상장주식수가 전월 대비 계속 증가하는 업종은 유통업이며, 전월 대비 증가량이 가장 적은 달은 6월(1,694−1,691=3백만 주)이다.

오답분석

② 3 ~ 7월 동안 상장주식수가 동일한 달이 있는 업종은 '통신업, 의료정밀, 화학'이다. 세 업종의 7월 상장주식수의 총합은 877+113+3,378=4,368백만 주로 40억 주 이상이다.

③ 4월 대비 5월의 의료정밀 상장주식수 증감량은 939−1,050=−111백만 주이며, 유통업 상장주식수 증감량인 1,691−1,678=13백만 주의 8배(13×8=104백만 주)보다 많다.

④ 매월 상장주식수가 가장 많은 두 업종은 건설업과 화학이며, 두 업종의 5월 총 상장주식수는 3,322+3,375=6,697백만 주이고, 나머지(통신업, 의료정밀, 유통업) 상장주식수의 합은 877+939+1,691=3,507백만 주이다. 따라서 화학과 건설업의 상장주식수 합은 나머지 상장주식수 합의 2배(3,507×2=7,014백만 주)보다 적다.

21

정답 ④

선정방식에 따라 업체별 경영건전성 점수, 시공실적 점수, 전력절감 점수, 친환경 점수를 합산한 값의 평균에 가점을 가산하여 최종 점수를 구하면 다음과 같다.

(단위 : 점)

구분	A업체	B업체	C업체	D업체
경영건전성 점수	85	91	79	88
시공실적 점수	79	82	81	71
전력절감 점수	71	74	72	77
친환경 점수	88	75	85	89
평균	80.75	80.5	79.25	81.25
가점	수상 2점	무사고 1점, 수상 2점	입찰가격 2점	무사고 1점, 입찰가격 2점
최종점수	82.75	83.5	81.25	84.25

따라서 선정될 업체는 최종점수가 84.25점으로 가장 높은 D업체이다.

22

정답 ③

가습기 → ㅈㅊ
전북 → ㅜ
2024년 → a
예약 → 04
설치 → 14

오답분석

① ㅈㅊㅜa0514 → 가습기, 전북, 2024년, 교환, 설치
② ㅈㅊㅗa0414 → 가습기, 경북, 2024년, 예약, 설치
④ ㅈㅊㅜe0414 → 가습기, 전북, 2020년, 예약, 설치

23

정답 ②

접수 현황을 정리하면 다음과 같다.

ㅅㅇㅔb02	ㄷㄹㅏe15	ㅅㅇㅗc15	ㅁㅂㅣb0511
냉장고, 경기, 2023년, 질문	TV, 서울, 2020년, 기타	냉장고, 경북, 2022년, 기타	컴퓨터, 강원, 2023년, 교환, 수리
ㄱㄷㅜa03	**ㅅㅇㅣb1214**	**ㅈㅊㅔa02**	**ㄱㄴㅗc03**
ㄱㄷ 없음 잘못된 접수	냉장고, 강원, 2023년, 방문, 설치	가습기, 경기, 2024년, 질문	스마트폰, 경북, 2022년, 불만
ㄷㄹㅣa0103	**ㅁㅂㅔd0405**	**ㄱㄴㅗd0013**	**ㅅㅇㅏa14**
TV, 강원, 2024년, 환불, 불만	컴퓨터, 경기, 2021년, 예약, 교환	00 없음 잘못된 접수	냉장고, 서울, 2024년, 설치

따라서 잘못된 접수는 2개이다.

24

정답 ③

2번 이상 접수된 문의내용은 질문, 기타, 교환, 설치, 불만으로 총 5개이다. 한편, 수리, 방문, 환불, 예약은 1번 접수되었으며, 반송은 접수되지 않았다.

25

정답 ②

창의적 사고를 개발하는 방법

- 자유연상법 : 어떤 생각에서 다른 생각을 계속해서 떠올리는 작용을 통해 어떤 주제에서 생각나는 것을 계속해서 열거해 나가는 방법 예 브레인스토밍
- 강제연상법 : 각종 힌트에서 강제적으로 연결지어서 발상하는 방법 예 체크리스트
- 비교발상법 : 주제와 본질적으로 닮은 것을 힌트로 하여 새로운 아이디어를 얻는 방법 예 NM법, Synetics

26

정답 ③

먼저 A사원의 진술이 거짓이라면 A사원과 D사원 두 명이 3층에서 근무하게 되고, 반대로 D사원의 진술이 거짓이라면 3층에는 아무도 근무하지 않게 되므로 조건에 어긋난다. 따라서 A사원과 D사원은 진실을 말하고 있음을 알 수 있다. 또한 C사원의 진술이 거짓이라면 아무도 홍보부에 속하지 않으므로 C사원도 진실을 말하고 있음을 알 수 있다. 결국 거짓말을 하고 있는 사람은 B사원이며, A ~ D사원의 소속 부서와 부서 위치를 정리하면 다음과 같다.

구분	소속 부서	부서 위치
A사원	영업부	4층
B사원	총무부	6층
C사원	홍보부	5층
D사원	기획부	3층

따라서 기획부는 3층에 위치한다.

27

정답 ③

선택지별 조합에 대해 할인행사가 적용된 총결제금액과 총효용을 구하면 다음과 같다.

조합	총결제금액	총효용
①	(5,000×2+2,500×1+8,200×1)×0.9=18,630원	40×2+35+70=185
②	(1,200×6+2,500×2+5,500×2)×0.9=20,880원	–
③	5,000×1+1,200×2+2,500×4=17,400원	40+(20×2)+(35×5)=255
④	(1,200×3+8,200×2+5,500×1)×0.9=22,950원	–

결제금액이 예산범위를 초과하지 않는 조합은 ①과 ③이고, 이 중 효용의 합이 더 높은 것은 ③이다.

28

정답 ②

다음과 같이 경기를 할 때, B팀은 최대 승점 5점을 얻는다.

구분	1경기	2경기	3경기	4경기
A팀	장사 – 3점	왼손 – 0점	오른손 – 1점	오른손 – 1점
B팀	왼손 – 0점	장사 – 3점	오른손 – 1점	오른손 – 1점

오답분석

① 다음과 같이 경기를 할 때, A, B팀 모두 최대 승점 5점을 얻는다.

구분	1경기	2경기	3경기	4경기
A팀	장사 – 1점	왼손 – 3점	오른손 – 0점	오른손 – 1점
B팀	장사 – 1점	오른손 – 0점	왼손 – 3점	오른손 – 1점

③·④ 다음과 같이 경기를 할 때, B팀은 최대 승점 7점을 얻는다.

구분	1경기	2경기	3경기	4경기
A팀	장사 – 3점	왼손 – 0점	오른손 – 0점	오른손 – 1점
B팀	오른손 – 0점	장사 – 3점	왼손 – 3점	오른손 – 1점

29

정답 ③

외국인 등록이 되어 있는 17세 이상 외국인의 경우 사전 등록 없이 자동출입국심사대를 이용할 수 있다.

오답분석

① 35세 A씨는 19세 이상이므로 사전 등록 절차 없이 자동출입국심사대를 이용할 수 있으나, 7세인 A씨의 아들 B군은 사전 등록이 필요하다.
② 인적사항이 변경된 C씨의 경우 사전 등록이 필요하다.
④ 체류만료일이 1개월 이내인 외국인 E씨의 경우 자동출입국심사대 이용이 제한된다.

30

정답 ②

㉠ 사업 추진 경험을 강점으로 활용하여 예산 확보가 어렵다는 위협요소를 제거해 나가는 전략이므로 ST전략에 해당한다.
㉢ 국토정보 유지관리사업은 이미 강점에 해당하므로, 약점을 보완하여야 하는 WO전략으로 적절하지 않다.

31

정답 ③

6T는 인류의 미래를 주도할 첨단 산업기술로, IT, BT, NT, ET, ST, CT의 6가지 첨단 산업기술을 말한다. IT는 광통신부품, 집적회로기술, 차세대디스플레이, 차세대네트워크 등의 정보기술, BT는 기초·기반기술, 보건의료, 농업·해양 관련 응용 등의 생명공학기술, NT는 나노소자, 나노소재·나노바이오, 나노보건, 나노기반공정 등의 나노기술, ET는 환경기반기술, 에너지, 청정생산, 해양환경기술 등의 환경공학기술, ST는 위성, 발사체, 항공기 등의 항공기술, CT는 문화콘텐츠, 생활문화, 문화유산 등의 문화콘텐츠기술을 의미한다. 따라서 6T가 아닌 것은 ㄴ, ㄷ, ㅅ이다.

32

정답 ④

[C2] 셀의 관리번호의 3번째 문자부터 2개를 반환해야 하므로 MID 함수를 사용해야 한다. MID 함수는 「=MID(돌려줄 문자들이 포함된 문자열,돌려줄 문자열에서 첫째 문자의 위치, 돌려줄 문자 개수)」로 표시되므로, 「=MID(C2,3,2)」를 입력해야 한다.

33

정답 ②

MOD 함수는 어떤 숫자를 특정 숫자로 나누었을 때 나오는 나머지를 알려주는 함수로, 짝수 혹은 홀수를 구분할 때도 사용할 수 있는 함수이다.

오답분석

① SUMIF 함수 : 조건에 맞는 셀의 값들의 합을 알려주는 함수이다.
③ INT 함수 : 실수의 소수점 이하를 제거하고 정수로 변경할 때 사용하는 함수이다.
④ NOW 함수 : 현재의 날짜와 시간을 알려주는 함수이며, 인수는 필요로 하지 않는다.

34

정답 ④

윈도우에서 현재 사용하고 있는 창을 닫을 때는 '〈Ctrl〉+〈W〉'를 눌러야 한다.

35

정답 ④

UPPER 함수는 알파벳 소문자를 대문자로 변경하며, TRIM 함수는 불필요한 공백을 제거하므로 'MNG-002KR'이 출력된다.

36

정답 ③

전략정보 시스템은 기업의 전략을 실현하여 경쟁우위를 확보하기 위한 목적으로 사용되는 정보시스템으로, 기업의 궁극적 목표인 이익에 직접 영향을 줄 수 있는 시장점유율 향상, 매출신장, 신상품 전략, 경영 전략 등의 전략계획에 도움을 준다.

오답분석

① 비즈니스 프로세스 관리 : 기업 내외의 비즈니스 프로세스를 드러나게 하고, 비즈니스의 수행과 관련된 사람 및 시스템을 프로세스에 맞게 실행·통제하며, 비즈니스 프로세스를 효율적으로 관리하고 최적화할 수 있는 변화 관리 및 시스템 구현 기법이다.
② 전사적 자원관리 : 인사·재무·생산 등 기업의 전 부문에 걸쳐 독립적으로 운영되던 각종 관리시스템의 경영자원을 하나의 통합시스템으로 재구축함으로써 생산성을 극대화하려는 경영혁신기법이다.
④ 경영정보 시스템 : 기업 경영정보를 총괄하는 시스템으로, 의사결정 등을 지원하는 종합시스템이다.

37

정답 ②

[서식 지우기] 기능을 사용해 셀의 서식을 지우면 글꼴 서식, 셀 병합, 셀 서식(테두리, 배경색) 등이 해제되고 기본 셀 서식으로 변경되지만, 셀에 삽입된 메모는 삭제되지 않는다.

38

정답 ④

%는 나머지를 나타내는 연산자이므로 주어진 프로그램의 실행 결과는 1 2 0 1 2 0이다.
따라서 결괏값의 합은 $1+2+0+1+2+0=6$이다.

39

정답 ④

초기 데이터 값은 $a=2$, $n=0$이며, 시행을 반복하면 a와 n의 값이 다음과 같이 변화한다.

a	2	$\frac{8}{3}$	$\frac{10}{3}$	4
n	0	1	3	7

따라서 출력되는 값은 4이다.

40

정답 ③

[A1:B4] 영역으로 차트를 만들었기 때문에 [A5:B5]는 차트의 원본 데이터 범위가 아니므로, 차트에는 자동으로 추가되지 않는다.

제2영역 직무수행능력평가

| 01 | 보건의료지식 + 전공(행정직)

41	42	43	44	45	46	47	48	49	50
④	③	③	④	②	②	④	②	③	④
51	52	53	54	55	56	57	58	59	60
①	③	③	③	①	①	①	②	①	④
61	62	63	64	65	66	67	68	69	70
②	①	③	④	④	④	①	①	③	①
71	72	73	74	75	76	77	78	79	80
③	②	②	④	①	①	③	①	④	①

41

정답 ④

보건복지부는 2017년 10월 보조생식술 급여화를 시작으로 건강보험심사평가원에 난임시술 의료기관 평가 및 통계관리 업무를 위탁하였다.

42

정답 ③

요양급여(법 제41조 제1항)
가입자와 피부양자의 질병, 부상, 출산 등에 대하여 다음 각 호의 요양급여를 실시한다.
1. 진찰 · 검사
2. 약제 · 치료재료의 지급
3. 처치 · 수술 및 그 밖의 치료
4. 예방 · 재활
5. 입원
6. 간호
7. 이송

43

정답 ③

목적(법 제1조)
국민건강보험법은 국민의 질병 · 부상(㉠)에 대한 예방 · 진단 · 치료 · 재활과 출산 · 사망 및 건강증진에 대하여 보험급여(㉡)를 실시함으로써 국민보건 향상과 사회보장 증진에 이바지함을 목적으로 한다.

44

정답 ④

요양기관(법 제42조 제1항)
요양급여(간호와 이송은 제외한다)는 다음 각 호의 요양기관에서 실시한다. 이 경우 보건복지부장관은 공익이나 국가정책에 비추어 요양기관으로 적합하지 아니한 대통령령으로 정하는 의료기관 등은 요양기관에서 제외할 수 있다.

1. 의료법에 따라 개설된 의료기관
2. 약사법에 따라 등록된 약국
3. 약사법 제91조에 따라 설립된 한국희귀·필수의약품센터
4. 지역보건법에 따른 보건소·보건의료원 및 보건지소
5. 농어촌 등 보건의료를 위한 특별조치법에 따라 설치된 보건진료소

45

정답 ②

요양기관은 제1항에 따라 신고한 내용이 변경된 경우에는 그 변경된 날로부터 15일 이내에 보건복지부령이 정하는 바에 따라 건강보험심사평가원에 신고하여야 한다(법 제43조 제2항).

46

정답 ②

국외에 체류하여 보험료가 면제되는 경우 1개월 이상의 기간으로서 대통령령으로 정하는 기간 이상 국외에 체류하는 경우에 한정한다(법 제54조 제2호 및 법 제74조 제1항). 이때, 대통령령으로 정하는 기간은 3개월을 말한다. 다만, 업무에 종사하기 위해 국외에 체류하는 경우라고 공단이 인정하는 경우에는 1개월을 말한다(영 제44조의2).

47

정답 ④

건강보험정책심의위원회(법 제4조 제1항)

건강보험정책에 관한 다음 각 호의 사항을 심의·의결하기 위하여 보건복지부장관 소속으로 건강보험정책심의위원회("심의의원회")를 둔다.

1. 제3조의2 제1항 및 제3항에 따른 종합계획 및 시행계획에 관한 사항(의결은 제외한다)
2. 제41조 제3항에 따른 요양급여의 기준
3. 제45조 제3항 및 제46조에 따른 요양급여비용에 관한 사항
4. 제73조 제1항에 따른 직장가입자의 보험료율
5. 제73조 제3항에 따른 지역가입자의 보험료율과 재산보험료부과점수당 금액

5의2. 보험료 부과 관련 제도 개선에 관한 다음 각 목의 사항(의결은 제외한다)
   가. 건강보험 가입자("가입자")의 소득 파악 실태에 관한 조사 및 연구에 관한 사항
   나. 가입자의 소득 파악 및 소득에 대한 보험료 부과 강화를 위한 개선 방안에 관한 사항
   다. 그 밖에 보험료 부과와 관련된 제도 개선 사항으로서 심의위원회 위원장이 회의에 부치는 사항

6. 그 밖에 건강보험에 관한 주요 사항으로서 대통령령으로 정하는 사항

48

정답 ②

건강보험심사평가원의 CI는 'H 염색체' 형태에 DNA 이중나선 구조를 구현하여 염색체의 의미를 명확히 부각함으로써 유전적 연속성을 유지해 나아가는 염색체와 같이 국민을 위한 안전하고 지속 가능한 의료환경을 구축하고자 하는 결의를 강조하고 있다.

건강보험심사평가원의 CI

건강보험심사평가원
HEALTH INSURANCE REVIEW & ASSESSMENT SERVICE

49

정답 ③

심사위원회의 위원장(규칙 제35조)

① 심사위원회에는 위원장 1명을 둔다.
② 심사위원회의 위원장은 심사평가원의 원장이 임명한다.
③ 심사위원회의 위원장이 부득이한 사유로 그 직무를 수행할 수 없을 때에는 심사평가원의 원장이 지명하는 위원이 그 직무를 대행한다.
④ 심사위원회 위원장의 임기는 2년으로 한다.

50

정답 ④

공단은 추가로 징수해야 할 금액("추가징수금액") 중 직장가입자가 부담하는 금액이 해당 직장가입자가 부담하는 보수월액보험료(추가징수금액을 고지하는 날이 속하는 달의 보수월액보험료를 말한다) 이상인 경우에는 사용자의 신청에 따라 12회 이내의 범위에서 분할하여 납부할 수 있다(영 제39조 제4항).

51

정답 ①

관습 또한 사회규범의 하나이므로 합목적성과 당위성에 기초한다. 법과 구별되는 관습의 특징으로는 자연발생적 현상, 반복적 관행, 사회적 비난 등이 있다.

52

정답 ③

무효란 그 행위가 성립하던 당초부터 당연히 법률효과가 발생하지 못하는 것이며, 비진의표시(심리유보), 통정허위표시, 강행법규에 반하는 법률행위 등이 그 예이다.

53

정답 ③

실종선고를 받아도 당사자가 존속한다면 그의 권리능력은 소멸되지 않는다. 실종선고 기간이 만료한 때 사망한 것으로 간주된다(민법 제28조).

54

정답 ③

동기부여 이론

내용이론	과정이론
• 매슬로(Maslow)의 욕구단계 이론 • 앨더퍼(Alderfer)의 ERG 이론 • 허즈버그(Herzberg)의 2요인 이론 • 맥그리거(McGregor)의 XY이론 • 맥클리랜드(McClelland)의 성취동기 이론	• 브룸(Vroom)의 기대이론 • 포터(Porter)와 로울러(Lawler)의 기대이론 • 애덤스(Adams)의 공정성 이론

55

정답 ①

수입대체경비란 정부가 용역이나 시설을 제공하여 발생하는 수입과 관련해 초과 수입이 발생할 경우, 이를 해당 초과 수입과 관련되는 경비로 초과 지출할 수 있는 제도이다. 예산에 계상되지 않고, 특정 수입과 특정 지출이 연계된다는 점에서 예산의 완전성의 원칙과 통일성의 원칙에 대한 예외이다.

56

정답 ①

완전경쟁기업은 가격과 한계비용이 같아지는($P=MC$) 점에서 생산하므로, 주어진 비용함수를 미분하여 한계비용을 구하면 $MC=10q$이다. 시장전체의 단기공급곡선은 개별 기업의 공급곡선을 수평으로 합한 것이므로 시장전체의 단기공급곡선은 $P=\frac{1}{10}Q$로 도출된다. 따라서 시장수요함수와 공급함수를 연립해서 계산하면 $350-60P=10P \rightarrow P=5$이다.

57

정답 ①

솔로우 모형은 규모에 대한 보수 불변 생산함수를 가정하며, 시간의 흐름에 따라 노동량이 증가하며 기술이 진보하는 것을 고려한 성장모형이다. 솔로우 모형은 장기 균형상태에서 더 이상 성장이 발생하지 않으며 자본의 한계생산 체감에 의해 일정한 값을 갖게 되는 수렴현상이 발생한다고 설명한다.

58

정답 ②

집중화·관대화·엄격화 경향은 강제배분법을 활용함으로써 오류를 방지할 수 있다.

구분	내용
산출기록법	근무 실적을 일정한 기간 동안 수량적으로 평가함
주기검사법	특정 시기의 생산기록을 주기적으로 측정함
도표식 평정척도법	가장 많이 사용하는 방법으로, 한편에는 실적·능력의 평정요소를, 다른 한편에는 우열을 나타내는 등급을 표시
강제선택법	체크리스트 4 ~ 5개 중 강제로 선택하게 되며, 연쇄효과 방지가 가능
강제배분법	집단적 서열법으로, 집중화·관대화 경향의 방지를 위해 사용
중요사건 기록법	성적평정에 영향을 미치는 중요사건들을 기록
행태기준 척도법	도표식 평정척도법+중요사건 기록법
행태관찰 척도법	도표식 평정척도법+행태기준 척도법
목표관리법	과정보다는 결과 중심으로 근무성적을 평정

59

정답 ①

제시문은 경제학자 케인스가 주장하였던 유동성 함정(Liquidity Trap)의 상황이다. 유동성 함정이란 시장에 현금이 흘러 넘쳐 구하기 쉬운데도 기업의 생산·투자와 가계의 소비가 늘지 않아 경기가 나아지지 않고, 마치 경제가 함정(Trap)에 빠진 것처럼 보이는 상황을 말한다. 즉, 유동성 함정의 경우에는 금리를 아무리 낮추어도 실물경제에 영향을 미치지 못하게 된다.

60

정답 ④

점증모형은 수단과 목표가 명확히 구분되지 않으므로 흔히 목표－수단의 분석이 부적절하거나 제한되는 경우가 많으며, 목표달성의 극대화를 추구하지 않는다. 한편, 정책 목표달성을 극대화하는 정책을 최선의 정책으로 평가하는 모형은 합리모형이다.

61

정답 ②

다면평가제는 경직된 분위기의 계층제적 사회에서는 부하의 평정, 동료의 평정을 받는 것이 조직원들의 강한 불쾌감을 불러올 수 있고, 이로 인해 조직 내 갈등상황이 불거질 수 있다.

62

정답 ①

오답분석

ㄱ. 실체설이 아니라 과정설에 대한 설명이다.

ㄴ. 롤스의 사회정의의 원리에 따르면 제2원리 내에서 충돌이 생길 때에는 기회균등의 원리가 차등의 원리에 우선되어야 한다.

ㄷ. 실체설에 대한 설명이다.

ㄹ. 베를린은 간섭과 제약이 없는 상태를 소극적 자유라고 하고, 무엇을 할 수 있는 자유를 적극적 자유라고 하였다.

63

정답 ③

(가)는 비례의 원칙, (나)는 자기구속의 원칙, (다)는 신뢰보호의 원칙, (라)는 부당결부금지의 원칙이다.

행정청의 행위에 대하여 신뢰보호의 원칙이 적용되기 위한 요건 중 공적 견해의 표명이라는 요건 등 일부 요건이 충족된 경우라고 하더라도 행정청이 앞서 표명한 공적인 견해에 반하는 행정처분을 함으로써 달성하려는 공익이 행정청의 공적 견해 표명을 신뢰한 개인이 그 행정처분으로 인하여 입게 되는 이익의 침해를 정당화할 수 있을 정도로 강한 경우에는 신뢰보호의 원칙을 들어 그 행정처분이 위법하다고 할 수는 없다(대판 2008.4.24., 2007두25060).

오답분석

① 자동차 등을 이용하여 범죄행위를 하기만 하면 그 범죄행위가 얼마나 중한 것인지, 그러한 범죄행위를 행함에 있어 자동차 등이 당해 범죄 행위에 어느 정도로 기여했는지 등에 대한 아무런 고려 없이 무조건 운전면허를 취소하도록 하고 있으므로 비난의 정도가 극히 미약한 경우까지도 운전면허를 취소할 수밖에 없도록 하는 것으로 최소침해성의 원칙에 위반된다고 할 것이다(헌재결 2005.11.24., 2004헌가28).

② 평등의 원칙은 본질적으로 같은 것을 자의적으로 다르게 취급함을 금지하는 것이고, 위법한 행정처분이 수차례에 걸쳐 반복적으로 행하여졌다 하더라도 그러한 처분이 위법한 것인 때에는 행정청에 대하여 자기구속력을 갖게 된다고 할 수 없다(대판 2009.6.25., 2008두13132).

④ 고속국도의 유지관리 및 도로 확장 등의 사유로 접도구역에 매설한 송유시설의 이설이 불가피할 경우 그 이설 비용을 부담하도록 한 것은 고속국도 관리청이 접도구역의 송유관 매설에 대한 허가를 할 것을 전제로 한 것으로, 상대방은 공작물설치자로서 특별한 관계가 있다고 볼 수 있고, 관리청인 원고로부터 접도구역의 송유관 매설에 대한 허가를 얻게 됨으로써 접도구역이 아닌 사유지를 이용하여 매설하는 경우에 비하여는 공사절차 등의 면에서 이익을 얻는다고 할 수 있으며 처음부터 이러한 경제적 이해관계를 고려하여 이 사건 협약을 체결한 것이라고 할 것이므로 부당결부금지원칙에 위반된 것이라고 할 수는 없다(대판 2009.2.12., 2005다65500).

64

정답 ④

유치권은 타인의 물건이나 유가증권을 점유한 자가 그 물건이나 유가증권에 관하여 생긴 채권이 변제기에 있는 경우에 그 채권을 변제받을 때까지 그 물건이나 유가증권을 유치할 수 있는 담보물권을 말한다.

65

정답 ④

사단법인의 정관이나 재단법인의 기부행위는 반드시 서면으로 작성하여야 한다.

사단법인과 재단법인의 비교

구분	사단법인	재단법인
구성	2인 이상의 사원	일정한 목적에 바쳐진 재산
의사결정	사원총회	정관으로 정한 목적 (설립자의 의도)
정관변경	총사원 3분의 2 이상의 동의 필요	원칙적으로 금지

66

정답 ④

일반적으로 재고자산회전율이 높을수록 자본수익률이 높아지고, 매입채무가 감소되며, 상품의 재고 손실을 막을 수 있고, 보험료와 보관료를 절약할 수 있어 기업 측에 유리하게 된다. 그러나 과도하게 높을 경우에는 원재료 및 제품 등의 부족으로 계속적인 생산 및 판매 활동에 지장을 초래할 수 있다.

67

정답 ①

비유동자산이란 재무상태표 작성일을 기준으로 1년 이내에 현금화할 수 없는 자산을 말한다. 비유동자산은 크게 투자자산, 유형자산, 무형자산으로 구분할 수 있다.

'투자자산'은 기업의 본래 영업활동이 아닌 투자 목적으로 보유하는 자산을 의미하고, '유형자산'은 토지, 건물 등 부동산 자산과 기계장치, 설비 등을 말한다. 그 외 영업권, 산업재산권 등을 '무형자산'이라고 한다.

68

정답 ①

대여금이자 수취, 유가증권의 판매, 투자자산의 처분은 현금유입에 해당하며, 나머지 항목은 현금유출에 해당한다.

69

정답 ③

탈신공공관리론은 신공공관리의 역기능적 측면을 교정하고 통치역량을 강화하여 정치행정 체제의 통제와 조정을 개선하기 위해 재집권화와 재규제를 주장한다. 한편, 규제완화는 신공공관리론에서 강조하는 전략이다.

70 정답 ①

페이욜은 기업활동을 기술활동, 영업활동, 재무활동, 회계활동, 관리활동, 보전활동 6가지 분야로 구분하였다.

오답분석

② 차별 성과급제, 기능식 직장제도, 과업관리, 계획부 제도, 작업지도표 제도 등은 테일러의 과학적 관리법을 기본이론으로 한다.
③ 포드의 컨베이어 벨트 시스템은 생산원가를 절감하기 위해 표준 제품을 정하고 대량생산하는 방식을 정립한 것이다.
④ 베버의 관료제 조직은 계층에 의한 관리, 분업화, 문서화, 능력주의, 사람과 직위의 분리, 비개인성의 6가지 특징을 가지며, 이를 통해 조직을 가장 합리적이고 효율적으로 운영할 수 있다고 주장한다.

71 정답 ③

$(\text{공헌이익률})=\frac{(\text{단위공헌이익})}{(\text{판매가격})}=\frac{1-0.6}{1}=0.4$

$(\text{손익분기점매출액})=\frac{(\text{고정비})}{(\text{공헌이익률})}=\frac{600,000}{0.4}=1,500,000$원

72 정답 ②

총수요(AD)는 국내에서 생산된 최종 생산물(실질 GDP)에 대한 수요로, 가계, 기업, 정부, 외국이 구입하고자 하는 재화의 양이다. 또한, 총수요곡선이란 각각의 물가 수준에서 실질 GDP에 대한 수요의 크기를 나타낸 곡선이다. 물가 수준이 주어져 있을 때 총수요의 구성 요소인 소비, 투자, 정부지출, 수출, 수입, 조세 등 일부가 변화하면 총수요곡선이 이동한다. 한편, 총공급곡선이란 각각의 물가 수준에서 기업 전체가 생산하는 재화의 공급량을 나타낸 곡선이다. 총공급곡선의 이동 요인으로는 생산 요소의 가격 변화, 기술 수준, 인구 증가 등이 있다.

오답분석

나. 신기술 개발은 총공급곡선을 오른쪽으로 이동시킨다.
다. 정부지출 감소는 총수요곡선을 왼쪽으로 이동시킨다.

73 정답 ②

독점기업의 경우 한계수입(MR)은 $MR=\frac{dTR}{dQ}=P\left(1-\frac{1}{E_p}\right)$이다.

문제에서 주어진 독점기업의 한계수입(MR)을 구하기 위해 위의 식에 주어진 값들을 대입해 보면 $MR=100\times\left(1-\frac{1}{2}\right)=50$이다.

이때 독점기업의 이윤극대화 조건은 $MR=MC$이므로, 독점기업의 한계비용은 50임을 알 수 있다.

74 정답 ④

• $(\text{2023년 GDP 디플레이터})=\frac{(\text{명목 GDP})}{(\text{실질 GDP})}\times100$

$=\frac{100}{(\text{실질 GDP})}\times100=100 \rightarrow (\text{2023년 실질 GDP})=100$

• $(\text{2024년 GDP 디플레이터})=\frac{(\text{명목 GDP})}{(\text{실질 GDP})}\times100$

$=\frac{150}{(\text{실질 GDP})}\times100=120 \rightarrow (\text{2024년 실질 GDP})=125$

따라서 2024년의 전년 대비 실질 GDP 증가율은 $\frac{125-100}{100}\times100=25\%$이다.

75 정답 ①

임금피크제란 워크셰어링(Work Sharing) 형태의 일종으로, 근로자가 일정 연령에 이르면 정년까지 고용을 보장하는 조건으로 근로자의 능력에 따라 임금을 삭감하는 제도이다.
현재 미국・유럽・일본 등 선진국에서는 이미 도입하여 시행 중이며, 우리나라에도 일부 금융회사를 중심으로 도입되고 있다. 임금피크제의 유형에는 정년보장형, 정년연장형, 고용연장형이 있으며, 이를 시행하면 사용자 측에서는 인건비 부담을 늘리지 않고 고용을 보장해 줄 수 있고, 근로자 측에서도 정년 연장에 따른 고용 보장 효과가 있다는 장점을 가지고 있다.

76 정답 ①

다원주의는 타협과 협상을 통해 이익집단 간 권력의 균형이 이루어진다고 보며, 특정 세력이나 개인이 정책을 주도할 수 없다.

77 정답 ③

정책대안의 탐색은 정책문제를 정의하는 단계가 아니라 정책목표를 설정한 다음에 이루어진다.

정책문제의 정의의 주요 요소
- 관련 요소 파악
- 가치 간 관계의 파악
- 인과관계의 파악
- 역사적 맥락 파악

78 정답 ①

예산개혁의 경향은 '통제 지향 → 관리 지향 → 기획 지향 → 감축 지향 → 참여 지향'의 순서로 발달하였다.

79

정답 ④

사회적 자본은 동조성(Conformity)을 요구하면서 개인의 행동이나 사적 선택을 제약한다.

80

정답 ①

기계적 조직과 유기적 조직의 일반적 특징

구분	전문화	공식화	집권화
기계적 조직	고	고	고
유기적 조직	저	저	저

| 02 | 보건의료지식(심사직)

41	42	43	44	45	46	47	48	49	50
②	④	②	④	②	②	④	③	④	②
51	52	53	54	55	56	57	58	59	60
④	②	④	②	③	③	④	①	④	①
61	62	63	64	65	66	67	68	69	70
③	③	③	②	①	③	②	①	②	④
71	72	73	74	75	76	77	78	79	80
④	③	①	④	②	③	②	④	②	③

41

정답 ②

영 별표 2 제3호 마목에 따른 중증질환자("중증환자")에게 처방·투여하는 약제 중 보건복지부장관(㉠)이 정하여 고시하는 약제에 대한 요양급여의 적용기준 및 방법에 관한 세부사항은 제5조의2에 따른 중증질환심의위원회의 심의를 거쳐 건강보험심사평가원장(㉡)이 정하여 공고한다. 이 경우 건강보험심사평가원장은 요양기관 및 가입자 등이 해당 공고의 내용을 언제든지 열람할 수 있도록 관리하여야 한다(요양급여 규칙 제5조 제4항).

42

정답 ④

A씨의 삼촌은 직장가입자의 방계존속으로 피부양자 요건이 아니다.

적용 대상 등(법 제5조 제2항)

피부양자는 다음 각 호의 어느 하나에 해당하는 사람 중 직장가입자에게 주로 생계를 의존하는 사람으로서 소득 및 재산이 보건복지부령으로 정하는 기준 이하에 해당하는 사람을 말한다.

1. 직장가입자의 배우자
2. 직장가입자의 직계존속(배우자의 직계존속을 포함한다)
3. 직장가입자의 직계비속(배우자의 직계비속을 포함한다)과 그 배우자
4. 직장가입자의 형제·자매

43

정답 ②

자격의 변동 시기 등(법 제9조 제1항)

가입자는 다음 각 호의 어느 하나에 해당하게 된 날에 그 자격이 변동된다.

1. 지역가입자가 적용대상사업장의 사용자로 되거나 근로자·공무원 또는 교직원("근로자 등")으로 사용된 날
2. 직장가입자가 다른 적용대상사업장의 사용자로 되거나 근로자 등으로 사용된 날
3. 직장가입자인 근로자 등이 그 사용관계가 끝난 날의 다음 날
4. 적용대상사업장에 제7조 제2호에 따른 사유(휴업·폐업 등 보건복지부령으로 정하는 사유)가 발생한 날의 다음 날
5. 지역가입자가 다른 세대로 전입한 날

44

정답 ④

직장가입자에서 제외되는 사람(영 제9조)

1. 비상근 근로자 또는 1개월 동안의 소정근로시간이 60시간 미만인 단시간근로자
2. 비상근 교직원 또는 1개월 동안의 소정근로시간이 60시간 미만인 시간제공무원 및 교직원
3. 소재지가 일정하지 아니한 사업장의 근로자 및 사용자
4. 근로자가 없거나 제1호에 해당하는 근로자만을 고용하고 있는 사업장의 사업주

45

정답 ②

공공부조는 생활능력이 없는 국민에게 국가의 책임하에 직접 금품을 제공하거나 무료혜택을 주는 제도로, 국민의 최저생활을 보장하는 최후의 안전망 기능을 수행하는 제도이다. 사회보장기본법 제3조 제3호에는 "공공부조란 국가와 지방자치단체의 책임하에 생활 유지 능력이 없거나 생활이 어려운 국민의 최저생활을 보장하고 자립을 지원하는 제도를 말한다."고 규정하고 있다. 우리나라의 공공부조제도는 생계급여, 주거급여, 교육급여 및 의료급여가 있으며, 이에 속하는 법체계는 국민기초생활보장법, 주거급여법, 의료급여법 등이 있다.

오답분석

① 건강보장에 대한 설명이다.
③ 사회서비스에 대한 설명이다.
④ 사회보험에 대한 설명이다.

46

정답 ②

행위별수가제(Fee – for – Service)란 의료인이 제공한 진료행위마다 항목별로 가격을 책정하여 진료비를 지급하는 제도로, 우리나라는 의료보험 도입 당시부터 이 방식을 진료비 지불방식으로 채택하고 있다.

오답분석

① 포괄수가제에 대한 설명이다.
③ 인두제에 대한 설명이다.
④ 총액계약제에 대한 설명이다.

47

정답 ④

사업장의 적용 · 변경 · 탈퇴 신고(규칙 제3조 제3항)

사용자는 사업장이 다음 각 호의 어느 하나에 해당하게 된 경우에는 그날부터 14일 이내에 사업장 탈퇴신고서에 사업장 탈퇴 사실을 증명할 수 있는 서류를 첨부하여 공단에 제출하여야 한다.

1. 사업장이 휴업 · 폐업되는 경우
2. 사업장이 합병되는 경우
3. 사업장이 폐쇄되는 경우
4. 사업장에 근로자가 없게 되거나 영 제9조 제1호에 따른 근로자(비상근 근로자 또는 1개월 동안의 소정근로시간이 60시간 미만인 단시간 근로자)만을 고용하게 되는 경우

48

정답 ③

공단은 제공받은 자료를 이용하여 가입자 또는 피부양자의 자격 취득 · 변동 사실을 확인한 경우에는 가입자 또는 피부양자의 신청 없이 건강보험증을 발급할 수 있다(규칙 제5조 제3항).

오답분석

① 가입자 또는 피부양자는 건강보험증을 발급받으려면 건강보험증 발급 신청서를 공단에 제출해야 한다(규칙 제5조 제1항).
② 공단은 신청을 받으면 지체 없이 건강보험증을 신청인에게 발급해야 한다(규칙 제5조 제2항).
④ 건강보험증을 발급받은 가입자 또는 피부양자는 건강보험증에 기재된 내용이 변경된 경우에는 변경된 날부터 30일 이내에 건강보험증 기재사항 변경 신청서를 공단에 제출해야 한다(규칙 제5조 제4항).

49

정답 ④

원장의 임기는 3년, 이사(공무원인 이사는 제외한다)와 감사의 임기는 각각 2년으로 한다(법 제65조 제7항).

50

정답 ②

요양급여의 절차(요양급여 규칙 제2조 제3항)

가입자 등이 다음 각 호의 1에 해당하는 경우에는 상급종합병원에서 1단계 요양급여를 받을 수 있다.

1. 응급의료에 관한 법률 제2조 제1호에 해당하는 응급환자인 경우
2. 분만의 경우
3. 치과에서 요양급여를 받는 경우
4. 장애인복지법 제32조에 따른 등록 장애인 또는 단순 물리치료가 아닌 작업치료 · 운동치료 등의 재활치료가 필요하다고 인정되는 자가 재활의학과에서 요양급여를 받는 경우
5. 가정의학과에서 요양급여를 받는 경우
6. 당해 요양기관에서 근무하는 가입자가 요양급여를 받는 경우
7. 혈우병환자가 요양급여를 받는 경우

51

정답 ④

- 가입자 자격을 얻은 경우 그 직장가입자의 사용자 및 지역가입자의 세대주는 그 명세를 보건복지부령으로 정하는 바에 따라 자격을 취득한 날부터 14일(㉠) 이내에 보험자에게 신고하여야 한다(법 제8조 제2항).
- 법무부장관 및 국방부장관은 직장가입자나 지역가입자가 제54조 제3호(군 입대) 또는 제4호(교도소 수용)에 해당하면 보건복지부령으로 정하는 바에 따라 그 사유가 해당된 날부터 1개월(㉡) 이내에 보험자에게 알려야 한다(법 제9조 제3항).

52 정답 ②

소액 처리(법 제106조)
공단은 징수하여야 할 금액이나 반환하여야 할 금액이 1건당 2,000원 미만인 경우(각각 상계 처리할 수 있는 본인일부부담금 환급금 및 가입자나 피부양자에게 지급하여야 하는 금액은 제외한다)에는 징수 또는 반환하지 아니한다.

53 정답 ④

보험재정에 대한 정부지원(법 제108조의2 제4항)
공단은 지원된 재원을 다음 각 호의 사업에 사용한다.

1. 건강검진 등 건강증진에 관한 사업
2. 가입자와 피부양자의 흡연으로 인한 질병에 대한 보험급여
3. 가입자와 피부양자 중 65세 이상 노인에 대한 보험급여

오답분석

① 법 제108조의2 제3항 제1호
② 법 제108조의2 제2항
③ 법 제108조의2 제1항

54 정답 ②

건강보험심사평가원의 중장기 경영목표(2025 ~ 2029년)

- 선별집중심사 항목 수 72개(누적)
- 데이터기반 경향관리제 확대지수 100점
- 의료 수준 우수기관 관리 성과 35% 이상
- 의료 수준 향상 취약기관 관리 성과 13% 이하
- 필요의료 수가개선율 100%
- 약품비 재평가 비율 10%
- 보건의료 빅데이터 활용지수 100점
- 부적절한 의약품 사용 예방 성과 78%
- ESG경영이행 100%
- 종합청렴도 1등급

55 정답 ③

법 제71조 제1항 계산식 외의 부분 및 같은 항의 계산식에서 "대통령령으로 정하는 금액"이란 각각 연간 2,000만 원을 말한다(영 제41조 제4항).

소득월액(법 제71조 제1항)
직장가입자의 보수 외 소득월액은 제70조에 따른 보수월액의 산정에 포함된 보수를 제외한 직장가입자의 소득(이하 "보수 외 소득")이 대통령령으로 정하는 금액을 초과하는 경우 다음의 계산식에 따른 값을 보건복지부령으로 정하는 바에 따라 평가하여 산정한다.

$$[(\text{연간 보수 외 소득})-(\text{대통령령으로 정하는 금액})]\times\frac{1}{12}$$

56 정답 ③

직장가입자 및 지역가입자의 보험료율은 1만 분의 709로 한다(영 제44조 제1항).

57 정답 ④

공표심의위원회는 위원장 1명을 포함한 9명의 위원으로 구성한다(영 제73조 제1항).

오답분석

① 영 제73조 제3항
② 영 제73조 제4항
③ 영 제73조 제6항

58 정답 ①

요양급여비용을 청구하려는 요양기관은 건강보험심사평가원에 요양급여비용의 심사청구를 하여야 하며, 심사청구를 받은 건강보험심사평가원은 이를 심사한 후 지체 없이 그 내용을 국민건강보험공단과 요양기관에 알려야 한다(법 제47조 제2항).

59 정답 ④

이사회의 회의는 정기회의와 임시회의로 구분한다(영 제12조 제1항).

60 정답 ①

외국인 등의 직장가입자 자격취득 신고(규칙 제61조 제1항)
사용자는 국내에 체류하는 재외국민 또는 외국인("국내체류 외국인 등")이 직장가입자가 되는 경우에는 그 직장가입자가 된 날부터 14일 이내에 건강보험 직장가입자 자격취득 신고서에 다음 각 호의 구분에 따른 서류를 첨부하여 공단에 제출하여야 한다. 다만, 공단이 국가 등으로부터 제공받은 자료로 주민등록, 국내거소신고 및 외국인등록 사실을 확인할 수 있는 경우에는 해당 서류를 첨부하지 아니한다.

1. 재외국민 : 주민등록표 등본 1부
2. 외국인 : 다음 각 목의 구분에 따른 서류
   가. 재외동포의 출입국과 법적지위에 관한 법률 제2조 제2호에 따른 외국국적동포 : 국내거소신고증 사본 또는 국내거소신고 사실증명 1부
   나. 그 밖의 외국인: 외국인등록증 사본 또는 외국인등록 사실증명 1부

오답분석

② 규칙 제61조 제1항
③ 규칙 제61조 제2항
④ 규칙 제61조 제3항

61

정답 ③

국민건강보험종합계획의 수립 등(영 제2조의2 제1항)

보건복지부장관은 국민건강보험종합계획("종합계획") 및 연도별 시행계획("시행계획")을 수립하는 경우에는 다음 각 호의 구분에 따른 시기까지 수립하여야 한다.

1. 종합계획 : 시행 연도 전년도의 9월 30일(㉠)까지
2. 시행계획 : 시행 연도 전년도의 12월 31일(㉡)까지

62

정답 ③

선별급여의 적합성평가 항목(영 제18조의4 제2항 제2호)

가. 치료 효과 및 치료 과정의 개선에 관한 사항
나. 비용 효과에 관한 사항
다. 다른 요양급여와의 대체가능성에 관한 사항
라. 국민건강에 대한 잠재적 이득에 관한 사항
마. 그 밖에 가목부터 라목까지의 규정에 준하는 사항으로서 보건복지부장관이 적합성평가를 위하여 특히 필요하다고 인정하는 사항

63

정답 ③

조정 신청을 한 직장가입자는 소득월액을 조정한 이후에 해당 연도의 사업소득 등이 발생한 경우에는 그 사업소득 등이 발생한 날이 속하는 달의 다음 달 1일부터 1개월 이내에 사업소득 등의 발생 사실과 그 금액을 공단에 신고해야 하며, 그 이후 공단이 부과하는 해당 연도의 소득월액보험료는 신고한 사업소득 등을 반영하여 조정된 소득월액을 기준으로 산정한다(영 제41조의2 제3항).

64

정답 ②

임의계속가입자의 보수월액은 보수월액보험료가 산정된 최근 12개월간의 보수월액을 평균한 금액으로 한다(법 제110조 제3항).

오답분석

① 법 제110조 제2항
③ 법 제110조 제4항
④ 법 제110조 제5항

65

정답 ①

이의신청("이의신청")은 처분이 있음을 안 날부터 90일(㉠) 이내에 문서(전자문서를 포함한다)로 하여야 하며 처분이 있은 날부터 180일(㉡)을 지나면 제기하지 못한다. 다만, 정당한 사유로 그 기간에 이의신청을 할 수 없었음을 소명한 경우에는 그러하지 아니하다(법 제87조 제3항).

66

정답 ③

요양급여(법 제41조 제1항)

1. 진찰・검사
2. 약제・치료재료의 지급
3. 처치・수술 및 그 밖의 치료
4. 예방・재활
5. 입원
6. 간호
7. 이송

67

정답 ②

본인부담액을 경감받을 수 있는 요건을 갖춘 희귀난치성질환자 등은 본인부담액 경감 인정을 받으려면 경감 인정 신청서(전자문서를 포함한다)에 다음 각 호의 서류(전자문서를 포함한다)를 첨부하여 특별자치도지사・시장・군수・구청장에게 제출하여야 한다(규칙 제14조 제1항).

68

정답 ①

요양급여비용의 가감지급 기준(규칙 제18조)

요양급여의 적정성 평가 결과에 따라 요양급여비용을 가산하거나 감액하여 지급하는 금액은 평가대상 요양기관의 평가대상기간에 대한 심사결정 공단부담액의 100분의 10 범위에서 보건복지부장관이 정하여 고시한 기준에 따라 산정한 금액으로 한다.

69

정답 ②

건강보험심사평가원의 전략방향은 신뢰받는 심사 기반 적정진료 환경 조성, 평가체계 개선을 통한 의료 수준 향상, 지속가능한 건강보험체계 강화, 디지털 기반 국민서비스 체감 향상, 경영혁신을 통한 책임・ESG 경영 강화이다.

70

정답 ④

피부양자 자격을 취득한 사람이 본인의 신고에 따라 피부양자 자격 상실 신고를 한 경우에는 신고한 날의 다음 날 그 자격을 상실한다(규칙 제2조 제3항 제8호).

71

정답 ④

자료의 제공(법 제96조 제1항)

공단은 국가, 지방자치단체, 요양기관, 보험업법에 따른 보험회사 및 보험료율 산출 기관, 공공기관의 운영에 관한 법률에 따른 공공기관, 그 밖의 공공단체 등에 대하여 다음 각 호의 업무를 수행하기 위하여 주민등록·가족관계등록·국세·지방세·토지·건물·출입국관리 등의 자료로서 대통령령으로 정하는 자료를 제공하도록 요청할 수 있다.

1. 가입자 및 피부양자의 자격 관리, 보험료의 부과·징수, 보험급여의 관리 등 건강보험사업의 수행
2. 제14조 제1항 제11호에 따른 업무의 수행

72

정답 ③

보험료 부과·징수 특례 대상 외국인(영 제76조의4)

법 제109조 제9항 단서에서 "대통령령으로 정하는 국내체류 외국인 등"이란 지역가입자인 국내체류 외국인 등 중에서 다음 각 호의 어느 하나에 해당하지 않는 사람을 말한다.

1. 출입국관리법 시행령 별표 1의2에 따른 결혼이민(F－6)의 체류자격이 있는 사람
2. 출입국관리법 시행령 별표 1의3에 따른 영주(F－5)의 체류자격이 있는 사람
3. 그 밖에 보건복지부장관이 체류경위, 체류목적 및 체류기간 등을 고려하여 국내거주 국민과 같은 보험료 부과·징수 기준을 적용할 필요가 있다고 인정하여 고시하는 체류자격이 있는 사람

73

정답 ①

㉠ 비상근 근로자 및 비상근 교직원은 직장가입자에서 제외된다(영 제9조 제1호·제2호).

㉡ 소재지가 일정하지 아니한 사업장의 근로자 및 사용자는 직장가입자에서 제외된다(영 제9조 제3호).

㉤ 근로자가 없거나 비상근 근로자 또는 1개월 동안의 소정근로시간이 60시간 미만인 단시간근로자만을 고용하고 있는 사업장의 사업주는 직장가입자에서 제외된다(영 제9조 제4호).

오답분석

㉢ 1개월 동안의 소정근로시간이 60시간 미만인 단시간 근로자는 직장가입자에서 제외된다(영 제9조 제1호).

㉣ 1개월 동안의 소정근로시간이 60시간 미만인 시간제공무원 및 교직원은 직장가입자에서 제외된다(영 제9조 제2호).

74

정답 ④

공단이 점유하고 있거나 제3자로 하여금 보관하게 한 압류재산은 한국자산관리공사에 인도할 수 있으며, 이를 인수한 한국자산관리공사는 인계·인수서를 작성하여야 한다. 다만, 제3자로 하여금 보관하게 한 재산에 대해서는 그 제3자가 발행하는 그 재산의 보관증을 인도함으로써 압류재산의 인도를 갈음할 수 있다(규칙 제52조 제3항).

오답분석

① 규칙 제52조 제1항 제1호
② 규칙 제52조 제1항 제2호
③ 규칙 제52조 제1항 제3호

75

정답 ②

임의계속탈퇴 신청서가 <u>접수된 날의 다음 날</u> 임의계속가입자는 자격이 변동되어 지역가입자 또는 직장가입자가 된다(규칙 제63조 제3항 제2호).

오답분석

① 규칙 제63조 제3항 제3호
③ 규칙 제63조 제1항 제1호
④ 규칙 제63조 제1항 제2호

76

정답 ③

시효(법 제91조 제1항·제3항)

① 다음 각 호의 권리는 3년 동안 행사하지 아니하면 소멸시효가 완성된다.
  1. 보험료, 연체금 및 가산금을 징수할 권리
  2. 보험료, 연체금 및 가산금으로 과오납부한 금액을 환급받을 권리
  3. 보험급여를 받을 권리
  4. 보험급여 비용을 받을 권리
  5. 과다납부된 본인일부부담금을 돌려받을 권리
  6. 근로복지공단의 권리

③ 휴직자 등의 보수월액보험료를 징수할 권리의 소멸시효는 고지가 유예된 경우 휴직 등의 사유가 끝날 때까지 진행하지 아니한다.

77

정답 ②

재정운영위원회의 구성 등(법 제34조 제1항)

재정운영위원회는 다음 각 호의 위원으로 구성한다.

1. 직장가입자를 대표하는 위원 10명
2. 지역가입자를 대표하는 위원 10명
3. 공익을 대표하는 위원 10명

78

정답 ④

㉢ · ㉣은 국민건강보험공단이 관장하는 업무이다.

건강보험심사평가원의 업무(법 제63조 제1항)

심사평가원은 다음 각 호의 업무를 관장한다.

1. 요양급여비용의 심사
2. 요양급여의 적정성 평가
3. 심사기준 및 평가기준의 개발
4. 제1호부터 제3호까지의 규정에 따른 업무와 관련된 조사연구 및 국제협력
5. 다른 법률에 따라 지급되는 급여비용의 심사 또는 의료의 적정성 평가에 관하여 위탁받은 업무
6. 그 밖에 이 법 또는 다른 법령에 따라 위탁받은 업무
7. 건강보험과 관련하여 보건복지부장관이 필요하다고 인정한 업무
8. 그 밖에 보험급여 비용의 심사와 보험급여의 적정성 평가와 관련하여 대통령령으로 정하는 업무

79

정답 ②

요양급여 대상의 여부 결정에 관한 원칙(요양급여 규칙 제1조의2)

보건복지부장관은 의학적 타당성, 의료적 중대성, 치료효과성 등 임상적 유용성, 비용효과성, 환자의 비용부담 정도, 사회적 편익 및 건강보험 재정상황 등을 고려하여 요양급여대상의 여부를 결정해야 한다.

80

정답 ③

보수 관련 자료가 없거나 불명확한 경우 등 대통령령으로 정하는 사유에 해당하면 보건복지부장관이 정하여 고시하는 금액을 보수로 본다(법 제70조 제3항 후단).

오답분석

① 법 제70조 제1항
② 법 제70조 제2항
④ 법 제70조 제3항 전단

2일 차 기출응용 모의고사 정답 및 해설

제1영역 직업기초능력평가

01	02	03	04	05	06	07	08	09	10
①	④	③	②	④	③	①	①	④	②
11	12	13	14	15	16	17	18	19	20
③	③	②	④	④	③	②	③	③	③
21	22	23	24	25	26	27	28	29	30
④	④	②	①	④	②	②	③	④	④
31	32	33	34	35	36	37	38	39	40
④	③	③	③	①	②	②	①	④	④

01

정답 ①

제시문에 따르면 태초의 자연은 인간과 균형적인 관계로, 서로 소통하고 공생할 수 있었다. 그러나 기술의 발달로 인간은 자연을 정복하고 폭력을 행사했다. 이는 인간과 자연 모두에게 해가 되는 일이므로 힘의 균형을 통해 대칭적인 관계를 회복해야 한다. 따라서 제시문 뒤에는 인간과 자연이 힘의 균형을 회복하기 위한 방법에 대한 내용이 이어지는 것이 가장 적절하다.

02

정답 ④

외국인 건강보험 가입자도 대한민국 국민과 동일하게 입원, 외래진료, 중증질환, 건강검진 등의 건강보험 혜택을 받을 수 있다.

오답분석

① 유학생의 경우 입국하여 외국인 등록을 한 날에 가입된다.
② 보험료를 미납할 경우 건강보험 혜택 제한, 체류 허가 제한 등의 불이익이 발생할 수 있다.
③ 같은 체류지(거소지)에 배우자와 함께 거주하여 가족 단위로 보험료 납부를 원하는 경우에는 가족관계를 확인할 수 있는 서류를 지참하여 방문 신청해야 한다.

03

정답 ③

마지막 문단에 따르면 고혈압의 기준을 하향 조정하면 환자가 큰 폭으로 늘어나기 때문에, 이를 통해 이득을 볼 수 있는 제약회사와 의사가 협력한 대표적인 의료화 정책이란 비판을 받고 있다.

오답분석

① 첫 번째 문단에서 고혈압은 국민에게 너무 친숙한 질병이라고 하였다.
② 첫 번째 문단에서 여러 연구를 통하여 밝혀진 고혈압으로 인한 위험 중 대표적이고 중한 질병이 심장병과 뇌졸중이라고 하였다.
④ 두 번째 문단에서 평균 혈압이 2mmHg만 낮아져도 심장병 사망률은 7%, 뇌졸중 사망률은 10% 감소한다고 하였으므로 어떤 집단의 심장병과 뇌졸중 사망률이 각각 31%, 54%일 때 평균 혈압이 2mmHg 낮아진다면 이 집단의 심장병과 뇌졸중 사망률은 각각 24%, 44%가 된다.

04

정답 ②

먼저 시조 문학이 발전한 배경 설명과 함께 두 경향인 강호가류(江湖歌類)와 오륜가류(五倫歌類)를 소개하고 있는 (다) 문단이 가장 처음에 와야 한다. 다음으로 강호가류에 대하여 설명하는 (라) 문단이나 오륜가류에 대하여 설명하는 (나) 문단이 와야 하는데, (나) 문단이 전환 기능의 접속어 '한편'으로 시작하므로 (라) – (나)가 된다. 또한 강호가류와 오륜가류에 대한 설명을 마무리하며 사대부들의 문학관을 설명하는 (가) 문단이 마지막으로 이어진다.

05

정답 ④

기사에서는 대기업과 중소기업 간의 상생 경영의 중요성을 강조하고 있다. 기존에는 대기업이 시혜적 차원에서 중소기업에게 베푸는 느낌이 강했지만, 현재는 협력사의 경쟁력 향상이 곧 기업의 성장으로 이어질 것으로 보고, 상생 경영의 중요성을 높이고 있다고 하였다. 또한 대기업이 지원해 준 업체의 기술력 향상으로 더 큰 이득을 보상받는 등 상생협력이 대기업과 중소기업 모두에게 효과적임을 알 수 있다. 따라서 '시혜적 차원에서의 대기업 지원의 중요성'은 기사의 제목으로 적절하지 않다.

06

정답 ③

'이러한 작업'이 구체화된 바로 앞 문장을 보면 빈칸은 부분적 관점의 과학적 지식과 기술을 포괄적인 관점의 예술적 세계관을 바탕으로 이해하는 작업이다. 따라서 '과학의 예술화'가 빈칸에 들어갈 내용으로 가장 적절하다.

07

정답 ①

제시문에 따르면 인공지능은 컴퓨터가 인간과 같이 지능 활동을 수행하는 것을 의미한다. 따라서 ㉠에는 '다른 것을 본뜨거나 본받음'을 뜻하는 '모방(模倣)'이 적절하다.

• 창조(創造) : 전에 없던 것을 처음으로 만듦

오답분석

㉡ 응용(應用) : 어떤 이론이나 이미 얻은 지식을 구체적인 개개의 사례나 다른 분야의 일에 적용하여 이용함

㉢ 비약적(飛躍的) : 지위나 수준 따위가 갑자기 빠른 속도로 높아지거나 향상되는 것

㉣ 관련(關聯) : 둘 이상의 사람, 사물, 현상 따위가 서로 관계를 맺어 매여 있음. 또는 그 관계

08

정답 ①

첫 번째 문단에서는 한글 자모의 개수에 대해서 남한과 북한을 비교 분석하고 있으며, 두 번째 문단에서는 한글 자모 배열 순서에 대해서 남한과 북한을 비교 분석하여 설명하고 있다. 따라서 제시문의 주된 내용 전개 방식으로 가장 적절한 것은 ①이다.

09

정답 ④

사전 배열 순서에서 남한은 'ㅇ'을 'ㅅ' 다음에 배열하지만 북한은 'ㅎ'의 뒤, 즉 맨 마지막에 배열한다. 이는 'ㅇ'은 초성일 때 음가가 없기 때문이다.

오답분석

① 남한의 한글맞춤법과 북한의 조선말규범집에서 규정한 한글 자모의 수가 다르다고 하였다.

② 남한에서는 홑자모와 겹자모를 통합하여 배열하고 있지만, 북한에서는 홑자모와 겹자모를 분리하여 홑자모를 먼저 배열하고 그 뒤에 겹자모를 배열한다고 하였다. 따라서 '까'가 남한에서는 '카' 앞에 오지만, 북한에서는 '카' 뒤에 위치하게 된다.

③ 두 번째 문단을 통해 알 수 있다.

10

정답 ②

네 번째 문단에 언급된 태아일 때 손 모양이 생겨나는 과정을 통해 추론할 수 있는 내용이다.

오답분석

① 몸의 상처가 회복되는 것은 세포의 재생과 관련이 있으므로 적절하지 않다.

③ 아포토시스를 이용한 항암제는 이미 유전자 변형으로 생겨난 암세포의 죽음을 유발하므로 유전자 변형을 막는다는 추론은 적절하지 않다.

④ 화학 약품은 유전자 변형을 일으키고 오히려 아포토시스가 일어나는 과정을 방해하므로 적절하지 않다.

11

정답 ③

(공주거리)=(속도)×(공주시간)

$72\text{km/h}=\frac{72,000}{3,600}\text{m/s}=20\text{m/s}$

72km/h의 속력으로 달리는 자동차의 공주거리는 20m/s×1s=20m이다.

따라서 자동차의 정지거리는 (공주거리)+(제동거리)이므로 72km/h로 달리는 자동차의 평균 정지거리는 20+36=56m이다.

12

정답 ③

B대리가 6km/h의 속력으로 뛰어간 거리를 $x$km라 하면, 3km/h의 속력으로 걸어간 거리는 $(10-x)$가 된다. 시간에 대한 식은 다음과 같다.

$\frac{x}{6}+\frac{10-x}{3}=2$

→ $x+2\times(10-x)=6\times2$

→ $-x=12-20$

∴ $x=8$

따라서 B대리가 6km/h의 속력으로 뛰어간 거리는 8km이다.

13

정답 ②

처음에 빨간색 수건을 꺼낼 확률은 $\frac{3}{(3+4+3)}=\frac{3}{10}$이고, 다음에 수건을 꺼낼 때는 빨간색 수건이 1장 적으므로 파란색 수건을 꺼낼 확률은 $\frac{3}{(2+4+3)}=\frac{3}{9}=\frac{1}{3}$이다.

따라서 처음에 빨간색 수건을 뽑고, 다음에 파란색 수건을 뽑을 확률은 $\frac{3}{10}\times\frac{1}{3}=\frac{1}{10}$이다.

14

정답 ④

ㄴ. 건설 부문의 도시가스 소비량은 2023년 1,808TOE, 2024년 2,796TOE로, 2024년의 전년 대비 증가율은 $\frac{2,796-1,808}{1,808}\times100≒54.6\%$이다.

ㄷ. 2024년 온실가스 배출량 중 간접 배출이 차지하는 비중은 $\frac{28,443}{35,638}\times100≒79.8\%$이고, 2023년 온실가스 배출량 중 고정 연소가 차지하는 비중은 $\frac{4,052}{30,823}\times100≒13.1\%$이다. 그 5배는 13.1×5=65.5%로, 2024년 온실가스 배출량 중 간접 배출이 차지하는 비중인 79.8%보다 작으므로 옳은 설명이다.

오답분석

ㄱ. 에너지 소비량 중 이동 부문에서 경유가 차지하는 비중은 2023년에 $\frac{196}{424}\times100≒46.2\%$이고, 2024년에 $\frac{179}{413}\times100≒43.3\%$로, 전년 대비 46.2−43.3=2.9%p 감소하였으므로 옳지 않은 설명이다.

15 정답 ④

합격자 중 남자의 비율은 $\frac{1,699}{1,699+624}\times100≒73.1\%$이므로 옳지 않은 설명이다.

오답분석

① 전체 입사지원자의 합격률은 $\frac{1,699+624}{10,891+3,984}\times100≒15.6\%$이므로 15% 이상이다.

② 여자 입사지원자의 합격률은 $\frac{624}{3,984}\times100≒15.7\%$이므로 20% 미만이다.

③ 전체 입사지원자 중 여자는 $\frac{3,984}{10,891+3,984}\times100≒26.8\%$이므로 30% 미만이다.

16 정답 ③

- 2023년 총투약일수가 120일인 경우 종합병원의 총약품비
  : $2,025\times120=243,000$원
- 2024년 총투약일수가 150일인 경우 상급종합병원의 총약품비
  : $2,686\times150=402,900$원

따라서 구하고자 하는 값은 $243,000+402,900=645,900$원이다.

17 정답 ②

기원이가 과체중이 되기 위해서 증가해야 할 체중을 $x$kg이라 하면 다음 식이 성립한다.

$\frac{71+x}{73.8}\times100>110$

$\therefore x>10.18$

따라서 기원이는 5kg 증가해도 과체중 범주에 포함되지 않는다.

오답분석

① • 혜지의 표준체중 : $(158-100)\times0.9=52.2$kg
  • 기원이의 표준체중 : $(182-100)\times0.9=73.8$kg

③ • 혜지의 비만도 : $\frac{58}{52.2}\times100≒111\%$
  • 기원이의 비만도 : $\frac{71}{73.8}\times100≒96\%$
  • 용준이의 표준체중 : $(175-100)\times0.9=67.5$kg
  • 용준이의 비만도 : $\frac{96}{67.5}\times100≒142\%$

  표준체중(100%) 기준에서 비만도가 ±10% 이내이면 정상체중이므로 3명의 학생 중 정상체중인 학생은 기원이뿐이다.

④ 용준이가 정상체중 범주에 속하려면 비만도 110% 이하여야 한다. 용준이의 몸무게를 $x$kg이라 하면 다음 식이 성립한다.

  $\frac{x}{67.5}\times100\le110\%$

  $\therefore x\le74.25$

  따라서 현재 96kg에서 약 22kg를 감량하면 정상체중이 된다.

18 정답 ③

농업에 종사하는 고령근로자 수는 $600\times0.2=120$명이고, 교육 서비스업은 $48,000\times0.11=5,280$명, 공공기관은 $92,000\times0.2=18,400$명이다. 따라서 총 $120+5,280+18,400=23,800$명으로 과학 및 기술업에 종사하는 고령근로자 수인 $160,000\times0.125=20,000$명보다 많다.

오답분석

① 건설업에 종사하는 고령근로자 수는 $97,000\times0.1=9,700$명으로 외국기업에 종사하는 고령근로자 수의 3배인 $12,000\times0.35\times3=12,600$명 이하이다.

② 국가별 65세 이상 경제활동 조사 인구가 같을 경우 그래프에 제시된 비율로 비교하면 된다. 따라서 미국의 고령근로자 참가율 17.4%는 영국의 참가율의 3배인 $8.6\times3=25.8\%$ 이하이다.

④ 독일, 네덜란드와 아이슬란드의 65세 이상 경제활동 참가율 합은 $4.0+5.9+15.2=25.1\%$이고, 한국은 29.4%이다. 세 국가의 참가율 합은 한국의 참가율 합의 $\frac{25.1}{29.4}\times100≒85.4\%$로 90% 미만이다.

19 정답 ③

경산모의 $\frac{1}{3}$은 $150\times0.58\times\frac{1}{3}=29$명이고, 산모 중 30대는 $150\times(0.32+0.1)=63$명이다. 따라서 경산모의 $\frac{1}{3}$이 30대라고 할 때, 30대에서 경산모가 차지하는 비율은 $\frac{29}{63}\times100≒46\%$이다.

오답분석

① 초산모는 $150\times0.42=63$명이고, 산모 중 20대는 $150\times(0.12+0.46)=87$명이다. 따라서 초산모가 모두 20대라고 할 때, 20대에서 초산모가 차지하는 비율은 $\frac{63}{87}\times100≒72\%$로 70% 이상이다.

② 초산모는 $150\times0.42=63$명, 단태아는 $150\times0.76=114$명으로, 초산모가 모두 단태아를 출산했다고 하면 단태아를 출산한 경산모의 수는 $114-63=51$명이다. 따라서 단태아를 출산한 산모 중 경산모가 차지하는 비율은 $\frac{51}{114}\times100≒44\%$이므로 48% 미만이다.

④ 20대 산모는 $150\times(0.12+0.46)=87$명, 30대 산모는 $150\times(0.32+0.1)=63$명으로 20대 산모는 30대 산모보다 24명 더 많다.

20 정답 ③

경산모는 $150\times0.58=87$명이고, 25세 이상 35세 미만 산모의 $\frac{1}{3}$은 $150\times(0.46+0.32)\times\frac{1}{3}=39$명이다. 따라서 해당 연령대가 전체 경산모에서 차지하는 비율은 $\frac{39}{87}\times100≒44\%$이다.

21
정답 ④

WT전략은 외부 환경의 위협 요인을 회피하고 약점을 보완하는 전략을 적용해야 한다. ④는 강점(S)을 강화하는 전략이므로 적절하지 않다.

오답분석

① SO전략은 기회를 활용하면서 강점을 더욱 강화시키는 전략이므로 적절하다.
② WO전략은 외부의 기회를 사용해 약점을 보완하는 전략이므로 적절하다.
③ ST전략은 외부 환경의 위협을 회피하며 강점을 적극 활용하는 전략이므로 적절하다.

22
정답 ④

주어진 조건에 따라 부서별 위치를 정리하면 다음과 같다.

구분	1층	2층	3층	4층	5층	6층
경우 1	해외 사업부	인사 교육부	기획부	디자인부	서비스 개선부	연구·개발부
경우 2	해외 사업부	인사 교육부	기획부	서비스 개선부	디자인부	연구·개발부

따라서 3층에 위치한 기획부의 문대리는 출근 시 반드시 계단을 이용해야 하므로 ④는 항상 옳다.

오답분석

① 경우 1일 때 디자인부의 김대리는 출근 시 엘리베이터를 타고 4층에서 내린다.
② 경우 2일 때 디자인부의 김대리는 서비스개선부의 조대리보다 엘리베이터에서 나중에 내린다.
③ 커피숍과 같은 층에 위치한 부서는 해외사업부이다.

23
정답 ②

시대는 이미 세 번의 대여를 하였으므로 금요일에는 대여를 할 수가 없다. 반면 우리는 A, B 탈의실을, 나라는 B, D 탈의실을, 한국은 A, B, D 탈의실을 대여할 수 있다.

24
정답 ①

마지막 조건에 따라 C대리가 가장 먼저 출근하며, 두 번째 조건에 따라 그 다음에 B과장이 출근한다. 팀원이 총 5명이므로 세 번째 조건에 따라 D주임이 세 번째로 출근하며, 첫 번째 조건에 따라 E사원이 A팀장보다 먼저 출근한다. 따라서 먼저 출근한 사람부터 순서대로 나열하면 C대리 – B과장 – D주임 – E사원 – A팀장이다.

25
정답 ④

발행형태가 4로 전집이기 때문에 한 권으로만 출판된 것이 아님을 알 수 있다.

오답분석

① 국가번호가 05(미국)로 미국에서 출판되었다.
② 서명식별번호가 1011로 1,011번째 발행되었다. 441은 발행자의 번호로 이 책을 발행한 출판사의 발행자번호가 441이라는 것을 의미한다.
③ 발행자번호는 441로 세 자리로 이루어져 있다.

26
정답 ②

조건에 따라 가중치를 반영하여 점수를 산정하면 다음과 같다.

업체명	프로그램	1차 점수	2차 점수
A업체	집중GX	31점	36점
B업체	필라테스	32점	39점
C업체	자율 웨이트	25점	–
D업체	스피닝	32점	36점

따라서 2차 점수가 가장 높은 B업체가 최종적으로 선정된다.

27
정답 ②

제시된 모든 시간대에 전 직원의 스케줄이 비어 있지 않다. 그렇다면 업무의 우선순위를 파악하여 바꿀 수 있는 스케줄을 파악하여야 한다. 10:00 ~ 11:00의 비품 신청은 타 업무에 비해 우선순위가 낮으므로, 가장 적절한 교육 시간대는 10:00 ~ 11:00이다.

오답분석

① 오전 부서장 회의는 부서의 상급자들과 상위 부서장들의 회의이며, 그날의 업무를 파악하고 분배하는 자리이므로 편성하기 어렵다.
③·④ 해당 시간에 예정된 업무는 해당 인원의 단독 업무가 아니므로 단독으로 변경해 편성하기 어렵다.

28
정답 ③

B는 뒷면을 가공한 이후 A의 앞면 가공이 끝날 때까지 5분을 기다려야 한다. 즉, '뒷면 가공 → 5분 기다림 → 앞면 가공 → 조립'이 이루어지므로 총 45분이 걸리고, 유휴 시간은 5분이다.

29
정답 ④

- A : 해외여행에 결격사유가 있다.
- B : 지원 분야와 전공이 맞지 않다.
- C : 대학 재학 중이다.
- D : TOEIC 점수가 750점 이상이 되지 않는다.
- E : 병역 미필이다.

따라서 A ~ E 5명 모두 지원 자격에 부합하지 않는다.

30

정답 ④

우선 민원이 접수되면 규정상 주어진 처리기간은 24시간이다. 그 기간 내에 처리하기 곤란할 경우에는 민원인에게 중간답변을 한 후, 48시간으로 연장할 수 있다. 연장한 기간 내에서도 처리하기 어려운 사항일 경우 1회에 한하여 본사 총괄부서장의 승인에 따라 48시간을 추가 연장할 수 있다.
그러므로 해당 민원은 늦어도 48+48=96시간=4일 이내에 처리하여야 한다. 따라서 8월 18일에 접수된 민원은 늦어도 8월 22일까지는 처리가 완료되어야 한다.

31

정답 ④

일반적으로 데이터베이스는 여러 개의 연관된 파일을 의미하고, 데이터베이스 관리시스템은 데이터와 파일, 그들의 관계 등을 생성하고 유지하고 검색할 수 있게 해주는 소프트웨어이다. 반면에 파일 관리시스템은 한 번에 한 개의 파일에 대해서 생성, 유지, 검색을 할 수 있는 소프트웨어이다.

32

정답 ③

세탁기 신상품의 컨셉이 중년층을 대상으로 하기 때문에 성별이 아닌 연령에 따라 자료를 분류하여 중년층의 세탁기 선호 디자인에 대한 정보가 필요함을 알 수 있다.

33

정답 ③

유효성 검사에서 제한 대상을 목록으로 설정했을 경우 드롭다운 목록의 너비는 데이터 유효성 설정이 있는 셀의 너비에 의해 결정된다.

34

정답 ③

CONCATENATE 함수는 텍스트와 텍스트를 연결시켜주는 함수이다. [C2] 셀의 값인 '3·1절(매년 3월 1일)'은 [A2], '(', [B2], ')'와 같이 4가지의 텍스트가 연결되어야 한다. 그리고 '(', ')'와 같은 값을 나타내기 위해서는 " "를 이용하여 입력해야 한다. 따라서 입력해야 하는 함수식은 「=CONCATENATE(A2, "(", B2, ")")」이다.

35

정답 ①

「=VLOOKUP(SMALL(A2:A10, 3), A2:E10, 4, 0)」 함수를 해석해 보면, 우선 「SMALL(A2:A10, 3)」은 [A2:A10]의 범위에서 3번째로 작은 숫자이므로 그 값은 '3'이 된다. VLOOKUP 함수는 「=VLOOKUP(첫 번째 열에서 찾으려는 값, 찾을 값과 결과로 추출할 값들이 포함된 데이터 범위, 값이 입력된 열의 열 번호, 일치 기준)」으로 구성되므로 「=VLOOKUP(3, A2:E10, 4, 0)」은 A열에서 값이 3인 4번째 행 그리고 4번째 열에 위치한 '82'가 결괏값으로 산출된다.

36

정답 ②

ISNONTEXT 함수는 값이 텍스트가 아닐 경우 논리값 'TRUE'를 반환한다. 따라서 [A2] 셀의 값은 텍스트이므로 함수의 결괏값으로 'FALSE'가 산출된다.

오답분석

① (가) : ISNUMBER 함수는 값이 숫자일 경우 논리값 'TRUE'를 반환한다.
③ (다) : ISTEXT 함수는 값이 텍스트일 경우 논리값 'TRUE'를 반환한다.
④ (라) : ISEVEN 함수는 값이 짝수이면 논리값 'TRUE'를 반환한다.

37

정답 ②

4차 산업혁명이란 사물인터넷, 인공지능, 빅데이터, 블록체인 등 정보통신기술의 '융합'으로 새로운 서비스와 산업이 창출되는 차세대 혁명이다. 또한 4차 산업혁명은 2016년 1월 'WEF(World Economic Forum, 세계경제포럼)'에서 클라우스 슈밥 회장이 사용하면서 전 세계에 영향을 미쳤다.

- 융합 : 다른 종류의 것이 녹아서 서로 구별이 없게 하나로 합하여지거나 그렇게 만듦. 또는 그런 일

오답분석

- 복합 : 두 가지 이상이 하나로 합침. 또는 두 가지 이상을 하나로 합침
- 집합 : 특정 조건에 맞는 요소들의 모임
- IMD : 국제경영개발대학원

38

정답 ①

엑셀 고급 필터 조건 범위의 해석법은 다음과 같다. 우선 같은 행의 값은 '이고'로 해석한다(AND 연산 처리). 다음으로 다른 행의 값은 '거나'로 해석한다(OR 연산 처리). 그리고 엑셀에서는 AND 연산이 OR 연산에 우선한다(행우선).
그리고 [G3] 셀의 「=C2>=AVERAGE($C$2:$C$8)」은 [C2] ~ [C8]의 실적을 [C2:C8]의 실적 평균과 비교하여 그 이상이 되면 TRUE(참)를 반환하고, 미만이라면 FALSE(거짓)를 반환하게 된다. 따라서 부서가 '영업1팀'이고 이름이 '수'로 끝나거나 부서가 '영업2팀'이고 실적이 실적의 평균 이상인 데이터가 나타난다.

39

정답 ④

func( )에는 static 변수 num1과 일반 변수 num2가 각각 0으로 정의되어 있다. 일반 변수 num2는 func( )가 호출될 때마다 새롭게 정의되어 0으로 초기화되며, 함수가 종료되면 num2 함수에서 사용했던 num의 값은 사라진다. 그러나 static 변수 num2는 func( )가 여러 번 호출되더라도 재정의 및 초기화되지 않고 최초 호출될 때 한 번만 정의되고 0으로 초기화된다. 또한 static 변수는 함수가 종료되더라도 사용했던 값이 사라지지 않으며 프로그램이 종료될 때까지 메모리 공간에 기억된다.
따라서 main( )의 반복문(for)에 의해 func( ) 함수가 5번 호출되어 각 값들을 증가시키고 마지막으로 호출되었을 때 static 변수 num1의 값은 5, 일반 변수 num2의 값은 10이다.

40

정답 ④

초기 데이터 값은 a=1, n=2이며, 시행을 반복하면 a와 n의 값이 다음과 같이 변화한다.

a	1	$\frac{9}{5}$	$\frac{13}{5}$	$\frac{17}{5}$	$\frac{21}{5}$	5
n	2	3	5	9	17	33

따라서 $a^2 \times n = 5^2 \times 33 = 825$이므로 출력되는 값은 825이다.

제2영역 직무수행능력평가

| 01 | 보건의료지식 + 전공(행정직)

41	42	43	44	45	46	47	48	49	50
②	①	②	④	④	③	②	④	②	③
51	52	53	54	55	56	57	58	59	60
①	①	②	①	②	④	④	③	②	④
61	62	63	64	65	66	67	68	69	70
②	③	④	③	③	②	③	①	③	④
71	72	73	74	75	76	77	78	79	80
③	③	④	④	①	②	④	②	④	④

41

정답 ②

민간보험은 보험료 부과수준, 계약기간 및 내용에 따라 차등급여를 받지만 사회보험은 보험수준에 관계없이 관계 법령에 의하여 의료적 필요성에 따라 보험급여가 이루어진다.

42

정답 ①

건강보험심사평가원의 핵심가치는 신뢰받는 검사, 공정한 평가, 열린 전문성, 함께하는 소통, 지속적인 혁신이다.

43

정답 ②

보험료율 등(법 제73조)

① 직장가입자의 보험료율은 1,000분의 80(㉠)의 범위에서 심의위원회의 의결을 거쳐 대통령령으로 정한다.
② 국외에서 업무에 종사하고 있는 직장가입자에 대한 보험료율은 제1항에 따라 정해진 보험료율의 100분의 50(㉡)으로 한다.
③ 지역가입자의 보험료율과 재산보험료부과점수당 금액은 심의위원회의 의결을 거쳐 대통령령(㉢)으로 정한다.

44

정답 ④

체납처분의 목적물인 총재산이 보험료 등보다 우선하는 국세, 지방세, 전세권·질권·저당권 또는 동산·채권 등의 담보에 관한 법률에 따른 담보권에 따라 담보된 채권 등의 변제에 충당하고 나면 남을 여지가 없음이 확인된 경우이다(영 제50조 제2호).

45

정답 ④

체납자에 대한 공매대행의 통지 등(규칙 제52조 제1항)

공단은 법 제81조 제5항에 따라 압류재산의 공매를 대행하게 하는 경우에는 다음 각 호의 사항을 적어 금융회사부실자산 등의 효율적 처리 및 한국자산관리공사의 설립에 관한 법률에 따라 설립된 한국자산관리공사에 공매대행을 의뢰하여야 한다.

1. 체납자의 성명, 주소 또는 거소
2. 공매할 재산의 종류·수량·품질 및 소재지
3. 압류에 관계되는 보험료 등의 납부 연도·금액 및 납부기한
4. 그 밖에 공매대행에 필요한 사항

46

정답 ③

심사위원의 보수 등(규칙 제37조)

심사위원에게는 예산의 범위에서 보수·수당·여비, 그 밖에 필요한 경비를 지급할 수 있다.

47

정답 ②

요양기관이 심사평가원에 신고하여야 하는 장비 등 요양기관의 현황을 관리하는 데에 필요한 사항은 보건복지부장관이 정하여 고시한다(규칙 제12조 제7항).

48

정답 ④

요양기관(법 제42조 제1항)

요양급여(간호와 이송은 제외한다)는 다음 각 호의 요양기관에서 실시한다. 이 경우 보건복지부장관은 공익이나 국가정책에 비추어 요양기관으로 적합하지 아니한 대통령령으로 정하는 의료기관 등은 요양기관에서 제외할 수 있다.

1. 의료법에 따라 개설된 의료기관
2. 약사법에 따라 등록된 약국
3. 약사법에 따라 설립된 한국희귀·필수의약품센터
4. 지역보건법에 따른 보건소·보건의료원 및 보건지소
5. 농어촌 등 보건의료를 위한 특별조치법에 따라 설치된 보건진료소

요양기관에서 제외되는 의료기관(영 제18조 제1항)

법 제42조 제1항에서 "대통령령으로 정하는 의료기관 등"이란 다음 각 호의 의료기관 또는 약국을 말한다.

1. 의료법에 따라 개설된 부속 의료기관
2. 사회복지사업법에 따른 사회복지시설에 수용된 사람의 진료를 주된 목적으로 개설된 의료기관
3. 본인일부부담금을 받지 아니하거나 경감하여 받는 등의 방법으로 가입자나 피부양자를 유인(誘引)하는 행위 또는 이와 관련하여 과잉 진료행위를 하거나 부당하게 많은 진료비를 요구하는 행위를 하여 다음 각 목의 어느 하나에 해당하는 업무정지 처분 등을 받은 의료기관
   가. 업무정지 또는 과징금 처분을 5년 동안 2회 이상 받은 의료기관
   나. 면허자격정지 처분을 5년 동안 2회 이상 받은 의료인이 개설·운영하는 의료기관
4. 업무정지 처분 절차가 진행 중이거나 업무정지 처분을 받은 요양기관의 개설자가 개설한 의료기관 또는 약국

49

정답 ②

가입자의 종류(법 제6조 제2항)

모든 사업장의 근로자 및 사용자와 공무원 및 교직원은 직장가입자가 된다. 다만, 다음 각 호의 어느 하나에 해당하는 사람은 제외한다.

1. 고용 기간이 1개월 미만인 일용근로자
2. 병역법에 따른 현역병(지원에 의하지 아니하고 임용된 하사를 포함한다), 전환복무된 사람 및 군간부후보생
3. 선거에 당선되어 취임하는 공무원으로서 매월 보수 또는 보수에 준하는 급료를 받지 아니하는 사람
4. 그 밖에 사업장의 특성, 고용 형태 및 사업의 종류 등을 고려하여 대통령령으로 정하는 사업장의 근로자 및 사용자와 공무원 및 교직원

50

정답 ③

보험료의 경감(법 제75조 제1항)

다음 각 호의 어느 하나에 해당하는 가입자 중 보건복지부령으로 정하는 가입자에 대하여는 그 가입자 또는 그 가입자가 속한 세대의 보험료의 일부를 경감할 수 있다.

1. 섬·벽지(僻地)·농어촌 등 대통령령으로 정하는 지역에 거주하는 사람
2. 65세 이상인 사람
3. 장애인복지법에 따라 등록한 장애인
4. 국가유공자 등 예우 및 지원에 관한 법률 제4조 제1항 제4호, 제6호, 제12호, 제15호 및 제17호에 따른 국가유공자
5. 휴직자
6. 그 밖에 생활이 어렵거나 천재지변 등의 사유로 보험료를 경감할 필요가 있다고 보건복지부장관이 정하여 고시하는 사람

51

정답 ①

대리권의 소멸사유(민법 제127조)

대리권은 다음 각 호의 어느 하나에 해당하는 사유가 있으면 소멸된다.

1. 본인의 사망
2. 대리인의 사망, 성년후견의 개시 또는 파산

오답분석

② 대리권은 본인의 사망으로 소멸한다(민법 제127조).
③ 대리인은 행위능력자임을 요하지 아니한다(민법 제117조).
④ 대리인은 본인의 허락이 없으면 본인을 위하여 자기와 법률행위를 하거나 동일한 법률행위에 관하여 당사자 쌍방을 대리하지 못한다. 그러나 채무의 이행은 할 수 있다(민법 제124조).

52

정답 ①

피보험이익이란 보험계약의 목적(경제적 이해관계)을 말하며, 보험사고가 발생하면 손해를 입게 될 염려가 있는 이익을 말한다. 피보험이익은 손해보험 특유의 개념으로, 인보험(생명보험)에서는 인정할 여지가 없는 개념이다.

53

정답 ②

법률 용어로서의 선의는 어떤 사실을 알지 못하는 것을 의미하며, 악의는 어떤 사실을 알고 있는 것을 뜻한다.

오답분석

① 문리해석과 논리해석은 학리해석의 범주에 속한다.

③·④ 추정은 불명확한 사실을 일단 인정하는 것으로 정하여 법률효과를 발생시키되 나중에 반증이 있을 경우 그 효과를 발생시키지 않는 것을 말한다. 간주는 법에서 '간주한다=본다=의제한다'로 쓰이며, 추정과는 달리 나중에 반증이 나타나도 이미 발생된 효과를 뒤집을 수 없는 것을 말한다. 예를 들어 어음법 제29조 제1항에서 '말소는 어음의 반환 전에 한 것으로 추정한다.'라는 규정이 있는데, 만약, 어음의 반환 이후에 말소했다는 증거가 나오면 어음의 반환 전에 했던 것은 없었던 걸로 하고, 어음의 반환 이후에 한 것으로 인정한다. 그러나, 만약에 '말소는 어음의 반환 전에 한 것으로 본다.'라고 했다면 나중에 반환 후에 했다는 증거를 제시해도 그 효력이 뒤집어지지 않는다.

54

정답 ①

헌법소원은 공권력의 행사 또는 불행사로 인하여 자신의 헌법상 보장된 기본권이 직접적·현실적으로 침해당했다고 주장하는 국민의 기본권침해구제청구에 대하여 심판하는 것이다. 이를 제기하기 위해서는 다른 구제절차를 모두 거쳐야 하므로 법원에 계류 중인 사건에 대해서는 헌법소원을 청구할 수 없다.

55

정답 ②

- (합병 시 시너지효과)=18억−(10억+5억)=3억 원
- (합병 프리미엄)=(피합병기업의 NPV)=(인수 가격)−(P기업 기업가치)=6억−5억=1억 원
- (NPV)=(시너지효과)−(합병 프리미엄)=3억−1억=2억 원

56

정답 ④

버즈 마케팅은 소비자들이 자발적으로 상품 및 서비스에 대한 긍정적인 소문을 내도록 하는 마케팅 기법이다.

57

정답 ④

목표관리는 목표의 설정뿐만 아니라 성과평가 과정에도 부하직원이 참여하는 관리기법이다.

오답분석

① 목표는 지시적 목표, 자기설정 목표, 참여적 목표로 구분되고, 참여적 목표가 종업원의 수용성이 가장 높다.

② 조직의 상·하 구성원이 모두 협의하여 목표를 설정한다.

③ 조직의 목표를 부서별, 개인별 목표로 전환하여 조직구성원 각자의 책임을 정하고, 조직의 효율성을 향상시킬 수 있다.

58

정답 ③

사장지향적 마케팅에서는 때에 따라 기존 사업을 포기하고 전혀 다른 사업부문으로 진출하기도 한다.

오답분석

① 시장지향적 마케팅은 고객지향적 마케팅의 장점을 포함하면서 그 한계점을 극복하기 위한 포괄적 마케팅이다.

② 시장지향적 마케팅에서는 기업이 최종 고객들과 원활한 교환을 통하여 최상의 가치를 제공해 주기 위해 기업 내외의 모든 구성요소들 간 상호작용을 관리하는 총체적 노력이 수반되기도 한다.

④ 외두사업이나 이익 기회들을 확인해 다양한 시장 구성요소들이 원만하게 상호작용하도록 관리하며, 외부시장의 기회에 대해 적시하고 정확하게 대응한다.

59

정답 ②

자연독점이란 규모가 가장 큰 단일 공급자를 통한 재화의 생산 및 공급이 최대 효율을 나타내는 경우 발생하는 경제 현상을 의미한다. 자연독점 현상은 최소효율규모의 수준 자체가 매우 크거나 생산량이 증가할수록 평균총비용이 감소하는 규모의 경제가 나타날 때 발생한다. 이때 최소효율규모란 평균비용곡선상에서 평균비용이 가장 낮은 생산 수준을 나타낸다.

60

정답 ④

경기부양을 위해 확장적 재정정책을 과도하게 실행하면 국가의 부채가 증가하여 극심한 재정적자로 정부의 신인도가 하락할 우려가 있으며, 재정적자는 빚을 미래 세대에게 물려주는 결과를 가져온다. 또한, 확장적 재정정책은 물가를 상승시키고 통화가치를 하락시키며, 정부의 국채 대량 발행은 이자율 상승을 가져온다.

61

정답 ②

파레토 효율성이란 하나의 자원배분 상태에서 다른 사람에게 손해가 가지 않고서는 어떤 한 사람에게 이득이 되는 변화를 만들어내는 것이 불가능한 배분 상태를 의미한다. 즉, 파레토 효율성은 현재보다 더 효율적인 배분이 불가능한 상태를 의미한다. 완전경쟁시장의 균형점에서는 사회적 효율이 극대화되지만, 파레토 효율적이라고 하여 사회 구성원 간에 경제적 후생을 균등하게 분배하는 것은 아니기 때문에 사회적 형평성이 극대화되지는 않는다.

62

정답 ③

노동시장에서 기업은 한계수입생산(MRP)과 한계요소비용(MFC)이 일치하는 수준까지 노동력을 수요하려 한다.

- 한계수입생산 : $MRP_L = MR \times MP_N$

  생산물시장이 완전경쟁시장이라면 한계수입과 가격이 일치하므로 $P \times MP_N$ 이다.

주어진 생산함수에서 노동의 한계생산을 도출하면

$Y=200N-N^2$

이를 N으로 미분하면

$MP_N=200-2N$

- 한계요소비용 : $MFC_N=\frac{\Delta TFC_N}{\Delta N}=\frac{W\cdot\Delta N}{\Delta N}=W$

여가의 가치는 임금과 동일하므로 $W=40$이 된다.

- (균형노동시간의 도출)$=P\times MP_N=W$

→ $1\times(200-2N)=40$

따라서 $N=80$이 도출된다.

63 정답 ④

수요곡선상에서는 가격이 증가하면 판매량은 감소한다. 그러나 가격이 지속적으로 상승하고 판매량도 지속적으로 상승한다면 자동차의 공급곡선은 그대로이고 자동차의 수요곡선이 상방 이동하는 경우로 볼 수 있으므로, 자동차의 공급은 변하지 않고 자동차의 수요가 증가하였음을 알 수 있다.

64 정답 ③

㉡ 명성가격은 가격이 높으면 품질이 좋다고 판단하는 경향으로 인해 설정되는 가격이다.

㉢ 단수가격은 가격을 단수(홀수)로 적어 소비자에게 저렴하다는 인식을 주는 가격이다(예 9,900원).

오답분석

㉠ 구매자가 어떤 상품에 대해 지불할 용의가 있는 최고가격은 유보가격이다.

㉣ 심리적으로 적당하다고 생각하는 가격 수준은 준거가격이라고 한다. 최저수용가격이란 소비자들이 품질에 대해 의심 없이 구매할 수 있는 가장 낮은 가격을 의미한다.

65 정답 ③

예상한 인플레이션과 예상하지 못한 인플레이션의 경우 모두 메뉴비용이 발생한다.

메뉴비용의 발생

- 물가변화에 따라 가격을 조정하려면 가격표 작성비용(메뉴비용)이 발생한다.
- 메뉴비용이 커서 가격 조정이 즉각적으로 이루어지지 않는 경우에는 재화의 상대가격이 변화하고 이에 따라 자원배분의 비효율성이 발생한다.

66 정답 ②

맥그리거는 두 가지의 상반된 인간관 모형을 제시하고, 인간모형에 따라 조직관리 전략이 달라져야 한다고 주장하였다.

- X이론 : 소극적 · 부정적 인간관을 바탕으로 한 전략 – 천성적 나태, 어리석은 존재, 타율적 관리, 변화에 저항적
- Y이론 : 적극적 · 긍정적 인간관을 특징으로 한 전략 – 변화지향적, 자율적 활동, 민주적 관리, 높은 책임감

67 정답 ③

관료제는 업무의 수행은 안정적이고 세밀하게 이루어져야 하며 규칙과 표준화된 운영 절차에 따라 이루어지도록 되어 있다. 따라서 이념형으로서의 관료는 직무를 수행하는 데 있어서 증오나 애정과 같은 감정을 갖지 않는 비정의성(Impersonality)과 형식 합리성의 정신에 따라 수행해야 한다.

68 정답 ①

정책의 수혜집단이 강하게 조직되어 있는 집단이라면 정책집행은 용이해진다.

오답분석

② 집행의 명확성과 일관성이 보장되어야 한다.

③ 나카무라(Nakamura)와 스몰우드(Smallwood)는 정책집행 유형이 집행자와 결정자와의 관계에 따라 달라진다고 주장했다.

④ 정책의 집행에는 대중의 지지, 매스컴의 반응, 정책결정기관의 입장, 정치 · 경제 · 사회 · 문화적 흐름 등 많은 환경적 요인들이 영향을 끼친다.

69 정답 ③

마이클 포터의 5 Forces 모델에서는 대체재의 위협과 공급자의 교섭력이 낮을수록 해당 산업의 매력성은 높다.

70 정답 ④

오답분석

① 구직활동을 하고 있지 않으므로 비경제활동인구이다.

② 구직활동은 포기했지만 수입을 목적으로 버섯 재배업을 시작하였으므로 경제활동인구 중 취업자로 분류된다.

③ 구직활동을 포기한 실망노동자로서 비경제활동인구로 분류된다.

71 정답 ③

$$(\text{매출채권회전율})=\frac{(\text{매출액})}{(\text{평균매출채권잔액})}=\frac{2{,}000{,}000}{[(120{,}000+280{,}000)\div 2]}=\frac{2{,}000{,}000}{(400{,}000\div 2)}=\frac{2{,}000{,}000}{200{,}000}=10\text{회}$$

매출채권회전율이 10회이므로 365일을 10회로 나누면 1회전하는 데 소요되는 기간은 36.5일이다.

72

정답 ③

A국과 B국이 고구마와 휴대폰을 생산하는 데 투입되는 노동력을 표로 정리하면 다음과 같다.

구분	A국	B국
고구마(1kg)	200명	150명
휴대폰(1대)	300명	200명

A국은 B국보다 고구마와 휴대폰을 각각 1단위 생산하기 위해 필요로 하는 노동력이 더 많으므로 B국은 절대우위를 가진다. 한편, A국은 고구마 1kg을 생산하기 위해 휴대폰 1대를 생산하기 위한 노동력의 $\frac{2}{3}$가 필요하고, B국은 $\frac{3}{4}$이 필요하다. 그러므로 상대적으로 A국은 고구마 생산에, B국은 휴대폰 생산에 비교우위가 있다. 이 경우 A국과 B국은 각각 고구마와 휴대폰에 생산을 특화한 뒤 서로 생산물을 교환하면 소비량을 늘릴 수 있다. 따라서 현재 6,000명 투입이 가능하므로 A국은 고구마 30kg, B국은 휴대폰 30대를 생산한다.

73

정답 ④

기대이론에서 유의성은 조직의 보상이 개인 목표나 욕구를 충족시키는 정도를 말하며, 종업원들은 각자 주어진 보상에 대하여 서로 다른 유의성(주어지는 보상에 느끼는 매력의 정도)을 가진다.

74

정답 ④

오답분석

① 침투가격전략 : 신제품을 출시할 때 처음에는 경쟁제품보다 낮은 가격을 제시한 후 점차적으로 가격을 올리는 전략이다.
② 적응가격전략 : 다양한 소비자들의 구매를 유도하기 위하여 동일하거나 유사한 제품의 가격을 다르게 적용하는 전략이다.
③ 시가전략 : 기업이 경쟁업자의 가격과 동일한 가격으로 설정하는 전략이다.

75

정답 ①

㉠·㉡ 외국인의 국내 부동산 구입이 증가하거나 국내의 기준금리가 인상되면, 자본유입이 발생하므로 외환의 공급이 증가하여 환율이 하락한다(원화 가치 상승).

오답분석

㉢·㉣ 미국이 확대적 재정정책을 시행하거나 미국의 국채 이자율이 상승하면, 미국의 이자율이 상승하면서 자본유출이 발생하므로 외환의 수요가 증가하여 환율이 상승한다(원화 가치 하락).

76

정답 ②

부동산에 대한 점유취득시효 완성을 원인으로 하는 소유권이전등기 청구권은 물권적 청구권이 아닌 채권적 청구권이다.

오답분석

① 대판 1982.7.27., 80다2968
③ 임대인은 임차권에 기하여 정당하게 권리를 가진 임차인에 대하여 소유권에 기한 물권적 청구권을 행사할 수 없다.
④ 대판 1987.11.24., 87다카257, 258

77

정답 ④

시장경제는 사적재산권 보호와 자유경쟁에 의해 자원이 효율적으로 배분되게 한다. 각 경제주체는 이기심으로 행동하지만 애덤 스미스가 말한 '보이지 않는 손'에 의해 경제 전체적으로 도움이 되는 결과를 가져온다. 또한 시장경제체제하의 경제 발전은 문화수준의 향상과 정치의 민주화에 기여하는 측면이 있다. 그러나 학연·지연·혈연에 의한 교환 활동은 시장경제체제와 무관하다.

78

정답 ②

법률은 특별한 규정이 없는 한 공포한 날부터 20일이 경과함으로써 효력을 발생한다(헌법 제53조 제7항).

79

정답 ④

공공선택론은 뷰캐넌(J. Buchanan)이 창시하고 오스트롬(V. Ostrom)이 발전시킨 이론으로 경제학적인 분석 도구를 중시한다.

공공선택론의 의의와 한계

의의	• 공공부문에 경제학적인 관점을 도입하여 현대 행정개혁의 바탕이 됨 – 고객중심주의, 소비자중심주의, 분권화와 자율성 제고 등 • 정부실패의 원인을 분석하여 대안을 제시함
한계	• 시장실패의 위험이 있음 • 시장 경제 체제의 극대화만을 중시하여 국가의 역할을 경시함

80

정답 ④

고객이 아닌 시민에 대한 봉사는 신공공서비스론의 원칙이다. 한편, 신공공관리론은 경쟁을 바탕으로 한 고객 서비스의 질 향상을 지향한다.

오답분석

①·②·③ 신공공관리론의 특징이다.

| 02 | 보건의료지식(심사직)

41	42	43	44	45	46	47	48	49	50
③	③	④	③	④	③	①	①	③	④
51	52	53	54	55	56	57	58	59	60
②	②	④	③	④	④	④	③	①	①
61	62	63	64	65	66	67	68	69	70
①	③	③	④	③	①	④	④	③	②
71	72	73	74	75	76	77	78	79	80
①	④	②	①	④	①	④	④	②	②

41

정답 ③

진료심사평가위원회는 위원장을 포함하여 90명 이내의 상근 심사위원과 1,000명 이내의 비상근 심사위원으로 구성하며, 진료과목별 분과위원회를 둘 수 있다(법 제66조 제2항).
따라서 빈칸에 들어갈 수의 합은 90+1,000=1,090이다.

42

정답 ③

건강보험의 적용 대상(법 제5조 제1항)
국내에 거주하는 국민은 건강보험의 가입자 또는 피부양자가 된다. 다만, 다음 각 호의 어느 하나에 해당하는 사람은 제외한다.
1. 의료급여법에 따라 의료급여를 받는 사람("수급권자")
2. 독립유공자예우에 관한 법률 및 국가유공자 등 예우 및 지원에 관한 법률에 따라 의료보호를 받는 사람("유공자 등 의료보호대상자"). 다만 다음 각 목의 어느 하나에 해당하는 사람은 가입자 또는 피부양자가 된다.
   가. 유공자 등 의료보호대상자 중 건강보험의 적용을 보험자에게 신청한 사람
   나. 건강보험을 적용받고 있던 사람이 유공자 등 의료보호대상자로 되었으나 건강보험의 적용배제신청을 보험자에게 하지 아니한 사람

피부양자(법 제5조 제2항)
피부양자는 다음 각 호의 어느 하나에 해당하는 사람 중 직장가입자에게 주로 생계를 의존하는 사람으로서 소득 및 재산이 보건복지부령으로 정하는 기준 이하에 해당하는 사람을 말한다.
1. 직장가입자의 배우자
2. 직장가입자의 직계존속(배우자의 직계존속을 포함한다)
3. 직장가입자의 직계비속(배우자의 직계비속을 포함한다)과 그 배우자
4. 직장가입자의 형제·자매

43

정답 ④

직장가입자에 대한 보수월액보험료 부과의 원칙(영 제34조 제2항)
제1항 각 호에 따른 보수월액의 적용기간은 다음 각 호와 같다.
1. 제1항 제1호(직장가입자의 자격을 취득하거나, 다른 직장가입자로 변동되거나, 지역가입자에서 직장가입자로 자격이 변동된 사람)의 가입자 : 자격 취득 또는 변동일이 속하는 달(매월 2일 이후에 자격이 변동된 경우에는 그 자격 변동일이 속한 달의 다음 달을 말한다)부터 다음 해 3월까지
2. 제1항 제2호(제1호에 해당하지 아니하는 직장가입자)의 가입자 : 매년 4월부터 다음 해 3월까지

44

정답 ③

체납 또는 결손처분 자료의 제공(법 제81조의3 제1항)
공단은 보험료 징수 및 징수금("부당이득금")의 징수 또는 공익목적을 위하여 필요한 경우에 신용정보의 이용 및 보호에 관한 법률의 종합신용정보집중기관에 다음 각 호의 어느 하나에 해당하는 체납자 또는 결손처분자의 인적사항·체납액 또는 결손처분액에 관한 자료("체납 등 자료")를 제공할 수 있다. 다만, 체납된 보험료나 부당이득금과 관련하여 행정심판 또는 행정소송이 계류 중인 경우, 분할납부를 승인받은 경우 중 대통령령으로 정하는 경우, 그 밖에 대통령령으로 정하는 사유가 있을 때에는 그러하지 아니하다.
1. 이 법에 따른 납부기한의 다음 날부터 1년이 지난 보험료 및 그에 따른 연체금과 체납처분비의 총액이 500만 원 이상인 자
2. 이 법에 따른 납부기한의 다음 날부터 1년이 지난 부당이득금 및 그에 따른 연체금과 체납처분비의 총액이 1억 원 이상인 자
3. 제84조에 따라 결손처분한 금액의 총액이 500만 원 이상인 자

45

정답 ④

업무의 위탁(법 제112조 제1항)
공단은 대통령령으로 정하는 바에 따라 다음 각 호의 업무를 체신관서, 금융기관 또는 그 밖의 자에게 위탁할 수 있다.
1. 보험료의 수납 또는 보험료납부의 확인에 관한 업무
2. 보험급여 비용의 지급에 관한 업무
3. 징수위탁근거법의 위탁에 따라 징수하는 연금보험료, 고용보험료, 산업재해보상보험료, 부담금 및 분담금 등("징수위탁보험료 등")의 수납 또는 그 납부의 확인에 관한 업무

46

정답 ③

보험료 등의 충당과 환급(법 제86조)
① 공단은 납부의무자가 보험료 등·연체금 또는 체납처분비로 낸 금액 중 과오납부한 금액이 있으면 대통령령으로 정하는 바에 따라 그 과오납금을 보험료 등·연체금 또는 체납처분비에 우선 충당하여야 한다.
② 공단은 제1항에 따라 충당하고 남은 금액이 있는 경우 대통령령으로 정하는 바에 따라 납부의무자에게 환급하여야 한다.

③ 제1항 및 제2항의 경우 과오납금에 대통령령으로 정하는 이자를 가산하여야 한다.

47

정답 ①

사용자는 공단에 신고한 직장가입자의 내용이 변경된 경우에는 변경된 날부터 14일 이내에 직장가입자 내용변경 신고서를 공단에 제출해야 한다(규칙 제4조 제5항).

48

정답 ①

징수이사추천위원회의 회의는 재적위원 과반수(㉠)의 출석으로 개의하고, 출석위원 과반수(㉡)의 찬성으로 의결한다(규칙 제9조 제4항).

49

정답 ③

공단은 회계연도마다 결산상의 잉여금 중에서 그 연도의 보험급여에 든 비용의 100분의 5(㉠) 이상에 상당하는 금액을 그 연도에 든 비용의 100분의 50(㉡)에 이를 때까지 준비금으로 적립하여야 한다(법 제38조 제1항).

50

정답 ④

이의신청위원회는 위원장 1명을 포함한 25명의 위원으로 구성한다(영 제54조 제1항).

51

정답 ②

체납 또는 결손처분 자료 제공의 제외 사유(영 제47조 제2항)

법 제81조의3 제1항 각 호 외의 부분 단서에서 "대통령령으로 정하는 사유가 있을 때"란 다음 각 호의 어느 하나에 해당하는 때를 말한다.

1. 체납자가 채무자 회생 및 파산에 대한 법률 제243조에 따른 회생계획인가의 결정에 따라 체납액의 징수를 유예받고 그 유예기간 중에 있거나 체납액을 회생계획의 납부일정에 따라 내고 있는 때
2. 체납자가 다음 각 목의 어느 하나에 해당하는 사유로 체납액을 낼 수 없다고 공단이 인정하는 때
   가. 재해 또는 도난으로 재산이 심하게 손실되었을 때
   나. 사업이 현저하게 손실을 입거나 중대한 위기에 처하였을 때

52

정답 ②

보건복지부장관은 공표대상자인 사실을 통지받은 요양기관에 대하여 그 통지를 받은 날부터 20일 동안 소명자료를 제출하거나 출석하여 의견을 진술할 기회를 주어야 한다(영 제74조 제1항).

53

정답 ④

벌칙(법 제116조)

제97조 제2항을 위반하여 보고 또는 서류 제출을 하지 아니한 자, 거짓으로 보고하거나 거짓 서류를 제출한 자, 검사나 질문을 거부·방해 또는 기피한 자는 1,000만 원 이하의 벌금에 처한다.

54

정답 ③

납부기한의 연장을 신청하려는 사람은 해당 보험료의 납부기한으로부터 1개월 이내에 보험료 납부기한 연장신청서를 공단에 제출하여야 한다(규칙 제48조의2 제2항).

오답분석

① 규칙 제48조의2 제1항 제1호
② 규칙 제48조의2 제1항 제2호
④ 규칙 제48조의2 제3항

55

정답 ④

법 제109조 제3항 제1호에서 "보건복지부령으로 정하는 기간"이란 6개월 이상의 기간을 말한다(규칙 제61조의2 제1항).

외국인 등에 대한 특례(법 제109조 제3항 제1호)

직장가입자에 해당하지 아니하는 국내체류 외국인 등이 다음 각 호의 요건을 모두 갖춘 경우에는 지역가입자가 된다.

1. 보건복지부령으로 정하는 기간 동안 국내에 거주하였거나 해당 기간 동안 국내에 지속적으로 거주할 것으로 예상할 수 있는 사유로서 보건복지부령으로 정하는 사유에 해당될 것

56

정답 ④

보험료 등 납부대행기관의 지정 및 운영, 수수료 등에 필요한 사항은 대통령령으로 정한다(법 제79조의2 제4항).

오답분석

①·② 법 제79조의2 제1항
③ 법 제79조의2 제3항

57

정답 ④

권한의 위임(법 제111조)

보건복지부장관의 권한은 대통령령으로 정하는 바에 따라 그 일부를 특별시장·광역시장·특별자치시장·도지사 또는 특별자치도지사에게 위임할 수 있다.

58

정답 ③

공단은 회계연도마다 결산보고서와 사업보고서를 작성하여 다음 해 2월 말일까지 보건복지부장관에게 보고하여야 한다(법 제39조 제1항).

59

정답 ①

법 제7조를 위반하여 신고를 하지 아니하거나 거짓으로 신고한 사용자는 500만 원 이하의 과태료를 부과한다(법 제119조 제3항 제1호).

사업장의 신고(법 제7조)

사업장의 사용자는 다음 각 호의 어느 하나에 해당하게 되면 그때부터 14일 이내에 보건복지부령으로 정하는 바에 따라 보험자에게 신고하여야 한다. 제1호에 해당되어 보험자에게 신고한 내용이 변경된 경우에도 또한 같다.

1. 제6조 제2항에 따라 직장가입자가 되는 근로자 · 공무원 및 교직원을 사용하는 사업장("적용대상사업장")이 된 경우
2. 휴업 · 폐업 등 보건복지부령으로 정하는 사유가 발생한 경우

60

정답 ①

공단은 직장가입자가 국외에 체류하는 경우(1개월 이상의 기간으로서 대통령령으로 정하는 기간 이상 국외에 체류하는 경우) 그 가입자의 보험료를 면제한다(법 제74조 제1항 전단). 이때, "대통령령으로 정하는 기간"이란 3개월(㉠)을 말한다. 다만, 업무에 종사하기 위해 국외에 체류하는 경우라고 공단이 인정하는 경우에는 1개월(㉡)을 말한다(영 제44조의2).

61

정답 ①

"체납된 금액의 일부 납부 등 대통령령으로 정하는 사유가 있는 경우"란 통지 당시 체납액의 100분의 10 이상을 그 통지일부터 6개월 이내에 납부한 경우를 말한다(영 제26조의3 제2항 제1호).

62

정답 ③

월별 보험료액의 상한과 하한(영 제32조 제1호)

월별 보험료액의 상한은 다음 각 목과 같다.

가. 직장가입자의 보수월액보험료 : 보험료가 부과되는 연도의 전전년도 직장가입자 평균 보수월액보험료("전전년도 평균 보수월액보험료")의 30배에 해당하는 금액을 고려하여 보건복지부장관이 정하여 고시하는 금액

나. 직장가입자의 보수 외 소득월액보험료 및 지역가입자의 월별 보험료액 : 보험료가 부과되는 연도의 전전년도 평균 보수월액보험료의 15배에 해당하는 금액을 고려하여 보건복지부장관이 정하여 고시하는 금액

63

정답 ③

공단은 수급자가 요양비 등 수급계좌를 개설한 금융기관이 폐업 또는 업무정지나 정보통신장애 등으로 정상영업이 불가능하거나 이에 준하는 불가피한 사유로 이체할 수 없을 때에는 직접 현금으로 지급한다(영 제26조의2 제2항).

64

정답 ④

요양급여비용의 청구(규칙 제19조 제2항)

요양기관 또는 대행청구단체는 요양급여비용 명세서에 다음 각 호의 사항을 적어야 한다.

1. 제2호 외의 경우 : 다음 각 목의 사항
   가. 가입자(지역가입자의 경우에는 세대주를 말한다)의 성명 및 건강보험증 번호
   나. 요양급여를 받은 사람의 성명 및 주민등록번호
2. 요양급여를 받은 사람이 위기 임신 및 보호출산 지원과 아동 보호에 관한 특별법 제2조 제3호에 따른 비식별화된 가명 또는 사회보장급여의 이용 · 제공 및 수급권자 발굴에 관한 법률 제7조의2 제1항에 따른 전산관리번호를 부여받은 경우 : 요양급여를 받은 사람의 성명 또는 가명, 전산관리번호 및 건강보험증 번호
3. 질병명 또는 부상명
4. 요양 개시 연월일 및 요양 일수
5. 요양급여비용의 내용
6. 본인부담금 및 비용청구액
7. 처방전 내용 등

65

정답 ③

보건복지부장관은 요양기관 또는 대행청구단체의 요양급여비용 청구가 있음에도 불구하고 천재지변 · 파업 등 특별한 사유로 건강보험심사평가원이 기간 내에 요양급여비용 심사를 하는 것이 불가능하거나 현저히 곤란하다고 판단하는 경우에는 국민건강보험공단으로 하여금 요양급여비용의 전부 또는 일부를 요양기관에 우선 지급하게 할 수 있다(규칙 제21조 제1항).

66

정답 ①

공단은 제94조 제1항에 따라 신고한 보수 또는 소득 등에 축소 또는 탈루(脫漏)가 있다고 인정하는 경우에는 보건복지부장관을 거쳐 소득의 축소 또는 탈루에 관한 사항을 문서로 국세청장에게 송부할 수 있다(법 제95조 제1항).

67
정답 ④

보수가 지급되지 아니하는 사용자의 보수월액은 다음 각 호의 방법으로 산정한다. 이 경우 사용자는 매년 5월 31일까지, 소득세법 제70조의2에 따라 세무서장에게 성실신고확인서를 제출한 사용자("성실신고사용자")인 경우에는 6월 30일까지 수입을 증명할 수 있는 자료를 제출하거나 수입금액을 공단에 통보해야 하며, 산정된 보수월액은 매년 6월부터 다음 해 5월까지(성실신고사용자의 경우에는 매년 7월부터 다음 해 6월까지) 적용한다(영 제38조 제1항).

68
정답 ④

건강검진을 실시한 검진기관은 공단에 건강검진의 결과를 통보해야 하며, 공단은 이를 건강검진을 받은 사람에게 통보해야 한다. 다만, 검진기관이 건강검진을 받은 사람에게 직접 통보한 경우에는 공단은 그 통보를 생략할 수 있다(영 제25조 제4항).

오답분석

① 건강검진은 건강검진기본법에 따라 지정된 건강검진기관에서 실시해야 한다(영 제25조 제2항).
② 건강검진의 검사항목, 방법, 그에 드는 비용, 건강검진 결과 등의 통보 절차, 그 밖에 건강검진을 실시하는 데 필요한 사항은 보건복지부장관이 정하여 고시한다(영 제25조 제5항).
③ 일반건강검진 및 암검진을 직장가입자에게 실시하는 경우 해당 사용자에게 통보하고, 영유아건강검진을 직장가입자의 피부양자인 영유아에게 실시할 경우 그 직장가입자에게 통보해야 한다(영 제25조 제3항).

69
정답 ③

- 보건복지부장관은 과징금 부과 대상이 된 약제가 과징금이 부과된 날부터 5년의 범위에서 대통령령으로 정하는 기간 내에 다시 과징금 부과 대상이 되는 경우에는 국민 건강에 심각한 위험을 초래할 것이 예상되는 등 특별한 사유로 과징금 부과대상이 되는 경우(법 제99조 제2항 제2호) 해당 약제에 대한 요양급여비용 총액의 100분의 100(㉠)을 넘지 아니하는 범위에서 과징금을 부과·징수할 수 있다(법 제99조 제3항 제2호).
- 대통령령으로 해당 약제에 대한 요양급여비용 총액을 정할 때에는 그 약제의 과거 요양급여 실적 등을 고려하여 1년(㉡)간의 요양급여 총액을 넘지 않는 범위에서 정하여야 한다(법 제99조 제4항).

70
정답 ②

선별급여의 실시 조건, 자료의 제출, 선별급여의 실시 제한 등에 필요한 사항은 보건복지부령으로 정한다(법 제42조의2 제4항).

71
정답 ①

업무정지(법 제98조 제1항)

보건복지부장관은 요양기관이 다음 각 호의 어느 하나에 해당하면 그 요양기관에 대하여 1년의 범위에서 기간을 정하여 업무정지를 명할 수 있다. 이 경우 보건복지부장관은 그 사실을 공단 및 심사평가원에게 알려야 한다.

1. 속임수나 그 밖의 부당한 방법으로 보험자·가입자 및 피부양자에게 요양급여비용을 부담하게 한 경우
2. 제97조 제2항에 따른 명령에 위반하거나 거짓 보고를 하거나 거짓 서류를 제출하거나, 소속 공무원의 검사 또는 질문을 거부·방해 또는 기피한 경우
3. 정당한 사유 없이 요양기관이 제41조의3 제1항에 따른 결정을 신청하지 아니하고 속임수나 그 밖의 부당한 방법으로 행위·치료재료를 가입자 또는 피부양자에게 실시 또는 사용하고 비용을 부담시킨 경우

72
정답 ④

피부양자(법 제5조 제2항)

다음 각 호의 어느 하나에 해당하는 사람 중 직장가입자에게 주로 생계를 의존하는 사람으로서 소득 및 재산이 보건복지부령으로 정하는 기준 이하에 해당하는 사람을 말한다.

1. 직장가입자의 배우자
2. 직장가입자의 직계존속(배우자의 직계존속을 포함한다)
3. 직장가입자의 직계비속(배우자의 직계비속을 포함한다)과 그 배우자
4. 직장가입자의 형제·자매

73
정답 ②

재정운영위원회 구성 등(법 제34조)

① 재정운영위원회는 다음 각 호의 위원으로 구성한다.
  1. 직장가입자를 대표하는 위원 10명
  2. 지역가입자를 대표하는 위원 10명
  3. 공익을 대표하는 위원 10명
② 제1항에 따른 위원은 다음 각 호의 사람을 보건복지부장관이 임명하거나 위촉한다.
  1. 제1항 제1호의 위원은 노동조합과 사용자단체에서 추천하는 각 5명
  2. 제1항 제2호의 위원은 대통령령으로 정하는 바에 따라 농어업인 단체·도시자영업자단체 및 시민단체에서 추천하는 사람
  3. 제1항 제3호의 위원은 대통령령으로 정하는 관계 공무원 및 건강보험에 대한 학식과 경험이 풍부한 사람
③ 재정운영위원회 위원(공무원인 위원은 제외한다)의 임기는 2년으로 한다. 다만, 위원의 사임 등으로 새로 위촉된 위원의 임기는 전임위원 임기의 남은 기간으로 한다.
④ 재정운영위원회의 운영 등에 필요한 사항은 대통령령으로 정한다.

74 정답 ①

인적사항 등의 공개 여부를 심의하기 위하여 공단에 부당이득징수금체납정보공개심의위원회를 둔다(법 제57조의2 제2항).

오답분석

② 법 제57조의2 제1항 전단
③ 법 제57조의2 제4항
④ 법 제57조의2 제3항

75 정답 ④

분쟁조정위원회 위원의 해임 및 해촉(영 제62조의2)

보건복지부장관은 분쟁조정위원회 위원이 다음 각 호의 어느 하나에 해당하는 경우에는 해당 분쟁조정위원회 위원을 해임하거나 해촉할 수 있다.

1. 심신장애로 인하여 직무를 수행할 수 없게 된 경우
2. 직무와 관련된 비위사실이 있는 경우
3. 직무태만, 품위손상이나 그 밖의 사유로 인하여 위원으로 적합하지 아니하다고 인정되는 경우
4. 제65조의2 제1항 각 호의 어느 하나에 해당하는 데에도 불구하고 회피하지 아니한 경우
5. 위원 스스로 직무를 수행하는 것이 곤란하다고 의사를 밝히는 경우

76 정답 ①

"근로자"란 직업의 종류와 관계없이 근로의 대가로 보수를 받아 생활하는 사람(법인의 이사와 그 밖의 임원을 포함한다)으로서 공무원 및 교직원을 제외한 사람을 말한다(법 제3조 제1호).

77 정답 ④

보험료 납부의무(법 제77조 제1항)

직장가입자의 보험료는 다음 각 호의 구분에 따라 그 각 호에서 정한 자가 납부한다.

1. 보수월액보험료 : 사용자. 이 경우 사업장의 사용자가 2명 이상인 때에는 그 사업장의 사용자는 해당 직장가입자의 보험료를 연대하여 납부한다.
2. 보수 외 소득월액보험료 : 직장가입자

오답분석

① 법 제77조 제1항 제2호
② 법 제77조 제2항 전단
③ 법 제77조 제2항 후단

78 정답 ④

심사위원회 위원의 자격(규칙 제32조)

심사위원회의 위원은 다음 각 호의 어느 하나에 해당하는 사람이어야 한다. 다만, 법 제23조에 따른 결격사유에 해당하는 사람은 제외한다.

1. 의사 면허를 취득한 후 10년이 지난 사람으로서 의과대학 또는 의료기관에서 종사한 사람
2. 치과의사 면허를 취득한 후 10년이 지난 사람으로서 치과대학 또는 의료기관에서 종사한 사람
3. 한의사 면허를 취득한 후 10년이 지난 사람으로서 한의과대학 또는 의료기관에서 종사한 사람
4. 약사 면허를 취득한 후 10년이 지난 사람으로서 약학대학·의료기관·약국 또는 한국희귀·필수의약품센터에서 종사한 사람
5. 고등교육법 제2조 제1호부터 제3호까지의 학교에서 전임강사 이상의 경력을 가진 사람으로서 보건의약관련 분야에 10년 이상 종사한 사람
6. 보건의약 또는 건강보험과 관련된 분야에 10년 이상 종사한 사람 중 보건복지부장관이 심사위원 자격이 있다고 인정하는 사람

79 정답 ②

요양비의 심사 대상(규칙 제30조)

영 제28조 제1항 제2호에서 "보건복지부령으로 정하는 기관"이란 법 제98조 제1항에 따라 업무정지 중인 요양기관 및 영 제18조 제1항에 따라 요양기관에서 제외된 의료기관을 말한다.

업무정지(법 제98조 제1항)

보건복지부장관은 요양기관이 다음 각 호의 어느 하나에 해당하면 그 요양기관에 대하여 1년의 범위에서 기간을 정하여 업무정지를 명할 수 있다. 이 경우 보건복지부장관은 그 사실을 공단 및 심사평가원에 알려야 한다.

1. 속임수나 그 밖의 부당한 방법으로 보험자·가입자 및 피부양자에게 요양급여비용을 부담하게 한 경우
2. 제97조 제2항에 따른 명령에 위반하거나 거짓 보고를 하거나 거짓 서류를 제출하거나 소속 공무원의 검사 또는 질문을 거부·방해 또는 기피한 경우
3. 정당한 사유 없이 요양기관이 제41조의3 제1항에 따른 결정을 신청하지 아니하고 속임수나 그 밖의 부당한 방법으로 행위·치료재료를 가입자 또는 피부양자에게 실시 또는 사용하고 비용을 부담시킨 경우

80 정답 ②

공단은 분할납부를 신청한 자가 법 제82조 제3항에 따라 승인이 취소된 적이 있으면 분할납부의 승인을 하지 아니할 수 있다(규칙 제55조 제3항).

오답분석

① 규칙 제55조 제2항
③ 규칙 제55조 제4항
④ 규칙 제55조 제5항

건강보험심사평가원 NCS + 전공

3일 차 기출응용 모의고사 정답 및 해설

제1영역 직업기초능력평가

01	02	03	04	05	06	07	08	09	10
①	①	②	④	④	①	④	③	③	③
11	12	13	14	15	16	17	18	19	20
②	③	③	①	③	③	①	③	④	②
21	22	23	24	25	26	27	28	29	30
③	④	④	②	①	③	③	①	④	④
31	32	33	34	35	36	37	38	39	40
②	③	③	①	②	②	③	②	①	③

01

정답 ①

(가) 문단의 마지막 부분에서 곰돌이 인형이 말하는 사람에게 주의를 기울여 준다고 했으므로 그 이유를 설명하는 내용이 이어져야 한다. 따라서 보기의 문단은 (가) 문단 뒤에 들어가는 것이 가장 적절하다.

02

정답 ①

제시문은 사회보장제도가 무엇인지 정의하고 있으므로 글의 제목으로는 '사회보장제도의 의의'가 가장 적절하다.

오답분석

② 제시문에서 대상자에 대해 언급하고 있지만 글 내용의 일부이므로 글의 전체적인 제목으로는 적절하지 않다.
③ 우리나라만의 사회보장에 대한 설명은 아니다.
④ 제시문에서 언급하고 있지 않다.

03

정답 ②

㉡에는 '고르거나 가지런하지 않고 차별이 있음'을 의미하는 '차등(差等)'이 사용되어야 한다.

• 차등(次等) : 다음가는 등급

오답분석

① 자생력(自生力) : 스스로 살길을 찾아 살아 나가는 능력이나 힘
③ 엄선(嚴選) : 엄격하고 공정하게 가리어 뽑음
④ 도출(導出) : 판단이나 결론 따위를 이끌어 냄

04

정답 ④

빈칸의 앞 문단에서 '보존 입자는 페르미온과 달리 파울리의 배타원리를 따르지 않는다. 따라서 같은 에너지 상태를 지닌 입자라도 서로 겹쳐서 존재할 수 있다. 만져지지 않는 에너지 덩어리인 셈이다.'라고 하였고, 빈칸의 다음 문장에서 '빛은 실험을 해보면 입자의 특성을 보이지만, 질량이 없고 물질을 투과하며 만져지지 않는다.'라고 하였다. 또한 마지막 문장에서 '포논은 광자와 마찬가지로 스핀이 0인 보존 입자다.'라고 하였으므로 광자는 스핀이 0인 보존 입자라는 것을 알 수 있다. 따라서 빈칸에 들어갈 내용으로는 ④가 가장 적절하다.

오답분석

① 광자가 파울리의 배타원리를 따른다면, 파울리의 배타원리에 따라 페르미온 입자로 이뤄진 물질은 우리가 손으로 만질 수 있어야 한다. 그러나 광자는 질량이 없고 물질을 투과하며 만져지지 않는다고 하였으므로 적절하지 않은 내용이다.
② '포논은 광자와 마찬가지로 스핀이 0인 보존 입자다.'라는 문장에서 광자는 스핀 상태에 따라 분류할 수 있는 입자임을 알 수 있다.
③ 스핀이 1/2의 홀수배인 입자들은 페르미온이라고 하였고, 광자는 스핀이 0인 보존 입자이므로 적절하지 않은 내용이다.

05

정답 ④

미세먼지 마스크는 정전기를 띠고 있는 특수 섬유로 이루어져 있어 대부분의 미세먼지를 잡을 수 있지만, 이 구조로 인해 재활용을 할 수 없다는 단점이 있다.

06

정답 ①

빈칸의 앞 문장에서는 '미세먼지 전용 마스크는 특수 섬유로 구성되어 대부분의 미세먼지를 잡아 낼 수 있다.'라고 하였고, 빈칸 뒤의 문장에서는 '미세먼지 마스크는 이런 구조 탓에 재활용이 불가능하다.'라고 하였으므로 서로 상반되는 내용을 이어주는 '하지만'이 가장 적절하다.

07

정답 ④

스마트팩토리의 주요 기술 중 하나인 에지 컴퓨팅은 중앙 데이터 센터와 직접 소통하는 클라우드 컴퓨팅과 달리 산업 현장에서 발생하는 데이터를 에지 데이터 센터에서 사전 처리한 후 선별하여 전송하기 때문에, 데이터 처리 지연 시간을 줄일 수 있다.

08

정답 ③

제시문의 첫 번째 문단에서 지구의 내부가 지각, 상부 맨틀, 하부 맨틀, 외핵, 내핵으로 이루어진 층상 구조라고 이야기한 뒤 이와 관련된 내용을 설명하고 있으므로 제시문의 주제는 '지구 내부의 구조'임을 알 수 있다.

09

정답 ③

'적다'는 '수효나 분량, 정도가 일정한 기준에 미치지 못하다.'는 의미를 지니며, '작다'는 '길이, 넓이, 부피 따위가 비교 대상이나 보통보다 덜하다.'는 의미를 지닌다. 따라서 '적다'는 양의 개념이고, '작다'는 크기의 개념이므로 공해 물질의 양과 관련된 ⓒ에는 '적게'가 적절하다.

10

정답 ③

③은 플라시보 소비의 특징인 가심비, 즉 심리적 만족감보다는 상품의 가격을 중시하는 가성비에 따른 소비에 가깝다고 볼 수 있다.

11

정답 ②

- A컵에 들어있는 소금의 양 : $\frac{5}{100}\times600=30\text{g}$
- B컵에 들어있는 소금의 양 : $\frac{5}{100}\times300=15\text{g}$

A컵에 넣어야 할 소금의 양을 xg이라 하면 다음 식이 성립한다.

$\frac{30+x}{600+x}\times100=\frac{15}{300-100}\times100$

→ $200(30+x)=15(600+x)$

→ $185x=3,000$

$\therefore x=\frac{600}{37}$

따라서 A컵에 넣어야 할 소금의 양은 $\frac{600}{37}$g이다.

12

정답 ③

A, B, C버스의 배차간격 8분, 15분, 12분의 최소공배수는 $4\times3\times2\times5=120$분이므로 오후 4시 50분에서 두 시간 후인 오후 6시 50분에 같이 출발한다.

13

정답 ③

644와 476을 소인수분해하면 다음과 같다.

$644=2^2\times7\times23$

$476=2^2\times7\times17$

즉, 644와 476의 최대공약수는 $2^2\times7=28$이다.

이때 직사각형의 가로에 설치할 수 있는 조명의 개수를 구하면 $644\div28+1=23+1=24$개이고, 직사각형의 세로에 설치할 수 있는 조명의 개수를 구하면 $476\div28+1=17+1=18$개이다.

따라서 조명의 최소 설치 개수를 구하면 $(24+18)\times2-4=84-4=80$개이다.

14

정답 ①

2024년에 F학점을 받은 학생의 비율을 a%라 하고, 과목별 학점 비율을 구하여 표로 나타내면 다음과 같다.

- A학점을 받은 학생 수의 비율 : D학점을 받은 학생 비율의 1.5배이므로 $10\times1.5=15\%$
- B학점을 받은 학생 수의 비율 : F학점을 받은 학생 비율의 4배이므로 $a\times4=4a\%$
- C학점을 받은 학생 수의 비율 : B학점과 F학점을 받은 학생 비율의 합의 2배이므로 $(4a+a)\times2=10a\%$

(단위 : %)

구분	A	B	C	D	F	합계
2024년 학생 수의 비율	15	$4a$	$10a$	10	a	100

$15+4a+10a+10+a=100$

$\therefore a=5$

따라서 F학점을 받은 학생 수의 비율이 5%이므로 2023년에 F학점을 받은 학생 수는 $120\times\frac{5}{100}=6$명이다.

15

정답 ③

㉠ 초등학생에서 중학생, 고등학생으로 올라갈수록 스마트폰과 PC의 이용률은 감소하고, 태블릿PC와 노트북의 이용률은 증가하고 있다.

㉢ 태블릿PC와 노트북의 남학생·여학생 이용률의 차이는 다음과 같다.

- 태블릿PC : $28.1-11.7=16.4\%\text{p}$
- 노트북 : $39.1-30.9=8.2\%\text{p}$

따라서 남학생·여학생 이용률의 차이는 태블릿PC가 노트북의 $16.4\div8.2=2$배이다.

오답분석

㉡ 초·중·고등학생의 노트북과 PC의 이용률의 차이는 다음과 같다.

- 초등학생 : $42.5-34.4=8.1\%\text{p}$
- 중학생 : $37.8-36.8=1\%\text{p}$
- 고등학생 : $38.2-30.2=8\%\text{p}$

따라서 중학생의 노트북과 PC의 이용률의 차이가 가장 작다.

16

정답 ③

직무관련업체로부터 받은 물품들인 9번, 11번, 12번, 13번, 16번을 보면 모두 즉시 반환되었음을 알 수 있다.

오답분석

① 신고 물품 중 직무관련업체로부터 제공받은 경우는 5건이나, 민원인으로부터 제공받은 경우가 7건으로 더 많다.
② 2번, 8번, 9번의 경우 신고 물품이 접수일시로부터 3일 이후에 처리되었다.
④ 2022년 4월부터 2024년 9월 말까지 접수된 신고 물품은 2번부터 15번까지 14건으로, 이 중 개인으로부터 제공받은 신고 물품은 직무관련업체에서 제공받은 4건을 제외하여 총 10건이다. 따라서 비중은 $\frac{10}{14}\times100 ≒ 71.4\%$이므로 80% 미만이다.

17

정답 ①

9월 말 이후의 그래프가 모두 하향곡선을 그리고 있다.

오답분석

② 환율이 하락하면 반대로 원화가치가 높아진다.
③ 표를 통해 확인할 수 있다.
④ 유가는 125 ~ 85 사이의 변동 폭을 보이고 있다.

18

정답 ③

2023년 분기별 확정기여형을 도입한 사업장 수의 전년 동기 대비 증가폭을 구하면 다음과 같다.

- 1/4분기 : 109,820−66,541=43,279건
- 2/4분기 : 117,808−75,737=42,071건
- 3/4분기 : 123,650−89,571=34,079건
- 4/4분기 : 131,741−101,086=30,655건

따라서 2023년 중 확정기여형을 도입한 사업장 수가 전년 동기 대비 가장 많이 증가한 시기는 1/4분기이다.

오답분석

① 자료의 '합계'를 통해 확인할 수 있다.
② 분기별 확정급여형과 확정기여형 취급실적을 비교하면 확정기여형이 항상 많은 것을 확인할 수 있다.
④ 자료를 통해 매 분기 확정급여형 취급실적은 IRP 특례의 2배 이상임을 알 수 있다.

19

정답 ④

㉠·㉢ 제시된 자료를 통해 확인할 수 있다.
㉣ TV홈쇼핑 판매수수료율 순위 자료를 보면 여행패키지의 판매수수료율은 8.4%이다. 반면, 백화점 판매수수료율 순위 자료에 여행패키지 판매수수료율이 제시되지 않았지만 상위 5위와 하위 5위의 판매수수료율을 통해 여행패키지 판매수수료율은 20.8%보다 크고 31.1%보다 낮다는 것을 추론할 수 있다. 즉, 8.4×2=16.8<20.8이므로 여행패키지 상품군의 판매수수료율은 백화점이 TV홈쇼핑의 2배 이상이라는 설명은 옳다.

오답분석

㉡ 백화점 판매수수료율 순위 자료를 보면 여성정장과 모피의 판매수수료율은 각각 31.7%, 31.1%이다. 반면, TV홈쇼핑 판매수수료율 순위 자료에는 여성정장과 모피의 판매수수료율이 제시되지 않았다. 상위 5위와 하위 5위의 판매수수료율을 통해 제시되지 않은 상품군의 판매수수료율은 28.7%보다 높고 36.8%보다 낮은 것만을 추론할 수 있다. 따라서 TV홈쇼핑의 여성정장과 모피의 판매수수료율이 백화점보다 높은지 낮은지 판단할 수 없다.

20

정답 ②

2021년과 2024년 처리 건수 중 인용 건수 비율은 다음과 같다.

- 2021년 : $\frac{3,667}{32,737}\times100 ≒ 11.20\%$
- 2024년 : $\frac{3,031}{21,080}\times100 ≒ 14.38\%$

따라서 2024년과 2021년 처리 건수 중 인용 건수 비율의 차이는 14.38−11.20=3.18%p이므로, 2024년이 2021년에 비해 3%p 이상 높다.

오답분석

ㄱ. 기타처리 건수의 전년 대비 감소율은 다음과 같다.
- 2022년 : $\frac{12,871-16,674}{16,674}\times100 ≒ -22.81\%$
- 2023년 : $\frac{10,166-12,871}{12,871}\times100 ≒ -21.02\%$
- 2024년 : $\frac{8,204-10,166}{10,166}\times100 ≒ -19.30\%$

따라서 기타처리 건수의 전년 대비 감소율은 매년 감소하였다.

ㄷ. 2022년과 2023년의 처리 건수 대비 조정합의 건수의 비율은 다음과 같다.
- 2022년 : $\frac{2,764}{28,744}\times100 ≒ 9.62\%$
- 2023년 : $\frac{2,644}{23,573}\times100 ≒ 11.22\%$

따라서 2022년이 2023년보다 낮다.

ㄹ. 조정합의 건수 대비 의견표명 건수 비율은 다음과 같다.
- 2021년 : $\frac{467}{2,923}\times100 ≒ 15.98\%$
- 2022년 : $\frac{474}{2,764}\times100 ≒ 17.15\%$
- 2023년 : $\frac{346}{2,644}\times100 ≒ 13.09\%$
- 2024년 : $\frac{252}{2,567}\times100 ≒ 9.82\%$

따라서 조정합의 건수 대비 의견표명 건수 비율이 높은 순서로 나열하면 2022년 → 2021년 → 2023년 → 2024년이다. 또한, 평균처리일이 짧은 순서로 나열하면 2022년 → 2024년 → 2021년 → 2023년이다. 따라서 평균처리일 기간과 조정합의 건수 대비 의견표명 건수 비율의 순서는 일치하지 않는다.

21

정답 ③

세 번째 조건과 마지막 조건을 기호로 나타내면 다음과 같다.

- D → ~E
- ~E → ~A

각각의 대우 E → ~D와 A → E에 따라 A → E → ~D가 성립하므로 A를 지방으로 발령한다면 E도 지방으로 발령하고, D는 지방으로 발령하지 않는다. 이때, K공사는 B와 D에 대하여 같은 결정을 하고, C와 E에 대하여는 다른 결정을 하므로 B와 C를 지방으로 발령하지 않는다.

따라서 A가 지방으로 발령된다면 지방으로 발령되지 않는 직원은 B, C, D 총 3명이다.

22

정답 ④

지하철에는 D를 포함한 2명이 타는데, B가 탈 수 있는 교통수단은 지하철뿐이므로 지하철에는 D와 B가 타며, 둘 중 1명은 라 회사에 지원했다. 또한 어떤 교통수단을 선택해도 지원한 회사에 갈 수 있는 E는 버스와 택시로 서로 겹치는 회사인 가 회사에 지원했음을 알 수 있다. 한편, A는 다 회사에 지원했고 버스와 택시를 타야 하는데, 택시를 타면 다 회사에 갈 수 없으므로 A는 버스를 탄다. 따라서 C는 나 또는 마 회사에 지원했음을 알 수 있으며, 택시를 타면 갈 수 있는 회사 중 가 회사를 제외하면 버스로 갈 수 있는 회사와 겹치지 않으므로, C는 택시를 탄다.

23

정답 ④

먼저 제시된 조건에 따라 선택할 수 없는 관광코스를 제외할 수 있다.

- 4일 이상 관광하되 5일을 초과하면 안 되므로, 기간이 4일 미만인 B코스를 제외한다.
- 비용이 30만 원을 초과하고, 참여인원이 30명 초과인 C코스를 제외한다.

한편, D코스를 I카드로 결제할 때의 비용은 10% 할인을 적용받아 332,000×0.9=298,800원으로 30만 원 미만이다.

따라서 A코스와 D코스 중 경유지가 더 많은 D코스를 선택하는 것이 적절하다.

24

정답 ②

오답분석

① 자사의 유통 및 생산 노하우가 부족하다는 분석이 있었으므로 적절하지 않다.

③ 파격적인 가격정책을 펼치고 있는 것은 하위업체가 아니라 상위업체이므로 적절하지 않다.

④ 디지털마케팅 전략을 구사하기에 역량이 미흡하다는 분석이 있었으므로 적절하지 않다.

25

정답 ①

사원별 성과 지표의 평균을 구하면 다음과 같다.

- A사원 : (3+3+4+4+4)÷5=3.6점
- B사원 : (3+3+3+4+4)÷5=3.4점
- C사원 : (5+2+2+3+2)÷5=2.8점
- D사원 : (4+2+5+3+3)÷5=3.4점

즉, 성과 지표의 평균이 3.5점 이상인 A사원만 당해 연도 연봉에 1,000,000원이 추가된다.

각 사원의 당해 연도 연봉을 구하면 다음과 같다.

- A사원 : 300만+(3×300만)+(3×200만)+(4×100만)+(4×150만)+(4×100만)+100만=33,000,000원
- B사원 : 300만+(3×300만)+(3×200만)+(3×100만)+(4×150만)+(4×100만)=31,000,000원
- C사원 : 300만+(5×300만)+(2×200만)+(2×100만)+(3×150만)+(2×100만)=30,500,000원
- D사원 : 300만+(4×300만)+(2×200만)+(5×100만)+(3×150만)+(3×100만)=31,500,000원

따라서 가장 많은 연봉을 받을 직원은 A사원이다.

26

정답 ③

행낭 배송 운행속도는 시속 60km로 일정하므로 A지점에서 G지점까지의 최단 거리를 구한 뒤 소요시간을 구하면 된다. 우선 배송 요청에 따라 지점 간의 순서 변경과 생략이 가능하므로 거치는 지점을 최소화하여야 한다. 앞서 언급한 조건들을 고려하여 구한 최단거리는 다음과 같다.

A → B → D → G ⇒ 6+2+8=16km ⇒ 16분(∴ 시속 60km는 1분당 1km)

따라서 대출 신청 서류가 A지점에 다시 도착할 최소시간은 16분(A → G)+30분(작성)+16분(G → A)=1시간 2분이다.

27

정답 ③

행낭 배송과 관련하여 발생되는 비용은 임금과 유류비이다. 이때 임금(식대 포함)은 고정비인 반면, 유류비는 배송 거리에 따라 금액이 달라진다. 따라서 배송 거리가 가장 짧을 경우에 최소비용이 발생된다.

i) 규칙에 따른 오전 배송경로를 살펴보면 다음과 같다.

- A → C → E → B → D → G → F (○)
- A → C → E → D → B (×)
- A → C → E → F → G → D → B (○)
- A → C → E → G → D → B (×)

지점 중복으로 불가능한 경우를 제외한 나머지 두 가지 경우 중 F지점에서 마감하는 거리는 5+8+6+2+8+12=41km이고, B지점에서 마감하는 거리도 5+8+6+12+8+2=41km로 동일하다.

ⅱ) 규칙에 따른 오후 배송경로를 살펴보면 다음과 같다.

- F → E → B → D → G (×)
- F → E → D → B → A → C (×)
- F → E → G → D → B → A → C (○)
- B → D → E → G → F → C → A (○)
- B → D → E → F → C → A (×)

지점 중복으로 불가능한 경우를 제외한 나머지 두 가지 경우 중 B지점에서 시작하여 A지점에서 마감하는 경우는 규칙에 어긋나므로 고려 대상에서 제외된다. 한편, F지점에서 시작하여 C지점에서 마감하는 거리는 6+6+8+2+6+5=33km이다. 즉, 오전 및 오후 배송거리는 41+33=74km이다.

ⅲ) 하루 동안 발생하는 비용을 계산하면 다음과 같다.

- (유류비)=74×200=14,800원
- [임금(식대 포함)]=(10,000×6)+(10,000×0.8)
  =68,000원

따라서 하루 동안 발생하는 최소비용은 14,800+68,000=82,800원이다.

28

정답 ①

음주측정에 불응으로 벌금형 처벌을 받은 것은 '경징계 의결'로 처리되는 경우이다.

29

정답 ④

오답분석

① 통보될 당시 직원이 소속된 기관의 장이 징계위원회를 개최하여야 하므로 甲공공기관장이 징계위원회를 개최해야 한다.
② 알코올농도가 0.193%이므로 면허가 취소되는 것은 맞지만 1회에 그친 것이므로, 경징계인 견책이나 감봉에 해당한다.
③ 경징계인 견책 또는 감봉 대상이기 때문에 최대 12개월간 승진임용대상이 되지 못한다.

30

정답 ④

문화회관 이용 가능 요일표와 주간 주요 일정표에 따라 교육을 진행할 수 있는 요일과 시간대는 화요일 오후, 수요일 오후, 금요일 오전이다.

31

정답 ②

데이터를 입력한 다음 채우기 핸들을 이용해 입력하는 경우 다음과 같이 나타난다.

1. 숫자 데이터를 입력한 경우
   - 숫자를 입력한 후에 그냥 채우기 핸들을 하면 똑같은 데이터가 복사된다.
   - 숫자를 입력한 후에 〈Ctrl〉을 누른 채로 채우기 핸들을 하면 하나씩 증가한다.
2. 문자를 입력한 경우
   - 문자를 입력한 후에 채우기 핸들을 하면 똑같은 데이터가 복사된다.
3. 문자+숫자를 혼합하여 입력한 경우
   - 문자+숫자를 혼합하여 입력한 후에 채우기 핸들을 하면 문자는 복사되고 숫자가 하나씩 증가한다.
   - 문자+숫자를 혼합하여 입력한 후에 〈Ctrl〉을 누른 채로 채우기 핸들을 하면 똑같은 데이터가 복사된다.
   - 숫자가 2개 이상 섞여 있을 경우에는 마지막 숫자만 하나씩 증가한다.
4. 날짜 / 시간 데이터를 입력한 경우
   - 날짜를 입력한 후에 채우기 핸들을 하면 1일 단위로 증가한다.
   - 시간을 입력한 후에 채우기 핸들을 하면 1시간 단위로 증가한다.

32

정답 ③

INDEX 함수는 「=INDEX(배열로 입력된 셀의 범위, 배열이나 참조의 행 번호, 배열이나 참조의 열 번호)」이고, MATCH 함수는 「=MATCH(찾으려고 하는 값, 연속된 셀 범위, 되돌릴 값을 표시하는 숫자)」이기 때문에 「=INDEX(E2:E9,MATCH(0,D2:D9,0))」를 입력하면 근무연수가 0인 사람의 근무월수가 셀에 표시된다. 따라서 2가 표시된다.

33

정답 ③

상품이 '하모니카'인 매출액의 평균을 구해야 하므로 AVERAGEIF 함수를 사용해야 한다. AVERAGEIF 함수는 「=AVERAGEIF(계산할 셀의 범위, 평균을 구할 셀의 정의, 평균을 구하는 셀)」로 표시되기 때문에 「=AVERAGEIF(B2:B9,"하모니카",E2:E9)」를 입력해야 한다.

34

정답 ①

i 값이 50보다 작거나 같을 때까지 루프 안의 명령을 반복 수행한다. 반복 수행 도중에 i 값이 30보다 큰 조건을 만족하면 break;에 의해 루프를 종료하게 된다. 'i=i+i'에 의해 i의 값은 i의 값이 변화할 때마다 i의 값에 다시 누적되므로 i의 값은 i=1+1, i=2+2=4, …, i=16+16으로 변화하게 된다. 따라서 i의 누적 값이 30보다 큰 경우인 32가 될 때, 조건문에 의해 루프를 종료하게 되고 최종 i의 값은 32가 된다.

35

정답 ②

1차 자료	단행본, 학술지와 학술지 논문, 학술회의자료, 연구보고서, 학위논문, 특허정보, 표준 및 규격자료, 레터, 출판 전 배포자료, 신문, 잡지, 웹 정보자원 등
2차 자료	사전, 백과사전, 편람, 연감, 서지데이터베이스 등

36

정답 ②

인쇄 중인 문서를 일시 정지시킬 수 있으며 일시 정지된 문서를 다시 이어서 출력할 수도 있지만, 다른 프린터로 출력하도록 할 수는 없다. 다른 프린터로 출력을 원할 경우 처음부터 다른 프린터로 출력해야 한다.

37

정답 ③

백업은 원본이 손상되거나 잃어버릴 경우를 대비해 복사본을 만드는 과정으로 바이러스 감염과는 관련이 없다.

38

정답 ②

ㄱ. 공용 서버 안의 모든 바이러스를 치료한 후에 접속하는 모든 컴퓨터를 대상으로 바이러스 검사를 하고 치료해야 한다.

ㄷ. 쿠키는 공용으로 사용하는 PC로 인터넷에 접속했을 때 개인 정보 유출을 방지하기 위해 삭제해야 한다.

오답분석

ㄴ. 다운로드한 감염된 파일을 모두 실행하면 바이러스가 더욱 확산된다.

ㄹ. 디스크 공간을 최대로 늘리는 것은 바이러스를 치료하는 방법으로 적절하지 않다.

39

정답 ①

MID 함수는 「=MID(데이터를 참조할 셀 번호, 왼쪽을 기준으로 시작할 기준 텍스트, 기준점을 시작으로 가져올 자릿수)」로 표시된다. 따라서 「=MID(B2,5,2)」를 입력해야 한다.

40

정답 ③

초기 데이터 값은 $a=\frac{3}{5}$, $n=1$이며, 시행을 반복하면 a와 n의 값이 다음과 같이 변화한다.

a	$\frac{3}{5}$	$\frac{7}{5}$	3	$\frac{31}{5}$	$\frac{63}{5}$
n	1	3	5	7	9

따라서 출력되는 값은 9이다.

제2영역 직무수행능력평가

| 01 | 보건의료지식 + 전공(행정직)

41	42	43	44	45	46	47	48	49	50
④	③	③	④	④	②	③	④	④	④
51	52	53	54	55	56	57	58	59	60
①	④	④	④	①	③	③	③	③	②
61	62	63	64	65	66	67	68	69	70
②	③	③	②	①	②	③	④	①	④
71	72	73	74	75	76	77	78	79	80
②	①	①	④	④	③	①	④	①	④

41

정답 ④

처방전 내 점검뿐 아니라 처방전 간 점검도 의약품안전사용서비스(DUR)의 점검 범위에 해당한다.

42

정답 ③

공단은 제3자의 행위로 보험급여사유가 생겨 가입자 또는 피부양자에게 보험급여를 한 경우에는 그 급여에 들어간 비용 한도에서 그 제3자에게 손해배상을 청구할 권리를 얻는다(법 제58조 제1항).

오답분석

① 보험급여를 받을 권리는 양도하거나 압류할 수 없다(법 제59조 제1항).

② 요양비 등 수급계좌에 입금된 요양비 등은 압류할 수 없다(법 제59조 제2항).

④ 보험급여를 받은 사람이 제3자로부터 이미 손해배상을 받은 경우에는 공단은 그 배상액 한도에서 보험급여를 하지 아니한다(법 제58조 제2항).

43

정답 ③

사용자는 보수월액의 산정을 위하여 매년 3월 10일까지 전년도 직장가입자에게 지급한 보수의 총액(법 제70조 및 영 제33조에 따라 산정된 금액으로서 가입자별로 1월부터 12월까지 지급한 보수의 총액을 말한다)과 직장가입자가 해당 사업장·국가·지방자치단체·사립학교 또는 그 학교경영기관("사업장 등")에 종사한 기간 등 보수월액 산정에 필요한 사항을 공단에 통보하여야 한다(영 제35조 제1항 전단).

44

정답 ④

약제·치료재료에 대한 요양급여비용(영 제22조)

① 약제·치료재료에 대한 요양급여비용은 다음 각 호의 구분에 따라 결정한다. 이 경우 구입금액이 상한금액보다 많을 때에는 구입금액은 상한금액과 같은 금액으로 한다.

1. 한약제 : 상한금액
2. 한약제 외의 약제 : 구입금액
3. 삭제
4. 치료재료 : 구입금액(㉠)

② 제1항에 따른 약제 및 치료재료에 대한 요양급여비용의 결정 기준·절차, 그 밖에 필요한 사항은 보건복지부장관(㉡)이 정하여 고시한다.

45

정답 ④

자격을 잃은 경우 직장가입자의 사용자와 지역가입자의 세대주는 그 명세를 보건복지부령으로 정하는 바에 따라 자격을 잃은 날부터 14일 이내에 보험자에게 신고하여야 한다(법 제10조 제2항).

46

정답 ②

의약품안전사용서비스(DUR) 점검 절차

1. 의사는 처방단계에서 환자의 처방(의약품)정보를 건강보험심사평가원으로 전송한다.
2. 건강보험심사평가원은 DUR 기준과 환자의 투약정보를 점검하여 그 결과를 처방의사에게 제공한다.
3. 처방의사는 점검 결과를 바탕으로 처방을 변경하거나 부득이하게 처방해야 하는 경우 처방·조제사유를 기재하여 처방을 완료하고, 최종 처방내역을 건강보험심사평가원에 전송한다.
4. 약사도 동일한 과정을 거치게 되며, 점검 결과를 바탕으로 처방의사와 사전 협의하여 진행하고, 최종 조제내역을 건강보험심사평가원에 전송한다.

47

정답 ③

공표심의위원회의 구성·운영 등(영 제73조 제2항)

공표심의위원회의 위원장은 제1호부터 제4호까지의 위원 중에서 호선하고, 위원은 보건복지부장관이 임명하거나 위촉하는 다음 각 호의 사람으로 한다.

1. 소비자단체가 추천하는 사람 1명
2. 언론인 1명
3. 변호사 등 법률 전문가 1명
4. 건강보험에 대한 학식과 경험이 풍부한 사람으로서 의약계를 대표하는 단체가 추천하는 사람 3명
5. 보건복지부의 고위공무원단에 속하는 일반직공무원 1명
6. 공단의 이사장 및 심사평가원의 원장이 각각 1명씩 추천하는 사람 2명

48

정답 ④

요양기관은 요양급여가 끝난 날부터 5년(㉠)간 보건복지부령으로 정하는 바에 따라 제47조에 따른 요양급여비용의 청구에 관한 서류를 보존하여야 한다. 다만, 약국 등 보건복지부령으로 정하는 요양기관은 처방전을 요양급여비용을 청구한 날부터 3년(㉡)간 보존하여야 한다(법 제96조의4 제1항).

49

정답 ④

목적(요양급여 규칙 제1조)

이 규칙은 국민건강보험법 제41조 제3항 및 제4항에 따라 요양급여의 방법·절차·범위·상한 및 제외대상 등 요양급여기준에 관하여 필요한 사항을 규정함을 목적으로 한다.

50

정답 ④

요양급여비용의 계약 및 결손처분 등 보험재정에 관련된 사항을 심의·의결하기 위하여 공단에 재정운영위원회를 둔다(법 제33조 제1항).

오답분석

① 법 제33조 제2항 및 법 제34조 제3항 전단
② 법 제34조 제1항 제1호부터 제3호
③ 법 제34조 제2항 제1호

51

정답 ①

행정청의 처분의 효력 유무 또는 존재 여부를 확인하는 심판은 행정심판의 종류 중 무효등확인심판에 해당한다(행정심판법 제5조 제2호).

헌법 제111조 제1항

헌법재판소는 다음 사항을 관장한다.

1. 법원의 제청에 의한 법률의 위헌여부 심판
2. 탄핵의 심판
3. 정당의 해산 심판
4. 국가기관 상호 간, 국가기관과 지방자치단체 간 및 지방자치단체 상호 간의 권한쟁의에 관한 심판
5. 법률이 정하는 헌법소원에 관한 심판

52

정답 ④

사회보장이란 사회의 연대책임하에 전 국민의 기본적인 생계·보건·안전을 보장하는 국가의 종합적인 시책을 말한다.

53

정답 ④

물음표(Question Mark)는 높은 시장성장률과 낮은 상대적 시장점유율을 유지하기 때문에 많은 투자가 필요하다.

54

정답 ④

항상성장모형은 기업의 이익과 배당이 매년 일정하게 성장한다고 가정할 경우 주식의 이론적 가치를 나타내는 모형이다.

$$[\text{당기 1주당 현재가치(주가)}] = \frac{(\text{차기주당배당금})}{(\text{요구수익률})-(\text{성장률})}$$

$$= \frac{3,500}{0.12-0.05} = 50,000\text{원}$$

55

정답 ①

미국의 경영자 포드는 부품의 표준화, 제품의 단순화, 작업의 전문화의 '3S 운동'을 전개하고 컨베이어 시스템에 의한 이동조립방법을 채택해 작업의 동시 관리를 꾀하여 생산능률을 극대화했다.

56

정답 ③

오답분석

① 채권자는 자기의 채무자에 대한 부동산의 소유권이전등기청구권 등 특정채권을 보전하기 위하여 채무자가 방치하고 있는 그 부동산에 대한 특정권리를 대위하여 행사할 수 있고 그 경우에는 채무자의 무자력을 요건으로 하지 아니하는 것이다(대판 1992.10.27., 선고 91다483).

② 민법상 조합원은 조합의 존속기간이 정해져 있는 경우 등을 제외하고는 원칙적으로 언제든지 조합에서 탈퇴할 수 있고(민법 제716조), 조합원이 탈퇴하면 그 당시의 조합재산상태에 따라 다른 조합원과 사이에 지분의 계산을 하여 지분환급청구권을 가지게 되는바(민법 제719조), 조합원이 조합을 탈퇴할 권리는 그 성질상 조합계약의 해지권으로서 그의 일반재산을 구성하는 재산권의 일종이라 할 것이고 채권자대위가 허용되지 않는 일신전속적 권리라고는 할 수 없다(대판 2007.11.30., 자 2005마1130).

④ 채권자가 자기의 금전채권을 보전하기 위하여 채무자의 금전채권을 대위행사하는 경우 제3채무자로 하여금 채무자에게 지급의무를 이행하도록 청구할 수도 있지만, 직접 대위채권자 자신에게 이행하도록 청구할 수도 있다(대판 2016.8.29., 선고 2015다236547).

57

정답 ③

경제적 주문량(EOQ)에 의한 최적 주문량은 다음과 같이 구한다.

$$Q = \sqrt{\frac{2OD}{C}}$$

(Q=최적 주문량, C=단위당 연간 재고유지비용, D=연간 수요량, O=1회 주문비용)

식에 대입해서 계산해보면 $Q = \sqrt{\frac{2\times 100\times 10,000}{200}} = 100$이다.

이때 최적 주문횟수는 연간 수요량을 최적 주문량으로 나누면 구할 수 있다.

따라서 최적 주문횟수는 $\frac{D}{Q} = \frac{10,000}{100} = 100$회이다.

58

정답 ③

수요곡선의 기울기가 가파를수록 정부의 조세수입은 더 커진다. 예를 들어 노동수요가 탄력적일수록 최저임금 인상 시 비숙련노동자의 고용량이 크게 감소한다.

59

정답 ③

소비자가 노트북에 대해 100만 원을 지불할 용의가 있다는 것은 노트북 구입 시 최소한 그만큼의 편익을 얻는다는 의미이다. 이 소비자가 노트북을 80만 원에 구입한다면 지불할 용의가 있는 금액보다 20만 원 적게 지불하였으므로 20만 원의 소비자 잉여를 얻는다. 그런데 물품세가 부과되어 노트북 가격이 110만 원으로 상승하면 소비자는 구입을 포기할 것이므로 소비자 잉여를 얻을 수 없게 된다. 그러므로 조세부과에 따른 경제적 순손실은 20만 원이 된다. 따라서 옳은 것은 가, 나, 다이다.

60

정답 ②

기업이 이윤을 극대화하기 위해서는 한계생산물가치와 임금이 같아질 때까지 고용량을 증가시켜야 한다. 한계생산물은 노동 1단위를 추가로 투입해서 얻는 생산물의 증가분이므로 5이고, 임금과 같아지기 위해서는 5×(한계생산물가치)=20,000원이 되어야 하므로 한계생산물가치는 4,000원이다. 완전경쟁시장에서 이윤극대화의 조건은 한계수입생산과 한계요소비용, 즉 한계수입과 한계비용이 같아야 하므로 한계비용도 4,000원이 된다.

61

정답 ②

구축효과에 대한 설명이다.

채권가격 변화에 의한 구축효과의 경로

정부의 국공채 발행 → 채권의 공급 증가 → 채권가격 하락 → 이자율 상승(채권가격과 이자율은 음의 관계) → 투자 감소

62

정답 ③

소극적 대표성은 관료의 출신성분이 태도를 결정하는 것이며, 적극적 대표성은 태도가 행동을 결정하는 것을 말한다. 그러나 대표관료제는 소극적 대표성이 반드시 적극적 대표성으로 이어져 행동하지 않을 수도 있는 한계성이 제기된다. 따라서 적극적인 측면을 자동적으로 확보한다는 설명은 옳지 않다.

63

정답 ③

ㄱ. 가정분석(B)에 해당한다.
ㄴ. 계층분석(C)에 해당한다.
ㄷ. 경계분석(A)에 해당한다.
ㄹ. 분류분석(D)에 해당한다.

64

정답 ②

참여적 정부모형의 문제 진단 기준은 관료적 계층제에 있으며, 구조 개혁 방안으로 평면조직을 제안한다.

65

정답 ①

앨리슨(Allison) 모형은 1960년대 초 쿠바 미사일 사건과 관련된 미국의 외교정책 과정을 분석한 후 정부의 정책결정 과정을 설명하고 예측하기 위한 분석틀로 세 가지 의사결정모형(합리모형, 조직과정모형, 관료정치모형)을 제시하여 설명한 것이다. 앨리슨은 이 중 어느 하나가 아니라 세 가지 모두 적용될 수 있다고 주장하였다.

66

정답 ②

오답분석

① 인지청구권은 본인의 일신전속적인 신분관계상의 권리로서 포기할 수도 없으며 포기하였더라도 그 효력이 발생할 수 없는 것이고, 이와 같이 인지청구권의 포기가 허용되지 않는 이상 거기에 실효의 법리가 적용될 여지도 없다(대판 2001.11.27., 2001므1353).

③ 임대차계약에 있어서 차임불증액의 특약이 있더라도 그 약정 후 그 특약을 그대로 유지시키는 것이 신의칙에 반한다고 인정될 정도의 사정변경이 있다고 보여지는 경우에는 형평의 원칙상 임대인에게 차임증액청구를 인정하여야 한다(대판 1996.11.12., 96다34061).

④ 취득시효 완성 후에 그 사실을 모르고 당해 토지에 관하여 어떠한 권리도 주장하지 않기로 하였다 하더라도 이에 반하여 시효주장을 하는 것은 특별한 사정이 없는 한 신의칙상 허용되지 않는다(대판 1998.5.22., 96다24101).

67

정답 ③

오답분석

① 참여기관(의결기관)이 행정관청의 의사를 구속하는 의결을 하는 합의제 기관이다(경찰위원회, 소청심사위원회 등).

② 국무조정실, 각 부의 차관보・실장・국장 등은 행정조직의 보좌기관이다.

④ 행정조직의 내부기관으로서 행정청의 권한 행사를 보조하는 것을 임무로 하는 행정기관은 보조기관이다.

68

정답 ④

하나의 법률행위의 일부분에만 취소사유가 있는 경우에 그 법률행위가 가분적이거나 그 목적물의 일부가 특정될 수 있다면 그 나머지 부분이라도 이를 유지하려는 당사자의 가정적 의사가 인정되는 경우 그 일부만의 취소도 가능하다. 또 그 일부의 취소는 법률행위의 일부에 관하여 효력이 생긴다고 할 것이나, 이는 어디까지나 어떤 목적 혹은 목적물에 대한 법률행위가 존재함을 전제로 한다(대판 1999.3.26., 선고 98다56607).

69

정답 ①

(매출원가)=(기초상품재고액)+(당기상품매출액)−(기말상품재고액)

70

정답 ④

감가상각은 자산이 매각예정자산으로 분류되는 날과 자산이 제거되는 날 중 이른 날에 중지해야 한다. 그러므로 유형자산이 가동되지 않거나 유휴상태가 되더라도 감가상각이 완전히 이루어지기 전까지는 감가상각을 중단하지 않는다. 그러나 유형자산의 사용 정도에 따라 감가상각을 하는 생산량비례법의 경우 생산활동이 이루어지지 않을 때 감가상각액을 인식하지 않을 수 있다.

71

정답 ②

통제범위는 관리자 대 작업자의 비율을 말하며, 스텝으로부터의 업무상 조언과 지원의 횟수는 통제의 범위와는 관련이 없다.

통제범위(Span of Control)

권한계층(Hierarchy of Authority)과 동일하며, 관리자가 직접 관리・감독하는 부하의 수를 말한다. 통제범위가 좁으면 조직계층이 높아지고, 통제범위가 넓으면 조직계층이 낮아져 조직이 수평적으로 변한다.

72

정답 ①

행정의 입법기능을 강조하는 것은 정치행정일원론의 입장이다. 정치행정일원론은 행정을 정치와 불가분의 관계에 있다고 보는 입장으로, 행정의 정치적 기능으로서 '정책형성기능'을 중시하는 입장이다. 정치행정일원론은 행정에 있어서의 가치판단 및 정책결정기능을 중시하고, 행정에서의 정치성, 공공성 등 가치판단적 기능을 강조한다. 또한 행정의 적극적 기능과 행정입법의 확대를 지지하는 특징을 가진다. 반면, 정치행정이원론은 정치와 행정을 엄격히 분리하며, 행정의 관리적, 기술적, 가치중립적 특성을 강조한다.

73

정답 ①

성장기에는 신제품을 인지시키기 위한 정보제공형 광고에서 제품 선호형 광고로 전환한다.

74

정답 ④

나. 수요자도 공급자도 많은 경쟁시장에서는 가격이 경직적이지 않다.

라. 경쟁시장에 참가하는 사람들은 가격을 주어진 것으로 생각한다.

75

정답 ④

먼저 정부지출을 1만큼 증가시킬 때 국민소득(Y)이 얼마만큼 증가하는지를 도출해야 한다.

$Y = C + I + G + X - M$에서 각 수치들을 대입하면

$Y = 0.5Y + 10 + 0.4Y + 10 + G + X - 0.1Y - 20$

$\rightarrow 0.2Y = G + X$

따라서 G값을 1만큼 증가시키면 Y값은 5만큼 커지게 된다.

다음으로 커진 국민소득에 대응해서 소비가 얼마만큼 증가하는지를 도출하면 된다.

$C = 0.5Y + 10$에서 Y가 5만큼 상승할 때 $C = 2.5$가 상승한다.

따라서 정부지출을 1만큼 증가시키면 소비는 2.5가 상승한다.

76

정답 ③

ㄱ. 베버의 관료제론은 규칙과 규제가 조직에 계속성을 제공하여 조직을 예측 가능성이 있는 조직, 안정적인 조직으로 유지시킨다고 보았다.

ㄴ. 행정관리론은 모든 조직에 적용시킬 수 있는 효율적 조직관리의 원리들을 연구하였다.

ㄷ. 호손실험으로 인간관계에서의 비공식적 요인이 업무의 생산성에 큰 영향을 끼친다는 것이 확인되었다.

오답분석

ㄹ. 조직군 생태이론은 조직과 환경의 관계에서 조직군이 환경에 의해 수동적으로 결정된다는 환경결정론적 입장을 취한다.

거시조직 이론의 유형

구분	결정론	임의론
조직군	• 조직군 생태이론 • 조직경제학(주인 – 대리인 이론, 거래비용 경제학) • 제도화이론	• 공동체 생태론
개별조직	• 구조적 상황론	• 전략적 선택론 • 자원의존이론

77

정답 ①

우상향하는 총공급곡선이 왼쪽으로 이동하는 경우는 부정적인 공급충격이 발생하는 경우이다. 따라서 임금이 상승하는 경우 기업의 입장에서는 부정적인 공급충격이므로 총공급곡선이 왼쪽으로 이동하게 된다.

오답분석

②·③·④ 총수요곡선을 오른쪽으로 이동시키는 요인에 해당한다.

78

정답 ④

국채를 모집하거나 예산 외에 국가의 부담이 될 계약을 체결하려 할 때에는 정부는 미리 국회의 의결을 얻어야 한다(헌법 제58조).

오답분석

① 국회의 임시회는 대통령 또는 국회재적의원 4분의 1 이상의 요구에 의하여 집회된다(헌법 제47조 제1항).

② 국회의원은 현행범인인 경우를 제외하고는 회기 중 국회의 동의 없이 체포 또는 구금되지 아니한다(헌법 제44조 제1항).

③ 국회는 의원의 자격을 심사하며, 의원을 징계할 수 있다(헌법 제64조 제2항).

79

정답 ①

공식화의 수준이 높을수록 구성원들의 재량은 줄어들게 된다. 공식화의 수준이 높다는 것은 곧 하나의 직무를 수행할 때 지켜야할 규칙이 늘어난다는 것을 의미한다. 지나친 표준화는 구성원들의 재량권을 감소시키고 창의력을 저해시키게 된다.

80

정답 ④

행정통제는 행정의 일탈에 대한 감시와 평가를 통해서 행정활동이 바르게 전개될 수 있도록 계속적인 시정 과정을 거치게 하는 행동이다. 따라서 별도의 시정 노력을 하지 않아도 된다는 것은 행정통제의 개념과 반대되는 설명이다.

| 02 | 보건의료지식(심사직)

41	42	43	44	45	46	47	48	49	50
①	①	②	④	③	①	④	②	①	③
51	52	53	54	55	56	57	58	59	60
④	②	④	④	④	①	④	②	①	①
61	62	63	64	65	66	67	68	69	70
③	③	③	④	④	②	①	①	④	③
71	72	73	74	75	76	77	78	79	80
③	②	①	②	③	①	②	③	①	③

41

정답 ①

법 제69조 제5항 제2호에 따른 재산보험료부과점수는 지역가입자의 재산을 기준으로 산정한다(법 제72조 제1항).

42

정답 ①

체납자 인적사항 등의 공개는 관보에 게재하거나 공단 인터넷 홈페이지에 게시하는 방법에 따른다(법 제83조 제4항).

오답분석

② 법 제83조 제2항
③ 법 제83조 제3항
④ 법 제83조 제1항 전단

43

정답 ②

건강보험심사평가원의 현지조사는 요양기관이 지급받은 요양급여비용 등에 대해 세부 진료내역을 근거로 사실관계 및 적법 여부를 확인・조사하고, 그 결과에 따라 부당이득 환수 및 행정처분 등을 실시하는 보건복지부장관의 행정조사이다.

44

정답 ④

㉣・㉤ 상임이사추천위원회의 위원장은 공단의 인사업무를 담당하는 상임이사(인사업무를 담당하는 상임이사 후보를 추천하는 경우에는 이사장이 지명하는 이사)로 한다(규칙 제8조 제2항).

오답분석

㉠ 상임이사추천위원회는 위원장을 포함한 5명의 위원으로 구성한다(규칙 제8조 제2항).
㉡ 공단의 비상임이사 2명이 포함된다(규칙 제8조 제2항 제1호).
㉢ 공단의 업무에 대한 전문지식과 경험이 풍부한 사람으로서 공단의 임직원이 아닌 사람 2명이 포함된다(규칙 제8조 제2항 제2호).

45

정답 ③

호스피스 전문기관에서는 가족이 함께 지낼 수 있으며, 가족의 심리적, 사회적 어려움에 대해서도 도움을 받을 수 있다.

46

정답 ①

기획재정부장관, 보건복지부장관 및 인사혁신처장(㉠)은 해당 기관 소속의 3급 공무원 또는 고위공무원단에 속하는 일반직공무원 중에서 각 1명씩(㉡)을 지명하는 방법으로 공단의 비상임이사를 추천한다(영 제10조).

47

정답 ④

"근로자"란 직업의 종류와 관계없이 근로의 대가로 보수(㉠)를 받아 생활하는 사람(법인의 이사와 그 밖의 임원을 포함한다)으로서 공무원(㉡) 및 교직원(㉢)을 제외한 사람을 말한다(법 제3조 제1호).

48

정답 ②

직장가입자의 보수월액을 영 제33조부터 제38조까지의 규정에 따라 산정하기 곤란하거나 보수를 확인할 수 있는 자료가 없는 경우 보수월액의 산정방법과 필요한 사항은 재정운영위원회의 의결을 거쳐 공단의 정관으로 정한다(영 제36조 제5항).

오답분석

① 공단은 통보받은 보수의 총액을 전년도 중 직장가입자가 그 사업장 등에 종사한 기간의 개월수로 나눈 금액을 매년 보수월액으로 결정한다(영 제36조 제1항 전단).
③ 사용자는 해당 직장가입자의 보수가 인상되거나 인하되었을 때에는 공단에 보수월액의 변경을 신청할 수 있다. 다만, 상시 100명 이상의 근로자가 소속되어 있는 사업장의 사용자는 해당 월의 보수가 14일 이전에 변경된 경우 해당 월의 15일까지 공단에 그 보수월액의 변경을 신청하여야 한다(영 제36조 제2항 제1호).
④ 직장가입자가 둘 이상의 건강보험 적용 사업장에서 보수를 받고 있는 경우에는 각 사업장에서 받고 있는 보수를 기준으로 각각 보수월액을 결정한다(영 제36조 제4항).

49

정답 ①

월별 보험료의 상한과 하한(영 제32조 제2호)

월별 보험료액의 하한은 다음 각 목과 같다.

가. 직장가입자의 보수월액보험료 : 보험료가 부과되는 연도의 전전년도 평균 보수월액보험료의 1,000분의 50 이상 1,000분의 85 미만의 범위에서 보건복지부장관이 정하여 고시하는 금액
나. 지역가입자의 월별 보험료액 : 가목에 따른 보수월액보험료의 100분의 90이상 100분의 100 이하의 범위에서 보건복지부장관이 정하여 고시하는 금액

50 정답 ③

공단은 납입고지가 유예된 보수월액보험료를 법 제70조 제2항에 따른 보수월액과 납입고지 유예기간 중의 보험료율을 적용하여 산정한다(규칙 제50조 제5항).

오답분석

① 규칙 제50조 제3항
② 규칙 제50조 제4항
④ 규칙 제50조 제6항 전단

51 정답 ④

납부대행 수수료는 해당 보험료 등 납부금액의 1,000분의 10을 초과할 수 없다(영 제46조의4 제3항).

52 정답 ②

등기(법 제18조)
공단의 설립등기에는 다음 각 호의 사항을 포함하여야 한다.
1. 목적
2. 명칭
3. 주된 사무소 및 분사무소의 소재지
4. 이사장의 성명·주소 및 주민등록번호

53 정답 ④

정의(법 제3조 제2호)
"사용자"란 다음 각 목의 어느 하나에 해당하는 자를 말한다.
가. 근로자가 소속되어 있는 사업장의 사업주
나. 공무원이 소속되어 있는 기관의 장으로서 대통령령으로 정하는 사람
다. 교직원이 소속되어 있는 사립학교(사립학교교직원 연금법 제3조에 규정된 사립학교를 말한다)를 설립·운영하는 자

54 정답 ④

섬·벽지·농어촌 등 대통령령으로 정하는 지역에 거주하는 가입자는 그 가입자 또는 그 가입자의 세대의 보험료를 일부 경감할 수 있다(법 제75조 제1항 제1호).

보험료 경감 대상지역(영 제45조)
법 제75조 제1항 제1호에서 '섬·벽지·농어촌 등 대통령령으로 정하는 지역'이란 다음 각 호의 어느 하나에 해당하는 지역을 말한다.
1. 요양기관까지의 거리가 멀거나 대중교통으로 이동하는 시간이 오래 걸리는 지역으로서 보건복지부장관이 정하여 고시하는 섬·벽지 지역
2. 다음 각 목의 어느 하나에 해당하는 농어촌지역
   가. 군 및 도농복합 형태 시의 읍·면 지역
   나. 지방자치법 제2조 제1항 제2호에 따른 시와 군의 지역 중 동(洞) 지역으로서 국토의 계획 및 이용에 관한 법률 제36조 제1항 제1호에 따라 지정된 주거지역·상업지역 및 공업지역을 제외한 지역
   다. 농어촌주민의 보건복지 증진을 위한 특별법 제33조에 해당하는 지역
3. 요양기관의 이용이 제한되는 근무지의 특성을 고려하여 보건복지부장관이 인정하는 지역

오답분석

① 법 제75조 제5호
② 법 제75조 제4호
③ 법 제75조 제2호

55 정답 ④

의약 관련 단체가 추천한 사람은 심사평가원의 이의신청위원회 위원으로 임명될 수 있다(영 제54조 제3항 제4호).

이의신청위원회의 구성 등(영 제54조 제2항)
공단에 설치하는 이의신청위원회의 위원장은 공단의 이사장이 지명하는 공단의 상임이사가 되고, 위원은 공단의 이사장이 임명하거나 위촉하는 다음 각 호의 사람으로 한다.
1. 공단의 임직원 1명
2. 사용자단체 및 근로자단체가 각각 4명씩 추천하는 8명
3. 시민단체, 소비자단체, 농어업인단체 및 자영업자단체가 각각 2명씩 추천하는 8명
4. 변호사, 사회보험 및 의료에 대한 학식과 경험이 풍부한 사람 7명

56 정답 ①

심의위원회의 간사(영 제7조)
① 심의위원회의 사무를 처리하기 위하여 심의위원회에 간사 1명(㉠)을 둔다.
② 간사는 보건복지부(㉡) 소속 4급 이상 공무원 또는 고위공무원단에 속하는 일반직공무원 중에서 위원장이 지명한다.

57 정답 ④

업무정지 처분 및 과징금 부과의 기준(영 제70조 제1항 별표 5)
가. 과징금은 업무정지기간이 10일 이하인 경우에는 총부당금액의 2배, 업무정지기간이 10일을 초과하여 30일까지에 해당하는 경우에는 총부당금액의 3배, 30일을 초과하여 50일까지에 해당하는 경우에는 총부당금액의 4배, 업무정지기간이 50일을 초과하는 경우에는 총부당금액의 5배로 한다.
나. 요양기관이 과징금의 분할납부를 신청하는 경우 보건복지부장관은 12개월의 범위에서 과징금의 분할납부를 허용할 수 있다.

58

정답 ②

급여의 정지(법 제54조)

보험급여를 받을 수 있는 사람이 다음 각 호의 어느 하나에 해당하면 그 기간에는 보험급여를 하지 아니한다. 다만, 제3호 및 제4호의 경우에는 요양급여를 실시한다.

1. 삭제
2. 국외에 체류하는 경우
3. 제6조 제2항 제2호(현역병, 전환복무자, 군간부후보생)에 해당하게 된 경우
4. 교도소, 그 밖에 이에 준하는 시설에 수용되어 있는 경우

59

정답 ①

보건복지부장관은 법 제99조 제1항에 따라 과징금을 납부하여야 할 자가 납부기한까지 과징금을 내지 아니하면 같은 조 제5항 본문에 따라 납부기한이 지난 후 15일 이내에 독촉장을 발급하여야 한다. 이 경우 납부기한은 독촉장을 발급하는 날부터 10일 이내로 하여야 한다(영 제70조의4 제1항).

60

정답 ①

보건복지부장관은 종합계획 및 시행계획을 수립하거나 변경한 경우에는 관계 중앙행정기관의 장, 공단의 이사장 및 건강보험심사평가원("심사평가원")의 원장에게 그 내용을 알려야 한다(영 제2조의2 제3항).

61

정답 ③

제1항부터 제5항까지의 규정에 따라 질문·검사·조사 또는 확인을 하는 소속 공무원은 그 권한을 표시하는 증표를 지니고 관계인에게 보여주어야 한다(법 제97조 제6항).

오답분석

① 법 제97조 제3항
②·④ 법 제97조 제4항

62

정답 ③

공단은 제3항에 따라 징수한 손실 상당액 중 가입자 및 피부양자의 손실에 해당되는 금액을 그 가입자나 피부양자에게 지급하여야 한다. 이 경우 공단은 가입자나 피부양자에게 지급하여야 하는 금액을 그 가입자 및 피부양자가 내야 하는 보험료 등과 상계할 수 있다(법 제101조 제4항).

오답분석

① 법 제101조 제5항
② 법 제101조 제3항
④ 법 제101조 제2항

63

정답 ③

과오납금의 충당 순서(영 제51조 제1항 제1호)

공단은 과오납금을 다음 각 호의 구분에 따라 각 목의 순서대로 충당해야 한다.

1. 보험료와 그에 따른 연체금을 과오납부한 경우
   가. 체납처분비
   나. 체납된 보험료와 그에 따른 연체금
   다. 앞으로 내야 할 1개월분의 보험료(납부의무자가 동의한 경우만 해당한다)

64

정답 ④

첨부서류의 표시는 심판청구 결정서가 아닌 심판청구서에 포함되어야 한다(영 제59조 제1항 제6호).

심판청구 결정의 통지(영 제60조)

분쟁조정위원회의 위원장은 심판청구에 대하여 결정을 하였을 때에는 다음 각 호의 사항을 적은 결정서에 서명 또는 기명날인하여 지체 없이 청구인에게는 결정서의 정본을 보내고, 처분을 한 자 및 이해관계인에게는 그 사본을 보내야 한다.

1. 청구인의 성명·주민등록번호 및 주소
2. 처분을 한 자
3. 결정의 주문
4. 심판청구의 취지
5. 결정 이유
6. 결정 연월일

65

정답 ④

처분을 받은 자와의 관계는 청구인이 처분을 받은 자가 아닌 경우에 적어야 하는 내용이므로 항상 적어야 하는 내용에 해당하지는 않는다(영 제59조 제1항 제5호).

66

정답 ②

보험료율(법 제73조)

① 직장가입자의 보험료율은 1,000분의 80(㉠)의 범위에서 심의위원회의 의결을 거쳐 대통령령으로 정한다.
② 국외에서 업무에 종사하고 있는 직장가입자에 대한 보험료율은 제1항에 따라 정해진 보험료율의 100분의 50(㉡)으로 한다.
③ 지역가입자의 보험료율과 재산보험료부과점수당 금액은 심의위원회의 의결을 거쳐 대통령령으로 정한다.

67
정답 ①

심사위원회의 회의 등(규칙 제36조)

① 심사위원회와 진료과목별 분과위원회의 회의는 재적위원 3분의 1 이상이 요구할 때 또는 심사평가원 원장이나 심사위원회 위원장이 요구할 때에 소집한다.
② 위원장 및 분과위원회의 위원장은 제1항에 따른 각 회의의 의장이 되며, 각 회의는 재적위원 과반수의 출석으로 개의하고, 출석위원 과반수의 찬성으로 의결한다.
③ 제1항과 제2항에서 규정한 사항 외에 심사위원과 분과위원회의 구성·운영 등에 필요한 사항은 심사평가원의 정관으로 정한다.

68
정답 ①

보수월액의 결정·변경 등의 통지(규칙 제42조)

공단은 규정에 따라 가입자의 보수월액을 결정·변경한 경우 또는 보수월액보험료의 초과액을 반환하거나 보수월액보험료의 부족액을 추가 징수하는 경우에는 지체 없이 그 사실을 문서로 사용자에게 알려야 하며, 통지를 받은 사용자는 지체 없이 직장가입자에게 알려야 한다.

69
정답 ④

보험료(직장가입자의 경우에는 소득월액보험료를 말한다)를 분기별로 납부하려는 직장가입자 및 지역가입자는 분기가 시작되는 달의 전달 말일까지 건강보험료 분기납부 신청서를 공단에 제출하여야 한다(규칙 제47조 제1항).

70
정답 ③

부담금은 보건복지부장관이 승인한 심사평가원의 예산에 계상된 금액으로 하되, 공단의 전전년도 보험료 수입의 1,000분의 30을 넘을 수 없다(규칙 제38조 제1항).

71
정답 ③

보험료 부과제도에 대한 적정성 평가(법 제72조의3 제2항)

보건복지부장관은 적정성 평가를 하는 경우에는 다음 각 호를 종합적으로 고려하여야 한다.

1. 제4조 제1항 제5호의2 나목에 따라 심의위원회가 심의한 가입자의 소득 파악 현황 및 개선방안
2. 공단의 소득 관련 자료 보유 현황
3. 소득세법 제4조에 따른 종합소득(종합과세되는 종합소득과 분리과세되는 종합소득을 포함한다) 과세 현황
4. 직장가입자에게 부과되는 보험료와 지역가입자에게 부과되는 보험료 간 형평성
5. 제1항에 따른 인정기준 및 산정기준의 조정으로 인한 보험료 변동
6. 그 밖에 적정성 평가 대상이 될 수 있는 사항으로서 보건복지부장관이 정하는 사항

72
정답 ②

외국인 등에 대한 특례(법 제109조 제2항)

국내에 체류하는 재외국민 또는 외국인("국내체류 외국인 등")이 적용대상사업장의 근로자, 공무원 또는 교직원이고 제6조 제2항 각 호의 어느 하나에 해당하지 아니하면서 다음 각 호의 어느 하나에 해당하는 경우에는 직장가입자가 된다.

1. 주민등록법 제6조 제1항 제3호에 따라 등록한 사람
2. 재외동포의 출입국과 법적 지위에 대한 법률 제6조에 따라 국내거소신고를 한 사람
3. 출입국관리법 제31조에 따라 외국인등록을 한 사람

오답분석

① 법 제109조 제2항 제1호
③ 법 제109조 제5항
④ 법 제109조 제1항

73
정답 ①

심판청구(법 제88조)

① 이의신청에 대한 결정에 불복하는 자는 제89조에 따른 건강보험분쟁조정위원회에 심판청구를 할 수 있다. 이 경우 심판청구의 제기기간 및 제기방법에 관하여는 제87조 제3항을 준용한다.
② 제1항에 따라 심판청구를 하려는 자는 대통령령으로 정하는 심판청구서를 제87조 제1항 또는 제2항에 따른 처분을 한 공단 또는 심사평가원에 제출하거나 제89조에 따른 건강보험분쟁조정위원회에 제출하여야 한다.
③ 제1항 및 제2항에서 규정한 사항 외에 심판청구의 절차·방법·결정 및 그 결정의 통지 등에 필요한 사항은 대통령령으로 정한다.

74
정답 ②

적용대상 등(법 제5조 제1항)

국내에 거주하는 국민은 건강보험의 가입자 또는 피부양자가 된다. 다만, 다음 각 호의 어느 하나에 해당하는 사람은 제외한다.

1. 의료급여법에 따라 의료급여를 받는 사람("수급권자")
2. 독립유공자예우에 관한 법률 및 국가유공자 등 예우 및 지원에 관한 법률에 따라 의료보호를 받는 사람("유공자 등 의료보호대상자"). 다만, 다음 각 목의 어느 하나에 해당하는 사람은 가입자 또는 피부양자가 된다.
   가. 유공자 등 의료보호대상자 중 건강보험의 적용을 보험자에게 신청한 사람
   나. 건강보험을 적용받고 있던 사람이 유공자 등 의료보호대상자로 되었으나 건강보험의 적용배제신청을 보험자에게 하지 아니한 사람

75

정답 ③

부당이득징수금체납정보공개심의위원회의 위원은 공단의 이사장이 임명하거나 위촉하는 사람으로 한다(영 제26조의4 제2항).

오답분석

① 부당이득징수금체납정보공개심의위원회는 위원장 1명을 포함한 9명의 위원으로 구성한다(영 제26조의4 제1항).
② 부당이득징수금체납정보공개심의위원회의 위원장은 공단의 임원 중 해당 업무를 담당하는 상임이사가 된다(영 제26조의4 제2항).
④ 위원의 임기는 2년으로 하며, 한 차례만 연임할 수 있다(영 제26조의4 제3항).

76

정답 ①

공무원 전출 시의 보수월액보험료 납부(영 제40조)

공무원인 직장가입자가 다른 기관으로 전출된 경우 전출된 날이 속하는 달의 보수월액보험료는 전출 전 기관(㉠)의 장이 전출된 공무원에게 지급할 보수에서 이를 공제하여 납부한다. 다만, 전출한 기관의 장이 전출한 날이 속하는 달의 보수를 지급하지 아니한 경우에는 전입 받은 기관(㉡)의 장이 보수에서 공제하여 납부한다.

77

정답 ②

요양급여 각 항목에 대한 상대가치점수는 요양급여에 드는 시간·노력 등 업무량, 인력·시설·장비 등 자원의 양, 요양급여의 위험도 및 요양급여에 따른 사회적 편익 등을 고려하여 산정한 요양급여의 가치를 각 항목 사이에 상대적인 점수로 나타낸 것으로 하며, 보건복지부장관이 심의위원회의 심의·의결을 거쳐 보건복지부령으로 정하는 바에 따라 고시한다(영 제21조 제2항).

78

정답 ③

요양기관 현황 신고 등(규칙 제12조 제6항)

심사평가원은 제1항과 제2항에 따라 신고받은 사항 중 요양급여비용 지급을 위하여 필요한 다음 각 호의 사항을 공단에 통보하여야 한다.

1. 요양기관의 명칭, 기호 및 소재지
2. 대표자의 성명 및 주민등록번호
3. 개설 신고(허가·등록)일, 폐업일
4. 사업자등록번호
5. 금융기관의 계좌명세 등

79

정답 ①

보건의료자원 통합신고포털의 설치·운영 방법, 정보시스템의 연계 운영 방법, 그 밖에 보건의료자원 통합신고포털을 관리하는 데에 필요한 사항은 보건복지부장관이 정하여 고시한다(규칙 제12조의2 제5항).

80

정답 ③

공단의 이사장과 응급의료에 관한 법률 제19조 제2항에 따라 응급의료기금의 관리·운용을 위탁받은 자는 제1항에 따라 지원받은 과징금의 다음 해 운용계획서와 전년도 사용실적을 매년 4월 30일까지 보건복지부장관에게 제출하여야 한다(영 제71조 제2항).

건강보험심사평가원 NCS + 전공

4일 차 기출응용 모의고사 정답 및 해설

제1영역 직업기초능력평가

01	02	03	04	05	06	07	08	09	10
④	④	④	③	④	④	①	②	②	④
11	12	13	14	15	16	17	18	19	20
④	①	②	③	③	④	③	③	①	②
21	22	23	24	25	26	27	28	29	30
④	①	③	④	①	②	①	②	②	④
31	32	33	34	35	36	37	38	39	40
②	③	④	③	②	④	②	②	①	②

01

정답 ④

GR이 많으면 코르티솔 민감성을 낮아지게 하는 되먹임회로가 강화되므로 스트레스에 덜 반응하게 된다. 또한 어미에게 많이 핥인 새끼는 그렇지 않은 새끼보다 GR이 더 많이 생겨난다. 따라서 많이 핥인 새끼는 그렇지 않은 새끼보다 GR이 더 많으므로 스트레스에 더 무디게 반응한다.

오답분석

① 어미의 보살핌 정도에 따라 GR 유전자 자체의 차이가 발생하는 것이 아니라 그 발현 정도에 차이가 발생하는 것이다. 또한 빈칸의 앞 문장에서는 스트레스와 GR의 관계를 이야기하고 있으므로 적절하지 않다.
② 스트레스 반응 정도는 코르티솔 민감성에 따라 결정되고, 이러한 코르티솔 민감성은 GR이 많을수록 낮아지게 된다.
③ GR 유전자가 아닌 GR 유전자의 발현 정도에 따라 나타나는 GR의 수가 스트레스 반응 정도와 관련이 있다.

02

정답 ④

먼저 귀납에 대해 설명하고 있는 (나) 문단이 오는 것이 적절하며, 다음으로 귀납의 특성으로 인한 논리적 한계가 나타난다는 (라) 문단이 이어지는 것이 적절하다. 이후 이러한 한계에 대한 흄의 의견인 (다) 문단과 구체적인 흄의 주장과 이에 따른 귀납의 정당화 문제에 대해 설명하는 (가) 문단이 순서대로 이어지는 것이 적절하다.

03

정답 ④

빈칸의 앞 문장에서는 VOD 전송 채널의 장점을 나열하고 있지만, 빈칸 뒤의 문장에서는 VOD 전송 채널의 한계를 설명하고 있으므로 빈칸에는 역접의 의미인 '그러나'가 가장 적절하다.

04

정답 ③

환자가 의사능력이 있는 경우엔 사전에 작성한 사전연명의료의향서를 바탕으로 연명의료중단을 결정할 수 있지만, 환자가 의사능력이 없을 경우 사전연명의료의향서를 이전에 작성했다 하더라도 담당의사의 판단만으로 연명의료를 중단할 수 없다.

오답분석

① 연명의료중단 등 결정을 이행하기 이전에 담당의사는 먼저 이행 대상 환자인지 판단하고, 의료중단 등 결정에 관한 해당 환자의 의사를 확인하는 두 가지 단계를 거쳐야 한다.
② 이행 대상 환자 판단 과정에서 담당의사와 해당 분야 전문의 1명은 해당 환자가 임종과정에 있는지를 판단하여야 한다.
④ 담당의사는 연명의료중단 이행을 거부할 수 있으며 이행 거부를 이유로 담당의사에게 해고나 그 밖의 불리한 처우를 해서는 안 된다.

05

정답 ④

실종신고가 되었거나 행방불명 사실이 신고된 날부터 3년 이상 경과한 사람, 자신의 의사를 표현할 수 없는 사람은 환자가족의 범위에서 제외된다. 또한, 환자가족은 19세 이상이어야 하므로 미성년자인 막내아들의 경우도 환자가족의 범위에서 제외된다.

06

정답 ④

(가)에서의 상상은 민족의 특성에 대한 상상으로, 민족이 실체 없이 상상된 공동체라는 의미가 아니다. 또한 (나) 역시 민족이 특정 시기와 근대적 영토국가에 한해서는 사회적 실체라고 주장하고 있다. 따라서 ④의 내용은 추론할 수 없다.

07

정답 ①

김팀장의 업무지시에 따르면 근로자들에게 신직업자격을 알리기 위한 홍보 자료를 제작해야 한다. 따라서 홍보 자료의 대상은 근로자이므로 기능을 기업과 근로자 두 측면으로 나누어 설명하는 것은 적절하지 않다.

08

정답 ②

제시문의 '표준화된 언어와 방언 모두의 가치를 인정'하고, '잘 가려서 사용할 줄 아는 능력을 길러야 한다.'는 내용에 따르면 ②가 글의 주제로 가장 적절하다.

09

정답 ②

'어떤 목표로 뜻이 쏠리어 향함. 또는 그 방향이나 그쪽으로 쏠리는 의지'의 의미인 '지향(志向)'이 바르게 사용되었으므로 '지양'으로 수정하는 것은 적절하지 않다.

- 지양(止揚) : 더 높은 단계로 오르기 위하여 어떠한 것을 하지 아니함

오답분석

① 입찰의 뜻을 고려할 때, 문맥상 '어떤 문제를 다른 곳이나 다른 기회로 넘기어 맡기다.'의 의미인 '부치는'으로 고쳐 써야 한다.
③ '계약이나 조약 따위를 공식적으로 맺음'의 의미를 지닌 '체결(締結)'로 고쳐 써야 한다.
④ 세금이 면제되는 면세 사업자에 해당하므로 문맥상 '비교하여 덜어 내다.'의 의미를 지닌 '차감(差減)한'으로 고쳐 써야 한다.

10

정답 ④

네 번째 문단에 따르면 2000년대 초 연준의 금리 인하는 국공채에 투자했던 퇴직자들의 소득을 감소시켰고, 노년층에서 정부로, 정부에서 금융업으로 부의 대규모 이동이 이루어져 불평등을 심화시켰다. 따라서 금융업으로부터 정부로 부가 이동하였다는 ④는 제시문의 내용으로 적절하지 않다.

오답분석

① 두 번째 문단에 따르면 부동산 거품 대응 정책에서는 주택 담보 대출에 대한 규제가 금리 인상보다 더 효과적인 정책이다.
② 세 번째 문단과 네 번째 문단에 따르면 2000년대 초 연준의 저금리 정책으로 주택 가격이 상승하여 주택 시장의 거품을 초래하였고, 주식 가격 역시 상승하였지만 이에 대한 이득은 대체로 부유층에 집중되었다.
③ 마지막 문단에 따르면 2000년대 초 연준이 고용 증대를 기대하고 시행한 저금리 정책은 노동을 자본으로 대체하는 투자를 증대시킴으로써 오히려 실업률이 떨어지지 않는 구조를 만들었다.

11

정답 ④

- (가) : $\frac{34,273-29,094}{29,094}\times100≒17.8\%$
- (나) : $66,652+34,273+2,729=103,654$
- (다) : $\frac{103,654-91,075}{91,075}\times100≒13.8\%$

12

정답 ①

나영이와 현지가 같이 간 거리는 $150\times30=4,500$m이고, 집에서 공원까지의 거리는 $150\times50=7,500$m이다. 나영이가 집에 가는 데 걸린 시간은 $4,500\div300=15$분이고, 다시 공원까지 가는 데 걸린 시간은 $7,500\div300=25$분이다.
따라서 둘이 헤어진 후 현지가 공원에 도착하기까지 걸린 시간은 20분이고, 나영이가 다시 공원까지 가는 데 걸린 시간은 40분이므로 나영이는 현지가 도착하고 20분 후에 공원에 도착한다.

13

정답 ②

K통신회사의 기본요금을 x원이라 하면 다음 식이 성립한다.
$x+60a+30\times2a=21,600 \rightarrow x+120a=21,600$ … ㉠
$x+20a=13,600$ … ㉡
㉠－㉡을 하면
$100a=8,000$
$\therefore a=80$
따라서 a의 값은 80이다.

14

정답 ③

A사, B사, C사 자동차를 가진 사람의 수를 각각 a명, b명, c명이라 하자.
두 번째, 세 번째, 마지막 조건을 식으로 나타내면 다음과 같다.

- 두 번째 조건 : $a=b+10$ … ㉠
- 세 번째 조건 : $b=c+20$ … ㉡
- 마지막 조건 : $a=2c$ … ㉢

㉠에 ㉢을 대입하면 $2c=b+10$ … ㉣
㉡과 ㉣을 연립하면 $b=50$, $c=30$이고, 구한 c의 값을 ㉢에 대입하면 $a=60$이다.
첫 번째 조건에 따르면 자동차를 2대 이상 가진 사람은 없으므로 세 회사에서 생산된 어떤 자동차도 가지고 있지 않은 사람의 수는 $200-(60+50+30)=60$명이다.

15

정답 ③

현재 유지관리하는 도로의 총거리는 4,113km이고, 1990년대는 367.5+1,322.6+194.5+175.7=2,060.3km이다.
따라서 1990년대보다 현재 도로는 4,113−2,060.3=2,052.7km 더 길어졌다.

오답분석

① 2000년대 4차로 도로의 거리는 3,426−(155+450+342)=2,479km이므로 1960년대부터 유지관리하는 4차로 도로의 거리는 현재까지 계속 증가했다.
② 현재 유지관리하는 도로 한 노선의 평균거리는 $\frac{4,113}{29} \fallingdotseq$ 141.8km로 120km 이상이다.
④ 차선이 만들어진 순서는 4차로(1960년대) – 2차로(1970년대) – 6차로(1980년대) – 8차로(1990년대) – 10차로(현재)이다.

16

정답 ④

제시된 자료에 따르면 기준연도인 2022년 모든 품목의 가격지수는 100이다. 품목별로 2022년 가격지수 대비 2024년 3월 가격지수의 상승률을 구하면 다음과 같다.

- 육류 : $\frac{177.0-100}{100} \times 100 = 77\%$
- 낙농품 : $\frac{184.9-100}{100} \times 100 = 84.9\%$
- 곡물 : $\frac{169.8-100}{100} \times 100 = 69.8\%$
- 유지류 : $\frac{151.7-100}{100} \times 100 = 51.7\%$
- 설탕 : $\frac{187.9-100}{100} \times 100 = 87.9\%$

따라서 상승률이 가장 낮은 품목은 유지류이다.

오답분석

① 2024년 3월의 식량 가격지수의 전년 동월 대비 하락률
: $\frac{213.8-173.8}{213.8} \times 100 \fallingdotseq 18.71\%$
② 식량 가격지수 자료를 통해 확인할 수 있다.
③ 품목별로 2024년 3월 식량 가격지수의 전년 동월 대비 하락폭을 구하면 다음과 같다.
   - 육류 : 185.5−177.0=8.5
   - 낙농품 : 268.5−184.9=83.6
   - 곡물 : 208.9−169.8=39.1
   - 유지류 : 204.8−151.7=53.1
   - 설탕 : 254.0−187.9=66.1

   따라서 가장 큰 폭으로 하락한 품목은 낙농품이다.

17

정답 ③

2024년 축구 동호회의 전년 대비 인원 증가율은 $\frac{131-114}{114} \times 100 \fallingdotseq 15\%$이다.
따라서 2025년 축구 동호회 인원은 131×1.15≒151명이다.

18

정답 ③

2022년 전체 동호회의 평균 인원은 419÷7≒60명이다. 2022년 족구 동호회 인원은 62명이므로 전체 동호회의 평균 인원보다 더 많다.

오답분석

① 2022년과 2023년의 동호회 인원 전체에서 등산이 차지하는 비중을 분모와 분자의 증가율로 나눠서 비교하면 분모증가율은 $\frac{554-419}{419} \fallingdotseq \frac{1}{3}$이고, 분자증가율은 $\frac{42-35}{35} = \frac{1}{5}$이다.
따라서 2023년에는 비중이 감소했다.
② 2021년과 2022년의 동호회 인원 전체에서 배구가 차지하는 비중을 분모와 분자의 증가율로 나눠서 비교하면 분모증가율은 $\frac{419-359}{359} \fallingdotseq \frac{1}{6}$이고, 분자증가율은 $\frac{56-52}{52} = \frac{1}{13}$이다.
따라서 2022년에는 비중이 감소했다.
④ 2021년부터 2024년까지 등산과 여행 동호회 인원의 합은 각각 31, 60, 81, 131명으로, 2024년에는 축구 동호회 인원과 동일하다.

19

정답 ①

오답분석

② 10세 남녀 체중 모두 그래프의 수치가 자료보다 높다.
③ 4 ~ 5세 남자 표준 키 수치가 자료보다 낮다.
④ 12 ~ 13세 여자 표준 키 및 체중이 자료보다 높다.

20

정답 ②

오답분석

① 1993년 이후 안정성지수는 증가했다.
③ 질적성장지수를 제외하고 구조개혁 전반기의 증감폭이 더 크다.
④ 구조개혁 전반기 양적성장지수의 직전기간 대비 증감폭이 더 크다.

21 정답 ④

주어진 일정 순서를 표로 정리하면 다음과 같다.

<table>
<tr><td>1일</td><td>2일</td><td>3일</td><td>4일</td><td>5일</td><td>6일</td><td>7일</td><td>8일</td><td>9일</td><td>10일</td><td>11일</td></tr>
<tr><td colspan="3" rowspan="2">A</td><td>B</td><td colspan="7">D</td></tr>
<tr><td colspan="5">E</td><td></td><td></td><td></td></tr>
<tr><td colspan="6">C</td><td colspan="3">F</td><td></td><td></td></tr>
</table>

선결업무와 묶어서 생각해야 한다. D업무는 A업무와 B업무를 끝마친 후 실시해야 하므로 A(3일)+B(1일)+D(7일)=11일이 걸린다. 또한 E업무는 A업무 다음으로 실시해야 하므로 A(3일)+E(5일)=8일이 걸린다. F업무는 B, C업무를 끝낸 후 시작해야 하지만 B, C업무는 연결된 업무가 아니므로 두 업무 중 기간이 더 걸리는 C업무가 끝난 후 시작하면 C(6일)+F(3일)=9일이 걸린다. 따라서 가장 오래 걸리는 업무 기간이 모든 업무를 완료하는 최소 소요 기간이므로 최소 소요 기간은 11일이 된다.

22 정답 ①

㉠ B업무의 소요 기간이 4일로 연장된다면 3일이 늘어난 것이므로 D업무를 마칠 때까지 3+4+7=14일이 소요된다.

㉡ D업무의 선결업무가 없다면 가장 마지막에 마치는 업무는 F가 되고 모든 업무를 마치는 데 최소 9일이 소요된다.

오답분석

㉢ E업무의 선결업무에 C업무가 추가된다면 최소 소요 기간은 6+5=11일이 된다(A, C는 동시에 진행할 수 있다).

㉣ C업무의 소요 기간이 2일 연장되면 C(8일)+F(3일)=11일이므로 최소 소요 기간은 변하지 않는다.

23 정답 ③

첫 번째 조건에 따라 주거복지기획부가 반드시 참석해야 하므로 네 번째 조건의 대우에 의해 산업경제사업부는 참석하지 않는다.

- 노사협력부가 참석하는 경우
  세 번째 조건의 대우에 따라 인재관리부는 참석하지 않고, 마지막 조건에 따라 공유재산관리부도 참석하지 않으며, 공유재산개발부는 참석할 수도 있고 참석하지 않을 수도 있다. 즉, 주거복지기획부, 노사협력부, 공유재산개발부가 주간 회의에 참석할 수 있다.
- 공유재산관리부가 참석하는 경우
  두 번째 조건에 따라 공유재산개발부도 참석하며, 마지막 조건에 따라 노사협력부는 참석하지 않고, 인재관리부는 참석할 수도 있고 참석하지 않을 수도 있다. 즉, 주거복지기획부, 공유재산관리부, 공유재산개발부, 인재관리부가 주간 회의에 참석할 수 있다.

따라서 이번 주 주간 회의에 참석할 부서의 최대 수는 4개이다.

24 정답 ④

(다)에 의해 다래가 지원갈 수 있는 요일은 화・수・목요일이고, (사)에 의해 리화는 고은과 나영 이후에 지원을 간다. (라)에 의해 고은은 월요일에 지원을 갈 수 없으므로 이 조건을 만족하는 경우의 수는 다음과 같다.

구분		월요일	화요일	수요일	목요일
경우 1	여	나영	다래	고은	리화
	남				
경우 2	여	나영	고은	다래	리화
	남				
경우 3	여	나영	고은	리화	다래
	남				

(다)에 의해 동수가 지원갈 요일은 각각 월・화・수요일이며, (나)와 (바)에 의해 기태가 갈 수 있는 요일은 목요일뿐이다. (마)와 (바)에 의해 지원과 남호의 근무일을 구하여 빈칸을 채우면 다음과 같다.

구분		월요일	화요일	수요일	목요일
경우 1	여	나영	다래	고은	리화
	남	동수	남호	지원	기태
경우 2	여	나영	고은	다래	리화
	남	지원	동수	남호	기태
경우 3	여	나영	고은	리화	다래
	남	지원	남호	동수	기태

따라서 경우 3에 의해 고은이 화요일에 근무한다면 지원은 월요일에 근무한다.

25 정답 ①

ㄱ. 부패 금액이 산정되지 않은 6번의 경우에도 고발하였으므로 옳지 않다.

ㄴ. 2번의 경우 해임당하였음에도 고발되지 않았으므로 옳지 않다.

오답분석

ㄷ. 직무관련자로부터 금품을 수수한 사건은 2번, 4번, 5번, 7번, 8번으로 총 5건 있었다.

ㄹ. 2번과 4번은 모두 '직무관련자로부터 금품 및 향응 수수'로 동일한 부패행위 유형에 해당함에도 2번은 해임, 4번은 감봉 1개월의 처분을 받았으므로 옳다.

26 정답 ②

A센터와 C센터는 수용인원이 65명 미만이므로 대여할 수 없다(C센터의 경우 수용인원도 맞지 않지만, 보유 장비에 빔 프로젝트가 없고 회의실이 없는 것도 대여할 수 없는 조건이 된다). D센터는 컴퓨터를 보유하지 않았으며, 사용 가능 시간이 2시간 미만이므로 대여할 수 없다. 따라서 조건을 충족하는 교육 장소는 B센터이다.

27

정답 ①

지역 고령 농민 참여자가 30명으로 변경되면 A～D센터 모두 수용 인원 조건을 만족하게 된다. 그중에서 모든 조건을 만족하는 장소는 A센터와 B센터이다. 따라서 둘 중 더 저렴한 A센터를 대여할 것이다.

28

정답 ②

SWOT 분석이란 조직의 환경을 분석하기 위해 사용되는 정책환경 분석기법으로, 조직 내부환경과 관련된 강점(Strength), 약점(Weakness), 조직 외부환경과 관련된 기회(Opportunity), 위협(Threat)을 분석하는 방법이다. 따라서 바르게 분류한 것은 ②이다.

29

정답 ②

- 금연진료 · 상담료
  S씨는 고혈압 진료를 병행하였으므로 금연(동시)진료 비용으로 책정해야 한다.
  - 최초상담료 : 22,500×0.2－1,500=3,000원
  - 유지상담료 : 13,500×0.2－900=1,800원

  3회 차부터 금연진료의 본인부담금은 없으므로 S씨의 금연진료 · 상담료의 본인부담금은 3,000＋1,800=4,800원이다.
- 약국 금연 관리 비용
  약국을 2회 방문하였고 금연치료 의약품을 처방받았으므로 약국 금연 관리 비용 본인부담금은 1,600×2=3,200원이다.
- 금연치료 의약품 비용
  S씨가 처방받은 금연치료 의약품은 챔픽스정이다. 챔픽스정의 1정당 본인부담금은 400원이고 7주간 처방받은 챔픽스정은 2×(28＋21)=98정이므로, 금연치료 의약품 본인부담금은 400×98=39,200원이다.

따라서 S씨가 낸 본인부담금은 4,800＋3,200＋39,200=47,200원이다.

30

정답 ④

- 702 나 2838 : '702'는 승합차에 부여되는 자동차 등록번호이다.
- 431 사 3019 : '사'는 운수사업용 차량에 부여되는 자동차 등록번호이다.
- 912 라 2034 : '912'는 화물차에 부여되는 자동차 등록번호이다.
- 214 하 1800 : '하'는 렌터카에 부여되는 자동차 등록번호이다.
- 241 가 0291 : '0291'은 발급될 수 없는 등록번호이다.

따라서 보기에서 비사업용 승용차의 자동차 등록번호로 잘못 부여된 것은 모두 5개이다.

31

정답 ②

- [D11] 셀에 입력된 COUNTA 함수는 범위에서 비어있지 않은 셀의 개수를 구하는 함수이다. [B3:D9] 범위에서 비어있지 않은 셀의 개수는 숫자 '1' 10개와 '재제출 요망'으로 입력된 텍스트 2개로, 「=COUNTA(B3:D9)」의 결괏값은 12이다.
- [D12] 셀에 입력된 COUNT 함수는 범위에서 숫자가 포함된 셀의 개수를 구하는 함수이다. [B3:D9] 범위에서 숫자가 포함된 셀의 개수는 숫자 '1' 10개로, 「=COUNT(B3:D9)」의 결괏값은 10이다.
- [D13] 셀에 입력된 COUNTBLANK 함수는 범위에서 비어있는 셀의 개수를 구하는 함수이다. [B3:D9] 범위에서 비어있는 셀의 개수는 9개이므로 「=COUNTBLANK(B3:D9)」의 결괏값은 9이다.

32

정답 ③

비밀번호 설정 규칙에 따르면 알파벳 대문자 1개 이상을 반드시 넣어야 하는데 'qdfk#9685@21ck'에는 알파벳 대문자가 없다.

33

정답 ④

오답분석

① <u>Im#S367</u> : 비밀번호가 7자이므로 8자 이상 설정하라는 규칙에 어긋난다.
② asDf#3689<u>!!</u> : 같은 특수문자가 2회 이상 연속되어 사용되었으므로 규칙에 어긋난다.
③ C8&<u>hOUse</u>100%ck : 'hOUse'는 특정 단어가 성립되므로 규칙에 어긋난다.

34

정답 ③

대부상황은 개인정보 중 신용정보로 분류된다.

35

정답 ②

〈Shift〉＋〈F5〉는 현재 슬라이드부터 프레젠테이션을 실행하는 단축키이다.

오답분석

① 〈Ctrl〉＋〈S〉 : 저장하기
③ 〈Ctrl〉＋〈P〉 : 인쇄하기
④ 〈Shift〉＋〈F10〉 : 바로가기 메뉴를 표시

36

정답 ④

랜섬웨어는 감염되면 복구가 쉽지 않아 프로그램으로 복구가 어렵다. 따라서 복구 프로그램을 활용하는 것은 주의사항으로 보기 어려우며 '랜섬웨어에 감염이 되면 즉시 정보운영처로 연락해 주십시오.' 등이 들어가야 한다.

37

정답 ②

악성코드는 악의적인 목적을 위해 작성된 실행 가능한 코드의 통칭으로, 자기 복제 능력과 감염 대상 유무에 따라 바이러스, 웜, 트로이목마 등으로 분류되며 외부에서 침입하는 프로그램이다.

38

정답 ②

합계를 구할 범위는 [D2:D6]이며, [A2:A6]에서 "연필"인 데이터와 [B2:B6]에서 "서울"인 데이터는 [D4] 셀과 [D6] 셀이다. 따라서 결괏값은 300+200=500이다.

39

정답 ①

a	n
2	0
$3\times2+(-1)^2=7$	1
$3\times7+(-1)^7=20$	2
$3\times20+(-1)^{20}=61$	3
$3\times61+(-1)^{61}=182$	4
$3\times182+(-1)^{182}=547$	5

40

정답 ②

증감 연산자(++, --)는 피연산자를 1씩 증가시키거나 감소시킨다. 수식에서 증감 연산자가 피연산자의 후의에 사용되었을 때는 값을 먼저 리턴하고 증감시킨다.

temp=i++;은 temp에 i를 먼저 대입하고 난 뒤 i 값을 증가시키기 때문에 temp는 10, i는 11이 된다. temp=i--; 역시 temp에 먼저 i 값을 대입한 후 감소시키기 때문에 temp는 11, i는 10이 된다.

따라서 프로그램의 실행 결과는 11, 10이다.

제2영역 직무수행능력평가

| 01 | 보건의료지식 + 전공(행정직)

41	42	43	44	45	46	47	48	49	50
①	②	④	①	①	②	③	④	②	③
51	52	53	54	55	56	57	58	59	60
③	③	③	②	④	②	③	④	③	④
61	62	63	64	65	66	67	68	69	70
②	④	②	④	①	②	④	④	②	②
71	72	73	74	75	76	77	78	79	80
③	②	④	④	②	④	②	①	④	③

41

정답 ①

공단은 가입자나 피부양자가 보건복지부령으로 정하는 긴급하거나 그 밖의 부득이한 사유로 요양기관과 비슷한 기능을 하는 기관으로서 보건복지부령으로 정하는 기관(제98조 제1항에 따라 업무정지기간 중인 요양기관을 포함한다)에서 질병·부상·출산 등에 대하여 요양을 받거나 요양기관이 아닌 장소에서 출산한 경우에는 그 요양급여에 상당하는 금액을 보건복지부령으로 정하는 바에 따라 가입자나 피부양자에게 요양비로 지급한다(법 제49조 제1항).

42

정답 ②

제1항에 따라 조회 요청을 받은 공단은 7일(공휴일을 제외한다. 이하 같다) 이내에 급여제한 여부를 결정한 후 요양기관에 급여제한 여부 결정통보서로 회신하여야 하며, 회신을 받은 요양기관은 공단의 결정내용을 요양급여를 개시한 날부터 소급하여 적용하여야 한다(요양급여 규칙 제4조 제2항).

43

정답 ④

연체금 징수의 예외(규칙 제51조)

1. 전쟁 또는 사변으로 인하여 체납한 경우
2. 연체금의 금액이 공단의 정관으로 정하는 금액 이하인 경우
3. 사업장 또는 사립학교의 폐업·폐쇄 또는 폐교로 체납액을 징수할 수 없는 경우
4. 화재로 피해가 발생해 체납한 경우
5. 그 밖에 보건복지부장관이 연체금을 징수하기 곤란한 부득이한 사유가 있다고 인정하는 경우

44

정답 ①

재산보험료부과점수는 지역가입자의 재산을 기준으로 산정한다(법 제72조 제1항 전단).

45 정답 ①

공단은 사용자, 직장가입자 및 세대주가 공단에 신고한 보수 또는 소득 등이 해당 업종・직종별 평균 소득 등보다 낮은 경우에는 소득축소탈루심사위원회의 심사를 거쳐 관련 자료를 보건복지부장관에게 제출하고 국세청장에게 송부하여야 한다(영 제68조 제1항 제1호 나목).

오답분석

㉡ 공단은 사용자, 직장가입자 및 세대주가 신고 자료를 3개월 이상 늦게 제출한 경우에는 소득의 축소 또는 탈루에 관한 자료를 국세청장에게 송부하여야 한다(영 제68조 제1항 제2호 가목).
㉢ 공단은 사용자, 직장가입자 및 세대주가 조사를 3회 이상 거부・방해・기피한 경우에는 소득의 축소 또는 탈루에 관한 자료를 국세청장에게 송부하여야 한다(영 제68조 제1항 제2호 나목).

46 정답 ②

우리나라에서는 1963년에 의료보험법이 제정되었지만 재정마련 등 여러 가지 이유로 시행은 보류되었다. 실제로 의료보험이 실시된 것은 1977년 종업원 수 500인 이상 대기업을 대상으로 의료보험제도가 시행된 것이 최초이며, 이후 단계적으로 의료보험 적용대상이 확대되어 의료보험제도 도입 12년 만인 1989년에 전 국민을 대상으로 건강보험이 실시되었다.

47 정답 ③

국민건강보험종합계획의 수립 등(영 제2조의2 제2항)

보건복지부장관은 종합계획 및 시행계획을 수립하거나 변경한 경우에는 다음 각 호의 구분에 따른 방법으로 공표하여야 한다.

1. 종합계획 : 관보에 고시
2. 시행계획 : 보건복지부 인터넷 홈페이지에 게시

오답분석

① 영 제2조의2 제1항 제1호
② 영 제2조의2 제1항 제2호
④ 영 제2조의2 제2항 제2호

48 정답 ④

식품의약품안전처 허가 후 건강보험심사평가원 의약품관리종합정보센터에 표준코드를 신청하고, 신청접수 후 10일 이내에 표준코드를 공고한다.

49 정답 ②

오답분석

가・나・다. 국민건강보험공단의 업무에 해당한다(법 제14조).

50 정답 ③

건강보험심사평가원의 비전은 '공정한 심사평가, 탄탄한 보건의료체계, 신뢰받는 국민의료관리 전문기관'이다.

51 정답 ③

작성요령은 법률의 위임을 받은 것이기는 하나 법인세의 부과징수라는 행정적 편의를 도모하기 위한 절차적 규정으로서 단순히 행정규칙의 성질을 가지는 데 불과하여 과세관청이나 일반국민을 기속하는 것이 아니다(대판 2003.9.5., 2001두403).

오답분석

① 국회는 법률에 저촉되지 아니하는 범위 안에서 의사와 내부규율에 관한 규칙을 제정할 수 있다(헌법 제64조 제1항).
② 대통령령은 총리령 및 부령보다 우월한 효력을 가진다. 대통령령은 시행령, 총리령과 부령은 시행규칙의 형식으로 제정된다.
④ '학교장・교사 초빙제 실시'는 학교장・교사 초빙제의 실시에 따른 구체적 시행을 위해 제정한 내부의 사무처리지침으로서 "행정규칙"이라고 할 것이다(헌재결 2001.5.31., 99헌마413).

52 정답 ③

기획재정부장관은 국무회의 심의를 거쳐 대통령 승인을 얻은 다음 연도의 예산안편성지침을 매년 3월 31일까지 각 중앙관서의 장에게 통보하여야 한다(국가재정법 제28조・제29조).

53 정답 ③

도로・하천 등의 설치 또는 관리의 하자로 인한 손해에 대하여 국가 또는 지방자치단체는 국가배상법 제5조의 영조물책임을 진다.

오답분석

① 도로건설을 위해 토지를 수용당한 경우에는 위법한 국가작용이 아니라 적법한 국가작용이므로 개인은 손실보상청구권을 갖는다.
② 공무원이 직무수행 중에 적법하게 타인에게 손해를 입힌 경우 국가는 배상책임이 없다.
④ 공무원도 국가배상법 제2조나 제5조의 요건을 갖추면 국가배상청구권을 행사할 수 있다. 다만, 군인・군무원・경찰공무원 또는 예비군대원의 경우에는 일정한 제한이 있다.

54 정답 ②

법인이 아닌 사단 또는 재단으로서 대표자나 관리인이 정하여져 있는 경우에는 그 사단이나 재단의 이름으로 심판청구를 할 수 있다(행정심판법 제14조).

오답분석

① 행정심판법 제16조 제5항
③ 행정심판법 제17조 제2항
④ 행정심판법 제15조 제1항

55

정답 ④

시장세분화는 수요층별로 시장을 분할해 각 층에 대해 집중적인 마케팅 전략을 펴는 것으로, 인구통계적 세분화는 나이, 성별, 라이프사이클, 가족 수 등을 세분화하여 소비자 집단을 구분하는 데 많이 사용한다.

오답분석

① 시장포지셔닝 : 소비자들의 마음속에 자사제품의 바람직한 위치를 형성하기 위하여 제품 효익을 개발하고 커뮤니케이션하는 활동을 의미한다.
② 행동적 세분화 : 구매자의 사용상황, 사용경험, 상표애호도 등으로 시장을 나누는 것이다.
③ 사회심리적 세분화 : 사회계층, 준거집단, 라이프 스타일, 개성 등으로 시장을 나누는 것이다.

56

정답 ②

경영통제의 과정은 '표준의 설정 → 실제성과의 측정 → 편차의 수정' 순서이다.

57

정답 ③

인간관계론에서는 조직을 개인과 비공식 집단 및 집단 상호 간의 관계로 이루어지는 사회체제로 인식한다.

58

정답 ④

오답분석

① 물음표(Question Mark)에 속해 있는 사업 단위는 상대적으로 높은 시장성장률을 가지지만 점유율이 낮다.
② 개(Dog)에 속해 있는 사업 단위는 시장성장률과 점유율이 모두 낮아 철수가 요구된다.
③ 별(Star)에 속해 있는 사업 단위는 상대적으로 높은 시장점유율과 성장률을 가졌으며, 성공사업을 의미한다.

59

정답 ③

오답분석

ㄴ. 실제투자액과 필요투자액이 일치하므로 1인당 자본량이 더 이상 변하지 않는 상태를 균제상태라고 한다. 균제상태에서는 1인당 자본량이 더 이상 변하지 않으므로 자본증가율과 인구증가율이 일치하고, 경제성장률과 인구증가율도 일치한다.

60

정답 ④

오답분석

마. 환불 불가능한 숙박비는 회수할 수 없는 매몰비용이므로 선택 시 고려하지 않은 ⓔ의 행위는 합리적 선택 행위의 일면이라고 할 수 있다.

61

정답 ②

독점시장의 시장가격은 완전경쟁시장의 가격보다 높게 형성되므로 소비자 잉여는 줄어든다.

62

정답 ④

국제유가 등 국제 원자재 가격이 상승하면 수입가격 상승으로 경상수지가 악화되고, 경제성장이 둔화되며 실업도 증가하게 된다.

63

정답 ②

정책문제 자체를 잘못 인지한 상태에서 계속 해결책을 모색하여 정책문제가 해결되지 못하고 남아있는 상태는 제3종 오류라고 한다. 이때 제1종 오류는 옳은 가설을 틀리다고 판단하고 기각하는 오류이고, 제2종 오류는 틀린 가설을 옳다고 판단하여 채택하는 오류를 말한다.

64

정답 ④

자유민주적 기본질서는 자유민주주의 국가의 헌법의 기본질서로, 폭력적 지배와 자의적인 지배의 부정, 자유와 평등의 보장, 다수결의 원리, 국민의 자율성, 법치주의 등을 개념적인 요소로 한다. 0 에 대한 내용으로는 생명과 인격권의 존중, 국민주권, 권력분립, 사법권의 독립, 복수정당제 등이 있다. 따라서 법치주의에 위배되는 포괄위임입법주의는 민주적 기본질서의 원리와 거리가 멀다.

65

정답 ①

측정도구를 구성하는 측정지표 간의 일관성은 신뢰도를 의미한다. 내용 타당성이란 처치와 결과 사이에서 관찰된 관계로부터 도달하게 된 인과적 결론의 적합성 정도를 말한다.

66

정답 ②

취득세, 등록세, 면허세, 주민세, 재산세, 자동차세, 공동시설세, 지역개발세, 도시계획세 등이 지방세에 해당하는 항목이다.

67
정답 ④

특별지방행정기관은 국가사무의 통일적이고 전문적인 처리를 위하여 국가가 지방에 설치한 행정기관을 의미한다. 따라서 주민들의 직접 통제와 참여가 용이하지 않다.

오답분석

① 특별지방행정기관은 지역의 특수성보다는 사무의 통일적이고 전문적인 처리를 위하여 설치한다.
② 특별지방행정기관은 중앙정부에 의한 통제를 강조하므로 지방자치의 발전을 저해한다.
③ 특별지방행정기관은 불명확한 역할 배분(기능 중복)으로 인하여 행정의 낭비와 비효율성이 야기된다.

68
정답 ④

하명은 명령적 행정행위이다.

법률행위적 행정행위와 준법률행위적 행정행위

법률행위적 행정행위		준법률행위적 행정행위
명령적 행위	형성적 행위	
하명, 면제, 허가	특허, 인가, 대리	공증, 통지, 수리, 확인

69
정답 ②

행정청이 행한 공사중지명령의 상대방은 그 명령 이후에 그 원인사유가 소멸하였음을 들어 행정청에게 공사중지명령의 철회를 요구할 수 있는 조리상의 신청권이 있다(대판 2005.4.14., 2003두7590).

오답분석

① 원래 행정처분을 한 처분청은 그 처분에 하자가 있는 경우에는 원칙적으로 별도의 법적 근거가 없더라도 스스로 이를 직권으로 취소할 수 있지만, 그와 같이 직권취소를 할 수 있다는 사정만으로 이해관계인에게 처분청에 대하여 그 취소를 요구할 신청권이 부여된 것으로 볼 수는 없다(대판 2006.6.30., 2004두701).
③ 외형상 하나의 행정처분이라 하더라도 가분성이 있거나 그 처분대상의 일부가 특정될 수 있다면 그 일부만의 취소도 가능하고 그 일부의 취소는 당해 취소부분에 관하여 효력이 생긴다고 할 것인바, 이는 한 사람이 여러 종류의 자동차운전면허를 취득한 경우 그 각 운전면허를 취소하거나 그 운전면허의 효력을 정지함에 있어서도 마찬가지이다(대판 1995.11.16., 95누8850).
④ 대판 2005.4.29., 2004두11954

70
정답 ②

오답분석

① 메타 트렌드 : 자연의 법칙이나 영원성을 지닌 진화의 법칙이고, 사회적으로 일어나는 현상으로써 문화 전반을 아우르는 광범위하고 보편적인 트렌드이다.
③ 사회적 트렌드 : 삶에 대한 사람들의 감정, 동경, 문화적 갈증을 의미한다.
④ 소비자 트렌드 : 5 ~ 10년 동안 지속되어 소비 세계의 새로운 변화를 이끌어 내는 소비문화로부터 소비의 표층영역까지를 광범위하게 나타내는 현상을 의미한다.

71
정답 ③

주식시장은 발행시장과 유통시장으로 나누어진다. 발행시장이란 주식을 발행하여 투자자에게 판매하는 시장이고, 유통시장은 발행된 주식이 제3자 간에 유통되는 시장을 의미한다. 자사주 매입은 유통시장에서 이루어지며, 주식배당, 주식분할, 유・무상증자, 기업공개 등은 발행시장과 관련이 있다.

72
정답 ②

다수표적시장에서는 그 시장에 맞는 마케팅 전략을 수립, 개발, 홍보할 수 있는 차별적 마케팅 전략을 구사한다.

73
정답 ④

오답분석

ㄱ. 화폐수요의 이자율 탄력성이 높은 경우에는 총통화량을 많이 증가시켜도 이자율의 하락폭은 작기 때문에 투자의 증대 효과가 낮다. 반면, 화폐수요의 이자율 탄력성이 낮은 경우에는 총통화량을 조금만 증가시켜도 이자율의 하락폭은 커지므로 투자가 늘어나고 이로 인해 국민소득이 늘어나므로 통화정책의 효과가 높아진다.

74
정답 ④

자연실업률이란 마찰적 실업만 존재하는 완전고용상태의 실업률을 의미한다. 정부가 구직 사이트 등을 운영하여 취업정보를 제공하는 경우에는 자연실업률이 하락하지만 경제 불확실성의 증가, 정부의 사회보장 확대 등은 자연실업률을 상승시키는 요인이다.

75
정답 ②

소비의 경합성은 사적 재화의 특징으로, 시장에서 효율적 자원배분이 가능한 조건이다.

76

정답 ④

배제성이란 어떤 특정한 사람이 재화나 용역을 사용하는 것을 막을 수 있는 가능성을 말한다. 반대로 그렇지 못하는 경우를 비배제성이 있다고 한다. 한편, 경합성이란 재화나 용역을 한 사람이 사용하게 되면 다른 사람의 몫은 그만큼 줄어든다는 것으로, 희소성의 가치에 의해 발생하는 경제적인 성격의 문제이다. 일반적으로 접하는 모든 재화나 용역에는 경합성이 있으며, 만약 한 사람이 재화나 용역을 소비해도 다른 사람의 소비를 방해하지 않는다면 비경합성에 해당한다. 비경합성과 비배제성을 동시에 가지고 있는 재화나 용역에는 국방, 치안 등 공공재가 있다.

77

정답 ②

K국의 고용 관련 인구를 정리하면 다음과 같다.

(단위 : 만 명)

구분	생산가능 인구	경제 활동인구	비경제 활동인구	실업자	취업자
2023년	3,700	2,400	1,300	90	2,310
2024년	4,300	2,600	1,700	110	2,490

이를 토대로 고용 관련 지표를 정리하면 다음과 같다.

구분	경제활동참가율	실업률	고용률
2023년	64.86%	3.75%	62.43%
2024년	60.47%	4.23%	57.91%

따라서 2024년의 고용률(57.91%)은 2023년의 고용률(62.43%)보다 낮다.

고용 관련 지표의 계산

- (생산가능인구)=(경제활동인구)+(비경제활동인구)
- (경제활동인구)=(취업자)+(실업자)
- (경제활동참가율)=(경제활동인구)÷(생산가능인구)×100
- (실업률)=(실업자)÷(경제활동인구)×100
- (고용률)=(취업자)÷(생산가능인구)×100

78

정답 ①

헌법의 폐지는 기존의 헌법(전)은 배제하지만 헌법제정권력의 주체는 경질되지 않으면서 헌법의 근본규범성을 인정하고 헌법의 전부를 배제하는 경우이다.

79

정답 ④

발생주의는 수입과 지출의 실질적인 원인이 발생하는 시점을 기준으로 하여 회계계리를 한다. 따라서 정부의 수입을 '납세고지' 시점을 기준으로, 정부의 지출을 '지출원인행위'의 발생 시점을 기준으로 계산한다.

80

정답 ③

화폐수량설에 따르면 다음과 같다.

$$MV=pY \rightarrow \frac{\Delta M}{M}+\frac{\Delta V}{V}=\frac{\Delta p}{p}+\frac{\Delta Y}{Y}$$

$$\frac{\Delta p}{p}=\frac{\Delta M}{M}+\frac{\Delta V}{V}-\frac{\Delta Y}{Y}=6+0-3=3\%$$

피셔 방정식에 따르면

i(명목이자율)$=r$(실질이자율)$+\pi$(물가상승률)이다.

따라서 $r=i-\pi=10-3=7\%(\pi=\Delta p/p)$이다.

| 02 | 보건의료지식(심사직)

41	42	43	44	45	46	47	48	49	50
④	④	②	③	②	④	③	③	②	④
51	52	53	54	55	56	57	58	59	60
④	①	④	②	②	①	②	④	①	④
61	62	63	64	65	66	67	68	69	70
③	③	③	④	③	②	②	②	①	④
71	72	73	74	75	76	77	78	79	80
①	②	①	②	②	②	②	④	①	②

41

정답 ④

포괄수가제는 개개의 치료행위를 단위로 하지 않고 환자가 어떤 질병에 대한 진료를 받았는가를 기준으로 정해진 일정액의 진료비를 지불하는 방식이다. 즉, 환자가 어떤 치료를 받든지 입원일수와 질병의 정도(중증도)에 따라 미리 진료비 총액이 책정되어 있다. 한편, 일당진료비는 투입자원이나 서비스 강도의 차이를 두지 않고 진료 1일당 수가를 책정하여 진료기간에 따라 진료비 총액이 결정되는 제도이다.

42

정답 ④

심의위원회는 위원장 1명과 부위원장 1명을 포함하여 25명의 위원으로 구성한다(법 제4조 제2항).

오답분석

① 법 제4조 제5항
② 법 제4조 제3항
③ 법 제4조 제4항 제1호

43

정답 ②

- 사용자는 납입고지가 유예된 보수월액보험료를 그 사유가 없어진 후 보수가 지급되는 최초의 달의 보수에서 공제하여 납부하여야 한다. 다만, 납입고지가 유예된 보수월액보험료가 해당 직장가입자의 월 보수월액보험료의 3배(㉠) 이상이고 해당 직장가입자가 원하는 경우에는 납입 고지 유예 해지 신청을 할 때에 해당 보수월액보험료의 분할납부를 함께 신청하여야 한다(규칙 제50조 제6항).
- 사용자가 분할납부를 신청한 경우에는 10회(㉡)의 범위에서 해당 보수월액보험료를 균등하게 분할하여 납부할 수 있다. 이 경우 매월 분할납부하는 금액은 해당 직장가입자의 월 보수월액보험료 이상이어야 한다(규칙 제50조 제7항).

44

정답 ③

의약품안전사용서비스(DUR)의 운영 성과

- 환자의 투약이력까지 실시간으로 점검하는 세계 유일의 시스템
- 신속한 응답속도 보장과 365일 24시간 무중단서비스 실시
- 의약품 금기 및 안정성 정보 등의 실시간 제공으로 의사 및 약사 의약품 처방 및 조제 지원
- 국민의 안전한 의약품 복용 지원
- 적십자사와 헌혈금지 의약품 복약내역 정보공유로 안전한 혈액 사용
- 의약품 실시간 사용내역 파악으로 국가 차원의 의약품 감시망 운영(전염병 등)

45

정답 ②

선별급여의 적합성평가의 평가주기는 선별급여를 실시한 날부터 5년마다 평가한다. 다만, 보건복지부장관은 해당 선별급여의 내용・성격 또는 효과 등을 고려하여 신속한 평가가 필요하다고 인정하는 경우에는 그 평가주기를 달리 정할 수 있다(영 제18조의4 제2항).

46

정답 ④

부담금 등(규칙 제38조)

① 법 제67조 제1항에 따른 부담금("부담금")은 보건복지부장관이 승인한 심사평가원의 예산에 계상된 금액으로 하되, 공단의 전전년도 보험료 수입의 1,000분의 30을 넘을 수 없다.
② 수수료는 심사평가원 원장이 업무를 위탁한 자와 계약으로 정하는 금액으로 하되, 의료급여비용 심사에 관한 비용은 보건복지부장관이 정하는 바에 따른다.
③ 심사평가원은 부담금이 회계연도가 시작되기 전까지 확정되지 아니한 경우에는 전년도 부담금에 준하여 해당 연도 부담금을 징수하고 부담금 확정 후 정산한다.
④ 심사평가원은 부담금을 분기별로 징수하고, 제2항에 따른 수수료는 월별로 징수한다.
⑤ 부담금 및 수수료의 징수・납부 절차 및 방법 등에 관하여 필요한 사항은 보건복지부장관이 정하는 바에 따른다.

47

정답 ③

월별 보험료액의 상한 및 하한은 보건복지부장관이 정하여 고시하는 금액으로 한다(영 제32조).

48

정답 ③

- 양수인이 양도인에게 지급했거나 지급해야 할 금액이 있는 경우에는 그 금액과 시가의 차액이 3억 원(㉠) 이상인 경우(영 제46조의2 제3항 제1호)
- 양수인이 양도인에게 지급했거나 지급해야 할 금액이 있는 경우에는 그 금액과 시가의 차액이 그 시가의 100분의 30(㉡)에 상당하는 금액 이상인 경우(영 제46조의2 제3항 제2호)

49

정답 ②

업무의 위탁(규칙 제64조 제1항)

공단은 법 제112조 제2항에 따라 국가기관·지방자치단체·심사평가원 및 국민연금법에 따른 국민연금공단에 다음 각 호의 업무를 위탁할 수 있다.

1. 가입자의 자격 취득·변경 및 상실 신고의 접수 및 처리
2. 건강보험증의 발급 및 가입자의 민원접수 및 처리
3. 요양급여비용의 지급에 관한 업무
4. 체납된 보험료 등, 연체금 및 체납처분비의 조회 및 납부 사실 확인에 관한 업무

50

정답 ④

징수이사 후보의 자격기준 및 심사기준 등(규칙 제9조 제3항)

징수이사추천위원회는 징수이사 후보로 추천될 사람과 다음 각 호의 계약 조건에 대하여 협의하여야 한다.

1. 법에 따라 징수하는 보험료, 국민연금법, 고용보험 및 산업재해보상보험의 보험료징수 등에 관한 법률, 임금채권보장법, 석면피해구제법의 위탁에 따라 징수하는 연금보험료, 고용보험료, 산업재해보상보험료, 부담금 및 분담금 등의 징수 목표 및 민원관리에 관한 사항
2. 보수와 상벌 등 근로 조건에 관한 사항
3. 해임 사유에 관한 사항
4. 그 밖에 고용관계의 성립·소멸 등에 필요한 사항

51

정답 ④

요양급여의 절차(요양급여 규칙 제2조 제3항)

제1항 및 제2항의 규정에 불구하고 가입자 등이 다음 각 호의 1에 해당하는 경우에는 상급종합병원에서 1단계 요양급여를 받을 수 있다.

1. 응급의료에 관한 법률 제2조 제1호에 해당하는 응급환자인 경우
2. 분만의 경우
3. 치과에서 요양급여를 받는 경우
4. 장애인복지법 제32조에 따른 등록 장애인 또는 단순 물리치료가 아닌 작업치료·운동치료 등의 재활치료가 필요하다고 인정되는 자가 재활의학과에서 요양급여를 받는 경우
5. 가정의학과에서 요양급여를 받는 경우
6. 당해 요양기관에서 근무하는 가입자가 요양급여를 받는 경우
7. 혈우병환자가 요양급여를 받는 경우

52

정답 ①

공단은 제3항에 따른 확인 결과를 통보받았을 때에는 부득이한 사유가 없으면 통보를 받은 날부터 7일 이내에 인정 여부를 결정하여 그 결과를 신청인에게 통보하여야 한다(규칙 제14조 제4항).

53

정답 ④

요양비(규칙 제23조 제1항)

법 제49조 제1항에서 "보건복지부령으로 정하는 긴급하거나 그 밖의 부득이한 사유"란 다음 각 호의 어느 하나에 해당하는 경우를 말한다.

1. 요양기관을 이용할 수 없거나 요양기관이 없는 경우
2. 만성신부전증 환자가 의사의 요양비처방전에 따라 복막관류액 또는 자동복막투석에 사용되는 소모성 재료를 요양기관 외의 의약품판매업소에서 구입·사용한 경우
3. 산소치료를 필요로 하는 환자가 의사의 산소치료 요양비처방전에 따라 보건복지부장관이 정하여 고시하는 방법으로 산소치료를 받는 경우
4. 당뇨병 환자가 의사의 요양비처방전에 따라 혈당검사 또는 인슐린주사에 사용되는 소모성 재료나 당뇨병 관리기기를 요양기관 외의 의료기기판매업소에서 구입·사용한 경우
5. 신경인성 방광환자가 의사의 요양비처방전에 따라 자가도뇨에 사용되는 소모성 재료를 요양기관 외의 의료기기판매업소에서 구입·사용한 경우
6. 보건복지부장관이 정하여 고시하는 질환이 있는 사람으로서 인공호흡기 또는 기침유발기를 필요로 하는 환자가 의사의 요양비처방전에 따라 인공호흡기 또는 기침유발기를 대여받아 사용하는 경우
7. 수면무호흡증 환자가 의사의 요양비처방전에 따라 양압기(수면 중 좁아진 기도에 지속적으로 공기를 불어 넣어 기도를 확보해 주는 기구를 말한다)를 대여받아 사용하는 경우

54

정답 ②

약제에 대한 요양급여비용 상한금액의 감액 등(법 제41조의2 제1항·제2항)

① 보건복지부장관은 약사법 제47조 제2항의 위반과 관련된 제41조 제1항 제2호의 약제에 대하여는 요양급여비용 상한금액(제41조 제3항에 따라 약제별 요양급여비용의 상한으로 정한 금액을 말한다)의 100분의 20(㉠)을 넘지 아니하는 범위에서 그 금액의 일부를 감액할 수 있다.

② 보건복지부장관은 제1항에 따라 요양급여비용의 상한금액이 감액된 약제가 감액된 날부터 5년의 범위에서 대통령령으로 정하는 기간 내에 다시 제1항에 따른 감액의 대상이 된 경우에는 요양급여비용 상한금액의 100분의 40(㉡)을 넘지 아니하는 범위에서 요양급여비용 상한금액의 일부를 감액할 수 있다.

55
정답 ②

예산(법 제36조)

공단은 회계연도마다 예산안을 편성하여 이사회의 의결을 거친 후 보건복지부장관의 승인을 받아야 한다. 예산을 변경할 때에도 또한 같다.

오답분석

① 법 제35조 제2항
③ 법 제37조
④ 법 제35조 제3항

56
정답 ①

소득월액(법 제71조 제1항)

직장가입자의 보수 외 소득월액은 제70조에 따른 보수월액의 산정에 포함된 보수를 제외한 직장가입자의 소득("보수 외 소득")이 대통령령으로 정하는 금액을 초과하는 경우 다음의 계산식에 따른 값을 보건복지부령으로 정하는 바에 따라 평가하여 계산한다.

[(연간 보수 외 소득)−(대통령령으로 정하는 금액)] $\times \frac{1}{12}$

57
정답 ②

1단계 요양급여는 의료법 제3조의4에 따른 상급종합병원("상급종합병원")을 제외한 요양기관에서 받는 요양급여(건강진단 또는 건강검진을 포함한다)를 말하며, 2단계 요양급여는 상급종합병원에서 받는 요양급여를 말한다(요양급여 규칙 제2조 제2항).

오답분석

① 요양급여 규칙 제2조 제1항
③ 요양급여 규칙 제2조 제3항 제5호·제6호·제7호
④ 요양급여 규칙 제2조 제4항

58
정답 ④

연체금(법 제80조 제1항)

공단은 보험료 등의 납부의무자가 납부기한까지 보험료 등을 내지 아니하면 그 납부기한이 지난 날부터 매 1일이 경과할 때마다 다음 각 호에 해당하는 연체금을 징수한다.

1. 보험급여 제한 기간 중 받은 보험급여에 대한 징수금을 체납한 경우 : 해당 체납금액의 1,500분의 1에 해당하는 금액. 이 경우 연체금은 해당 체납금액의 1,000분의 20을 넘지 못한다.
2. 제1호 외에 국민건강보험법에 따른 징수금을 체납한 경우 : 해당 체납금액의 1,000분의 1에 해당하는 금액. 이 경우 연체금은 해당 체납금액의 1,000분의 30을 넘지 못한다.

59
정답 ①

국내체류 외국인 중 직장가입자의 경우 체류기간이 종료된 날의 다음 날 자격을 잃는다(영 제76조의2 제2항 제1호 가목).

오답분석

② 영 제76조의2 제2항 제1호 나목
③ 영 제76조의2 제2항 제1호 다목
④ 영 제76조의2 제2항

60
정답 ④

공단은 고액·상습체납자의 인적사항 등을 공개할 때에는 체납자의 성명, 상호(법인의 명칭을 포함한다), 나이, 업종·직종, 주소, 체납액의 종류·납부기한·금액, 체납요지 등을 공개하여야 하고, 체납자가 법인인 경우에는 법인의 대표자를 함께 공개하여야 한다(영 제48조 제4항).

61
정답 ③

심사평가원은 공단의 이사장이 계약을 체결하기 위하여 필요한 자료를 요청하면 그 요청에 성실히 따라야 한다(법 제45조 제6항).

오답분석

① 법 제45조 제1항
② 법 제45조 제5항
④ 법 제45조 제3항

62
정답 ③

분쟁조정위원회는 제3항에 따른 구성원 과반수의 출석과 출석위원 과반수의 찬성으로 의결한다(법 제89조 제4항).

오답분석

① 법 제89조 제2항
② 법 제89조 제6항
④ 법 제89조 제3항

63
정답 ③

제51조 제2항에 따라 보조기기에 대한 보험급여를 청구한 자는 보험급여를 지급받은 날부터 3년간 보건복지부령으로 정하는 바에 따라 보험급여 청구에 관한 서류를 보존하여야 한다(법 제96조의4 제4항).

64

정답 ④

공단은 속임수나 그 밖의 부당한 방법으로 보험급여 비용을 받은 요양기관이 의료법 제33조 제2항을 위반하여 의료기관을 개설할 수 없는 자가 의료인의 면허나 의료법인 등의 명의를 대여받아 개설·운영하는 의료기관에 해당하는 경우에는 해당 요양기관을 개설한 자에게 그 요양기관과 연대하여 제1항에 따른 징수금을 납부하게 할 수 있다(법 제57조 제2항 제1호).

오답분석

① 법 제57조 제4항
② 법 제57조 제1항
③ 법 제57조 제3항

65

정답 ③

보험료 등의 납입고지 기한(규칙 제48조)

공단은 보험료와 그 밖에 법에 따른 징수금("보험료 등")의 납입고지를 할 때에는 납부의무자에게 보험료 등의 납부기한 10일 전까지 납입고지서를 발급하여야 한다.

66

정답 ②

사용자는 휴직이나 그 밖의 사유로 보수의 전부 또는 일부가 지급되지 아니하는 직장가입자("휴직자 등")의 보수월액보험료에 대한 납입고지를 유예받으려면 휴직 등의 사유가 발생한 날부터 14일 이내에 휴직자 등 직장가입자 보험료 납입고지 유예 신청서를 공단에 제출해야 한다(규칙 제50조 제1항).

67

정답 ②

건강보험심사평가원의 진료비 심사처리 절차

1. 청구명세서 접수 : 의료공급자가 건강보험심사평가원의 진료비청구프로그램을 이용하여 청구 전에 청구파일을 점검하고 인터넷 망을 통해 건강보험심사평가원에 직접 청구하고 심사결과를 통보받는 쉽고 편리한 청구운영서비스이다.
2. 전산심사 : 접수된 모든 청구명세서의 환자 상병코드, 청구코드 및 가격의 오류 점검, 청구내역과 급여기준 등의 적합성 여부, 약제의 허가사항 초과 등에 대해 사람이 심사하는 것과 같이 로직화된 전산프로그램을 통해 심사가 이루어진다.
3. 전문심사 : 전문의학적 판단이 필요한 건을 심사자가 직접 심사하는 것으로, 일차적으로 심사직원에 의한 심사가 이루어지고, 전문의학적 판단을 위해 해당분야 전문의사가 하는 심사위원 심사와 여러 전문가가 모여서 적정성 여부를 심사하는 심사위원회 심사가 있다.
4. 심사 사후관리 : 심사가 완료된 건 중 수진자별, 진료기간별 또는 의료공급자 간 연계가 되지 않아 미처 급여기준 적용하지 못한 것에 대하여 추가적인 심사를 하여 지급된 비용을 환수한다. 의료공급자와 국민건강보험공단은 건강보험심사평가원의 심사결정에 대하여 수용할 수 없다고 판단되는 경우에 관련 자료를 첨부하여 이의신청할 수 있다.

68

정답 ②

제1항 및 제2항에 따른 이의신청("이의신청")은 처분이 있음을 안 날부터 90일 이내에 문서(전자문서를 포함한다)로 하여야 하며 처분이 있은 날부터 180일을 지나면 제기하지 못한다. 다만, 정당한 사유로 그 기간에 이의신청을 할 수 없었음을 소명한 경우에는 그러하지 아니하다(법 제87조 제3항).

오답분석

① 법 제87조 제5항
③ 법 제87조 제3항
④ 법 제87조 제2항

69

정답 ①

약제·치료재료에 대한 요양급여비용(영 제22조)

① 약제·치료재료에 대한 요양급여비용은 다음 각 호의 구분에 따라 결정한다. 이 경우 구입금액(요양기관이 해당 약제 및 치료재료를 구입한 금액을 말한다)이 상한금액보다 많을 때에는 구입금액은 상한금액과 같은 금액으로 한다.
   1. 한약제 : 상한금액
   2. 한약제 외의 약제 : 구입금액
   3. 삭제
   4. 치료재료 : 구입금액

② 제1항에 따른 약제 및 치료재료에 대한 요양급여비용의 결정 기준·절차, 그 밖에 필요한 사항은 보건복지부장관이 정하여 고시한다.

70

정답 ④

분쟁조정위원회 위원이 해당 안건의 당사자와 친족이거나 친족이었던 경우 분쟁조정위원회의 심리·의결에서 제척된다(영 제65조의2 제1항 제2호).

오답분석

① 영 제65조의2 제1항 제1호
② 영 제65조의2 제1항 제3호
③ 영 제65조의2 제1항 제5호

71

정답 ①

자격의 취득 시기 등(법 제8조)

① 가입자는 국내에 거주하게 된 날에 직장가입자 또는 지역가입자의 자격을 얻는다. 다만, 다음 각 호의 어느 하나에 해당하는 사람은 그 해당되는 날에 각각 자격을 얻는다.
   1. 수급권자이었던 사람은 그 대상자에서 제외된 날
   2. 직장가입자의 피부양자이었던 사람은 그 자격을 잃은 날
   3. 유공자등 의료보호대상자이었던 사람은 그 대상자에서 제외된 날
   4. 제5조 제1항 제2호 가목에 따라 보험자에게 건강보험의 적용을 신청한 유공자등 의료보호대상자는 그 신청한 날

② 제1항에 따라 자격을 얻은 경우 그 직장가입자의 사용자 및 지역가입자의 세대주는 그 명세를 보건복지부령으로 정하는 바에 따라 자격을 취득한 날부터 14일 이내에 보험자에게 신고하여야 한다.

72

정답 ②

결손처분(법 제84조)

① 공단은 다음 각 호의 어느 하나에 해당하는 사유가 있으면 재정운영위원회의 의결을 받아 보험료 등을 결손처분할 수 있다.
  1. 체납처분이 끝나고 체납액에 충당될 배분금액이 그 체납액에 미치지 못하는 경우
  2. 해당 권리에 대한 소멸시효가 완성된 경우
  3. 그 밖에 징수할 가능성이 없다고 인정되는 경우로서 대통령령으로 정하는 경우

② 공단은 제1항 제3호에 따라 결손처분을 한 후 압류할 수 있는 다른 재산이 있는 것을 발견한 때에는 지체 없이 그 처분을 취소하고 체납처분을 하여야 한다.

73

정답 ①

보건복지부장관은 독립적 검토를 수행하게 하기 위하여 검토 절차를 총괄하는 1명의 책임자와 검토를 담당하는 30명 이내의 검토자를 위촉하여야 한다(요양급여 규칙 제13조의2 제2항).

74

정답 ②

보건복지부장관은 요양기관이 속임수나 그 밖의 부당한 방법으로 보험자·가입자 및 피부양자에게 요양급여비용을 부담하게 한 경우에 해당하면 그 요양기관에 대하여 1년의 범위에서 기간을 정하여 업무정지를 명할 수 있다(법 제98조 제1항 제1호).

오답분석

① 법 제98조 제1항 제2호
③ 법 제98조 제3항 전단
④ 법 제98조 제1항 제3호

75

정답 ②

포상금 및 장려금의 지급 기준과 범위, 절차 및 방법 등에 필요한 사항은 대통령령으로 정한다(법 제104조 제4항).

오답분석

① 법 제104조 제3항 제2호
③ 법 제104조 제1항 제3호
④ 법 제104조 제1항 제2호

76

정답 ②

중증질환심의위원회는 보건의료분야에 관한 학식과 경험이 풍부한 45인 이내의 위원으로 구성하되, 중증질환심의위원회의 구성 및 운영 등에 관하여 필요한 사항은 건강보험심사평가원의 정관으로 정한다(요양급여 규칙 제5조의2 제2항).

77

정답 ②

벌칙(법 제117조)

제42조 제5항을 위반한 자 또는 제49조 제2항을 위반하여 요양비 명세서나 요양 명세를 적은 영수증을 내주지 아니한 자는 500만 원 이하의 벌금에 처한다.

78

정답 ④

이의신청 결정기간(영 제58조)

① 공단과 심사평가원은 이의신청을 받은 날부터 60일(㉠) 이내에 결정을 하여야 한다. 다만, 부득이한 사정이 있는 경우에는 30일(㉡)의 범위에서 그 기간을 연장할 수 있다.

② 공단과 심사평가원은 제1항 단서에 따라 결정기간을 연장하려면 결정기간이 끝나기 7일(㉢) 전까지 이의신청을 한 자에게 그 사실을 알려야 한다.

79

정답 ①

요양급여비용 심사결과통보서 및 요양급여비용 지급통보서의 서식과 요양급여비용의 심사·지급에 필요한 사항은 보건복지부장관이 정하여 고시한다(규칙 제20조 제4항).

80

정답 ②

차입금(법 제37조)

공단은 지출할 현금이 부족한 경우에는 차입할 수 있다. 다만, 1년 이상 장기로 차입하려면 보건복지부장관의 승인을 받아야 한다.

건강보험심사평가원 필기시험 답안카드

성 명

지원 분야

문제지 형별기재란	
(　　　)형	Ⓐ Ⓑ

수 험 번 호						
⓪	⓪	⓪	⓪	⓪	⓪	⓪
①	①	①	①	①	①	①
②	②	②	②	②	②	②
③	③	③	③	③	③	③
④	④	④	④	④	④	④
⑤	⑤	⑤	⑤	⑤	⑤	⑤
⑥	⑥	⑥	⑥	⑥	⑥	⑥
⑦	⑦	⑦	⑦	⑦	⑦	⑦
⑧	⑧	⑧	⑧	⑧	⑧	⑧
⑨	⑨	⑨	⑨	⑨	⑨	⑨

감독위원 확인
㊞ 인

1	① ② ③ ④	21	① ② ③ ④	41	① ② ③ ④	61	① ② ③ ④
2	① ② ③ ④	22	① ② ③ ④	42	① ② ③ ④	62	① ② ③ ④
3	① ② ③ ④	23	① ② ③ ④	43	① ② ③ ④	63	① ② ③ ④
4	① ② ③ ④	24	① ② ③ ④	44	① ② ③ ④	64	① ② ③ ④
5	① ② ③ ④	25	① ② ③ ④	45	① ② ③ ④	65	① ② ③ ④
6	① ② ③ ④	26	① ② ③ ④	46	① ② ③ ④	66	① ② ③ ④
7	① ② ③ ④	27	① ② ③ ④	47	① ② ③ ④	67	① ② ③ ④
8	① ② ③ ④	28	① ② ③ ④	48	① ② ③ ④	68	① ② ③ ④
9	① ② ③ ④	29	① ② ③ ④	49	① ② ③ ④	69	① ② ③ ④
10	① ② ③ ④	30	① ② ③ ④	50	① ② ③ ④	70	① ② ③ ④
11	① ② ③ ④	31	① ② ③ ④	51	① ② ③ ④	71	① ② ③ ④
12	① ② ③ ④	32	① ② ③ ④	52	① ② ③ ④	72	① ② ③ ④
13	① ② ③ ④	33	① ② ③ ④	53	① ② ③ ④	73	① ② ③ ④
14	① ② ③ ④	34	① ② ③ ④	54	① ② ③ ④	74	① ② ③ ④
15	① ② ③ ④	35	① ② ③ ④	55	① ② ③ ④	75	① ② ③ ④
16	① ② ③ ④	36	① ② ③ ④	56	① ② ③ ④	76	① ② ③ ④
17	① ② ③ ④	37	① ② ③ ④	57	① ② ③ ④	77	① ② ③ ④
18	① ② ③ ④	38	① ② ③ ④	58	① ② ③ ④	78	① ② ③ ④
19	① ② ③ ④	39	① ② ③ ④	59	① ② ③ ④	79	① ② ③ ④
20	① ② ③ ④	40	① ② ③ ④	60	① ② ③ ④	80	① ② ③ ④

※ 본 답안카드는 마킹연습용 모의 답안카드입니다.

〈절취선〉

건강보험심사평가원 필기시험 답안카드

성 명

지원 분야

문제지 형별기재란	
(　　　)형	Ⓐ Ⓑ

수 험 번 호						
⓪	⓪	⓪	⓪	⓪	⓪	⓪
①	①	①	①	①	①	①
②	②	②	②	②	②	②
③	③	③	③	③	③	③
④	④	④	④	④	④	④
⑤	⑤	⑤	⑤	⑤	⑤	⑤
⑥	⑥	⑥	⑥	⑥	⑥	⑥
⑦	⑦	⑦	⑦	⑦	⑦	⑦
⑧	⑧	⑧	⑧	⑧	⑧	⑧
⑨	⑨	⑨	⑨	⑨	⑨	⑨

감독위원 확인
인

1	①	②	③	④	21	①	②	③	④	41	①	②	③	④	61	①	②	③	④
2	①	②	③	④	22	①	②	③	④	42	①	②	③	④	62	①	②	③	④
3	①	②	③	④	23	①	②	③	④	43	①	②	③	④	63	①	②	③	④
4	①	②	③	④	24	①	②	③	④	44	①	②	③	④	64	①	②	③	④
5	①	②	③	④	25	①	②	③	④	45	①	②	③	④	65	①	②	③	④
6	①	②	③	④	26	①	②	③	④	46	①	②	③	④	66	①	②	③	④
7	①	②	③	④	27	①	②	③	④	47	①	②	③	④	67	①	②	③	④
8	①	②	③	④	28	①	②	③	④	48	①	②	③	④	68	①	②	③	④
9	①	②	③	④	29	①	②	③	④	49	①	②	③	④	69	①	②	③	④
10	①	②	③	④	30	①	②	③	④	50	①	②	③	④	70	①	②	③	④
11	①	②	③	④	31	①	②	③	④	51	①	②	③	④	71	①	②	③	④
12	①	②	③	④	32	①	②	③	④	52	①	②	③	④	72	①	②	③	④
13	①	②	③	④	33	①	②	③	④	53	①	②	③	④	73	①	②	③	④
14	①	②	③	④	34	①	②	③	④	54	①	②	③	④	74	①	②	③	④
15	①	②	③	④	35	①	②	③	④	55	①	②	③	④	75	①	②	③	④
16	①	②	③	④	36	①	②	③	④	56	①	②	③	④	76	①	②	③	④
17	①	②	③	④	37	①	②	③	④	57	①	②	③	④	77	①	②	③	④
18	①	②	③	④	38	①	②	③	④	58	①	②	③	④	78	①	②	③	④
19	①	②	③	④	39	①	②	③	④	59	①	②	③	④	79	①	②	③	④
20	①	②	③	④	40	①	②	③	④	60	①	②	③	④	80	①	②	③	④

※ 본 답안카드는 마킹연습용 모의 답안카드입니다.

건강보험심사평가원 필기시험 답안카드

성 명

지원 분야

문제지 형별기재란	
(　　　)형	Ⓐ Ⓑ

수 험 번 호						
⓪	⓪	⓪	⓪	⓪	⓪	⓪
①	①	①	①	①	①	①
②	②	②	②	②	②	②
③	③	③	③	③	③	③
④	④	④	④	④	④	④
⑤	⑤	⑤	⑤	⑤	⑤	⑤
⑥	⑥	⑥	⑥	⑥	⑥	⑥
⑦	⑦	⑦	⑦	⑦	⑦	⑦
⑧	⑧	⑧	⑧	⑧	⑧	⑧
⑨	⑨	⑨	⑨	⑨	⑨	⑨

감독위원 확인
㊞ 인

1	① ② ③ ④	21	① ② ③ ④	41	① ② ③ ④	61	① ② ③ ④
2	① ② ③ ④	22	① ② ③ ④	42	① ② ③ ④	62	① ② ③ ④
3	① ② ③ ④	23	① ② ③ ④	43	① ② ③ ④	63	① ② ③ ④
4	① ② ③ ④	24	① ② ③ ④	44	① ② ③ ④	64	① ② ③ ④
5	① ② ③ ④	25	① ② ③ ④	45	① ② ③ ④	65	① ② ③ ④
6	① ② ③ ④	26	① ② ③ ④	46	① ② ③ ④	66	① ② ③ ④
7	① ② ③ ④	27	① ② ③ ④	47	① ② ③ ④	67	① ② ③ ④
8	① ② ③ ④	28	① ② ③ ④	48	① ② ③ ④	68	① ② ③ ④
9	① ② ③ ④	29	① ② ③ ④	49	① ② ③ ④	69	① ② ③ ④
10	① ② ③ ④	30	① ② ③ ④	50	① ② ③ ④	70	① ② ③ ④
11	① ② ③ ④	31	① ② ③ ④	51	① ② ③ ④	71	① ② ③ ④
12	① ② ③ ④	32	① ② ③ ④	52	① ② ③ ④	72	① ② ③ ④
13	① ② ③ ④	33	① ② ③ ④	53	① ② ③ ④	73	① ② ③ ④
14	① ② ③ ④	34	① ② ③ ④	54	① ② ③ ④	74	① ② ③ ④
15	① ② ③ ④	35	① ② ③ ④	55	① ② ③ ④	75	① ② ③ ④
16	① ② ③ ④	36	① ② ③ ④	56	① ② ③ ④	76	① ② ③ ④
17	① ② ③ ④	37	① ② ③ ④	57	① ② ③ ④	77	① ② ③ ④
18	① ② ③ ④	38	① ② ③ ④	58	① ② ③ ④	78	① ② ③ ④
19	① ② ③ ④	39	① ② ③ ④	59	① ② ③ ④	79	① ② ③ ④
20	① ② ③ ④	40	① ② ③ ④	60	① ② ③ ④	80	① ② ③ ④

※ 본 답안카드는 마킹연습용 모의 답안카드입니다.

〈절취선〉

건강보험심사평가원 필기시험 답안카드

성 명

지원 분야

문제지 형별기재란	
( )형	Ⓐ Ⓑ

수 험 번 호						
⓪	⓪	⓪	⓪	⓪	⓪	⓪
①	①	①	①	①	①	①
②	②	②	②	②	②	②
③	③	③	③	③	③	③
④	④	④	④	④	④	④
⑤	⑤	⑤	⑤	⑤	⑤	⑤
⑥	⑥	⑥	⑥	⑥	⑥	⑥
⑦	⑦	⑦	⑦	⑦	⑦	⑦
⑧	⑧	⑧	⑧	⑧	⑧	⑧
⑨	⑨	⑨	⑨	⑨	⑨	⑨

감독위원 확인
㉧

1	①	②	③	④	21	①	②	③	④	41	①	②	③	④	61	①	②	③	④
2	①	②	③	④	22	①	②	③	④	42	①	②	③	④	62	①	②	③	④
3	①	②	③	④	23	①	②	③	④	43	①	②	③	④	63	①	②	③	④
4	①	②	③	④	24	①	②	③	④	44	①	②	③	④	64	①	②	③	④
5	①	②	③	④	25	①	②	③	④	45	①	②	③	④	65	①	②	③	④
6	①	②	③	④	26	①	②	③	④	46	①	②	③	④	66	①	②	③	④
7	①	②	③	④	27	①	②	③	④	47	①	②	③	④	67	①	②	③	④
8	①	②	③	④	28	①	②	③	④	48	①	②	③	④	68	①	②	③	④
9	①	②	③	④	29	①	②	③	④	49	①	②	③	④	69	①	②	③	④
10	①	②	③	④	30	①	②	③	④	50	①	②	③	④	70	①	②	③	④
11	①	②	③	④	31	①	②	③	④	51	①	②	③	④	71	①	②	③	④
12	①	②	③	④	32	①	②	③	④	52	①	②	③	④	72	①	②	③	④
13	①	②	③	④	33	①	②	③	④	53	①	②	③	④	73	①	②	③	④
14	①	②	③	④	34	①	②	③	④	54	①	②	③	④	74	①	②	③	④
15	①	②	③	④	35	①	②	③	④	55	①	②	③	④	75	①	②	③	④
16	①	②	③	④	36	①	②	③	④	56	①	②	③	④	76	①	②	③	④
17	①	②	③	④	37	①	②	③	④	57	①	②	③	④	77	①	②	③	④
18	①	②	③	④	38	①	②	③	④	58	①	②	③	④	78	①	②	③	④
19	①	②	③	④	39	①	②	③	④	59	①	②	③	④	79	①	②	③	④
20	①	②	③	④	40	①	②	③	④	60	①	②	③	④	80	①	②	③	④

※ 본 답안카드는 마킹연습용 모의 답안카드입니다.

2025 하반기 시대에듀 All-New 사이다 모의고사 건강보험심사평가원(심평원) NCS + 전공

개정11판1쇄 발행	2025년 09월 10일 (인쇄 2025년 03월 08일)
초 판 발 행	2020년 04월 20일 (인쇄 2020년 03월 13일)
발 행 인	박영일
책 임 편 집	이해욱
편 저	SDC(Sidae Data Center)
편 집 진 행	안희선 · 김미진
표지디자인	김도연
편집디자인	양혜련 · 김휘주
발 행 처	(주)시대고시기획
출 판 등 록	제10-1521호
주 소	서울시 마포구 큰우물로 75 [도화동 538 성지 B/D] 9F
전 화	1600-3600
팩 스	02-701-8823
홈 페 이 지	www.sdedu.co.kr
I S B N	979-11-383-9805-3 (13320)
정 가	18,000원

사이다

사일 동안
이것만 풀면
다 합격!

건강보험심사평가원
NCS + 전공

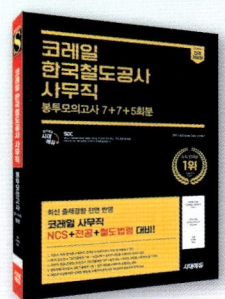

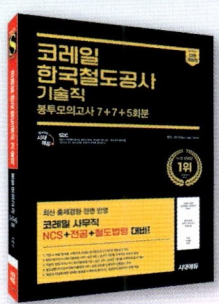

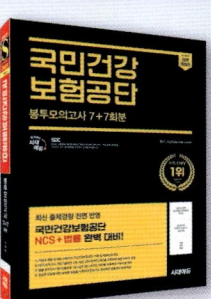

NEXT STEP
시대에듀가 합격을 준비하는
당신에게 제안합니다.
성공의 기회
시대에듀를 잡으십시오.
시대에듀
기회란 포착되어 활용되기 전에는 기회인지조차 알 수 없는 것이다.
– 마크 트웨인 –